ars digitalis

Reihe herausgegeben von

Peter Klimczak, FG Angewandte Medienwissenschaften, Brandenburgische Technische Universität, Cottbus, Deutschland

Die Reihe ars digitalis wird herausgegeben von Prof. Dr. Dr. Peter Klimczak.

Sollen technische und kulturelle Dispositionen des Digitalen nicht aus dem Blickfeld der sie Erforschenden, Entwickelnden und Nutzenden geraten, verlangt dies einen Dialog zwischen den IT- und den Kulturwissenschaften. Ausgewählte Themen werden daher jeweils gleichberechtigt aus beiden Blickrichtungen diskutiert. Dieser interdisziplinäre Austausch soll einerseits die Kulturwissenschaften für technische Grundlagen, andererseits Entwickler derselben für kulturwissenschaftliche Perspektiven auf ihre Arbeit sensibilisieren und den Fokus auf gemeinsame Problemfelder schärfen sowie eine gemeinsame ‚Sprache' jenseits der Fachbereichsgrenzen fördern. Notwendig ist eine solche interdisziplinäre Auseinandersetzung nicht zuletzt deshalb, um den vielfältigen technischen Herausforderungen an Mensch, Kultur und Gesellschaft ebenso informiert wie reflektiert zu begegnen.

In dieser Reihe finden nicht nur Akteure aus Wissenschaft, Forschung und Studierende aktuelle Themen der Digitalisierung fundiert aufbereitet und begutachtet, auch interessierte Personen aus der Praxis werden durch die interdisziplinäre Herangehensweise angesprochen.

Peter Klimczak, Dr. phil. et Dr. rer. nat. habil., ist außerplanmäßiger Professor an der Brandenburgischen Technischen Universität und IT-Verfahrensverantwortlicher und IT-Infrastrukturverantwortlicher für das Berliner Schulwesen.

Ulrich Furbach · Emanuel Kitzelmann ·
Tilman Michaeli · Ute Schmid
Hrsg.

Künstliche Intelligenz für Lehrkräfte

Eine fachliche Einführung mit didaktischen Hinweisen

Hrsg.
Ulrich Furbach
University of Koblenz
Koblenz, Deutschland

Emanuel Kitzelmann
Technische Hochschule Brandenburg
Brandenburg, Deutschland

Tilman Michaeli
Technische Universität München
München, Deutschland

Ute Schmid
Universität Bamberg
Bamberg, Deutschland

ISSN 2662-5970   ISSN 2662-5989 (electronic)
ars digitalis
ISBN 978-3-658-44247-7   ISBN 978-3-658-44248-4 (eBook)
https://doi.org/10.1007/978-3-658-44248-4

Die Deutsche Nationalbibliothek verzeichnet diese Publikation in der Deutschen Nationalbibliografie; detaillierte bibliografische Daten sind im Internet über https://portal.dnb.de abrufbar.

© Der/die Herausgeber bzw. der/die Autor(en), exklusiv lizenziert an Springer Fachmedien Wiesbaden GmbH, ein Teil von Springer Nature 2024

Das Werk einschließlich aller seiner Teile ist urheberrechtlich geschützt. Jede Verwertung, die nicht ausdrücklich vom Urheberrechtsgesetz zugelassen ist, bedarf der vorherigen Zustimmung des Verlags. Das gilt insbesondere für Vervielfältigungen, Bearbeitungen, Übersetzungen, Mikroverfilmungen und die Einspeicherung und Verarbeitung in elektronischen Systemen.
Die Wiedergabe von allgemein beschreibenden Bezeichnungen, Marken, Unternehmensnamen etc. in diesem Werk bedeutet nicht, dass diese frei durch jede Person benutzt werden dürfen. Die Berechtigung zur Benutzung unterliegt, auch ohne gesonderten Hinweis hierzu, den Regeln des Markenrechts. Die Rechte des/der jeweiligen Zeicheninhaber*in sind zu beachten.
Der Verlag, die Autor*innen und die Herausgeber*innen gehen davon aus, dass die Angaben und Informationen in diesem Werk zum Zeitpunkt der Veröffentlichung vollständig und korrekt sind. Weder der Verlag noch die Autor*innen oder die Herausgeber*innen übernehmen, ausdrücklich oder implizit, Gewähr für den Inhalt des Werkes, etwaige Fehler oder Äußerungen. Der Verlag bleibt im Hinblick auf geografische Zuordnungen und Gebietsbezeichnungen in veröffentlichten Karten und Institutionsadressen neutral.

Planung/Lektorat: Petra Steinmueller
Springer Vieweg ist ein Imprint der eingetragenen Gesellschaft Springer Fachmedien Wiesbaden GmbH und ist ein Teil von Springer Nature.
Die Anschrift der Gesellschaft ist: Abraham-Lincoln-Str. 46, 65189 Wiesbaden, Germany

Wenn Sie dieses Produkt entsorgen, geben Sie das Papier bitte zum Recycling.

Inhaltsverzeichnis

1 **Einführung** 1
Ulrich Furbach und Ute Schmid
Literatur 5

Teil I Grundlegende Konzepte der KI

2 **Suche im Problemraum** 9
Ute Schmid
   2.1 Methodische Einführung 10
       2.1.1 Repräsentation von Problemen 11
       2.1.2 Blinde Suchverfahren 14
       2.1.3 Heuristische Suchverfahren 17
       2.1.4 Definition einer Heuristik 19
   2.2 Beispiele aus der Lebenswelt, gesellschaftliche Bezüge und Interdisziplinärität 21
   2.3 Vorschläge für den Unterricht und Anwendungen 21
   2.4 Literatur zum Weiterlesen und Quellen 22
   Literatur 22

3 **Lernen aus Daten** 25
Tilman Michaeli, Emanuel Kitzelmann, Stefan Seegerer und Ralf Romeike
   3.1 Methodische Einführung 27
       3.1.1 Überwachtes Lernen 27
       3.1.2 Unüberwachtes Lernen 31
       3.1.3 Verstärkendes Lernen 33
   3.2 Gesellschaftliche Bezüge und Interdisziplinarität 36
   3.3 Vorschläge für den Unterricht 38

4 Schließen aus Wissen 39
Ulrich Furbach und Christoph Benzmüller
4.1 Methodische Einführung 40
    4.1.1 Logisches Schließen 41
    4.1.2 Wissensrepräsentation 44
    4.1.3 Beschreibungslogiken 45
    4.1.4 Alltagsschließen 46
    4.1.5 Menschliches Schließen 47
4.2 Beispiele aus der Lebenswelt, gesellschaftliche Bezüge und Interdisziplinärität 48
4.3 Vorschläge für den Unterricht und Anwendungen 49
4.4 Literatur zum Weiterlesen und Quellen 50
Literatur 50

Teil II Maschinelles Lernen

5 Lernen mit Neuronalen Netzen 53
Emanuel Kitzelmann
5.1 Methodische Einführung 54
    5.1.1 Ein einzelnes künstliches Neuron – das einfache Perzeptron 55
    5.1.2 Lernen eines einfachen Perzeptrons aus Daten 58
    5.1.3 Lernen in neuronalen Netzen: Gradientenabstieg 59
    5.1.4 Mehrschichtige Neuronale Netze und Backpropagation 64
5.2 Beispiele aus der Lebenswelt, gesellschaftliche Bezüge und Interdisziplinärität 66
5.3 Vorschläge für den Unterricht und Anwendungen 66
5.4 Literatur zum Weiterlesen und Quellen 67
Literatur 67

6 Analytisches vs. konnektionistisches Paradigma 69
Udo Frese und Uwe Lorenz
6.1 Methodische Einführung 71
    6.1.1 Analytischer Ansatz: Die *pq*-Formel 71
    6.1.2 Konnektionistischer Ansatz: Ein neuronales Netz 72
    6.1.3 Trainingsdaten für quadratische Gleichungen 74
    6.1.4 Das gelernte Neuronale Netz 74
    6.1.5 Diskussion des Vergleiches 77
6.2 Beispiele aus der Lebenswelt, gesellschaftliche Bezüge und Interdisziplinärität 78
    6.2.1 Datensatzbias 78
    6.2.2 Wichtigkeit der Datensatzannotation 79
6.3 Vorschläge für den Unterricht und Anwendungen 79
Literatur zum Weiterlesen und Quellen 80

7 Verstärkendes Lernen ... 81
Uwe Lorenz
- 7.1 Methodische Einführung ... 82
- 7.2 Wirkprinzip ... 85
  - 7.2.1 Verhalten: Zweckmäßige Interaktion mit der Umwelt ... 86
  - 7.2.2 Lernen: Auf der Suche nach optimalem Verhalten ... 87
- 7.3 Vorschläge für den Unterricht ... 93
- 7.4 Beispiele aus der Lebenswelt, gesellschaftliche Bezüge und Interdisziplinärität ... 95
- 7.5 Weiterführende Hinweise ... 96
- Literatur ... 97

8 Tiefes Lernen ... 99
Udo Frese und Uwe Lorenz
- 8.1 Methodische Einführung ... 101
  - 8.1.1 Die Funktion eines Neurons in einem Neuronalen Netz ... 101
  - 8.1.2 Organisation in Schichten ... 102
  - 8.1.3 Die Konvolutionsschicht ... 104
  - 8.1.4 Ein Konvolutionsnetz (Convolutional Neural Network, CNN) ... 107
  - 8.1.5 Eine Analyse der Merkmale eines bekannten Netzwerkes ... 110
- 8.2 Beispiele aus der Lebenswelt, Gesellschaftliche Bezüge und Interdisziplinärität ... 113
- 8.3 Vorschläge für den Unterricht und Anwendungen ... 113
- 8.4 Literatur zum Weiterlesen und Quellen ... 116
- Literatur ... 116

9 Erklärbarkeit ... 117
Ute Schmid
- 9.1 Methodische Einführung ... 118
  - 9.1.1 Wichtigkeit von Merkmalen ... 119
  - 9.1.2 Kontrafaktische Erklärungen ... 120
  - 9.1.3 Modelltreue von Erklärungen ... 121
- 9.2 Beispiele aus der Lebenswelt, gesellschaftliche Bezüge und Interdisziplinarität ... 122
- 9.3 Vorschläge für den Unterricht und Anwendungen ... 122
- 9.4 Literatur zum Weiterlesen und Quellen ... 123
- Literatur ... 124

10 Generative KI ... 125
Johannes Langer und Ute Schmid
- 10.1 Methodische Einführung ... 126
  - 10.1.1 Encoder-Decoder Strukturen ... 126
  - 10.1.2 Verarbeiten von Sequenzen und Texterzeugung ... 127

  10.1.3 Random Sampling vs. Greedy Decoding 128
  10.1.4 Transformernetzwerke und Attention Mechanismen 130
 10.2 Beispiele aus der Lebenswelt, gesellschaftliche Bezüge und
   Interdisziplinarität.. 131
 10.3 Vorschläge für den Unterricht und Anwendungen 133
 10.4 Literatur zum Weiterlesen und Quellen 135
 Literatur 135

Teil III Schließen und Planen

11 Logikbasierte Wissensverarbeitung 139
Christoph Benzmüller
 11.1 Methodische Einführung 143
  11.1.1 Aussagenlogik 143
  11.1.2 Logik erster Stufe 153
  11.1.3 Logik höherer Stufe 157
  11.1.4 Nichtklassische Logiken und Universelles Logisches Schließen.. 158
 11.2 Beispiele aus der Lebenswelt, gesellschaftliche Bezüge und
   Interdisziplinarität.. 159
 11.3 Vorschläge für den Unterricht und Anwendungen 160
 11.4 Literatur zum Weiterlesen und Quellen 160
 Literatur 160

12 Schließen im Alltag und unter Unsicherheit 163
Claudia Schon
 12.1 Methodische Einführung 164
  12.1.1 Schlussformen im Alltagsschließen 164
  12.1.2 Nicht monotone Logiken 166
  12.1.3 Answer Set Programming 170
  12.1.4 Vages Wissen 173
 12.2 Vorschläge für den Unterricht und Anwendungen 175
 12.3 Literatur zum Weiterlesen und Quellen 176
 Literatur 176

Teil IV Spezielle und vertiefende Themen

13 Robotik 179
Diedrich Wolter, Udo Frese und Tilman Michaeli
 13.1 Methodische Einführung 181
  13.1.1 Karten für mobile Roboter 181
  13.1.2 Wahrscheinlichkeitstheoretisches Modell der
    Selbstlokalisation 183
  13.1.3 Beobachtungsmodell 183
  13.1.4 Bewegungsmodell 186
  13.1.5 Selbstlokalisation mit Markovmodellen 188

	13.2 Beispiele aus der Lebenswelt, gesellschaftliche Bezüge und Interdisziplinarität	190
	13.3 Vorschläge für den Unterricht und Anwendungen	191
	13.4 Literatur zum Weiterlesen und Quellen	192
	Literatur	193

Teil V Reflexion

14 Natürliche und Künstliche Intelligenz 197
Ute Schmid
    14.1 Methodische Einführung 198
        14.1.1 Was menschliche Intelligenz ausmacht 198
        14.1.2 Menschliches versus maschinelles Lernen 200
        14.1.3 Wie man Intelligenz prüfen kann 201
    14.2 Beispiele aus der Lebenswelt, gesellschaftliche Bezüge und Interdisziplinarität 203
    14.3 Vorschläge für den Unterricht und Anwendungen 203
    14.4 Literatur zum Weiterlesen und Quellen 203
    Literatur 204

15 Wechselwirkungen von KI mit anderen Schulfächern 205
Ulrike Barthelmeß, Ulrich Furbach und Uwe Lorenz
    15.1 Methodische Einführung 206
        15.1.1 Biologie 206
        15.1.2 Ethik 209
        15.1.3 Bildende Kunst 213
    15.2 Vorschläge für den Unterricht 214
    15.3 Literatur zum Weiterlesen und Quellen 216
    Literatur 217

16 Verantwortung 219
Lukas Höper, Carsten Schulte und Christoph Benzmüller
    16.1 Methodische Einführung 221
        16.1.1 Perspektive der Entwicklung von KI-Systemen 221
        16.1.2 Perspektive der Interaktion mit KI-Systemen 225
        16.1.3 Didaktische Empfehlungen 229
    16.2 Beispiele aus der Lebenswelt 231
        16.2.1 Interaktion mit Captchas 231
        16.2.2 Interaktion mit Streamingdiensten 232
    16.3 Vorschläge für den Unterricht und Anwendungen 232
    16.4 Literatur zum Weiterlesen und Quellen 234
    Literatur 234

Glossar 237

Über die Autoren

Ulrike Barthelmeß ist Germanistin und Romanistin und hat als Gymnasiallehrerin Deutsch und Französisch unterrichtet. Sie beschäftigt sich mit interdisziplinären Fragen zum Thema künstliche Intelligenz, Kultur und Philosophie.

Christoph Benzmüller ist Professor für KI-Systementwicklung an der Universität Bamberg und außerplanmäßiger Professor für Informatik und Mathematik an der Freien Universität Berlin. Benzmüller's Forschung beschäftigt sich mit der Automatisierung rationaler Argumentation und normativen Schließens, beispielsweise zur Kontrolle intelligenter Systeme, sowie mit universeller Logik und universellem Schließen, computergestützter Metaphysik und der Mechanisierung von Grundlagentheorien in Mathematik und Philosophie.

Udo Frese ist Professor für multisensorische interaktive Systeme an der Universität Bremen. Er beschäftigt sich mit der algorithmischen Interpretation von Sensordaten. In seiner Arbeitsgruppe ist das sehr erfolgreiche Roboterfußballteam B-Human beheimatet.

Ulrich Furbach ist Professor im Ruhestand für künstliche Intelligenz an der Universität Koblenz. Seine Forschungsgebiete umfassen automatisches Schließen, Agenten und Kognition. Er ist besonders interessiert an fächerübergreifenden und interdisziplinären Aspekten der KI.

Lukas Höper ist Wissenschaftlicher Mitarbeiter in der Fachgruppe Didaktik der Informatik an der Universität Paderborn. Seine Forschungsinteressen liegen vor allem in der Entwicklung und empirischen Evaluation von Ansätzen zur Bildung über KI, mit einem aktuellen Schwerpunkt auf dem Verstehen und Reflektieren der Rolle von Daten in datengetriebenen Technologien.

Emanuel Kitzelmann ist Professor für Angewandte Künstliche Intelligenz an der TH Brandenburg. Zuvor war er Lehrer für Informatik und Mathematik am Berufskolleg Ratingen und hat dort das Berufliche Gymnasium für Informatik geleitet. Sein Forschungsschwerpunkt liegt im Bereich der Induktiven Programmsynthese – einem Gebiet im Schnittbereich von Maschinellem Lernen und Programmiersprachen.

Johannes Langer ist Wissenschaftlicher Mitarbeiter am Lehrstuhl für Kognitive Systeme der Universität Bamberg. In seiner Forschung beschäftigt er sich mit hybrider KI und menschlicher Interaktion mit Systemen für Maschinelles Lernen.

Uwe Lorenz ist Wissenschaftlicher Mitarbeiter am Lehrstuhl für Didaktik der Informatik der Freien Universität Berlin und hat als Gymnasiallehrer Informatik und Mathematik unterrichtet. In seiner aktuellen Forschung beschäftigt er sich mit Inhalten und Methoden KI-bezogener informatischer Bildung in der allgemeinen Lehrkräftebildung.

Tilman Michaeli ist Professor für Didaktik der Informatik an der Technischen Universität München. Ziel seiner Arbeit ist es, Informatik nicht nur zu erklären, sondern jede und jeden zu befähigen, die digitale Welt aktiv und kreativ mitzugestalten.

Ralf Romeike ist Professor für Didaktik der Informatik an der Freien Universität Berlin, wo er fächerübergreifende Perspektiven, Grundlagen und Gestaltungsmöglichkeiten informatischer Bildung (u. a. zu Künstlicher Intelligenz, Data Literacy, agilen Methoden) erforscht.

Claudia Schon ist Professorin für Künstliche Intelligenz an der Hochschule Trier. Ihre Forschungsinteressen liegen im Bereich der Wissensrepräsentation und der Kombination von symbolischer und subsymbolischer künstlicher Intelligenz.

Ute Schmid ist Professorin für Kognitive Systeme an der Universität Bamberg. Seit mehr als 20 Jahren lehrt und forscht sie im Bereich Künstliche Intelligenz. Seit vielen Jahren engagiert sie sich in der Vermittlung von Informatikkompetenzen, speziell auch KI-Kompetenzen für Schülerinnen und Schüler und bietet Fortbildungen für Lehrkräfte an. Zentrale Forschungsthemen sind interpretierbares maschinelles Lernen, hybride KI, erklärbares maschinelles Lernen, Intelligente Tutorsysteme und Kognition.

Carsten Schulte ist Professor für Didaktik der Informatik an der Universität Paderborn. Seine Forschungsinteressen sind: Philosophie der informatischen Bildung, Bildung über KI, empirische Erforschung von Lehr- und Lernprozessen (einschließlich Augenbewegungsforschung).

Stefan Seegerer arbeitet bei einem Quantencomputing-Startup und ist assoziierter Wissenschaftler an der FU Berlin. Als Informatikdidaktiker hat er zahlreiche Lehr- und Lernmaterialien u. a. im Bereich Quantencomputer und Künstliche Intelligenz entwickelt. Im Jahr 2021 wurde er von der Deutschen Gesellschaft für Informatik und dem Bundesministerium für Bildung und Forschung als KI-Newcomer ausgezeichnet, 2022 erhielt er den Helmut und Heide Balzert-Preis für innovative Lehr- und Lernkonzepte in der Informatik.

Diedrich Wolter ist Professor für hybride künstliche Intelligenz an der Universität zu Lübeck. In seiner Forschung befasst er sich insbesondere mit dem Handeln intelligenten Agenten und der Verarbeitung von Information über Raum und Zeit.

Einführung

Ulrich Furbach und Ute Schmid

Künstliche Intelligenz (kurz KI) ist ein Teilgebiet der Informatik, das sich mit der Entwicklung von Computer-Algorithmen und Programmen zur Lösung von Problemen befasst, die Menschen aktuell noch besser lösen können [5]. Der Begriff ‚Artificial Intelligence' wurde 1956 vom Informatik-Pioneer John McCarthy geprägt [3]. Die deutsche Übersetzung ‚Künstliche Intelligenz' wird teilweise als problematisch gesehen, da die Bezeichnung suggeriert, dass es bei diesem Forschungsgebiet um die Entwicklung von Computerprogrammen geht, die einer allgemeinen, menschenähnlichen Intelligenz entsprechen. Allerdings ist der größte Teil der KI-Forschung damit befasst, spezielle Algorithmen und Ansätze für spezifische Problembereiche zu entwickeln, etwa das Erkennen von Objekten in Bildern oder das automatische Ziehen von Schlussfolgerungen aus gegebenen Fakten und Regeln.

Bei der Vermittlung von KI-Kompetenzen im Kontext des Informatikunterrichts sollte herausgestellt werden, in welchen Fällen KI-Methoden sinnvoll eingesetzt werden können. Dies ist immer dann der Fall, wenn Standard-Ansätze der Informatik nicht ausreichen. Dies ist insbesondere aus drei Gründen der Fall. (1) Das Problem ist zu komplex, um effizient berechnet werden zu können: In diesem Fall werden heuristische Algorithmen verwendet, um sich einer Lösung anzunähern, jedoch ohne Garantie, dass diese Lösung optimal ist oder in einigen Fällen sogar eine Lösung gefunden wird. Typische Beispiele

---

U. Furbach (✉)
Uni Koblenz, Koblenz, Deutschland
E-Mail: uli@uni-koblenz.de

U. Schmid
Kognitive Systeme, Uni Bamberg, Bamberg, Deutschland
E-Mail: ute.schmid@uni-bamberg.de

© Der/die Autor(en), exklusiv lizenziert an Springer Fachmedien Wiesbaden GmbH, ein Teil von Springer Nature 2024
U. Furbach et al. (Hrsg.), *Künstliche Intelligenz für Lehrkräfte*, ars digitalis, https://doi.org/10.1007/978-3-658-44248-4_1

sind Planungs- und Routing-Probleme. (2) Das zu lösende Problem beinhaltet komplexes Fachwissen und Schlussfolgerungen, weshalb Standarddatenstrukturen und -algorithmen nicht ausreichen. Typische Beispiele hierfür sind ontologische Schlussfolgerungen und Handlungsplanung. Das Wissen über ein bestimmtes medizinisches Gebiet kann beispielsweise in einer logikbasierten Wissensrepräsentationssprache dargestellt werden, die die Beantwortung spezifischer Fragen ermöglicht. (3) Das gegebene Problem kann nicht oder nicht vollständig explizit spezifiziert werden. Dies ist zum Beispiel bei den meisten Wahrnehmungsproblemen, sogenanntem perzeptuellen Wissen, der Fall, das bei Menschen überwiegend nur implizit vorhanden ist. So ist es beispielsweise nicht möglich, dass das Wissen, das notwendig ist, um eine Katze zu erkennen, vollständig durch Regeln beschrieben wird. Ähnlich verhält es sich auch für Expertenwissen. So kann auch die Klassifikation einer Hautveränderung als Melanom oder die Beurteilung, ob eine Schweißnaht korrekt gesetzt ist, nicht vollständig explizit beschrieben werden. In diesen Fällen wird maschinelles Lernen eingesetzt. Algorithmen des maschinellen Lernens ermöglichen die Inferenz eines Modells aus Trainingsdaten durch Verallgemeinerung von in den Daten identifizierten komplexen Mustern. Das gelernte Modell ersetzt hier ein händisch erstelltes Programm.

Standardsoftwaresysteme ohne KI-Komponenten sind vollständig inspizierbar. Der Code kann von Menschen gelesen und systematisch getestet werden. Wichtige Eigenschaften, wie Korrektheit (das Programm liefert für eine Eingabe die gewünschte Ausgabe) und Vollständigkeit (das Programm deckt alle möglichen Eingaben ab) können geprüft oder sogar bewiesen werden. Dies ist vor allem bei sicherheitskritischem Code, zum Beispiel bei einer Airbag-Steuerung, wichtig. Im Gegensatz dazu gibt es in allen oben genannten drei Bereichen des Einsatzes von KI-Methoden keine Garantie für Vollständigkeit und Korrektheit. KI-Methoden liefern uns also mächtige Werkzeuge zur computerbasierten Lösung von komplexen Problemen, sollten aber mit Bedacht eingesetzt werden.

Das Thema Künstliche Intelligenz erhitzt die Gemüter. Fluch oder Segen der Menschheit? Wie jede einschneidende technologische Erneuerung wird sie kontrovers diskutiert. Unabhängig davon hat sie in wichtigen Bereichen unseres Lebens bereits Fuß gefasst. Künstliche Intelligenz ist zu einem unverzichtbaren Wirtschaftsfaktor geworden. Quer durch alle Branchen setzen große, aber auch kleinere Unternehmen KI ein. Sie sei bahnbrechender als die Erfindung der Elektrizität, so Kai Fu Lee [2]. Ihre Rolle in der Industrie spiegelt sich im Begriff Industrie 4.0 [9], eine Andeutung auf eine vierte industrielle Revolution. Aber auch in diversen Wissenschaftszweigen gewinnt KI immer mehr an Bedeutung. Zum Beispiel werden in der Mathematik neue Theoreme in Interaktion zwischen Mathematiker und KI-Systemen bewiesen, in der Biologie wird die 3D-Faltung von Proteinen mittels KI bestimmt, in der Archäologie hilft die KI, verborgene Schätze zu heben. Kurz: Wirtschaft und Wissenschaft kommen an KI nicht mehr vorbei.

Das war nicht immer so. In den 1950er-Jahren war man zunächst recht optimistisch und glaubte, mit logischen symbolischen Verfahren Probleme wie maschinelles Übersetzen, Bild- und Textverstehen oder Robotersteuerung innerhalb weniger Jahrzehnte lösen zu können. Doch dann musste man diese anfänglichen Vorstellungen nachjustieren.

In den 1980er-Jahren waren Expertensysteme angesagt. Ihr Ziel war es, Wissen von spezialisierten Experten in einem KI-System verfügbar zu machen. Im Mittelpunkt dieser Entwicklungen stand formalisiertes Wissen, das von menschlichen Experten bereitgestellt werden musste.

Die großen Hoffnungen, die in Expertensysteme gesetzt wurden, konnten letztlich nur teilweise erfüllt werden. Das lag insbesondere daran, dass menschliches Wissen nur in Teilen explizit verfügbar ist und damit schwer formal repräsentiert werden kann – das sogenannte **Knowledge Engineering Bottleneck**. Große Bereiche menschlichen Wissens, vor allem perzeptuelles Wissen und verinnerlichte Handlungsroutinen, sind implizit und können nicht oder nur unzureichend mit Methoden der Wissensakquisition, wie sie Expertensystemen zugrunde liegen, erfasst werden.

Darauf folgte eine Phase der Ernüchterung, der sogenannte KI-Winter. Die öffentlichen Forschungsgelder wurden zurückgefahren, viele der großen Projekte, so etwa das japanische 5th Generation Project oder das europäische ESPRIT Programm wurden nicht weiterverfolgt.

Tauwetter setzte erst wieder ein, als 1997 ein Computer den damals amtierenden Schachweltmeister besiegte und 2011 das IBM-System Watson in der Quizshow Jeopardy gegen menschliche Champions gewann. 2017 schlug ein KI-System in einem spektakulären Wettkampf einen Weltklasse-Go-Spieler. Die Robotik ist mittlerweile in unserem Alltag angekommen, in Form von Staubsaugern, autonomen Fahrzeugen im Straßenverkehr oder intelligenten Waffensystemen auf den Kriegsschauplätzen dieser Welt. KI wird omnipräsent: Wir sprechen mit Siri, Alexa und ähnlichen Assistenten, die automatische Sprachübersetzung hat es zu beachtlicher Reife gebracht, Bilder und Videos werden automatisch ausgewertet.

Im Mittelpunkt dieser beeindruckenden Erfolge stehen Verfahren, die direkt aus großen Mengen von Daten lernen. Hierzu benutzt man sogenannte **künstliche neuronale Netze**, die in der Lage sind, aus Daten, die ihnen zu Trainingszwecken präsentiert werden, zu lernen. Man kann hierbei auf explizit formalisiertes Wissen verzichten, das KI-System lernt – es extrahiert aus den Trainingsdaten Wissen.

Diese Verfahren eignen sich besonders im Bereich der Bilderkennung zur Identifikation von Personen und Objekten. Man setzt sie zum Beispiel in autonomen Fahrzeugen ein oder nutzt sie zur Überwachung des öffentlichen Raums. Die statistischen Fehlerquoten sind dabei relativ gering. Allerdings sind sie kein Garant für plausible Ergebnisse, in vielen Fällen sind darüber hinaus Erklärungen notwendig. Das gilt vor allem beim Einsatz von KI in kritischen Situationen, im Straßenverkehr, in der Medizin, bei der Kreditvergabe. Verlässliche Algorithmen sind hier wichtig, die einer Überprüfung standhalten können.

Letzteres gilt insbesondere für Chatbots wie ChatGPT (Generative Pre-trained Transformer), die sehr viel Aufmerksamkeit in der breiten Öffentlichkeit erfahren. Es handelt sich dabei um KI-Systeme, die mit ihrem Nutzer über textbasierte Nachrichten kommunizieren und dabei moderne maschinelle Lerntechnologie benutzen, um Antworten zu generieren, die erstaunlich natürlich klingen und für das Gespräch relevant sind. Auch hierbei wird immer wieder deutlich, dass diese Systeme nicht immer Antworten generieren, die auf Fakten beruhen – man spricht schon davon, dass solche Systeme halluzinieren. Wenn dies nicht vom Benutzer erkannt wird, kann dies unter Umständen schwerwiegende Folgen haben. Gerade hier sind Überprüfbarkeit und Erklärbarkeit oberstes Gebot!

Aus diesem Grund wird zunehmend das Thema Vertrauenswürdigkeit von KI-Systemen diskutiert. Damit ein KI-System vertrauenswürdig ist, muss es klassische Anforderungen an Software-Systeme, insbesondere Sicherheit sowie Schutz privater Daten, erfüllen. Dazu kommen Anforderungen der Robustheit, der Nachvollziehbarkeit und der Korrigierbarkeit von KI-Systemen [8].

Entsprechend werden in der aktuellen KI-Forschung neue Ansätze entwickelt, die dazu beitragen sollen, vertrauenswürdige KI-Systeme zu entwickeln. Dazu gehören Methoden, die erkennen, ob neue Eingaben überhaupt sinnvoll bearbeitet werden können, Methoden, um KI-Systeme, insbesondere gelernte Modelle, transparent und nachvollziehbar zu machen (sogenannte erklärbare KI, explainable AI, kurz XAI), und Ansätze des interaktiven maschinellen Lernens.

Nachdem in letzter Zeit ein fast ausschließlicher Fokus auf Methoden des maschinellen Lernens, insbesondere neuer Ansätze des Lernens mit neuronalen Netzen, lag, wird zunehmend erkannt, dass für den Einsatz in der Praxis eine Kombination von wissensbasierten Methoden und datengetriebenen Ansätzen sinnvoll ist. Man spricht von hybriden KI-Systemen oder neuro-symbolischen Systemen.

Daher wollen wir in unserem Buch in die gesamte Breite des KI-Spektrums einführen. Es sollen sowohl symbolische, wissensbasierte Verfahren als auch non-symbolische, auf neuronalen Netzen basierte Lernverfahren präsentiert werden. Wir wenden uns dabei an Informatiklehrkräfte, die sich einen ersten Überblick über das Gebiet verschaffen wollen. Dazu sind die einzelnen Beiträge möglichst informell gehalten; sie sollen in die Thematik einführen und Lust auf mehr in der weiterführenden Literatur machen. Zum Beispiel wird an Universitäten häufig das Lehrbuch ‚Artificial Intelligence – A Modern Approach' [6], das die Themengebiete und Methoden der KI in sehr großer Breite und Tiefe einführt, eingesetzt. Es ist auch in deutscher Übersetzung erhältlich [7] und bietet online viele Materialien. Ein älteres Lehrbuch mit Fokus auf logischen Grundlagen stammt von Poole, Machworth und Goebel [4]. Das deutschsprachige Handbuch der Künstlichen Intelligenz [1] gibt ebenfalls einen umfassenden Einblick in Themen und Methoden der KI mit Beiträgen von KI-Forschenden aus dem deutschsprachigen Raum.

Das vorliegende Buch ist in verschiedene Teile aufgeteilt:

Im Abschnitt I werden grundlegende Konzepte der KI, wie die Suche in abstrakten Problemräumen sowie Lernen aus Daten und Schließen aus Wissen, behandelt.
Im Abschnitt II stehen Methoden des maschinellen Lernens im Mittelpunkt: Lernen mit neuronalen Netzen, Reinforcement Lernen, tiefes Lernen und Generative KI. Zudem werden konnektionistische Verfahren mit analytischen Verfahren verglichen und das Thema Erklärbarkeit von neuronalen Netzen besprochen.
Abschnitt III über Schließen und Planen beschäftigt sich in zwei Kapiteln mit Verfahren der symbolischen KI, der logikbasierten Wissensverarbeitung und dem Schließen im

Alltag. Weitere Kapitel über automatische Handlungsplanung, Multiagenten-Systeme und Constraints sind in Planung.

Abschnitt IV zu speziellen und vertiefenden Themen enthält in der vorliegenden Auflage nur ein Kapitel über Robotik, weitere Kapitel über Spiele und Sprachverarbeitung sind in Planung.

Abschnitt V mit dem Thema Reflexion behandelt den Begriff der Intelligenz, zeigt Wechselwirkung mit anderen Schulfächern auf und thematisiert schließlich den Bereich der Data Literacy.

Die einzelnen Kapitel in diesen fünf Abschnitten folgen dem gleichen Aufbau: Nach einer methodischen Einführung in das jeweilige Thema werden Beispiele aus der Lebenswelt, gesellschaftliche Bezüge und Interdisziplinarität behandelt. Schließlich werden auch Vorschläge für den Unterricht gemacht und Hinweise auf weiterführende Literatur gegeben.

Danksagung Die ersten Ideen zu Inhalt und Struktur dieses Buches entstanden bei einem Forschungstreffen des Arbeitskreises Künstliche Intelligenz in Schulen des Fachbereichs KI der Gesellschaft für Informatik auf Schloss Dagstuhl mit Kerstin Bach, Ulrike Barthelmeß, Christoph Benzmüller, Ulrich Furbach, Emanuel Kitzelmann, Tilman Michaeli, Ralf Romeike, Ute Schmid und Ingo Timm.

Literatur

1. Günther Görz, Ute Schmid und Tanya Braun. **Handbuch der Künstlichen Intelligenz (6. Auflage)**. De Gruyter, 2021.
2. Kai-Fu Lee. **AI superpowers : China, Silicon Valley, and the new world order**. Boston : Houghton Mifflin Harcourt, 2018.
3. Nils J Nilsson. **Die Suche nach künstlicher Intelligenz: Eine Geschichte von Ideen und Erfolgen**. IOS Press, 2014.
4. David I Poole, Randy G Goebel und Alan K Mackworth. **Computational Intelligence: A Logical Approach**. Oxford University Press, 1998.
5. Elaine Rich. **Artificial Intelligence**. McGraw-Hill, 1983.
6. Stuart Russell und Peter Norvig. **Artificial Intelligence: A Modern Approach (4th Edition)**. Pearson, 2020. URL: http://aima.cs.berkeley.edu/.
7. Stuart Russell und Peter Norvig. **Künstliche Intelligenz: Ein moderner Ansatz**. 3. Aufl. Pearson, 2012.
8. Ute Schmid. „Trustworthy Artificial Intelligence - Comprehensible, Transparent, Correctable". In: **Introduction to Digital Humanism**. Hrsg. von H. Werthner and C. Ghezzi u. a. Springer, 2023.
9. Wikipedia. **Industrie 4.0–Wikipedia, Die freie Enzyklopädie**. [Online; Stand 11. April 2021]. 2021. URL: https://de.wikipedia.org/w/index.php?title=Industrie_4.0.

Teil I

Grundlegende Konzepte der KI

Erstellt mit Dall-E, May 2023

Suche im Problemraum

Ute Schmid

Auch wenn uns oft gar nicht auffällt, wir Menschen lösen täglich zahlreiche Probleme: Wir finden einen günstigen Weg von Zuhause zur Wohnung eines Freundes, wir flicken den kaputten Schlauch beim Fahrrad, wir backen einen Kuchen. Manche von uns lösen gern Solitärspiele wie Rubics Würfel oder spielen Tetris So verschieden diese Probleme sind, allen ist gemeinsam: Wir befinden uns aktuell in einer bestimmten Situation und haben das Ziel, eine andere Situation zu erreichen: Aktuell ist der Fahrradreifen platt und wir hätten gerne wieder einen aufgepumpten Reifen. Um dieses Ziel zu erreichen, stehen uns Aktionen zur Verfügung: Wir können im Keller das Flickzeug holen, den Reifen abnehmen, den Mantel vom Schlauch trennen, die schadhafte Stelle im Schlauch finden und so weiter. Wenn ein Roboter sich um die Reparatur des Reifens kümmern soll, wäre es wenig hilfreich, wenn wir dafür alle Schritte haarklein beschreiben müssten – auf der Ebene von grundlegenden Bewegungen, etwa um eine Schraube zu lösen. Stattdessen beschreibt man Probleme zunächst abstrakt – in Form von Zuständen (wie „Der Schlauch ist vom Mantel gelöst") und Aktionen (wie „Löse den Schlauch von der Felge"). Solche abstrakten Beschreibungen ermöglichen es, algorithmisch nach einer Problemlösung zu suchen.

Grundlegende Algorithmen, um Probleme wie die genannten automatisch zu lösen, basieren auf der Idee der Suche in einem Problemraum. Ein Problemraum ist eine abstrakte Darstellung der Situationen in der Welt als Zustände. Die Situation in der Welt umfasst sehr viele Details, die für die Problemlösung unwichtig sind – zum Beispiel die Farbe des Fahrrads. Bei der Übersetzung der Situation in der Welt in einen Zustand, der im

---

U. Schmid (✉)
Kognitive Systeme, Uni Bamberg, Bamberg, Deutschland
E-Mail: ute.schmid@uni-bamberg.de

Computer repräsentiert werden kann, lässt man möglichst alles weg, was für das Finden einer Problemlösung irrelevant ist. Im Problemraum gibt man außerdem an, von welchem Zustand man durch eine Aktion einen anderen Zustand (Folgezustand) erreichen kann. Um ein Problem durch einen Computer lösen zu lassen, nutzt man spezielle Algorithmen, nämlich Suchverfahren, die die im Problemraum gegebene Information nutzen. Spezielle KI-Suchverfahren sind dafür gemacht, einen möglichst geschickten Weg zu finden, der vom gegebenen Anfangszustand zu einem Zustand führt, in dem das Problemlöseziel erreicht ist.

Wie bereits in Kap. 1 eingeführt, besteht eine KI-Methode aus der Repräsentation des Wissens über die Welt – in diesem Fall dem Problemraum – und einem Inferenzalgorithmus – in diesem Fall einem Suchverfahren. Manche Probleme eigenen sich besser für Lösung durch Suchverfahren als andere. Will man eine Abfolge von Aktionen für Rubics Würfel vom Computer finden lassen, so ist das einfacher, als eine Lösung dafür, eine gute Note zu schreiben oder ein passendes Geschenk für eine Person zu finden. Rubics Würfel ist ein sogenanntes geschlossenes Problem. Die beiden anderen Probleme sind offene Probleme. Bei geschlossenen Problemen ist das Problemlöseziel klar definiert und die Aktionen, die man ausführen kann, sind bekannt. Bei offenen Problem ist dies nicht der Fall.

Kompetenzziele
- Den Bezug zwischen Datenstruktur Graph und Problemraum herstellen.
- Für ein Problem eine geeignete Abstraktionsebene finden, um es als Problemraum zu beschreiben.
- Unterschiede von Tiefensuche und Breitensuche nachvollziehen können.
- Tiefen- und Breitensuche nach ihrem Aufwand bewerten können.
- Unterschied zwischen blinden und heuristischen Suchverfahren erklären.
- Hill Climbing und A* als wichtige heuristische Suchverfahren beschreiben können.
- Eigenständig eine heuristische Funktion für ein einfaches Solitärspiel definieren können.
- Heuristische Suche als grundlegenden Ansatz in anderen Bereichen der KI identifizieren können.

2.1 Methodische Einführung

Um Probleme automatisch vom Computer lösen zu lassen, müssen wir sie in Form von Zuständen beschreiben. Hierzu müssen wir von der komplexen Welt abstrahieren. Wie man ein Problem durch Zustände und Aktionen definiert wird im Abschn. 2.1.1 – **Repräsentation von Problemen** – dargestellt. Bei geschlossenen Problemen kann eine Problemlösung Suche nach einem Lösungsweg vom Anfangszustand zum Problemlöseziel aufgefasst werden. Bei Problemen, bei denen die Anzahl möglicher Zustände nicht allzu groß ist, können hier Tiefen- oder Breitensuche als systematische Suchverfahren verwendet werden (siehe Abschn. 2.1.2 – **Blinde Suchverfahren**). Für komplexe Probleme, so wie sie in der KI üblicherweise behandelt werden, werden speziell **heuristische Suchverfahren** genutzt. Die dabei verwendeten Heuristiken helfen, Möglichkeiten, die vermutlich weniger vielversprechend sind, auszusparen. Ob mit heuristischen Verfahren eine gute Lösung oder auch überhaupt eine Lösung gefunden werden kann, hängt davon ab, wie geschickt die Heuristik definiert ist (siehe Abschn. 2.1.3 – **Definition einer Heuristik**).

2.1.1 Repräsentation von Problemen

Um Probleme geeignet für automatisches Problemlösen zu repräsentieren, müssen wir analysieren, welche Information zur Lösung des Problems relevant ist und welche nicht. Wenn wir zum Beispiel das Problem lösen wollen, einen günstigen Weg von Zuhause zu einem Freund zu finden, können wir uns auf die Orte beschränken, an denen wir Entscheidungen treffen. Welche Orte das sind, hängt davon ab, ob wir den Weg zu Fuß, mit dem Fahrrad oder mit dem Bus zurücklegen wollen. Wenn wir den Platten am Fahrrad reparieren wollen, ist es wichtig, dass wir das passende Werkzeug haben, aber nicht, welche Farbe das Fahrrad hat.

Betrachten wir als Beispiel einen Saugroboter, der zwei Zimmer – Wohnzimmer und Arbeitszimmer – saugen soll.[1] Um die möglichen **Zustände** eines Problems zu erfassen, werden folgende Informationen benötigt:

- Aufenthaltsort des Roboters: Wohnzimmer oder Arbeitszimmer,
- Zustand des Bodens in jedem der Zimmer: sauber oder schmutzig.

Wir verzichten auf Informationen darüber, was für eine Art Bodenbelag in jedem Zimmer vorhanden ist, um welchen Wochentag es sich handelt, wem die Wohnung gehört und so weiter. Einige dieser Informationen könnten in einer konkreten Anwendung durchaus relevant sein. Für unsere Zwecke sind wir aber mit den oben genannten Aspekten zufrieden. Daraus ergeben sich acht mögliche Zustände: Der Roboter ist in einem von zwei Zimmern, in jedem der Zimmer kann Schmutz liegen oder nicht:

$$Zustandszahl : 2 \times 2 \times 2 = 8.$$

Allgemein gilt bei n Zimmern $n \times 2^n$: der Roboter ist in einem von n Zimmern und jedes der n Zimmer befindet sich in einem von zwei Sauberkeitszuständen (siehe Abb. 2.1).

Außerdem muss definiert werden, welche **Aktionen** der Saugroboter ausführen kann. Wir nehmen an, dass er ins Wohnzimmer oder ins Arbeitszimmer fahren kann und dass er Schmutz einsaugen kann. Weitere Aktionen wie Aufladen oder Schmutzbehälter

---

[1] Das Beispiel ist angelehnt an die ‚vaccum world' aus [9].

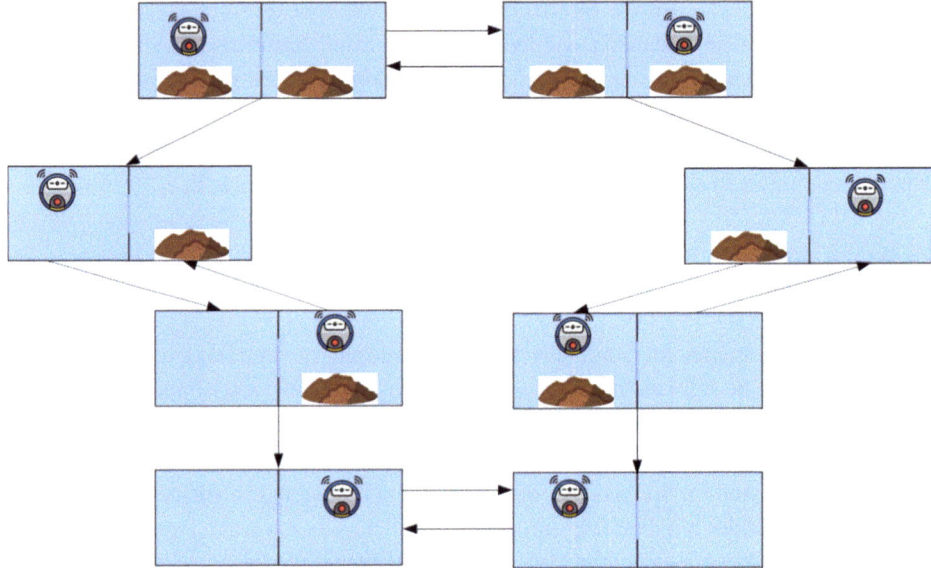

Abb. 2.1 Problemraum für das Saugroboter-Problem. Der Roboter kann sich im linken oder rechten Raum befinden. In jedem der beiden Räume kann Schmutz sein oder nicht. Daraus ergeben sich 8 mögliche Zustände. Kanten geben an, aus welchem Zustand man durch eine Aktion in welchen anderen kommen kann. Im Beispiel zeigen wir aus Gründen der Übersichtlichkeit ein Problem mit nur zwei Räumen. Die beschriebenen Methoden funktionieren natürlich auch für eine viel größere Zahl an Räumen oder mehrere Saugroboter

leeren, berücksichtigen wir nicht. Die Information über Ladezustand und Füllgrad des Schmutzbehälters sowie Positionen von Ladestation und Schmutzdepot haben wir ja auch nicht bei der Beschreibung der Zustände berücksichtigt.

> **Zum Nachdenken:**
>
> Wie viele Zustände hätte das Saugroboter-Problem, wenn der Ladezustand als ‚muss geladen werden ja/nein' mit berücksichtigt würde? Die Ladestation sei im Wohnzimmer. Der Roboter kann an der Ladestation angedockt sein oder nicht. ◄

Wenn der Roboter eine Aktion ausführt, dann ändert sich der Zustand, in dem sich das Problem befindet. Wenn zum Beispiel aktuell Schmutz im Wohnzimmer ist und der Roboter dort saugt, dann ändert sich der Zustand des Zimmers von ‚schmutzig' zu ‚sauber'. Die Anwendung einer Aktion resultiert also in einer **Zustandstransformation**. Die meisten Aktionen können nur unter bestimmten Bedingungen ausgeführt werden. Der Roboter kann nur dann den Wohnzimmerboden saugen, wenn er auch dort ist. Die Überprüfung von Anwendungsbedingungen für eine Aktion und die Berechnung des

Folgezustands können auf verschiedene Art umgesetzt werden. Im Folgenden nehmen wir an, dass ein Zustandsübergangsmodell gegeben ist, in dem definiert wird, von welchem Zustand man mit welcher Aktion in welchen Folgezustand gelangt.[2] Im Problemraum werden Aktionen als gerichtete Kanten angegeben, die von einem Zustand zum aus der Aktion resultierenden Zustand führen (siehe Abb. 2.1).

Aktionen können unterschiedliche **Kosten** verursachen. Dabei sind Kosten nicht unbedingt Geldbeträge, sondern zum Beispiel auch unterschiedlicher Zeit- oder Energiebedarf. Allgemein erfassen Kosten den Aufwand einer Aktion. Im Abschn. 2.1.3 (Heuristische Suchverfahren) werden wir sehen, wie man Lösungswege ermitteln kann, die möglichst wenig Kosten verursachen. Für das Saugroboter-Problem setzen wir Saugen und Fahren mit gleichen Kosten an. Jede Aktion hat Kosten von 1.

Problemlöseziel für das Saugroboter-Problem ist es, dass alle Zimmer sauber sind. Betrachten wir den Problemraum in Abb. 2.1 so gibt es zwei Zustände, die diese Bedingung erfüllen – einmal ist der Roboter dabei im Wohnzimmer, einmal im Arbeitszimmer. Im allgemeinen kann es bei einer Problemlösung verschieden viele **Zielzustände** geben. Gibt es gar keinen Zielzustand oder vom gegeben Zustand aus keinen Weg dorthin, so ist das Problem nicht lösbar. Gibt es genau einen Weg zum Ziel so entspricht diese Lösung auch der besten – kürzesten oder kostengünstigsten – Lösung. Ein möglicher **Anfangszustand** könnte sein, dass beide Böden schmutzig sind und der Roboter sich im Wohnzimmer befindet. In den nächsten Unterkapiteln wird dargestellt, wie mithilfe eines Suchverfahrens eine **Problemlösung als Folge von Aktionen von einem Anfangszustand zu einem Zielzustand** ermittelt werden kann.

Allgemein gilt, dass ein Problem definiert wird durch Anfangszustand, Problemlöseziel und Aktionen. Diese Bestandteile genügen, um den Problemraum aufzuspannen. Wie in Abb. 2.1 gezeigt, besteht ein Problemraum aus den Zuständen eines Problems als Knoten und den Aktionen als gerichteten Kanten. Man spricht auch von Zustandsraum oder Zustandsraum-Graph.[3]

Wie man ein Problem geeignet als Problemraum definiert, muss man für jedes Problem neu überlegen. Bei Solitärspielen werden die Spielzustände als Knoten repräsentiert. Die Kanten entsprechend Spielzügen. Ein Problem mit einem besonders ästhetischen Problemraum ist der Turm von Hanoi (siehesearch.ipynb Abb. 2.2). Ziel des Solitärspiels ist es, einen Turm aus verschieden großen Scheiben von einem Stab zu einem anderen zu versetzen. Ein dritter Stab darf als Zwischenablage genutzt werden. Dabei darf eine Scheibe immer nur auf eine größere Scheibe oder einen leeren Stab gesetzt werden. Eine Scheibe darf nur bewegt werden, wenn keine andere Scheibe auf ihr liegt.

---

[2] Hinweis für den Informatikunterricht: Das Zustandsübergangsmodell entspricht der Zustandsüberführungsfunktion wie sie bei endlichen Automaten eingeführt wird.
[3] Hinweis für den Informatikunterricht: Ein Problemraum kann mit der Datenstruktur Graph umgesetzt werden mit einer Menge von Knoten K und einer Menge von gerichteten Kanten $V \subseteq K \times K$.

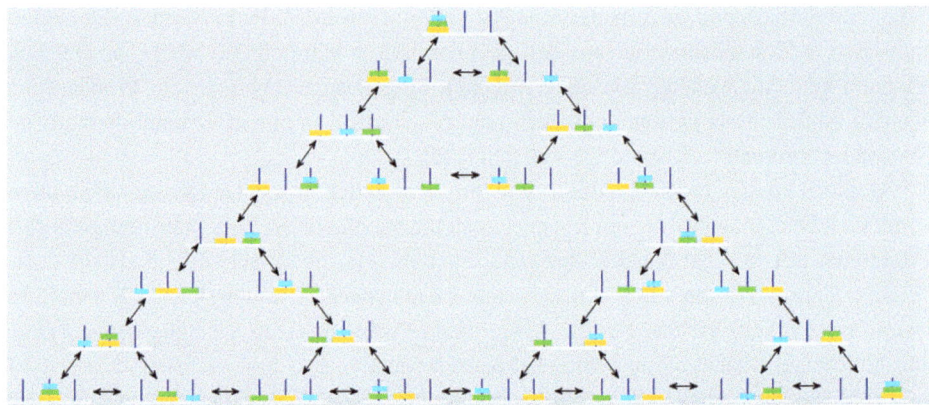

Abb. 2.2 Das Turm von Hanoi Problem: Startzustand ist an der Spitze des Dreiecks. Zielzustand ist in der unteren rechten Ecke. Der Problemraum ist selbstähnlich: Der Problemraum des Dreischeiben-Problems ist aus drei Problemräumen für Zweischeiben-Probleme zusammengesetzt

Das Drei-Scheiben-Problem hat 27 mögliche Zustände. Dies ergibt sich kombinatorisch, da jede Scheibe auf jedem der drei Stäbe liegen kann, also gilt: 3^n. Der Legende nach sind Mönche in Hanoi seit Jahrhunderten damit beschäftigt, einen Turm aus 64 Scheiben von einer Position auf eine andere zu versetzen. Die Welt soll untergehen, wenn der Turm komplett versetzt ist.

Zum Nachdenken:

Wie viele Zustände hat das Turm von Hanoi Problem mit 64-Scheiben? ◄

Probleme, bei denen die Anzahl der Zustände durch einen Ausdruck errechnet wird, bei dem die variable Anzahl – Zimmer beim Saugroboter oder Scheibenzahl beim Turm von Hanoi – im Exponenten steht, verlangen geschickte Suchalgorithmen. Der zeitliche Aufwand, alle möglichen Zustände abzusuchen, ist exponentiell.

2.1.2 Blinde Suchverfahren

Um für ein gegebenes Problem eine Lösung zu ermitteln, kann, ausgehend vom Anfangszustand nach einer Folge von Aktionen gesucht werden, die zu einem Zielzustand führen. Im Folgenden werden verschiedene Suchverfahren eingeführt. Diese sind allgemein für Probleme definiert, die als Problemraum definiert werden können. In diesem und dem nächsten Unterkapitel abstrahieren wir von einem konkreten Problem und nutzen den in Abb. 2.3 gegebenen generischen Problemraum. Die Zustände sind durch Buchstaben gegeben. Dabei soll S dem Anfangszustand entsprechend und Z dem Zielzustand. Für die

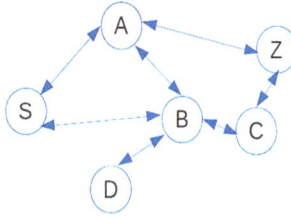

Abb. 2.3 Beispiel-Problemraum zur Illustration der Suchverfahren. Die Knoten entsprechen Zuständen, die Kanten Aktionen, die von einem Zustand zu einem anderen führen. S ist Startzustand und Z ist Zielzustand

Tiefensuche:
1. Knoten ← Startknoten
2. Stack ← (Knoten)
3. SOLANGE BIS Zielzustand erreicht ODER EMPTY(Stack)
    (a). POP: Nimm den ersten Pfad vom Stack (S)
    (b). Erstelle neue Pfade indem der aktuell letzte Knoten im Pfad um einen Nachfolgezustand erweitert wird (S-A, S-B)
    (S-A-B, S-A-Z, ~~S-A-S~~, S-B)
    (~~S-A-B-A~~, S-A-B-C, S-A-B-D, ~~S-A-B-S~~, S-A-Z, S-B)
    (c). Entferne alle Pfade mit Zyklen (~~S-A-B-C-B~~, S-A-B-C-Z, S-A-B-D, S-A-Z, S-B)
    (d). PUSH: Lege alle neuen Pfade oben auf den Stack Lösung: (**S-A-B-C-Z**, S-A-B-D, S-A-Z, S-B)
4. WENN Zielzustand erreicht DANN Gib den obersten Pfad auf dem Stack zurück SONST Melde Fehler

Abb. 2.4 Tiefensuch-Algorithmus und Illustration mit dem abstrakten Zustandsgraphen, Reihenfolge der Aktionen nach alphabetischer Ordnung der Zustände

meisten Aktionen gilt, dass sie in beide Richtungen anwendbar sind. Dies galt auch für die ‚Fahre'-Aktion beim Saugroboter in Abb. 2.1 und für alle Aktionen beim Turm von Hanoi Abb. 2.2. Allerdings gibt es von Zustand *D* aus keine Aktion zu einem anderen Zustand. Da *D* nicht der Zielzustand ist, ist *D* eine **Sackgasse**.

Die beiden grundlegenden Suchverfahren sind Tiefensuche und Breitensuche.[4] Bei der **Tiefensuche** wird ausgehend vom Startknoten (Anfangszustand) jeweils **eine** mögliche Aktion ausgewählt. Führt eine Aktion in eine Sackgasse, so wird sie zurückgenommen und eine andere Alternative gewählt, wenn es eine gibt. Dieser Vorgang heißt ***Backtracking***. Damit man nicht immer wieder die gleichen Aktionen ausprobiert, muss vermerkt werden, wo man schon war. Der Algorithmus zur Tiefensuche ist in Abb. 2.4 definiert. Bei der Tiefensuche kann als Datenstruktur ein Stack genutzt werden. Dieser wird mit dem Prinzip

---

[4] Hinweis für den Informatikunterricht: Diese Suchverfahren werden üblicherweise für Listen eingeführt. Dabei werden auch die Datenstrukturen *Stack* (Kellerspeicher) und *Queue* (Warteschlange) definiert. Diese Konzepte finden auch bei der Suche im Problemraum Anwendung.

Last-in-first-out (LIFO) realisiert. Mit der Operation POP wird ein Element auf den Stack gelegt, mit der Operation PUSH wird das oberste Element vom Stack genommen. EMPTY prüft, ob der Stack leer ist.

Wir notieren den Stack als Liste mit dem obersten Element vorne. Es werden nicht nur die aktuellen Knoten, sondern jeweils die Pfade vom Start bis zum aktuellen Knoten auf den Stack gepackt. Damit ist dokumentiert, welche Aktionen bereits exploriert wurden. Wir beginnen mit Knoten S. Von S aus führen Kanten zu A und zu B. Man sagt, dass Knoten S expandiert wird. Wir legen fest, dass die Knoten in alphabetischer Reihenfolge besucht werden. Durch die Sortierung der Teilpfade nach dem Alphabet des aktuell letzten Knotens im Pfad steht S-A-Z weiter hinten als S-A-B.[5]

Bei der Tiefensuche ist es wichtig, Zyklen zu vermeiden, da man sonst in unendliche Pfade laufen kann. Damit die Tiefensuche nach endlich vielen Schritten mit Ergebnis oder Fehler endet (das Fachwort heißt *terminiert*) – müssen Zyklen erkannt werden. Ein Zyklus liegt dann vor, wenn ein Knoten ein zweites Mal innerhalb **desselben** Pfades vorkommt.

Bei der Suche entsteht ein Suchbaum. Der Startknoten bildet die Wurzel im Baum. Nachfolgerknoten sind alle von diesem Knoten aus erreichbaren Knoten. Dabei wird immer der erste Knoten (zum Beispiel nach alphabetischer Ordnung) weiter expandiert. Knoten, die noch nicht expandiert wurden, heißen Blätter. Führt ein Pfad zu einem Blattknoten, der dem Ziel entspricht, so terminiert die Suche mit einer Lösung. Falls für ein Problem keine Lösung existiert, müssen alle möglichen Pfade exploriert werden. Dabei nimmt man immer wieder Teilpfade vom Stack und expandiert sie, solange, bis es keine weiteren Möglichkeiten mehr gibt und der Stack leer ist. Bei einem mittleren Verzweigungsfaktor b (Anzahl von möglichen Folgezuständen pro Knoten) und einer mittleren Pfadlänge d müssen b^d Knoten betrachtet werden. Dabei steht b für *breadth* (Breite des Suchbaums) und d für *depth* (Tiefe des Suchbaums).

Die zweite grundlegende Möglichkeit zur systematischen Suche ist die **Breitensuche**. Hier werden parallel alle möglichen Teilpfade exploriert. Der Suchbaum wird also nicht einen Pfad in die Tiefe aufgebaut, sondern ebenenweise. Der Algorithmus zur Tiefensuche ist in Abb. 2.5 definiert. Bei der Breitensuche kann als Datenstruktur eine Queue genutzt werden. Diese wird mit dem Prinzip First-in-first-out (FIFO) realisiert. Mit der Operation ADD wird ein Element hinten in die Queue gelegt, mit der Operation REMOVE wird das vorderste Element aus der Queue genommen. EMPTY prüft, ob die Queue leer ist.

Breitensuche liefert immer den kürzesten Lösungspfad. Bei der Tiefensuche kann das zwar auch passieren, wenn die Reihenfolge günstig ist, in der die Zustände exploriert werden, aber es ist eher unwahrscheinlich. Falls eine Lösung existiert, terminiert die Breitensuche auch ohne Zyklencheck, da die potentiell unendlich langen Pfade ja nicht weiter betrachtet werden, wenn das erste Mal auf einer Ebene im Suchbaum der Zielzustand erreicht ist.

---

[5] Man könnte eine weitere Bedingung einführen, so dass der Algorithmus terminiert, wenn das erste Mal ein Pfad bis zum Zielknoten führt.

Breitensuche:
1. Knoten ← Startknoten
2. Queue ← (Knoten)
3. SOLANGE BIS Zielzustand erreicht ODER EMPTY(Queue)
   (a). REMOVE: Nimm den vordersten Pfad aus der Queue
   (b). Erstelle neue Pfade indem der aktuell letzte Knoten im Pfad um einen Nachfolgezustand erweitert wird
   (c). Entferne alle Pfade mit Zyklen
   (d). ADD: Füge alle neuen Pfade hinten in die Queue ein
4. WENN Zielzustand erreicht
   DANN Gib den vordersten Pfad in der Queue zurück
   SONST Melde Fehler

(S)
(S-A, S-B)
(S-B, S-A-B, S-A-Z, ~~S-A-S~~)
(S-A-B, S-A-Z, ~~S-B-A~~, S-B-C, S-B-D, ~~S-B-S~~)
(S-A-Z, S-B-C, S-B-D, ~~S-A-B-A~~, S-A-B-C, S-A-B-D, ~~S-A-B-S~~)
Lösung: (**S-A-Z**, S-B-C, S-B-D, S-A-B-C, S-A-B-D)

Abb. 2.5 Breitensuch-Algorithmus und Illustration mit dem abstrakten Zustandsgraphen, Reihenfolge der Aktionen nach alphabetischer Ordnung der Zustände

2.1.3 Heuristische Suchverfahren

Tiefen- und Breitensuchen werden als uninformierte oder *blinde* Suchverfahren bezeichnet, weil sie stur nach einer vorab festgelegten Ordnung Knoten explorieren. Gerade bei Problemen mit exponentiell wachsenden Zustandsräumen, ist es notwendig, die Suche geschickt in eine möglichst vielversprechende Richtung zu lenken. Gibt man einem Suchverfahren entsprechende Information mit, so spricht man von informierten oder heuristischen Suchverfahren. Heuristik meint „Daumenregel" – eine Regel, die häufig, aber eben nicht immer, funktioniert.

Nehmen wir an, der Zustandsgraph in Abb. 2.3 entspricht einem Wegenetz zwischen Orten. Wenn es nun darum geht, den kürzesten Weg von S nach F zu finden, so ist die Luftlinienentfernung zwischen je zwei Orten sicher eine hilfreiche Information. Kürzere Luftlinienentfernungen bedeuten meist auch kürzere Wegstrecken – allerdings gilt das zum Beispiel nicht, wenn zwischen den Orten ein Fluss liegt, über den nur eine weit entfernte Brücke führt.

Ein einfaches heuristisches Suchverfahren ist **Hill Climbing**. Hill Climbing basiert auf der Tiefensuche. Während wir bei Tiefensuche einfach nach alphabetischer Ordnung vorgegangen sind, wählen wir bei Hill Climing immer den Zustand als Nachfolger aus, der die beste heuristische Bewertung hat. Wenn es also darum geht, einen möglichst kurzen Weg von S nach Z zu finden, können wir die Information über die Luftlinienentfernung zwischen dem aktuellen Ort und dem Zielort nutzen (siehe Abb. 2.6).

Nehmen wir an, dass der Weg von B nach Z deutlich kurvenreicher ist, als der von A nach Z. Damit war die Heuristik, die Luftlinienentfernung als Auswahlkriterium zu nutzen, etwas irreführend und wir wären günstiger gefahren, wenn wir den Weg über A gewählt hätten. Wenn wir ein Teilstück des Weges schon zurückgelegt haben, wissen wir dafür ja genau, wie lang der Weg war.

Luftlinienentfernungen (z. B. Kilometer)
zum Zielort (Z):
S: 5
A: 3
B: 2
C: 2
D: 4
Z: 0

(S.5)
(S-B.2, S-A.3)
(S-B-C.2, S-B-A.3, S-B-D.4, ~~S-B-S.5~~, S-A.3)
(S-B-C-Z.0, ~~S-B-C-B.2~~, S-B-A.3, S-B-D.4, S-A.3)
Lösung: (**S-B-C-Z.0**, S-B-A.3, S-B-D.4, S-A.3)

Abb. 2.6 Illustration des Hill Climbing Algorithmus mit dem abstrakten Zustandsgraphen, ausgewählt wird jeweils der **lokal** am günstigsten bewertete Nachfolgerknoten

Entfernungen (z. B. Kilometer)
zwischen Orten:
S-A: 3
S-B: 4
A-B: 2
A-Z: 3
B-C: 1
B-D: 2
C-Z: 2

(S.[0]+5)
(S-A.[3]+3=6, S-B.[4+2]=6)
(S-A-B.[3+2]+3=8, S-A-Z. [3+3]+0=6, ~~S-A-S.[3+3]+5=11~~, S-B-A.[4+2]+3=9, S-B-D.[4+2]+4=10, S-B-C.[4+1]+2=7, ~~S-B-S.[4+4]+2=10~~)
Lösung: (**S-A-Z.[3+3]+0=6**, S-B-C.[4+1]+2=7, S-A-B.[3+2]+3=8, S-B-A.[4+2]+3=9, S-B-D.[4+2]+4=10)

Abb. 2.7 Illustration des A* Algorithmus mit dem abstrakten Zustandsgraphen, Kosten ergeben sich als tatsächliche Kosten (in eckigen Klammern) plus geschätzte Restwegkosten

Ein Algorithmus, der sowohl die bisher entstandenen Kosten als auch eine heuristische Schätzung der vermutlich noch entstehenden Kosten bis zum Ziel nutzt ist **A*** (sprich: ‚A Stern'). Der A*-Algorithmus basiert auf der Breitensuche. Er erbt damit die Eigenschaft, dass garantiert der kürzeste Weg gefunden wird – unter der Voraussetzung dass es keine negativen Kosten gibt und dass die heuristische Funktion immer eine Unterschätzung der tatsächlichen Kosten ist. Wir nutzen sowohl die Luftlinienentfernung aus Abb. 2.6 und zusätzlich geben wir die tatsächlichen Entfernungen zwischen den Orten an – die wir allerdings erst immer dann wissen, wenn wir den Weg bereits gegangen sind (siehe Abb. 2.7). Der Breitensuchalgorithmus wird so abgeändert, dass die gesamte Queue nach der Summe der bereits angefallenen Kosten und der geschätzten Restwegkosten sortiert wird.

Der A*-Algorithmus ist auch für Probleme anwendbar, bei denen die Aktionen keine unterschiedlichen Kosten haben. In diesem Fall werden die Kosten für jede Aktion gleich, zum Beispiel immer mit 1, angesetzt. Hat man keine Möglichkeit, die Restwegkosten abzuschätzen, können diese immer mit 0 angesetzt werden. Das ist in jedem Fall eine Unterschätzung der Restwegkosten. Wir der A*-Algorithmus mit homogenen Kosten und mit einer Heuristik, die immer 0 liefert, angewendet, entspricht er genau der Breitensuche. A* findet garantiert immer die kürzeste (optimale) Lösung – unter den schon genannten Bedingungen, dass keine negativen Kosten anfallen und dass die Heuristik die Restwegkosten nicht überschätzt. Je besser die Heuristik ist, desto weniger ungünstige Pfade werden expandiert und desto schneller wird die Lösung gefunden.

> **Zum Nachdenken:**
>
> Warum kann A* nicht mehr garantiert die beste Lösung finden, wenn die heuristische Funktion die Restwegkosten überschätzt? Probiere per Handsimulation aus, was in einem solchen Fall passiert. ◄

2.1.4 Definition einer Heuristik

Für die heuristische Suche haben wir die heuristische Funktion am Beispiel von Wegeproblemen illustriert. Die Luftlinienentfernung eines Ortes zum Zielort ist häufig eine gute Annäherung an die wahren Streckenlängen. Bei anderen Problembereichen ist es oft gar nicht so einfach, eine gute Heuristik zu definieren. Beim Schach wird eine Stellung mit einer sehr komplexen Funktion bewertet, die insbesondere auch die Güte der Figuren berücksichtigt – ein Bauer hat einen Wert von 1, Springer und Läufer je 3, ein Turm 5 und die Dame 9.

Wir wollen ein beliebtes Solitärspiel – das 8er-Puzzle (siehe Abb. 2.8) – betrachten und dafür eine geeignete Heuristik definieren. Eine naheliegende Heuristik ist es, die Anzahl der Plättchen zu zählen, die nicht auf der Zielposition liegen. Dabei zählen wir das leere Feld nicht mit. Bei unserem Beispiel liegt nur die 7 auf dem richtigen Platz, wir haben also aktuell 7 Fehlplatzierungen. Die Heuristik ist, wie oben gefordert, eine Unterschätzung der Anzahl der noch notwendigen Aktionen. Allerdings ist sie nicht sehr informativ: Sie hilft uns nicht, zu entscheiden, ob wir die 4 nach rechts oder die 8 nach oben schieben sollten.

Eine zweite Möglichkeit ist, für jedes Plättchen den Abstand zu seiner Zielposition anzugeben. Da man die Plättchen nur horizontal und vertikal, aber nicht diagonal bewegen kann, entspricht das der sogenannten Manhatten-Distanz oder City-Block-Metrik

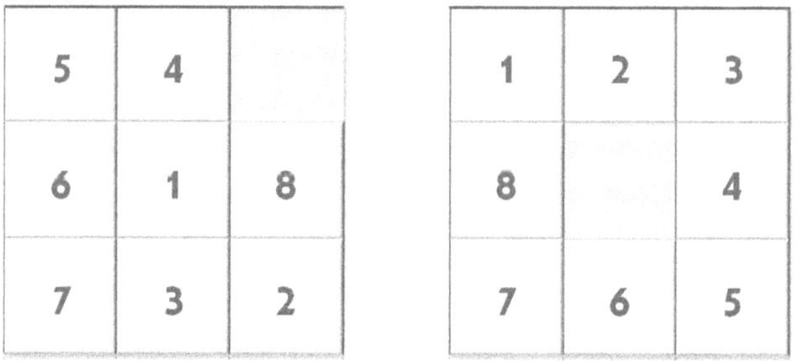

Abb. 2.8 Das 8er-Puzzle mit beispielhaftem Anfangs- und Zielzustand

(angelehnt an die rechtwinklige Anordnung der Straßenzüge in Manhatten). Bewertet man die beiden möglichen Folgezustände des Startzustands mit dieser Heuristik, so gilt:

- 4 nach rechts: $2+3+3+1+4+2+0+2 = 17$
- 8 nach oben: $2+3+3+2+4+2+0+3 = 19$

Laut Heuristik ist es also besser, die 4 zu ziehen.

Um zu prüfen, ob die zweite Heuristik (h_2) generell besser ist als die erste (h_1), kann man analytisch vorgehen und prüfen, ob allgemein gilt, dass für jeden Zustand n $h_2(n) \leq h_1(n)$. Wenn man zudem zeigen kann, dass beide Heuristiken die tatsächlich notwendige Zahl der Züge unterschätzen, dann ist h_2 die informiertere Heuristik und näher an den tatsächlichen Kosten. Damit wird A* bei Nutzung von h_2 immer weniger unnötige Knoten expandieren als bei Nutzung von h_1 und somit schneller eine Lösung finden. Alternativ kann man die Frage auch empirisch angehen und den A*-Algorithmus mit beiden Heuristiken auf viele Ausgangszustände anwenden und sich die Zahl der Schritte ausgeben lassen.

> **Zum Nachdenken:**
>
> Wie viele mögliche Zustände kann das 8-er Puzzle annehmen? Schätze ab, wie viele Schritte man bei einem 8er Puzzle minimal benötigt, wenn die Plättchen maximal ungünstig liegen. ◄

Bei heuristischer Suche wird das Wissen darüber, was eine geeignete Heuristik ist, explizit von Menschen vorgegeben. Alternativ kann man heuristische Funktionen automatisch abschätzen lassen. Diese Idee wird zum Beispiel bei Planungsalgorithmen genutzt. Außerdem kann man Heuristiken auch als Erfahrung lernen – das gilt für Menschen, aber auch für KI-Systeme. Vor allem Reinforcement Learning (siehe Kap. 7) kann gut zum Lernen aus Problemlöseerfahrung genutzt werden.

Querverweise

Geschickte Suche in einem großen Raum von Möglichkeiten, ist zentraler Bestandteil vieler KI-Methoden. Beispielsweise wird beim maschinellen Lernen (siehe Kap. 3) nach einem Modell gesucht, das möglichst gut über die Trainingsdaten generalisiert. Die dort verwendeten Suchverfahren sind mit der Hill Climbing Methode verwandt. Zustände und Aktionen können allgemeiner und damit flexibler dargestellt werden, als wir es in diesem Kapitel kennengelernt haben. Im Bereich KI-Planung werden Probleme mit logischen Ausdrücken (siehe Kap. 11) repräsentiert. Ein spezielles heuristisches Suchverfahren ist die Mittel-Ziel-Analyse (MEA). Diese wurde von den KI-Pionieren Allen Newell und Herbert Simon eingeführt, die den Algorithmus aus Beobachtungen wie Menschen Probleme lösen abgeleitet haben [8]. MEA wird häufig für intelligente Agenten sowie in der Robotik (siehe Kap. 13) verwendet.

2.2 Beispiele aus der Lebenswelt, gesellschaftliche Bezüge und Interdisziplinarität

Heuristische Suchverfahren werden in verschiedenen Bereichen eingesetzt. Der **Navi** auf dem Smartphone oder im Auto findet möglichst günstige Routen von einem Start- zu einem Zielort für uns. Die Algorithmen, die von Navigationssystemen genutzt werden, basieren auf A*. Wegefinde-Probleme (auf Englisch *routing*) gibt es nicht nur für Straßennetze, sondern auch beim Schicken von Information in Computer-Netzwerken – seien es E-Mails oder Video-Streams. Wie am Beispiel des einfachen Staubsauger-Roboters illustriert wurde, sind heuristische Suchverfahren auch für die **Roboternavigation** und die Planung von Aktionssequenzen von Robotern grundlegend. Auch im Mars-Roboter Rover stecken heuristische Suchalgorithmen. Autonome Agenten in **Computerspielen** nutzen ebenfalls häufig heuristische Suchmethoden, um günstige Aktionssequenzen zu berechnen.

Problemlösen wird auch in der **kognitiven Psychologie** als Suche im Problemraum beschrieben. Die KI-Forscher Allen Newell und Herbert Simon haben hiermit auch einen wichtigen Beitrag zur Theoriebildung in der Psychologie geleistet [7, 8]. In verschiedenen empirischen Studien konnte gezeigt werden, dass Menschen oft einfache heuristische Strategien nutzen, um ein Problem zu lösen. Ein Beispiel sind die Beobachtungen bei der Lösung des des Hobbits-und-Orcs Problems:[6] Drei Hobbits und drei Orcs müssen einen Fluss überqueren. Im Boot ist höchstens Platz für zwei. Hier werden besonders viele Fehler gemacht werden, wenn vom Zielufer wieder zwei Wesen zurück zum Ausgangsufer gebracht werden müssen [6]. Das widerspricht der von Menschen präferierten Strategie, sich wenn möglich, in jedem Schritt einer Problemlösung dem Ziel zu nähern.

Das im Kapitel besprochene Turm von Hanoi Problem ist ebenfalls immer wieder Gegenstand psychologischer Untersuchungen. **Intelligenz** ist ein wichtiger Erfolgsfaktor für das Lösen von Turm von Hanoi Problemen [12]. Beobachtungen beim Lösen von komplexen, offenen Problemen – also solchen, für die der Zielzustand nicht klar definiert werden kann – wurden vom Psychologen Dietrich Dörner detailliert beschrieben und werden bis heute genutzt, um die **Problemlösefähigkeiten** von Managern zu beurteilen und zu trainieren [3].

2.3 Vorschläge für den Unterricht und Anwendungen

- Sammeln verschiedener Probleme und deren Klassfikation als offen und geschlossen (zweitere mit den vorgestellten Methoden umsetzbar)
- Bezug zu Kombinatorik: Bestimmung der Größe von Problemräumen für ausgewählte Probleme

---

[6] Früher auf Deutsch nicht ganz politisch korrekt als Missionare und Kannibalen bezeichnet.

- Umsetzung der besprochenen Suchalgorithmen, z. B. in Python (Anregungen dazu finden sich in [10])
- Interaktive Möglichkeiten zur Definition von Zustandsgraphen und der Anwendung von Suchalgorithmen bietet https://aispace2.github.io/AISpace2/index.html
- Handsimulation der Suchverfahren für das Saugroboter-Problem

Als konkrete Anwendung für heuristische Suchverfahren bietet sich das 8er-Puzzle an. Hier können zunächst Anfangszustand, Ziel sowie Aktionen definiert werden. Danach können verschiedene Heuristiken entwickelt werden. Eine Umsetzung kann beispielsweise in Python erfolgen.

2.4 Literatur zum Weiterlesen und Quellen

Eine allgemeine Einführung in das Thema Suche am Beispiel von Wegeproblemen gibt:
Jens Gallenbacher (2017). Abenteuer Informatik: IT zum Anfassen für alle von 9 bis 99–vom Navi bis Social Media. Springer. [4]
Grundlagen zu den in diesem Kapitel genutzten Informatikkonzepten finden sich unter anderem in folgenden Werken:
- Duden Informatik – Sekundarstufe I [11] sowie Oberstufe [2]
- Peter Birchzin, Ulrich Freiberger, Klaus Reinold, & Albert Wiedemann (2009). Informatik – Oberstufe, Band 1: Datenstrukturen und Softwareentwicklung. Oldenbourg. [1]
- Entsprechende Seiten auf www.inf-schule.de, insbesondere: Standardalgorithmen Stapel, Suche, Graphen.

Eine anschauliche Einführung in das Thema Suche im Problemraum findet sich in:
Günther Görz & Bernhard Nebel (2015). Künstliche Intelligenz. Fischer Kompakt. [5]
Im Standardlehrbuch von Russell & Norvig [9] wird das Thema in Kapitel 3 (*Solving Problems by Searching*) behandelt.
Solitärspiele wie das 8er-Puzzle und Turm von Hanoi werden einfach aufbereitet im Kontext des Thema Spiele vorgestellt:
Ute Schmid, Katharina Weitz, Michael Siebers (2019). Künstliche Intelligenz selber programmieren für Dummies Junior. Wiley. [10]

Literatur

1. Peter Brichzin u. a. **Informatik - Oberstufe - Band 1: Datenstrukturen und Softwareentwicklung**. Oldenbourg, 2009.
2. Volker Claus. **Duden Informatik: ein Fachlexikon für Studium und Praxis**. Dudenverlag, 2001.

3. Dietrich Dörner. **Die Logik des Mißlingens: Strategisches Denken in komplexen Situationen**. Rowohlt Verlag GmbH, 2011.
4. Jens Gallenbacher. **Abenteuer Informatik: IT zum Anfassen für alle von 9 bis 99 - vom Navi bis Social Media**. Springer, 2017.
5. Günther Görz und Bernhard Nebel. **Künstliche Intelligenz**. Fischer Kompakt, 2015.
6. James G Greeno. "Hobbits and orcs: Acquisition of a sequential concept". In: **Cognitive Psychology** 6.2 (1974), S. 270–292.
7. David Klahr und Kenneth Kotovsky. **Complex information processing: The impact of Herbert A. Simon**. Psychology Press, 2013.
8. Allen Newell und Herbert Simon. **Human Problem Solving**. Englewood Cliffs, NJ: Prentice-Hall, 1972.
9. Stuart Russell und Peter Norvig. **Artificial Intelligence: A Modern Approach (4th Edition)**. Pearson, 2020. URL: http://aima.cs.berkeley.edu/.
10. Ute Schmid, Katharina Weitz und Michael Siebers. **Künstliche Intelligenz selber programmieren für Dummies Junior**. Wiley, 2019.
11. Ira Diethelm u. a. **Duden Informatik - Sekundarstufe I**. Duden, 2017.
12. Nancy A Zook u. a. "Working memory, inhibition, and fluid intelligence as predictors of performance on Tower of Hanoi and London tasks". In: **Brain and Cognition** 56.3 (2004), S. 286–292.

Lernen aus Daten

Tilman Michaeli, Emanuel Kitzelmann, Stefan Seegerer und Ralf Romeike

Wie „lernen" Autos selbstständig autonom und dabei unfallfrei zu fahren? Wie schaffen es Computer, Krebszellen zu erkennen? Und warum weiß der Online-Shop, was ich noch kaufen möchte? Hinter den jüngsten Fortschritten im Bereich Künstliche Intelligenz stecken vor allem sogenannte maschinelle Lernverfahren – Algorithmen, die sich durch Erfahrung im Laufe der Zeit verbessern, also „lernen". Viele der Ansätze des maschinellen Lernens sind dabei nicht neu. Allerdings stehen inzwischen einerseits die dafür notwendige Rechenpower und andererseits, bedingt durch die Digitalisierung, mehr und mehr Daten aus allen möglichen Lebensbereichen zur Verfügung, die Voraussetzung für die Anwendung entsprechender Verfahren sind.

Maschinelles Lernen unterscheidet sich teilweise deutlich von den Algorithmen, wie sie Schülerinnen und Schüler üblicherweise im Informatikunterricht kennenlernen und bei denen man Schritt für Schritt nachvollziehen kann, wie Eingabedaten in Ausgabedaten umgewandelt werden. Es unterscheidet sich aber auch von anderen, wissensbasierten (oder auch „klassischen") Ansätzen der Künstlichen Intelligenz (vgl. Abb. 3.1): In solchen KI-Systemen wird Wissen explizit im Computer repräsentiert, beispielsweise durch Mo-

---

T. Michaeli (✉)
SOT, TU München, München, Deutschland
E-Mail: tilman.michaeli@tum.de

E. Kitzelmann
Informatik und Medien, TH Brandenburg, Brandenburg a.d.H., Deutschland
E-Mail: emanuel.kitzelmann@th-brandenburg.de

S. Seegerer · R. Romeike
FU Berlin, Berlin, Deutschland
E-Mail: stefan.seegerer@fu-berlin.de; ralf.romeike@fu-berlin.de

© Der/die Autor(en), exklusiv lizenziert an Springer Fachmedien Wiesbaden GmbH, ein Teil von Springer Nature 2024
U. Furbach et al. (Hrsg.), *Künstliche Intelligenz für Lehrkräfte*, ars digitalis,
https://doi.org/10.1007/978-3-658-44248-4_3

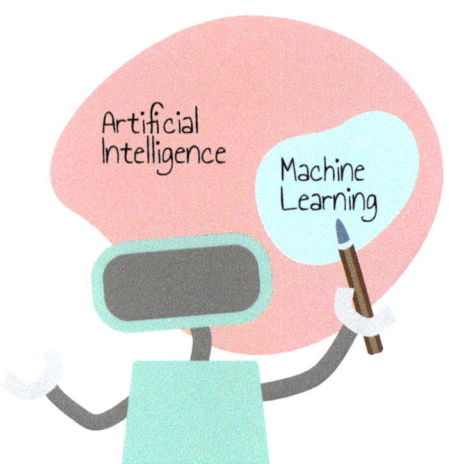

Abb. 3.1 Maschinelles Lernen ist ein Teilgebiet der Künstlichen Intelligenz

dellierung der zugrundeliegenden Fakten und Regeln. Aus dieser „Wissensbasis" können von einem „wissensverarbeitenden System" logische Schlüsse gezogen werden, um für Eingabedaten entsprechende Ausgaben abzuleiten (siehe Kap. 4). Beim maschinellen Lernen hingegen werden auf Basis einer typischerweise großen Menge an Daten Regeln, Verhaltensweisen oder Muster abgeleitet bzw. identifiziert – also „gelernt". Das Gelernte wird in einem sogenannten **Modell** (z. B. in Form eines Entscheidungsbaumsoder den Parametern eines Neuronalen Netzes, siehe Kap. 5) gespeichert und kann im Anschluss auf neue Daten angewendet werden. Während es bei wissensbasierten Ansätzen der KI also unsere Aufgabe ist, Wissen so zu modellieren, dass es explizit in einem Computersystem dargestellt und verarbeitet werden kann, müssen beim maschinellen Lernen Daten so aufbereitet und ein (allgemeines) maschinelles Lernverfahren so konfiguriert werden, dass ein Modell aus den Daten generiert werden kann.

Maschinelles Lernen wird vor allem überall dort eingesetzt, wo es aufgrund der Charakteristik des Problems nicht effizient möglich ist, das Wissen so explizit zu repräsentieren, dass es ein Computer verarbeiten kann. Wollen wir eine Katze auf einem Bild erkennen, suchen wir nach vier Pfoten, einem Fell, Schnurrhaaren, usw. Explizite Regeln für all das aufzuschreiben, ist jedoch alles andere als leicht. Wie sieht eine allgemeine Beschreibung für das Erkennen von vier Pfoten, dem Fell, Schnurrhaaren, usw. aus, die ein Computer verarbeiten kann? Außerdem haben wir in der Realität oft mit Unsicherheiten zu kämpfen, so sind vielleicht nicht immer alle vier Pfoten zu sehen. Obwohl uns Menschen solche Entscheidungen intuitiv leicht fallen, ist es schwierig bis unmöglich dieses Wissen innerhalb des Computers explizit zu repräsentieren. Ein maschinelles Lernverfahren wird auf Basis der Daten selbst Merkmale finden, die ihm beispielsweise helfen Katzen zu erkennen – nicht zwingend jene Merkmale, die wir als Menschen verwendet hätten.

Wie aber können maschinelle Lernverfahren nun auf Basis von Daten Regeln und Muster finden und damit z. B. Katzen auf Bildern erkennen? Wie können diese Zusammenhänge auf neue, unbekannte Daten übertragen werden? Kurzum: Wie lernt eine Maschine?

3 Lernen aus Daten

Diesen Fragen wollen wir in diesem Kapitel nachgehen. Dabei werden wir zwischen drei Möglichkeiten unterscheiden, wie Maschinen lernen können:

- mit beschrifteten Daten durch überwachtes Lernen (supervised learning)
- mit unbeschrifteten Daten durch unüberwachtes Lernen (unsupervised learning)
- durch Belohnung und Bestrafung mit verstärkendem Lernen (reinforcement learning)

Kompetenzziele
In diesem Kapitel lernen Sie …

- Ansätze des maschinellen Lernens von wisssensbasierten Ansätzen der KI zu unterscheiden.
- verschiedene Ansätze maschinellen Lernens (Verstärkendes Lernen, Überwachtes Lernen, Unüberwachtes Lernen) zu beschreiben, ihre Unterschiede zu erläutern und jeweils Beispiele für die Anwendung anzugeben.
- den Unterschied zwischen Korrelation und Kausalität und Konsequenzen für die Grenzen von maschinellen Lernverfahren zu erklären.
- zu erläutern, warum Verzerrungen in Daten die Ergebnisse von maschinellen Lernverfahren beeinflussen.
- Transparenz und Erklärbarkeit von KI-Systemen zu unterscheiden.

3.1 Methodische Einführung

3.1.1 Überwachtes Lernen

Für viele Kinder ist ein Hund die erste bewusste Begegnung mit einem Tier („ein Wauwau"). Zunächst wird ein Kind diese Bezeichnung auch auf andere Tiere mit vier Beinen anwenden, bspw. Katzen und Kühe. Durch weitere Begegnungen lernt das Kind nun, dass andere Tierarten auch andere Namen tragen, wie „Mietz Mietz" oder „Muh Muh" und kann bald auch ohne explizite Beschreibung die Tiere anhand ihrer Charakteristika zuordnen.

Vergleichbar gehen Verfahren des sogenannten überwachten Lernens vor. Beim überwachten Lernen (supervised learning) stehen eine Reihe von Daten mit entsprechenden Beschriftungen als Eingabe zur Verfügung. Ziel ist es Regeln[1] zu finden, nach denen diesen Eingabedaten jeweils die passende Beschriftung zugeordnet werden kann. Anschließend können diese, in einem Modell erfassten Regeln dann auf beliebige neue Eingabedaten angewendet werden. Die Schritte im Folgenden beschreiben die Aktionen in Abb. 3.2.

---

[1] „Regeln" wird hier als veranschaulichende Begrifflichkeit gewählt, im weiteren Verlauf dieses Buches wird auch ein technische Definition eingeführt.

Abb. 3.2 Die Idee des überwachten Lernens

1. Entscheidend für die Verwendung von überwachtem Lernen ist die Verfügbarkeit zahlreicher beschrifteter (oder auch „gelabelter") Eingaben, die auch Trainingsdaten genannt werden. Das können, wie im Beispiel des Roboters, Bausteine mit der Beschriftung „A", „B", „C" bzw. „D" sein oder Fotos, die mit den Beschriftungen „Katze" bzw. „Hund" versehen sind. Mit etwas Glück können wir dabei auf bestehende Datensätze zurückgreifen. Mit weniger Glück müssen wir selbst die Daten beschriften, die wir als Grundlage für unser Modell verwenden wollen.
2. Aus diesen beschrifteten Eingaben stellt das Verfahren selbst Regeln auf, die die Zuordnung der Merkmale (oder auch „Features") der Eingabe (z. B. der Form und Farbe von Bausteinen) und ihrer Beschriftung (z. B. „A") möglich machen, und verfeinert diese Regeln nach und nach. Für die Bausteine könnte auf Basis der Merkmale „Anzahl Ecken" und „Farbe" etwa folgende simple Regel gelernt werden: „WENN Anzahl Ecken = 3 UND Farbe = rot DANN Label = Dreieck". In den meisten Anwendungsfällen lassen sich diese Regeln aber nicht derart explizit festhalten und die Entscheidungen der Verfahren sind nur schwer nachzuvollziehen (siehe Abb. 3.16). Im Falle der Tierbilder können durch geschickte Verfahren bspw. einfache geometrische Formen identifiziert werden, welche als Merkmale dienen. Da die Beschriftungen der Eingaben aus der Trainingsmenge bekannt sind, kann der Lernprozess „überwacht" werden: Das Verfahren erhält Rückmeldung darüber, ob und inwieweit die aufgestellten Regeln auf Basis der Merkmale die Eingabe bereits mit der richtigen Beschriftung versehen. Auf Grundlage dieser Rückmeldung werden die bisher angenommenen Regeln entsprechend angepasst, um schrittweise zu einem immer besseren Ergebnis zu kommen. Diesen Schritt nennt man auch Trainingsphase. Die Gesamtheit aller Regeln stellt das Modell (für unseren Roboter die Holzschablone) dar, das die erhaltenen Eingaben mit der richtigen Beschriftung versehen soll. Diese Regeln könnten beispielsweise explizit als Entscheidungsbaum oder implizit durch die Parameter eines neuronalen Netzes (siehe Kap. 5) repräsentiert werden. In der Praxis ist für zufriedenstellende Ergebnisse dabei normalerweise eine große Zahl an Trainingsdaten notwendig, also z. B. mehrere Tausend Bilder von Tieren, die jeweils mit „Katze" oder „Hund" beschriftet sind.
3. Nach Abschluss des Trainings kann das Modell dazu verwendet werden, neue (vergleichbare) Eingaben zu beschriften. Der Roboter kann nun beispielsweise mithilfe

seiner Schablone weiteren Bausteinen die Beschriftung A oder B zuweisen. Ein überwachtes Lernverfahren, das darauf trainiert wurde, Katzen und Hunde auf Fotos zu unterscheiden, kann nun auch dazu eingesetzt werden, unbekannte Bilder von Hunden oder Katzen zu beschriften, selbst wenn Blickwinkel oder Lichtverhältnisse des Fotos sich von den Bildern der Trainingsmenge unterscheiden. Bevor ein solches Modell aber tatsächlich zum Einsatz kommt, sollte noch seine **Güte** bestimmt werden. Dafür bietet es sich an, einen Teil der beschrifteten Eingaben, die ursprünglich erhalten wurden, als sogenannten Testdaten zurückzuhalten. Diese werden nun herangezogen, um zu prüfen, wie gut das Verfahren auch diese Eingaben – die bisher nicht für den Lernprozess herangezogen wurden – beschriftet. Je nach Einsatzzweck kann die Güte des Modells mit Hilfe verschiedener Metriken[2] bestimmt werden. Eine simple Metrik ist etwa die **Genauigkeit**, die angibt, wie viele Fälle korrekt klassifiziert wurden. Für die Vorhersage, ob ein Kunde auf personalisierte Werbung klicken wird, reicht möglicherweise schon eine Genauigkeit von 60 % korrekt beschriftete Testdaten, für die Erkennung von Bildern, etwa für die Erkennen von Straßenschildern und Verkehrszeichen, erwartet man eine deutlich höhere Genauigkeit.

Auch wenn das Verfahren aus den konkreten Beispielen verallgemeinern kann, ist es dennoch nicht auf alle Eventualitäten vorbereitet. Im Falle unseres Roboters wird beispielsweise auch ein Halbkreis mit derselben Beschriftung versehen wie der Kreis. Woher soll der Roboter auch wissen, dass ein Halbkreis eine eigene Beschriftung erhalten sollte, wenn er doch vorher noch nie einen Halbkreis gesehen hat?

Overfitting Ziel des Lernprozesses ist es, ein Modell zu erhalten, das für den Anwendungsfall gute Ergebnisse liefert. Eine typische Falle dabei ist es, anzunehmen, dass ein gelerntes Modell immer umso besser ist, je besser es auf den Trainingsdaten funktioniert. So kann es z. B. passieren, dass das Modell die Trainingsdaten einfach „auswendig" statt charakteristische **Merkmale** gelernt hat und dadurch zwar die Trainingsdaten perfekt beherrscht, aber aufgrund mangelnder **Generalisierung** auf neuen Daten versagt. In realen Anwendungen wird dieses Problem verschärft, da die Trainingsdaten selbst, z. B. durch Messfehler oder durch das Vorhandensein irrelevanter Features, oft tlw. fehlerhaft oder „verrauscht" sind und dadurch „Regeln" gelernt werden, die gar keine allgemeine Gültigkeit haben. Dieses Phänomen wird Overfitting (Überanpassung) genannt. Auf der anderen Seite kann es auch zu einer Unteranpassung (Underfitting) kommen, wenn das Modell aus den Trainingsdaten nicht genug über die zugrunde liegende Struktur der Daten lernen kann und deshalb zu stark generalisiert, sodass keine zufriedenstellenden Ergebnisse auf neuen Daten erzielt werden können (siehe Abb. 3.3). Die Herausforderung ist es, im Rahmen des Testens des Modells, den „optimal fit" zwischen unterangepasst und überangepasst an die Trainingsdaten zu finden.

---

[2] Zu den bekanntesten Metriken gehören die Genauigkeit (bzw. accuracy), die Sensitivität (bzw. recall) und Präzision (bzw. precision).

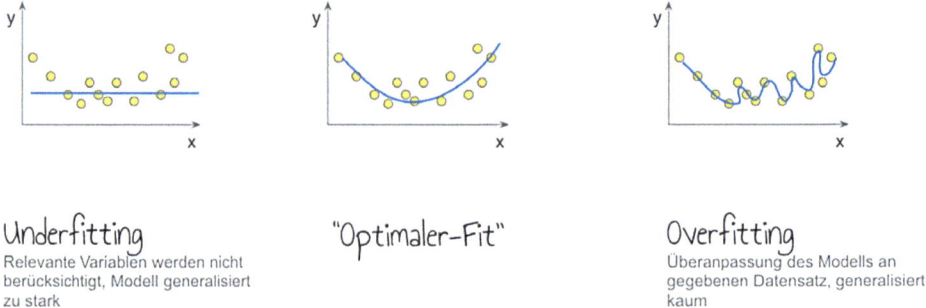

Abb. 3.3 Beispiel für Overfitting und Underfitting sowie dem optimalen Fit bei einem einfachen Modell

Abb. 3.4 Klassifikationsprobleme

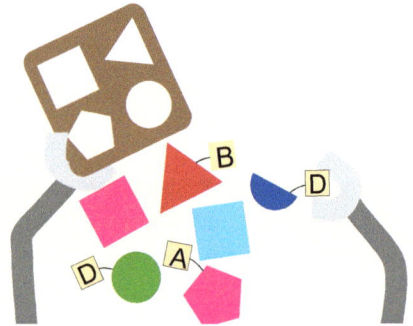

Beispiele aus der Lebenswelt

Ein großer Teil der kommerziell genutzten KI-Anwendungen basiert auf überwachtem Lernen. Zu den gängigen Einsatzbereichen dieses Lernparadigmas gehören Klassifikations- und Regressionsprobleme.

Bei **Klassifikationsproblemen** lernt das Programm neuen Daten eine (vorgegebene) Kategorie zuzuordnen, ihnen also eine Beschriftung (Label) zuzuordnen (vgl. Abb. 3.4). Je nach Anwendungsbereich können dann beispielsweise medizinische Bilder in die Kategorien „Tumor" oder „kein Tumor" sortiert werden, bei der Bewertung der Bonität eines Bankkunden in die Kategorien „kreditwürdig" bzw. „nicht kreditwürdig" oder E-Mails als „Spam" oder „kein Spam".

Darüber hinaus wird überwachtes Lernen bei Aufgaben eingesetzt, in denen Eingaben keine vorgegebene Beschriftung sondern ein numerischer Wert zugeordnet werden soll. Bei solchen **Regressionsproblemen** wird der zwischen beliebigen Eingabedaten und den als numerische Werte vorliegenden Beschriftungen ermittelte Zusammenhang herangezogen, um später einen Wert vorherzusagen (vgl. Abb. 3.5). Mögliche Fragestellungen von Regressionsproblemen lauten dementsprechend: In wie vielen Wochen wird der Nutzer sein Video-Abonnement kündigen? Welchen Verkaufspreis wird ein Haus erzielen? Welchen Kursgewinn wird eine Aktie erreichen?

Abb. 3.5 Regressions-
probleme

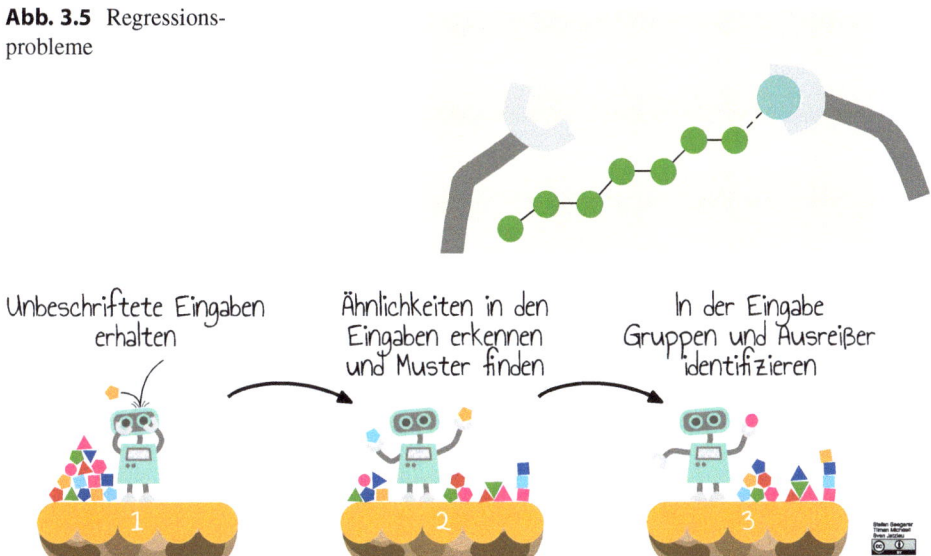

Abb. 3.6 Die Idee des unüberwachten Lernens

3.1.2 Unüberwachtes Lernen

Nehmen wir drei große Haufen Legosteine und bitten drei Kinder, die Steine zu sortieren, werden die Kinder auch ohne explizite Anweisung kleine Häufchen bilden, beispielsweise gruppiert nach Farben oder Größe. Ähnlich verhält es sich bei Verfahren des unüberwachten Lernens.

Bei unüberwachtem Lernen (unsupervised learning) stehen lediglich unbeschriftete Daten als Eingabe zur Verfügung. Das Verfahren identifiziert Ähnlichkeiten und Muster in den Eingabedaten selbstständig, etwa um die Daten zu gruppieren oder Ausreißer zu finden (vgl. Abb. 3.6).

1. Für einige Probleme stehen weder eine entsprechende Zahl an beschrifteten Daten (wie bei überwachtem Lernen) noch eine Möglichkeit zur Bewertung des Verhaltens (wie bei verstärkendem Lernen) zur Verfügung. Die vorhandenen Informationen beschränken sich auf die unbeschrifteten Eingabedaten: Unser Roboter verfügt lediglich über Daten in Form eines Haufens von Bausteinen. Ein Beispiel aus der Realität könnte hier die Segmentierung von Kundengruppen für die Personalisierung von Werbung sein. Die Eingabedaten sind in diesem Fall Kunden, für die zwar Merkmale wie Alter, bisherige Käufe oder Einkommen zur Verfügung stehen, aber keine Beschriftung wie etwa „technikinteressiert".
2. Unüberwachte Lernverfahren verarbeiten nun die Eingabedaten, indem sie Ähnlichkeiten zwischen Merkmalsausprägungen identifizieren. Im Fall unseres Roboters sind die

Eingaben die einzelnen Bausteine und deren Merkmale, also beispielsweise die Anzahl der Ecken. Als Annahme gilt: Je ähnlicher sich diese Merkmale sind, desto ähnlicher sind sich auch die Eingaben. Das gleiche gilt für die Merkmale der Kunden: Je ähnlicher sich Kaufverhalten, Einkommen, Alter, und so weiter sind, desto ähnlicher sind sich zwei Kunden.
3. Ähnliche Eingaben bilden so Gruppen, wie z. B. alle Vierecke für unseren Roboter. Ausreißer, wie beispielsweise der Kreis, liegen isoliert. Aus den Kundendaten ergeben sich ebenso verschiedene Gruppen. Für das Ausspielen von Werbung müssen wir uns nun die gefundenen Gruppen näher ansehen und entscheiden, welche Werbung für welche Kundengruppe angemessen ist.

Die Zuordnung der Eingaben zu Gruppen anhand ihrer Merkmalsausprägungen stellt hier das Modell dar, das mit jeder neuen Eingabe weiter angepasst wird. Im Unterschied zu überwachtem Lernen haben wir aber keine Beschriftung dieser resultierenden Gruppen, sondern lediglich die Information, welche Daten einer Gruppe zugehörig sind. Außerdem können wir die Güte des entstandenen Modells nicht objektiv beurteilen, da im Gegensatz zum überwachten Lernen keine Aussage möglich ist, ob eine getroffene Zuordnung „richtig oder falsch" ist.

Beispiele aus der Lebenswelt
Unüberwachtes Lernen kommt insbesondere in Situationen zum Einsatz, in denen keine beschrifteten Eingabedaten zur Verfügung stehen oder dies mit hohen Kosten verbunden wäre. Auch deshalb wird unüberwachtes Lernen manchmal zur Vorverarbeitung von Daten eingesetzt, die beispielsweise in Gruppen zugeordnet und dann für überwachtes Lernen als beschriftete Eingabedaten verwendet werden können. Gängige Einsatzbereiche sind daher das Clustern von Daten, das Finden von Anomalien oder das Identifizieren von Zusammenhängen.

Das **Identifizieren verschiedener Gruppen (Cluster)** aus den Eingabedaten findet auch bei Clusteranalysen oder im Topic Modelling Anwendung (vgl. Abb. 3.7). Topic Modelling ist ein Ansatz, um die Themen von Textdokumenten automatisiert zu identifizieren. Dazu wird die Ähnlichkeit von Textdokumenten auf Basis der enthaltenen Wörter bestimmt. Daraus ergeben sich Gruppen von Textdokumenten mit gleichem Thema (Topic).

Abb. 3.7 Identifizieren von Gruppen

Abb. 3.8 Anomalieerkennung

Abb. 3.9 Assoziationen

Das Gegenteil von Clustering stellt die **Anomalieerkennung** dar, bei der der Fokus – statt auf der Gruppierung von Daten – auf Ausreißern liegt (vgl. Abb. 3.8). Anwendung findet das etwa in der Analyse von verdächtigem Netzwerkverkehr oder der Betrugserkennung bei Kreditkartenzahlungen.

Darüber hinaus werden unüberwachte Verfahren eingesetzt, um bisher verborgene **Zusammenhänge (Assoziationen)** in Daten zu finden. Beispielsweise werden beim Online-Shopping Kaufempfehlungen auf Basis des aktuellen Warenkorbs gegeben: Kunden, die teure Armbanduhren kauften, kauften in 70 % der Fälle auch hochwertigen Whiskey (vgl. Abb. 3.9).

3.1.3 Verstärkendes Lernen

„Aua, heiß!" – Sehr schnell werden Kinder nach ihren ersten Erfahrungen mit einer Herdplatte gelernt haben, dass man diese besser nicht berühren sollte ... Dabei lernen Kinder durch die direkte Rückmeldung ihrer Umwelt.

Verstärkendes Lernen (reinforcement learning, siehe auch Kap. 7) ist ein von der Psychologie inspiriertes Paradigma des maschinellen Lernens: Der Agent – ein Computerprogramm, das zu autonomen Verhalten fähig ist – lernt in Interaktion mit seiner Umwelt durch wiederholte Belohnungen oder Bestrafungen die Erfolgsaussichten seiner Aktionen besser einzuschätzen und somit seine Strategie zu optimieren.

Im Unterschied zu den beiden bereits betrachteten Paradigmen werden beim verstärkenden Lernen vorab keine großen Datenmengen (weder beschriftet noch unbeschriftet) benötigt. Der Agent verfolgt ein Ziel, das er erreichen möchte, etwa erfolgreich das Spiel Snake zu spielen, oder, im Falle unseres Roboters (vgl. Abb. 3.10), eine Wiese mit ganz vielen Blumen zu bepflanzen. Was der Agent dazu jedoch erst lernen muss, ist die passende Strategie.

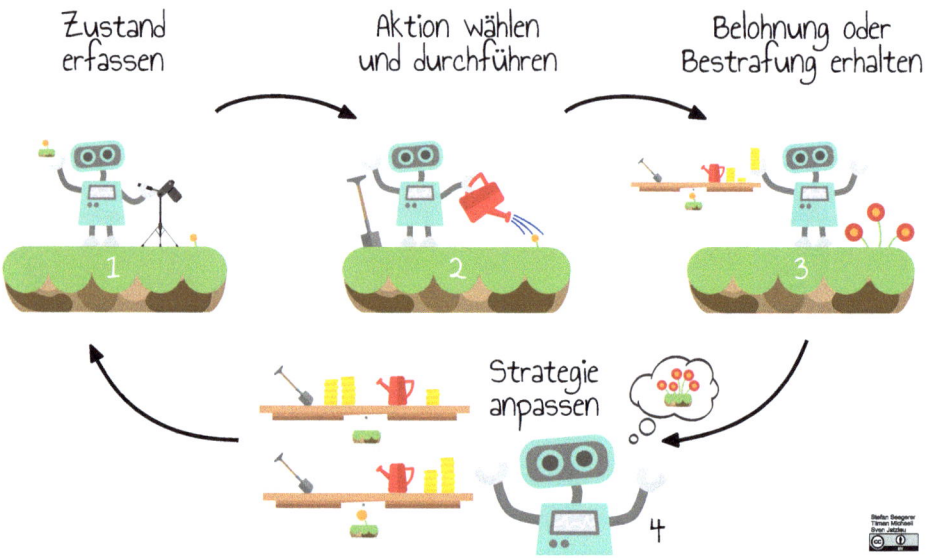

Abb. 3.10 Die Idee des verstärkenden Lernens

1. Zunächst erfasst der Agent den Zustand, also die relevanten Aspekte seiner Umwelt. Für unseren Roboter ist dieser beispielsweise durch den Wachstumsstand der Blumen gegeben. Im Falle von Snake würde die Position des Futters und aller Teile des Schlangenkörpers den Zustand darstellen.
2. Innerhalb seiner Umwelt kann der Agent nun Aktionen ausführen, die er je nach Zustand der Umwelt aus einer Menge verfügbarer Aktionen auswählt. Unser Roboter hat in jedem Zustand dieselben zwei möglichen Aktionen zur Auswahl: gießen oder mit dem Spaten Setzlinge pflanzen. Bei Snake kann sich die Schlange entweder nach oben, unten, rechts oder links bewegen. Durch das Ausführen einer der verfügbaren Aktionen verändert sich der Zustand der Umwelt.
3. Anschließend wird der Agent nach im Voraus festgelegten Regeln belohnt oder bestraft. Wenn unser Roboter sich im Zustand „Setzlinge bereits gepflanzt" befindet und durch die Aktion „Gießen" zum Wachstum der Setzlinge beiträgt, wird er mit einer festgelegten Anzahl Münzen belohnt. Gräbt er stattdessen mit dem Spaten die Setzlinge wieder aus, wird er bestraft und ihm werden Münzen abgenommen. Bei Snake wird etwa belohnt, wenn sich der Kopf der Schlange dem Futter nähert, und bestraft wenn die Schlange ihren eigenen Schwanz berührt. Die Art und Weise, wie Belohnung und Bestrafung vergeben werden, hat erheblichen Einfluss darauf, wie der Agent lernt. So ist es nicht undenkbar, dass ein autonomes Fahrzeug lernt lieber kein Gas zu geben, da Stehenbleiben nicht bestraft wird, die Bestrafung bei einem Unfall aber im Vergleich viel zu hoch wäre.
4. Während Belohnung den Agenten dazu verleitet, Verhalten häufiger zu zeigen, führt eine Bestrafung dazu, dass dieses Verhalten von nun an seltener an den Tag gelegt

wird. Erfolgreiche Aktionen werden also „verstärkt", ungeeignete Aktionen „verlernt". Auf diese Art und Weise passt der Agent seine Strategie an, die in seinem Modell gespeichert wird. Wird vom Lernvorgang des Agenten gesprochen, ist damit eine Anpassung des Modells gemeint. Unser Roboter verwaltet seine Strategie über das Regal, in dem er für jeden Zustand eine aktuelle Bewertung der möglichen Aktionen pflegt.

Zunächst wird der Agent aufgrund fehlender Erfahrung dabei explorativ vorgehen und Aktionen zufällig auswählen. Durch wiederholtes Durchlaufen des Zyklus aus Zustand erfassen, Aktion auswählen und ausführen sowie Belohnung oder Bestrafung erhalten, optimiert er seine Strategie nach und nach.

Beispiele aus der Lebenswelt
Ein häufiger Einsatzbereich für verstärkendes Lernen sind **Spiele** (vgl. Abb. 3.11). Der Zustand der Umgebung lässt sich relativ leicht erfassen, die beste Aktion oder der beste Zug hängt jedoch von einer Reihe von Faktoren ab. Aufgrund dieser Komplexität lässt sich also kaum ein klassischer Algorithmus finden, um auf alle Eventualitäten des Spiels reagieren zu können. In unzähligen Spielrunden und Partien lernt der Agent das entsprechende Spiel zu meistern.

Auch **Roboter oder selbstfahrende Autos** können mit verstärkendem Lernen trainiert werden. Hier wird man allerdings oft auf Simulationsumgebungen zurückgreifen, ehe man Roboter oder Autos in der echten Welt Erfahrungen sammeln lässt (vgl. Abb. 3.12).

Ein weiterer Einsatzbereich sind **Optimierungsaufgaben**: Probleme, die mathematisch kaum lösbar sind und bei denen nicht klar ist, welche Strategie am besten funktionieren wird. Das könnte etwa die Steuerung der Heizung oder die Planung von Zugverbindungen sein. Bei Ersterem lernt der Agent die Heizung bei gleichzeitiger Minimierung der Heizkosten so einzustellen, dass immer die richtige Temperatur herrscht (vgl. Abb. 3.13). Im zweiten Fall versucht das Verfahren eine Strategie zu entwickeln, bei der alle Verbindungen mit einer möglichst hohen Zugauslastung bedient werden können.

Abb. 3.11 Spiele

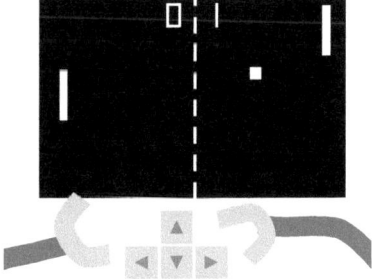

Abb. 3.12 Selbstfahrende Autos

Abb. 3.13 Optimierungsprobleme

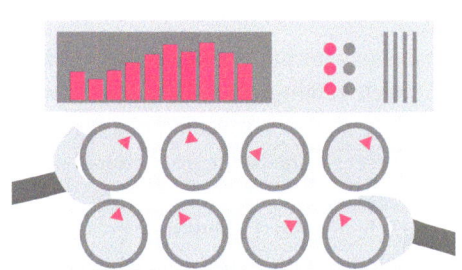

3.2 Gesellschaftliche Bezüge und Interdisziplinarität

Maschinelle Lernverfahren gewinnen zunehmend an Bedeutung in immer mehr Lebensbereichen und erzielen dabei erstaunliche Ergebnisse. Und das, obwohl Computer dabei kein Verständnis des Problems im eigentlichen Sinne entwickelt, sondern lediglich Muster und Regeln in Daten identifiziert haben. Es werden also immer nur Korrelationen (statistische Beziehungen) in den Eingabedaten und nie eine tatsächliche Kausalität (Ursache-Wirkungs-Zusammenhang) festgestellt!

Das bedeutet gleichzeitig, dass maschinelle Lernverfahren dabei auf ihren spezifischen Einsatzzweck festgelegt sind. Sollte etwa unser Roboter statt Bausteinen nun Hunde- und Katzenbilder beschriften müssen, wird er (ohne neue Trainingsdaten) hoffnungslos verloren sein (vgl. Abb. 3.14). Diese Beschränkung von KI-Systemen auf nur eine begrenzte Zahl von Anwendungsfällen bezeichnen wir auch als **schwache KI** im Gegensatz zu einer allmächtigen **starken KI**.

Darüber hinaus ist der Erfolg maschineller Lernverfahren sehr abhängig von den zur Verfügung stehenden Daten, aus denen gelernt wird. Von Algorithmen erhoffen wir uns im Allgemeinen faire und objektive Entscheidungen auf der Grundlage von Fakten die – im Gegensatz zu unseren menschlichen Entscheidungen – nicht von Emotionen, Stimmungen oder einseitigen Erfahrungen beeinflusst werden. Dennoch lesen wir – trotz Testphase – in den Medien von rassistischen Chatbots, ungerechtfertigten Verurteilungen durch KI und sexistischen Gesichtserkennungssystemen. Ursächlich dafür ist häufig ein Bias (Verzerrung) in den Daten, die zum Training und zum Testen des Modells eingesetzt wurden (vgl. Abb. 3.15). Dabei können verschiedene Arten von Bias auftreten. Von einem historischen Bias sprechen wir beispielsweise dann, wenn sich KI-Systeme bei Einstellungsprozessen von Bewerberinnen und Bewerbern nur auf Einstellungsprozesse in der

Abb. 3.14 Einsatzzweck

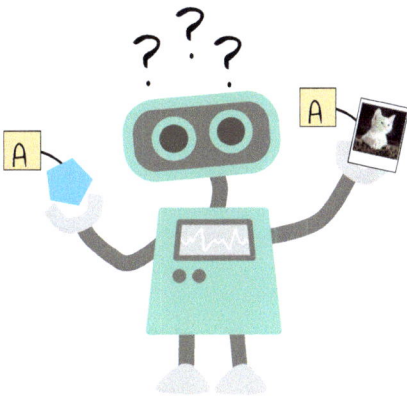

Abb. 3.15 Bias

Vergangenheit beziehen. Von einer Stichprobenverzerrung (Selection Bias) ist beispielsweise die Rede, wenn ein Verfahren zur Gesichtserkennung vor allem mit hellhäutigen Männern trainiert wird und die Ergebnisse für dunkelhäutige Frauen deutlich schlechter ausfallen – diese Personengruppe also weniger gut erkannt wird. Nachdem die Test- und Trainingsdaten aus derselben Datengrundlage stammen und damit gegebenenfalls beide durch einen Bias verzerrt sind, zeigen sich daraus resultierende Probleme nicht in der Testphase sondern erst beim Einsatz in der Praxis – und wir lesen in den Medien davon.

Ein weiterer Punkt, in dem sich maschinelle Lernverfahren von konventionellen Algorithmen unterscheiden, ist, dass getroffene Entscheidungen oftmals sehr viel schwieriger nachzuvollziehen sind. Wenn etwa komplexe künstliche neuronaler Netze zum Einsatz kommen (siehe Kap. 5) ist keine **Transparenz** des KI-Verfahrens gegeben, da es oft kaum möglich ist zu erkennen, welche Zusammenhänge in den Daten der Algorithmus nutzt (vgl. Abb. 3.16). Wird beispielsweise die Vergabe eines Kredites auf Basis eines maschinellen Lernverfahrens verweigert, lässt sich nicht immer rekonstruieren, warum der Algorithmus dieses Ergebnis liefert, was insbesondere im Falle eines Fehlers zu weitreichenden Konsequenzen führen kann. Ein Ansatz, dieser Problematik zu begegnen, wird unter dem Begriff **Explainable AI** gefasst. Hier wird versucht, die Ergebnisse maschineller Lernverfahren erklärbar zu machen (siehe Kap. 9).

Wenn aber vom Computer getroffene Entscheidungen nur noch schwer nachvollziehbar sind oder auf Basis verzerrter Daten getroffen werden, gehen damit auch ethische und rechtliche Fragestellungen einher, die von uns als Gesellschaft diskutiert werden müssen. Voraussetzung dafür ist, dass möglichst viele Menschen über die entsprechenden infor-

Abb. 3.16 Transparenz und Erklärbarkeit

matischen Grundlagen verfügen und die dem Phänomenbereich maschinellen Lernens zugrundeliegenden Ideen und Konzepte verstanden haben sowie deren Möglichkeiten und Grenzen einschätzen können.

3.3 Vorschläge für den Unterricht

In den letzten Jahren sind zahlreiche Unterrichtsmaterialien zu Grundlagen des maschinellen Lernens entstanden. Im folgenden findet sich eine Auswahl unterschiedlicher Ansätze:

- AI Unplugged: Grundlegende Ideen des maschinellen Lernens können niederschwellig und spielerisch ohne Einsatz des Computers vermittelt werden (vgl. http://www.aiunplugged.org)
- Das Lernen aus eigenen Bilddaten unter Anwendung von Verfahren des maschinellen Lernens kann von den Schülern schnell und einfach mit Teachable Machine erfahren werden (https://teachablemachine.withgoogle.com)
- Das Verfahren des maschinellen Lernens auch kreativ in eigene Programmierprojekte eingebaut werden können, erfahren Schüler bspw. mit der Programmiersprache Snap! in den Unterrichtsbeispielen von SnAIp (https://computingeducation.de/tags/ki/). Weitere Möglichkeiten bieten etwa MachineLearning4Kids (https://machinelearningforkids.co.uk/) oder Cognimates (http://cognimates.me/home/)
- Umfassende ausgearbeitete Unterrichtsvorschläge zu maschinellem Lernen finden sich in den KI-Materialien von IT2School (https://computingeducation.de/proj-it2school/)

Schließen aus Wissen

Ulrich Furbach und Christoph Benzmüller

Wissen erwerben und verwenden ist im schulischen Umfeld allgegenwärtig. Das Wissen ist dabei in der Regel in Büchern mittels natürlicher (oder manchmal auch künstlicher Sprache, wie z. B. in der Mathematik) gegeben. Wir sind es gewohnt aus Büchern zu lernen, also Wissen zu erwerben oder auch uns Notizen zu machen, um es später wieder zu erinnern.

Diese scheinbar so naheliegende Methode, Texte als Repräsentation von Wissen zu benutzen, ist jedoch keinesfalls selbstverständlich. Im antiken Griechenland dienten schriftliche Aufzeichnung dazu, Texte laut vorzulesen. In Schriftrollen war Text in Zeichenfolgen ohne Zwischenräume oder Satzzeichen niedergeschrieben, wobei manchmal sogar die Schreibrichtung am Zeilenende „furchenartig" gewechselt wurde. Diese sogenannte „scriptura continua" findet sich übrigens noch heute in verschiedenen asiatischen Schriftsystemen. Die Texte des antiken Griechenlands waren in dieser Form nur laut lesbar und bekamen erst dadurch Struktur und Gliederung. In der Dichtung half darüber hinaus das Versmaß, das beim lauten Lesen eine wichtige Rolle spielte, den Text zu gliedern – die schriftliche Form war sozusagen eine Fortführung der mündlichen Rede. Der wissenschaftliche Diskurs hat sich durch Rede und Gegenrede abgespielt. Der Übergang vom sprachlichen Diskurs hin zum Diskurs mithilfe von Texten, also zum Prosadiskurs, hat

U. Furbach (✉)
Uni Koblenz, Koblenz, Deutschland
E-Mail: uli@uni-koblenz.de

C. Benzmüller
Lehrstuhl für KI-Systementwicklung, Otto-Friedrich-Universität Bamberg, Bamberg, Deutschland

Freie Universität Berlin, Berlin, Deutschland
E-Mail: christoph.benzmueller@uni-bamberg.de

sich nur langsam vollzogen. Erst durch die Abtrennung des Textes von der gesprochenen Sprache wurde eine Strukturierung des Textes zweckmäßig, er war so leichter zu lesen und zu verstehen. Unser Gebrauch von Satzzeichen, Überschriften und Seitenumbrüchen hat sich erst viel später in der Scholastik, also im Hochmittelalter, deutlich durchgesetzt.

Nun ist zwar Text in Büchern und insbesondere in Lehrbücher stark strukturiert; er ist aber immer noch so abgefasst, dass er sich an den menschlichen Leser richtet. Versucht man Computer zur Verarbeitung von Wissen zu benutzen, ist es zweckmäßig über Wissen und die Repräsentation von Wissen nachzudenken. Findet man eine Repräsentationsform, die auf die Verarbeitungsmöglichkeiten von Computern zugeschnitten ist, kann das Wissen benutzt werden, um einzelne Teile zueinander in Beziehung zu setzen oder gar Neues daraus herzuleiten, zu schließen.

Kompetenzziele
- Unterscheidung zwischen formaler und informeller Repräsentation von Wissen.
- Beispiele von semantischen Netzen lesen und in Umgangssprache formulieren.
- Einfache Beispiele von Wissen in einer Konzeptsprache formulieren.
- Logisches Schließen mittels einer Wissensbasis nachvollziehen zu können.

4.1 Methodische Einführung

Wir haben im Kap. 2 über Suche bereits diskutiert, dass die Teile der Welt, in der ein Problem durch Suche gelöst werden soll, in geeigneter Weise repräsentiert werden muss. Am Beispiel des Saugroboters waren dies z. B. die Zimmer der Wohnung zusammen mit der Bodenbeschaffenheit. Dieses Wissen wurde implizit in den Zuständen des Suchraumes kodiert. Ähnlich verhält es sich sehr oft bei der Softwareentwicklung – Wissen über das Problem oder die Domäne des Problems wird oft implizit im Programm kodiert und lässt sich somit nicht mehr von der Verarbeitung trennen.

Im Gegensatz zu solchem implizit repräsentierten Wissen, kann Wissen in einem Softwaresystem auch explizit, oder deklarativ, dargestellt werden. Hierbei wird die Repräsentation des Wissens deutlich von der Verarbeitung getrennt. So werden wir im Folgenden (Spiel-)Beispiele für deklarativ repräsentiertes Wissens angeben – z. B. Wissen über Lebewesen in Abb. 4.1 – und dann demonstrieren, wie mittels Schlußverfahren daraus neues Wissen hergeleitet werden kann. Deklaratives Repräsentation von Wissen eignet sich hervorragend um Wissen weiterzugeben, es für verschiedene Anwendungen zur Verfügung zu stellen. Anders verhält sich dies bei prozeduralem Wissen, hierbei handelt es sich um Fertigkeiten, um Abläufe, die trainiert und geübt werden müssen. Über die korrekte Ausführung einer Rückhand beim Tennis kann man noch so viele Beschreibungen lesen, um sie zu beherrschen, braucht es viele Trainingsstunden – das prozedurale Wissen über eine Rückhand kann nicht durch Studieren einer deklarativen Beschreibung erlangt werden.

4 Schließen aus Wissen

Wir werden uns im Folgenden auf deklaratives Repräsentieren von Wissen beschränken und dafür verschiedene Formalismen kennenlernen. Thematisiert werden soll aber auch, wie dieses Wissen benutzt werden kann, um daraus zu schließen, also Wissen herzuleiten, welches bislang nur implizit vorhahnden war. Solche Schlüsse oder Inferenzen können sehr gut mit Mitteln der formalen Logik definiert und implementiert werden. Darauf gehen wir im folgenden Unterabschnitt über logisches Schließen ausführlicher ein. Später in diesem Kapitel werden wir auch diskutieren, dass wir Menschen nicht immer solche formale, logische Schlüsse ziehen, sondern in bestimmten Kontexten auch mit weniger formalen Methoden gute Ergebnisse erzielen.

4.1.1 Logisches Schließen

Logisches Schließen mittels Regeln geht zurück auf Syllogismen, die bereits von Aristoteles eingeführt wurden. Ihm ging es dabei um eine Formalisierung von Diskursen, schlüssige Argumentationsketten sollten erkannt und von falschen getrennt werden. Es ging ihm besonders um das Vermeiden von Fehlschlüssen; ihm war wohl klar, dass eine schlüssige Beweiskette noch nichts über die inhaltliche Richtigkeit des Ergebnisses aussagt – dazu müssten auch die verwendeten Prämissen wahr sein.

Folgendes Beispiel für einen **Syllogismus** hat zwei Prämissen, dies sind die Aussagen über dem Strich, die etwas über alle Menschen und über Sokrates aussagen. Die Deduktionsregel, der Syllogismus, erlaubt nun aus diesen beiden Prämissen eine Konklusion zu folgern – dies ist die Aussage unter dem Strich.

$$\frac{\text{Alle Menschen sind sterblich.} \quad \text{Sokrates ist ein Mensch.}}{\text{Sokrates ist sterblich.}}$$

Diese Schlussfolgerung ist korrekt, und zwar unabhängig von der Wahrheit der beiden Prämissen. Ändern wir die erste Prämisse ein wenig ab, indem wir „sterblich" in „unsterblich" abändern:

$$\frac{\text{Alle Menschen sind unsterblich.} \quad \text{Sokrates ist ein Mensch.}}{\text{Sokrates ist unsterblich.}}$$

Wir erhalten wiederum eine korrekte Schlussfolgerung, auch wenn uns bewusst ist, dass eine Prämisse nicht der Wirklichkeit entspricht. Durch dieses einfache Beispiel soll deutlich werden, dass es in dieser Form der Logik um die Formulierung gültiger Argumentationen und Schlüsse aus grundlegenden Aussagen, die auch Axiome genannt werden, geht. Man kann dann von einer Menge von Axiomen, die als wahr angenommen werden, durch eine Kette von Anwendungen von Syllogismen neue wahre Aussagen herleiten.

Aristoteles legte mit diesen Arbeiten die Grundlagen für die heute gebräuchliche Art der Logik, nämlich der Prädikatenlogik, einer Logik, in der Aussagen quantifiziert werden können.

In der Sprache der Prädikatenlogik würde der erste oben genannte Syllogismen wie folgt aussehen:

$$\frac{\forall x (mensch(x) \rightarrow sterblich(x)) \quad mensch(sokrates)}{sterblich(sokrates)}$$

Das Symbol ∀ steht hierbei für „für alle" und → für „impliziert". Die erste Prämisse liest sich damit „für alle Objekte x gilt, wenn x ein Mensch ist, ist x auch sterblich". Mithilfe der Schlussregel kann damit aus den beiden Prämissen das neue Wissen, nämlich dass Sokrates sterblich ist, hergeleitet werden. Deutlich wird durch dieses Beispiel auch, dass es sich hier um die Formulierung von Wissen über die Welt und nicht um mathematische Sachverhalte handelt. Diese Verwendung von Logik, also zur Darstellung und zur Herleitung von Wissen, wurde auch besonders durch die neue Disziplin der künstlichen Intelligenz in den 1950er-Jahren vorangetrieben. So existieren mittlerweile sehr leistungsfähige automatische Beweissysteme, die auf Prädikatenlogik basieren und in vielen verschiedenen Gebieten zusammen mit formalisierten Wissen angewendet werden.

Sehr oft werden die zu beweisenden Formeln in eine Normalform umgeformt. Die beiden Prämissen unseres Beispiels würden dann zu einer Menge von sog. Klauseln:

$$\{\neg mensch(x) \lor sterblich(x), mensch(sokrates)\}$$

Die zu beweisende Formel, also $sterblich(sokrates)$ wird dann negiert hinzugefügt – dies ist eine technische Besonderheit, auf die hier nicht eingeganen werden soll. Man erhält dann die folgende Menge von Klauseln:

$$\{\neg mensch(x) \lor sterblich(x), mensch(sokrates), \neg sterblich(sokrates)\}$$

Nun können mit diesen Klauseln und der Inferenzregel **Resolution** neue Klauseln hergeleitet werden: Resolution der ersten mit der dritten Klausel ergibt ¬mensch(sokrates) und mit dieser Klausel zusammen mit der zweiten Klausel aus der Menge kann die leere Klausel □ hergeleitet werden, welches in diesem **Resolutionskalkül** bedeutet, dass die Konklusion aus der Menge der Prämissen folgt.

Die meisten der modernen Theorembeweiser benutzen solche Klauselnormalformen zusammen mit darauf zugechnittenen Inferenzregeln.

Sehr erfolgreich werden solche Systeme auch in der Verifikation von Soft- und Hardware eingesetzt. Hier geht es darum die Korrektheit von Systemen zu Beweisen und nicht nur in einzelnen Fällen zu testen. Dabei haben sich auch interaktive Beweissysteme bewährt, wo also Mensch und logisches System zusammenwirken, der Mensch gibt dabei die „Beweisrichtung" vor und erhält dabei so viel Unterstützung vom automatischen Teil des Systems.

Von wachsender Bedeutung ist hier auch der Einsatz von Beweissystemen in der Mathematik zu nennen. Ein Vorteil dieses Anwendungsgebietes ist, dass die Formalisierung mathematischen Wissens im Computer vergleichsweise leicht ist, weil (semi-)formale Repräsentationen in der Mathematiker ohnehin bereits eine wichtige Rolle einnehmen.

Das Spektrum der Anwendungen ist dabei groß. In den vergangenen Jahren wurden beispielsweise offene mathematische Probleme von aussagenlogischen Beweissystemen, sogenannten SAT-Solvern, vollautomatisch gelöst. Dazu gehört beispielsweise das pythagoreische Tripelproblem (https://en.wikipedia.org/wiki/Boolean_Pythagorean_triples_problem) oder auch die Bestimmung der Schur-Zahl (https://en.wikipedia.org/wiki/Schur's_theorem) von 5. Von den Beweissystemen wurden dabei riesige formale Beweise (Inferenzketten) erzeugt. Die generierten Beweise sind so groß, dass sie von Menschen nicht mehr Schritt für Schritt überprüft werden können, wohl aber noch von unabhängigen Computerprogrammen.

Eine besondere Aufmerksamkeit erregte einige Jahre zuvor die formale Verifikation eines Beweises zur berühmten Keplerschen Vermutung (https://de.wikipedia.org/wiki/Keplersche_Vermutung) mit einem interaktiven Beweis(assistenz)system. Der untersuchte Beweis, der im Jahre 1998 vom Mathematiker Thomas Hales der Zeitschrift *Annals of Mathematics* zur Begutachtung vorgelegt wurde, konnte aufgrund seiner Komplexität von den menschlichen Mathematikern nicht mehr vollständig überprüft werden, die Fachexperten gaben auf. Die letztendliche Verifikation gelang dann, nach jahrelanger Arbeit, einem Team von Mathematikern und Logikern in Kooperation mit einem interaktiven Beweisassistenzsystem für (höherstufige) Prädikatenlogik; die Leitung des Projektes hatte Thomas Hales. Erst durch die Interaktion zwischen Mensch und Maschine (regelbasiertes KI-System) entstand hier also neues, gesichertes mathematisches Wissen.

Den genannten Erfolgsgeschichten gemein ist der Komplexitätsaspekt: menschliche Mathematiker stießen hier an Komplexitätsgrenzen, die aber durch eine fruchtbare Interaktionen mit automatischen und interaktiven Beweissystemen, also KI-Systemen, weiter verschoben werden konnten.

Beflügelt durch solche Erfolgsgeschichten werden aktuell große Mathematik-Curricula in Beweisassistenzsystemen formalisiert. Beispiele sind das Xena Projekt (https://xenaproject.wordpress.com) und das Archive of Formal Proofs (https://www.isa-afp.org/); bemerkenswert ist auch das Formal Abstracts Projekt (https://formalabstracts.github.io). Dieses mathematische Wissen wird somit für eine fruchtbare Weiterverwendung im Computer aufbereitet. Die entstehenden formalen Datensätze werden dadurch insbesondere auch verfügbar für datengetriebene KI-Ansätze wie das maschinelle Lernen.

Zuletzt wurden interaktive Beweisassistenzsysteme zunehmend eingesetzt zur Unterstützung meta-logischer und meta-mathematischer Untersuchungen mit dem Computer.

4.1.2 Wissensrepräsentation

Erste Ansätze zur Entwicklung von speziellen Formalismen für die Repräsentation von Wissen kamen aus der Linguistik und sollten die Bedeutung von natürlicher Sprache formalisieren. Ausgehend von Arbeiten über semantisches Wissen, wie z. B. von Ross Quillian [4], haben sich in der KI **Semantische Netze** verbreitet. Die Idee, Wissen in Netzform darzustellen, findet man auch schon früher, z. B. um zu modellieren, wie Menschen assoziieren. Nehmen wir als Beispiel das Netz aus Abb. 4.1. Darin sind Konzepte als Kästen dargestellt, und die Pfeile haben die Bedeutung „ist Unterkonzept von". So ist zum Beispiel Säugetier ein Unterkonzept von Lebewesen, wodurch ausgedrückt wird, dass jedes Säugetier auch ein Lebewesen ist. Die gestrichelte Linie von Sokrates zum Konzept Mensch drückt aus, dass Sokrates eine Instanz des Konzeptes Mensch ist. Damit ist er aufgrund der Unterkonzept-Relation im Netz auch ein Säugetier und ein Lebewesen. Am Konzept Säugetier hängt eine sogenannte Rolle, dies ist eine Eigenschaft, die auf alle Individuen des Konzepts zutrifft: Alle Säugetiere haben eine Lunge. Das Besondere an solchen semantischen Netzen ist nun, dass sie die Vererbung von Rollen zulassen. Die Elemente eines Unterkonzeptes erben alle Rollen des Oberkonzeptes. Menschen haben also eine Lunge, und natürlich gilt das auch für Sokrates, da er Mensch ist.

Semantische Netze waren bis in die 1990er-Jahre ein weitverbreitetes Paradigma für die Repräsentation von Wissen in künstlichen intelligenten Systemen. Aber auch in den Kognitionswissenschaften und in der Psychologie wurden sie gerne als Modell für die mentale Repräsentation von Wissen herangezogen. Wenn man davon ausgeht, dass Wissen in Netzform im Gehirn abgelegt ist, könnte man Assoziationen, die wir Menschen zu machen in der Lage sind, durch strukturelle Ähnlichkeiten verschiedener Teilnetze erklären. Der deutsche Psychologe Klix versuchte durch Experimente nachzuweisen, dass Netze die Grundlage mentaler Repräsentation beim Menschen sind. Er konnte zeigen, dass die Reaktionszeiten von Probanden auf Fragen, die nahe beieinanderliegenden Konzepte betrafen, kürzer sind als die von weiter entfernt voneinander liegenden Konzepten [2]. Anfang der 90er-Jahre, als nämlich klar wurde, dass semantischen Netze nichts anderes als graphisch dargestellte logische Formeln sind, haben sich sehr schnell Systeme durchgesetzt, welche Logik und die üblichen Herleitungsmechanismen verwendeten. Standard ist mittlerweile die Verwendung von sogenannten Beschreibungslogiken.

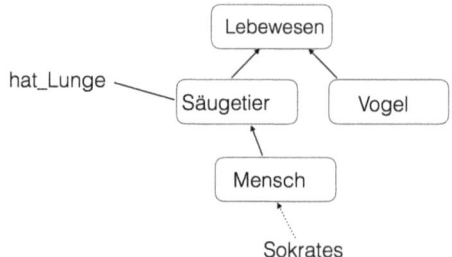

Abb. 4.1 Semantisches Netz mit den Konzepten, Lebewesen, Vogel, Säugetier und Mensch. Sokrates ist eine Instanz von Mensch, und Säugetiere haben Lunge und sind sterblich

4.1.3 Beschreibungslogiken

Unser Beispiel aus Abb. 4.1 liest sich in einer **Beschreibungslogiken** wie folgt:

$$\text{Mensch} \sqsubseteq \text{Säugetier}$$
$$\text{Säugetier} \sqsubseteq \text{Lebewesen} \sqcap \exists \text{hat\_Lunge.Thing}$$
$$\text{Vogel} \sqsubseteq \text{Lebewesen}$$
$$\text{Mensch(Sokrates)}$$

Hierbei wird, ähnlich wie durch den Pfeil im semantischen Netz, durch das Symbol $\sqsubseteq$ die Unterkonzeptbeziehung ausgedrückt, so also in der ersten Zeile, dass alle Menschen auch Säugetiere sind. Die zweite Zeile ist etwas komplexer, sie drückt neben der Unterkonzeptbeziehung auch in einer logischen Form die Rolle hat_Lunge aus unserem semantischen Netz aus. Die Zeile besagt, dass Säugetier ein Unterkonzept des Konzeptes ist, der durch den Ausdruck rechts vom $\sqsubseteq$-Symbol beschrieben ist: Dieses Konzept wird durch zwei Teile definiert, die durch eine Konjunktion, dem $\sqcap$-Symbol, verknüpft sind. Im ersten Teil wird festgelegt, dass es ein Teil des Konzeptes Lebewesen ist und im zweiten Teil $\exists$hat_Lunge.Thing ist ausgedrückt, dass es mindestens ein Objekt gibt, das ein beliebiges Konzept Thing ist, welches als Lunge dieses Lebewesens bezeichnet wird. Die letzte Zeile drückt aus, dass Sokrates ein Individuum des Konzeptes Mensch ist.

Wir haben diese kleine Logik-Wissensbasis so ausführlich erläutert, um deutlich zu machen, dass hier die gleichen Sachverhalte wie in der graphikorientierten Netzdarstellung über einen kleinen Ausschnitt der Welt formalisiert werden. Offensichtlich ist es nun so, dass die Graphik, also das semantische Netz, sehr viel eingängiger und intuitiv verständlich scheint. Allerdings hatten wir bereits mehrfach hervorgehoben, dass logische Formeln nicht nur eine propositionale Darstellung von Wissen sind, vielmehr bietet die Logik gleichzeitig und sozusagen ohne zusätzliche Programmierung Verfahren an, um auf korrekte Weise neues Wissen herzuleiten.

Eine einfache Beschreibungslogik ist $\mathcal{ALC}$ [1]. Zusammengesetzte $\mathcal{ALC}$ Konzepte C und D werden aus atomaren Begriffen und atomaren Rollen gemäß folgenden Syntaxregeln gebildet:

$$A \sqsubseteq C, D \mid \top \mid \bot \mid \neg A \mid C \sqcap D \mid \neg C \mid C \sqcup D \mid \exists R.C \mid \forall R.C$$

wobei A ein atomares Konzept (wie in unserem Beispiel Säugetier) und R eine atomare Rolle (wie in unserem Beispiel hat_Lunge) sind. Die Symbole $\top$ und $\bot$ stehen dabei für wahr und falsch. Die letzte Regel $\forall R.C$ könnte zum Beispiel instantiiert werden um einen Konzept einzuführen, welches Menschen beschreibt, die keine Töchter haben:

$$\text{Mensch} \sqcap \forall \text{hat\_Kind}.\neg \text{Tochter}$$

Ähnlich wie im Fall der Prädikatenlogik in Klauselform können auch hier spezielle Inferenzregeln definiert werden, die es gestatten Anfragen an eine solche Wissensbasis zu beantworten. So könnten wir an die obige Wissensbasis die Anfrage stellen, ob Sokrates eine Lunge hat, was dann mit diesen Regeln auch automatisch beantwortet werden könnte.

Das Besondere an Beschreibungslogiken ist, dass sie so gestaltet sind, dass Anfragen an sie entscheidbar sind. Dies ist bei Prädikatenlogik erster Stufe leider nicht der Fall, sie ist nur semi-entscheidbar. Das heißt, dass man nicht in jedem Fall nach Ablauf einer endlichen Zeitspanne eine Antwort bekommt. Bei Anfragen an eine Wissensbasis ist dies jedoch wünschenswert; allerdings geht die Entscheidbarkeit auf Kosten der Ausdrucksfähigkeit.

Zu Beginn dieses Kapitels hatten wir erwähnt, dass auch **Logische Programmierung** zur Repräsentation von Wissen verwendet werden kann. Unsere kleine Beispielwissensbasis würde in einer logischen Programmiersprache wie folgt aussehen:

```
saeugetier(X)      :- mensch(X).
lebewesen(X)       :- saeugetier(X).
lebewesen(X)       :- vogel(X).
hat_lunge(X)       :- saeugetier(X).
mensch(sokrates).
```

Um abzuleiten ob Sokrates eine Lunge hat. könnten wir nun die Frage ?- hat_lunge(sokrates) stellen, die ein logisches Programmiersystem schließlich mit true beantworten würde.

4.1.4 Alltagsschließen

An obigen kleinen Beispiel lassen sich auch zwei weitere Aspekte aus dem Bereich des Alltagsschließen erläutern, nämlich die sog. **closed world assumption** und das **default reasoning**. Beide gehen über die Verwendung von klassischer Logik hinaus: Nach den Regeln der Prädikatenlogik könnten wir aus obiger kleinen Wissensbasis auf die Frage ?- mensch(aristoteles) nichts herleiten – wir würden keine Antwort bekommen, da über das Mensch-sein von Aristoteles darin nichts enthalten ist. Wenn wir aber die **closed world assumption** zugrunde legen, also annehmen, dass alles, was nicht aus der Wissensbasis folgt, nicht wahr ist, könnten wir die Frage verneinen. Wir Menschen benutzen diese Regel sehr oft im Alltagsschließen. Ähnlich verhält es sich mit Ausnahmen. Fügen wir zu obigen Wissensbasis die folgenden Regeln hinzu:

```
fliegt(X)     :- vogel(X).
vogel(tweety).
```

Wir könnten dann ableiten, dass Tweety fliegt, da ja Vögel fliegen. Fügen wir aber nun noch das Faktum `penguin(tweety)` hinzu, müssten wir natürlich dafür Sorge tragen, dass durch eine besondere Regel gewährleistet wird, dass Pinguine, obwohl sie Vögel sind, nicht fliegen können. Wir Menschen benutzen solche Schlußweisen sehr häufig, in der Logik müssen für dieses default reasoning besondere aufwendige Inferenzregeln eingeführt werden. Solche Aspekte werden in einem ganzes Teilgebiet der KI, nämlich dem **commonsense reasoning** behandelt; dazu ist mehr im Kap. 12 zu finden.

4.1.5 Menschliches Schließen

Alle bisher vorgestellten Repräsentationsformen waren formal bzw. logikartig und eigenen sich hervorragend um in KI-Systemen verwendet zu werden. In manchen Fällen lohnt es sich aber auch vom Menschen zu lernen. So gibt es in der Psychologie Experimente, die belegen, dass Menschen bei bestimmten kognitiven Aufgaben keine logischen Inferenzen anwenden und trotzdem schnell und richtig schließen. Ein sehr gut untersuchtes Beispiel dafür ist die Wason-Selection-Task, die der Psychologe Peter Wason 1968 erstmals untersuchte [6]. Der abstrakte Fall der Aufgabe ist in Teil (a) von Abb. 4.2 dargestellt. In der Aufgabe werden einer Testperson vier verschiedene Karten präsentiert. Der Testperson wird gesagt, dass jede Karte auf einer Seite einen Buchstaben und auf der gegenüberliegenden Seite eine Zahl enthält. Weiterhin wird eine Aussage wie „Wenn auf der einen Seite ein Vokal vorhanden ist, enthält die gegenüberliegende Seite eine gerade Zahl" gegeben. Nun wird die Testperson aufgefordert, diese Aussage zu verifizieren oder zu widerlegen, indem sie eine minimale Anzahl von Karten umdreht. Bei dieser abstrakten Aufgabe konnten weniger als 25 % der Probanden die Lösung finden; dieses Ergebnis ist seitdem viele Male mit den unterschiedlichsten Probanden bestätigt worden. Selbst mit Studierenden aus Logikvorlesungen an der Universität erhält man in etwa die gleichen schlechten Ergebnisse.

Es sollte offensichtlich sein, dass die Aussage „Wenn auf der einen Seite ein Vokal vorhanden ist, enthält die gegenüberliegende Seite eine gerade Zahl" als eine Implikation „Wenn P, dann Q" formuliert ist. Nehmen wir an, dass die Eigenschaft P gilt, dann muss

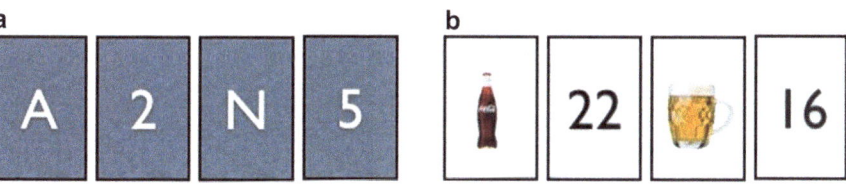

Wenn auf einer Seite ein Vokal ist, enthält die andere Seite eine gerade Zahl.   Personen unter 21 Jahren dürfen kein Bier trinken.

Abb. 4.2 Die Wason-Selection-Task

Q wahr sein, wenn aber P falsch ist, kann Q beliebig sein. Dieser Schluß entspricht genau unserem eingangs formuliertem Syllogismus über Sokrates und seine Sterblichkeit. In unserem Fall muss also die Karte mit A gedreht werden – hier ist P wahr, wir müssen also prüfen, ob Q gilt. Ebenso müssen wir die Karte mit der 5 drehen, denn wenn auf der anderen Seite ein Vokal ist, wäre die Implikation falsch. Sehr viele Experimente haben gezeigt, dass Menschen Probleme haben, diese abstrakte, aber doch recht einfache Schlussfolgerung richtig durchzuführen. Die Situation ändert sich drastisch, wenn Kontext zum Problem hinzugefügt wird.

In Abb. 4.2 in Teil (b) ist der Kontext eines sozialen Vertrags gegeben: Auf der einen Seite der Karten ist ein Getränk abgebildet, nämlich Bier oder Limonade, auf der anderen Seite das Alter desjenigen, der dieses Getränk trinkt. Eine Karte steht also für eine Person, die ein Getränk zu sich nimmt. Die Regel lautet nun:„Wenn eine Person unter 21 Jahre alt ist, darf sie kein Bier trinken". Überprüft werden muss wieder, ob die Implikation, diesmal die soziale Regel, eingehalten wird. In diesem Fall finden üblicherweise 75 % der Probanden die richtige Lösung; noch dazu recht schnell und mühelos. Es handelt sich hierbei, genau wie vorher, um das Überprüfen einer Implikation „Wenn P, dann Q". Allerdings nun nicht mehr abstrakt, sondern in einem konkreten sozialen Kontext, wo es darum geht, eine soziale Norm zu überprüfen. Dies passiert anscheinend in einem anderen Teil des Gehirns, nämlich der Amygdala, die für Emotionen zuständig ist. Ein ähnliches Vorgehen ist auch bei einer anderen Klasse von Kontexten, nämlich dann, wenn es um Vorsichtsmaßnahmen des Einzelnen geht; also bei Kontexten der Art „Wenn Du Dich in der gefährlichen Situation X befindest, musst Du auf Y achten." Auch Aufgaben mit solchen Kontexten werden in der Amygdala bearbeitet. Dies geschieht eben nicht rational, sondern mit anderen entwicklungsgeschichtlich sehr alten und hoch effizient arbeitenden Teilen des Gehirns. Wie genau dies funktioniert und wie es in künstlichen Systemen modelliert werden kann, ist unklar und wird in der Kognitionswissenschaft intensiv erforscht.

4.2 Beispiele aus der Lebenswelt, gesellschaftliche Bezüge und Interdisziplinärität

Knowledge Graphs Viele von uns benutzen die Suchmaschine Google als willkommenes Werkzeug im Alltag. Sicherlich ist Ihnen dabei schon der Kasten am rechten oberen Rand der Suchergebnisse aufgefallen. Dort werden Informationen zum gesuchten Begriff angeboten, die Google in seinen sog. **Knowledge Graphs** bereitstellt. Diese Knowledge Graphs sind ähnlich wie semantische Netze aufgebaut; sie werden von Google aus verschiedensten Quellen bezogen und auch auch automatisch generiert. Mittlerweile enthält diese Wissensbasis mehr als 500 Milliarden und sie wächst laufend.

Wikidata Wikipedia ist sicherlich die weltweit meistgenutzte Enzyklopädie und auch sie wächst ständig. Die Artikel sind allerdings in natürlicher Sprache abgefasst, so dass sie einer automatischen Verarbeitung nur schwer zugänglich sind. **Wikidata** dagegen bietet in Form einer strukturierten Wissensbasis viele Inhalte. Sie enthält derzeit ca. 100 Millionen Einträge und sie ist frei verfügbar und editierbar: https://www.wikidata.org/wiki/Wikidata:Main_Page.

Mathematik Interaktive und automatisierte wissensbasierte Systeme zur Unterstützung des Mathematikers werden eingesetzt z. B. im Xena Projekt (https://xenaproject.wordpress.com) von Kevin Buzzard, im Formal Abstracts Projekt (https://formalabstracts.github.io) von Thomas Hales und im Kontext des Archives of Formal Proofs (https://www.isa-afp.org/).

Allgegenwärtige Verfügbarkeit von Wissen Durch die ständige Verfügbarkeit von smarten Endgeräten, wie Smartphones, Smartwatches oder digitale AssistentInnen wie, Siri, Alexa oder Google's Assistent ist Wissen jederzeit abrufbar. Wir können jederzeit auf Lexika, Enzyklopädien oder Wörterbücher zugreifen – Lernen und Lehren steht vor der großen Herausforderung, wie diese Hilfsmittel im Schul- oder Universitätsalltag eingesetzt werden sollen. In verschiedenen Wissenschaftsdisziplinen wird formalisiertes Wissen eingesetzt, um Computerunterstützung zu ermöglichen. In der Medizin z. B. kann damit die Diagnose erleichtert werden, wobei jedoch sichergestellt werden muss, dass die letzte Entscheidung vom Arzt und nicht vom KI-System getroffen werden muss. In der Mathematik werden Wissensbasen zur Unterstützung oder gar zum automatischen Finden von Beweisen eingesetzt. Dabei stellt sich jedoch die Frage, in wie weit solche Beweise noch vom menschlichen Mathematiker nachvollzogen werden können [3].

4.3 Vorschläge für den Unterricht und Anwendungen

Für die Wissensquelle Wikidata existiert eine Webseite mit zahlreichen Informationen über den Zugriff auf diese Wissensbasis: https://www.wikidata.org/wiki/Wikidata:SPARQL_query_service/Wikidata_Query_Help. Dort ist auch ein Tutorial für die Benutzung von SPARQL-Anfragen enthalten.

Das Portal inf-schule.de enthält unter dem Abschnitt über **Deklarative Programmierung** auch Kurse zur **logischen Programmierung**, wo auch die Repräsentation und die Verwendung von Wissen thematisiert wird https://www.inf-schule.de/deklarativ/logischeprogrammierung.

Beispiele zur Wissensbasis **ConceptNet** sind in https://conceptnet.io enthalten und können dort auch über eine Webschnittstelle exemplarisch durchsucht werden.

4.4 Literatur zum Weiterlesen und Quellen

Das Standardwerk zu Beschreibungslogiken ist **The Description Logic Handbuch: Theory, Implementation and Application** [1].

Das Lehrbuch **Artificial Intelligence: A Modern Approach** [5] enthält auch Kapitel über Wissensrepräsentation mittels verschiedener Formalismen.

Literatur

1. Franz Baader u. a., Hrsg. **The Description Logic Handbook: Theory, Implementation, and Applications**. Cambridge University Press, 2003. ISBN: 0-521-78176-0.
2. Friedhart Klix. **Gedächtnis, Wissen, Wissensnutzung**. VEB Deutscher Verlag der Wiss., 1984.
3. Evelyn Lamb. "Two-hundred-terabyte maths proof is largest ever". In: **Nature** 534.7605 (1. Juni 2016), S. 17–18. ISSN: 1476–4687. DOI: 10.1038/nature.2016.19990. URL: https://doi.org/10.1038/nature.2016.19990.
4. M. Ross Quillian. "Word concepts: A theory and simulation of some basic semantic capabilities". In: **Behavioral Science** 12.5 (1967), S. 410–430.
5. Stuart Russell und Peter Norvig. **Artificial Intelligence: A Modern Approach (4th Edition)**. Pearson, 2020. URL: http://aima.cs.berkeley.edu/.
6. Peter C Wason. "Reasoning about a rule". In: **The Quarterly Journal of Experimental Psychology** 20.3 (1968), S. 273–281.

Teil II

Maschinelles Lernen

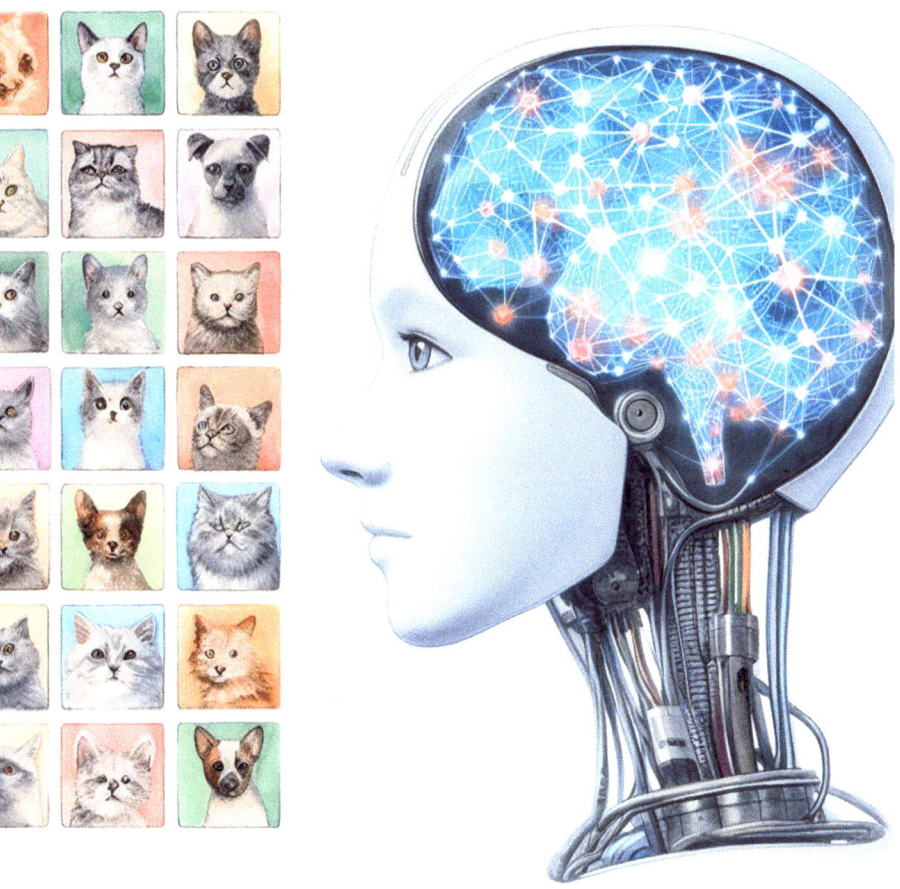

A watercolor image depicting the head of a robot looking at a matrix of images of cats and dogs.
The robot's head is transparent with a neural network in it, some neurons and connections activated.
– Erstellt mit Dall-E 4, 20. November 2023

Lernen mit Neuronalen Netzen

Emanuel Kitzelmann

Sitz der menschlichen Intelligenz ist das Gehirn – was läge also näher, als Erkenntnisse aus der Hirnforschung für die Erzeugung künstlicher Intelligenz zu nutzen? Der Mensch lernt von Geburt an ein Leben lang und erwirbt theoretisches Wissen und praktische Fähigkeiten verschiedenster Art von Grund auf durch Lernen – ermöglicht durch die hohe Flexibilität und Anpassbarkeit eines riesigen Netzwerks aus sich gegenseitig beeinflussenden Nervenzellen im Gehirn. Künstliche neuronale Netze simulieren in einer stark abstrahierten Form diesen grundlegenden Aufbau des Gehirns und sind vielseitig einsetzbar, um komplexe Modelle in Domänen mit unstrukturierten Eingabedaten wie der Bild- oder Sprachverarbeitung zu lernen.

Richtungsweisende ChatBots bzw. Sprachmodelle wie ChatGPT, das automatische Erkennen von Freunden auf Fotos, individuelle Produktempfehlungen, die Erkennung von Kreditkartenbetrug und Unterstützung in der medizinischen Diagnostik bis hin zu selbstfahrenden Autos – in vielen Aufsehen erregenden Anwendungen der künstlichen Intelligenz der letzten Jahre kommen künstliche neuronale Netze zur Anwendung. Das entsprechende Gebiet der KI heißt auch **tiefes Lernen** (**deep learning**), da die eingesetzten neuronalen Netze aus mehreren hintereinander geschalteten Schichten künstlicher Neuronen bestehen und in diesem Sinne **tief** genannt werden. Grundlegende Ideen künstlicher neuronaler Netze (KNNs) wurden schon in den 40er- und 50er-Jahren des letzten Jahrhunderts entwickelt [2, 3, 5]. Dass KNNs seit einigen Jahren große Erfolge vorzuweisen haben liegt an zwei Faktoren: KNNs benötigen sehr große Mengen an Daten und sehr viel Rechenkraft. Beides war lange Zeit nicht in ausreichendem Maße vorhanden,

---

E. Kitzelmann (✉)
Informatik und Medien, TH Brandenburg, Brandenburg a.d.H., Deutschland
E-Mail: emanuel.kitzelmann@th-brandenburg.de

© Der/die Autor(en), exklusiv lizenziert an Springer Fachmedien Wiesbaden GmbH, ein Teil von Springer Nature 2024
U. Furbach et al. (Hrsg.), *Künstliche Intelligenz für Lehrkräfte*, ars digitalis, https://doi.org/10.1007/978-3-658-44248-4_5

wurde aber in den letzten Jahren mit der schnell fortschreitenden Digitalisierung, spezieller Prozessoren und Verlagerung von Daten und Hardwarekapazitäten in die Cloud verfügbar.

Tiefe KNNs werden in Kap. 8 näher betrachtet, in diesem Kapitel werden die Grundlagen künstlicher neuronaler Netze – der Aufbau eines künstlichen Neurons, der Grundaufbau eines Netzes mit mehreren Neuronenschichten und das Prinzip des Lernens mit neuronalen Netzen – behandelt.

Kompetenzziele
- Den Aufbau eines künstlichen Neurons erklären.
- Logische Funktionen mit Perzeptronen repräsentieren.
- KNNs als Schichten von Neuronen (multi layer perceptrons) verstehen.
- Lernen mit Neuronalen Netzen als Suche im Gewichtsraum verstehen.
- Gradientenabstieg als Verfahren zur Fehlerminimierung beschreiben.
- Backpropagation als Verfahren zum Lernen versteckter Schichten benennen.

5.1 Methodische Einführung

KNNs [4], [6, Kap. 18] verarbeiten Zahlen als Ein- und Ausgabe und erzeugen dabei eine Reihe von Zwischenergebnissen. Die Eingabezahlen repräsentieren z. B. Helligkeits- oder Farbwerte der einzelnen Pixel eines Bildes. Falls andere Daten, z. B. Sprache, verarbeitet werden sollen, müssen diese zunächst in Zahlen umgewandelt werden. Ein KNN besteht aus vielen einzelnen künstlichen Neuronen, die in aufeinanderfolgenden **Schichten** (Englisch: **Layer**) miteinander vernetzt sind, s. Abb. 5.1.

Die **Eingabeschicht** (**input layer**) enthält die Eingabezahlen und verteilt diese an die Neuronen der ersten **verborgenen Schicht** (**hidden layer**). Jedes Neuron dieser verborgenen Schicht berechnet einen eigenen Ausgabewert (Zwischenergebnis). Alle

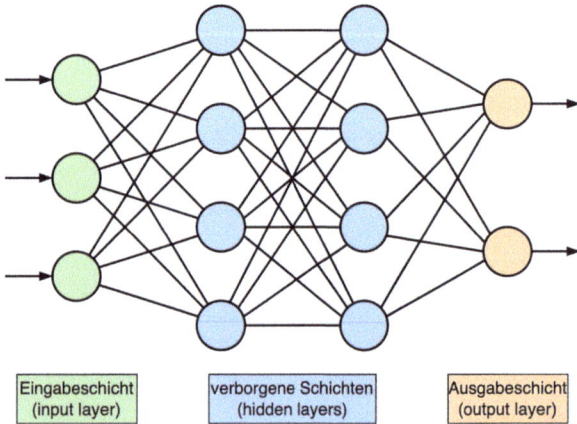

Abb. 5.1 Grundaufbau eines KNNs mit mehreren Schichten. Die Anzahl der Neuronen pro Schicht und die Anzahl der verborgenen Schichten sind variabel

diese Zwischenergebnisse werden an die nächste verborgene Schicht weiter verteilt, die eine Menge weiterer Zwischenergebnisse berechnet usw. Die letzte Schicht ist die **Ausgabeschicht** (**output layer**) und berechnet die Endergebnisse. Sollen z. B. Bilder mit Katzen erkannt werden, könnte die Ausgabeschicht aus einem einzelnen Neuron bestehen, das die Wahrscheinlichkeit zwischen 0 und 1 dafür ausgibt, ob auf dem Bild eine Katze zu sehen ist.

5.1.1 Ein einzelnes künstliches Neuron – das einfache Perzeptron

Der Grundbaustein eines KNNs ist das künstliche Neuron, eine Abstraktion der natürlichen Nervenzelle, Abb. 5.2.

Das menschliche Gehirn besteht aus einer riesigen Anzahl stark vernetzter Nervenzellen (*Neuronen*), die sich durch elektrische Signale beeinflussen. Ein einzelnes Neuron besteht neben dem Zellkörper aus zwei Arten von Zellfortsätzen: Über die stark verästelten Dendriten werden elektrische Signale vorgeschalteter Neuronen aufgenommen und an den Zellkörper weiter geleitet. Über das Axon sendet ein Neuron ein elektrisches Signal an nachgeschaltete Neuronen weiter. Die Schnittstelle zwischen Axonterminalen und Dendriten der nachgeschalteten Neurone bilden die Synapsen. Je nach Art einer Synapse wirkt sich ein eingehendes Signal erregend oder hemmend und unterschiedlich stark auf das nachfolgende Neuron aus. Alle durch die Dendriten eingehenden Signale summieren sich im Zellkörper zu einem Gesamtpotential, das einen gewissen Schwellwert überschreiten muss, damit das Neuron „feuert" und dieses Aktionspotential über sein Axon weiter gibt. Diese Vernetzung der Neuronen ist nicht starr, sondern verändert sich ein Leben lang – *neuronale Plastizität* – und ist die physiologische Basis des Lernens. Dabei verändert sich sowohl die Struktur der Vernetzung, als auch die Durchlässigkeit der Synapsen und damit die Art und Weise, ob und wie ein Neuron auf die eingehenden Signale vorgeschalteter Neuronen reagiert.

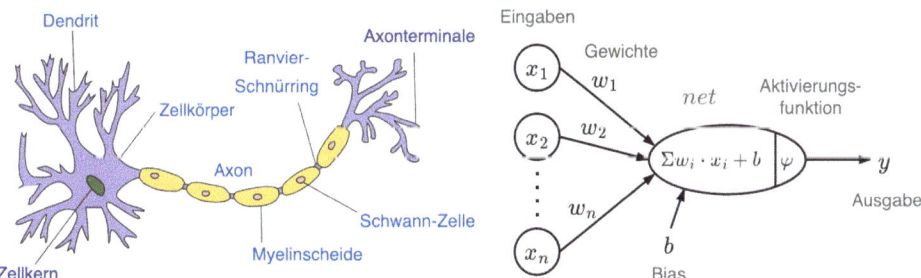

Abb. 5.2 Schematische Darstellung eines natürlichen (links) und eines künstlichen (rechts) Neurons. (Das Bild links ist lizenziert unter der „Creative Commons Attribution-Share Alike 3.0 Unported license". Autor: Quasar Jarosz, Quelle: English Wikipedia)

x_1	x_2	$\vec{x} \cdot \vec{w}$	$\vec{x} \cdot \vec{w} > \theta$	x_1 AND x_2
0	0	0	0	0
0	1	1	0	0
1	0	1	0	0
1	1	2	1	1

Abb. 5.3 Das logische AND repräsentiert durch ein künstliches Neuron mit den Gewichten $w_1 = 1$ und $w_2 = 1$ und dem Schwellenwert $\theta = 1,5$. Die letzten beiden Spalten zeigen den jeweiligen Output des Neurons und das Ergebnis der AND-Funktion und sind identisch

Das künstliche Neuron oder **Perzeptron** ist eine mathematische Abstraktion der beschriebenen Funktionsweise biologischer Nervenzellen und der Grundbaustein künstlicher neuronaler Netze. Elektrische Potentiale werden als reelle Zahlen dargestellt. Ein Perzeptron nimmt eine Anzahl von reellwertigen Eingaben $x_1, \ldots, x_n$ entgegen, in der einfachsten Form ist jeder Eingabewert x_i ($i = 1, \ldots, n$) entweder 1 oder 0 mit der Bedeutung, dass das entsprechende vorgeschaltete Neuron gefeuert hat (1) oder nicht (0). Jeder Eingabewert x_i wird mit einem individuellen Faktor w_i multipliziert (gewichtet). Die **Gewichte** w_i können beliebige reelle Zahlen sein, so dass jeder Eingabewert x_i – analog zur Modifikation der elektrischen Eingangssignale durch die Synapsen im natürlichen Neuron – unterschiedlich stark und entweder positiv (erregend, bei $w_i > 0$) oder negativ (hemmend, $w_i < 0$) oder gar nicht ($w_i = 0$) wirkt. Eine **Aktivierungsfunktion** φ bewertet dann, ob die gewichtete Summe $x_1 \cdot w_1 + x_2 \cdot w_2 + \cdots + x_n \cdot w_n$ einen Schwellwert θ überschreitet und generiert entsprechend einen Ausgabewert y, der wiederum entweder 1 (das Neuron feuert) oder 0 (das Neuron feuert nicht) ist. Die geordnete Sequenz $x_1, x_2, \ldots$ der Eingabewerte nennt man Eingabevektor und schreibt kurz $\vec{x}$, die dazugehörigen Gewichte ergeben den Gewichtsvektor $\vec{w}$ und die gewichtete Summe $x_1 \cdot w_1 + x_2 \cdot w_2 + \ldots$ schreibt man kurz als $\vec{x} \cdot \vec{w}$. (Als Anknüpfung an den Mathematikunterricht: $\vec{x} \cdot \vec{w}$ ist das Skalarprodukt von Eingabe- und Gewichtsvektor.) Ein solches Perzeptron kann z. B. bestimmte logische Funktionen berechnen. Das logische AND nimmt z. B. zwei Eingabewerte x_1 und x_2, die jeweils entweder 0 oder 1 sind und liefert 1, falls beide Eingabewerte (x_1 *und* x_2) 1 sind, ansonsten 0. Ein Perzeptron, das diese Funktion berechnet, ist durch die Gewichte $w_1 = 1$, $w_2 = 1$ und $\theta = 1,5$ definiert, wie die Tabelle in Abb. 5.3 zeigt.

Um nicht für jedes Neuron einen individuellen Schwellwert und damit eine individuelle Aktivierungsfunktion zu benötigen, nehmen wir eine kleine Umformung vor: Anstatt $\vec{x} \cdot \vec{w} > \theta$ zu prüfen, prüfen wir $\vec{x} \cdot \vec{w} + (-\theta) > 0$. Der negierte ursprüngliche Schwellwert wird **Bias** genannt und mit b bezeichnet, es ist also $b = -\theta$. Der neue einheitliche Schwellwert ist nun 0 und geprüft wird $\vec{x} \cdot \vec{w} + b > 0$. Um die Notation weiter zu vereinfachen betrachten wir b als (zusätzliches) Gewicht $w_0 = b$ mit dem konstanten „Dummy"-Input $x_0 = 1$. Die „erweiterten" Eingabe- und Gewichtsvektoren sind dann

5 Lernen mit Neuronalen Netzen

$\vec{x} = (x_0, \ldots, x_n)$ mit $x_0 = 1$ und $\vec{w} = (w_0, \ldots, w_n)$ mit $w_0 = b$. Die gewichtete Summe der Eingaben inkl. Bias wird mit *net* bezeichnet: $net = \vec{x} \cdot \vec{w}$ und als einheitliche Aktivierungsfunktion ergibt sich:

$$\varphi(net) = \begin{cases} 1 & \text{wenn } net > 0 \\ 0 & \text{sonst} \end{cases}$$

Offenbar ändert sich das Verhalten des Neurons in Bezug auf seine Inputs, wenn die Gewichte (inkl. Bias) geändert werden. Dies entspricht der neuronalen Plastizität im Gehirn. Tatsächlich besteht das Training/Lernen jedes künstlichen neuronalen Netzes darin, die richtigen Werte für alle Gewichte im Netz zu finden.

Lineare Separierbarkeit/geometrische Interpretation

Durch die Funktion den Perzeptrons – $\varphi(net)$ – wird der Raum der möglichen Eingabewerte *linear separiert* in eine Region, deren Eingabewerte zu einem „Feuern" des Perzeptrons führen und eine andere, deren Eingabewerte in gewichteter Summe unter der Schwelle θ bleiben. Für ein Perzeptron, das genau zwei Eingabewerte x_1, x_2 entgegen nimmt, ergibt sich eine zweidimensionale Eingabeebene mit vier möglichen Eingabepunkten $(0,0)$, $(0,1)$, $(1,0)$, $(1,1)$ und eine Gerade durch diese Ebene, die die lineare Grenze der beiden Regionen markiert. Dabei regulieren die Gewichte w_1, w_2 jeweils die Drehung der Geraden um ihren Schnittpunkt mit den Koordinatenachsen der Ebene und damit die Steigung der Geraden. Das Bias b verschiebt die Gerade. Beispiele sind in Abb. 5.4 zu sehen.

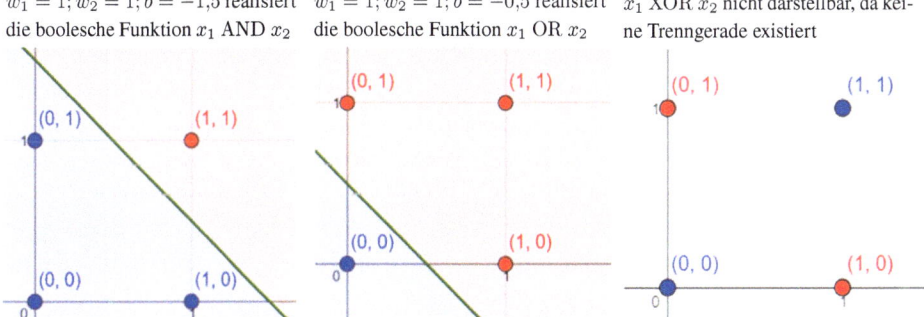

Abb. 5.4 Die Funktionen AND und OR können durch ein Perzeptron dargestellt werden, da die Eingabe-Paare (x_1, x_2), die die Ausgaben 1 (*rote Punkte*) oder 0 (*blaue Punkte*) ergeben, durch eine Gerade voneinander getrennt werden können, im Gegensatz zur Funktion XOR, wo dies nicht möglich ist. Die Geraden bei AND und OR werden jeweils durch $x_1 \cdot w_1 + x_2 \cdot w_2 + b = 0$ beschrieben

> **Zum Nachdenken:**
>
> Auch zusammengesetzte logische Funktionen können durch einzelne Perzeptronen dargestellt werden. Welche Gewichtswerte (inkl. Bias) würden die Funktion (NOT x_1) AND x_2 erzeugen? Zum Ausprobieren: https://www.geogebra.org/m/nkcvx8ch ◄

5.1.2 Lernen eines einfachen Perzeptrons aus Daten

Das Lernen sowohl eines einzelnen Perzeptrons als auch eines Netzes mit vielen vernetzten künstlichen Neuronen ist eine Form des überwachten maschinellen Lernens (siehe Abschn. 3.1.1). Es ist eine Menge von Trainingsdaten bestehend aus Eingaben und erwarteten Ausgaben (Labels) gegeben. Falls ein ganzes Netz trainiert wird, ist die Struktur des Netzes gegeben. Zu Beginn des Trainings sind die Gewichte mit Zufallswerten initialisiert. Ziel des Lernens ist es, die Gewichts- und Bias-Werte des einzelnen Perzeptrons bzw. aller künstlichen Neuronen im Netz so anzupassen, dass das Perzeptron bzw. Netz zu den gegebenen Eingabedaten Ausgaben produziert, die möglichst nah an den erwarteten Ausgaben liegen. Dazu werden die Eingaben in vielen aufeinander folgenden Iterationen immer wieder in das Netz eingespeist, die produzierten Ausgaben mit den erwarteten Ausgaben verglichen und anschließend die Gewichte mittels spezieller Regeln angepasst. Dieses Vorgehen entspricht einer heuristischen Suche im Raum aller Gewichte (vgl. Abschn. 2.1.3, speziell Hill Climbing).

Perzeptron-Lernregel

Eine einfache Lernregel für ein einzelnes Perzeptron mit den möglichen Ein- und Ausgabewerten 0 und 1 ist die *Perzeptron-Lernregel*. Um die Regel anzuwenden, wird dem Perzeptron ein Eingabevektor $\vec{x} = (x_1, \ldots, x_n)$ aus den Trainingsdaten präsentiert und die Ausgabe y des Perzeptrons beobachtet und mit der *erwarteten* Ausgabe t für diesen Eingabevektor verglichen. Wenn y und t übereinstimmen, werden die Gewichte nicht verändert und mit dem nächsten Beispiel aus den Trainingsdaten fortgefahren. Wenn die Werte **nicht** übereinstimmen, werden die Gewichte geändert. Dazu muss man sich klar machen, dass höhere Gewichte immer zu einem höheren *net*-Wert führen und umgekehrt, da die Eingabedaten ja 0 oder 1, also jedenfalls nie negativ sind. Folgende Fälle können also auftreten:

- Wenn y und t gleich sind (beide 0 oder beide 1), also $t - y = 0$, dann sollen sich die Werte der Gewichte (inkl. Bias) nicht ändern.
- Wenn $y = 0$ und $t = 1$, also $t - y = 1$, dann müssen die Gewichte (inkl. Bias) erhöht werden, da in diesem Fall $net < 0$ ist, obwohl $net \geq 0$ sein sollte.

- Wenn umgekehrt $y = 1$ und $t = 0$, also $t - y = -1$, dann müssen die Gewichte vermindert werden.

Diese Fälle lassen sich mathematisch durch die folgende **Perzeptron-Lernregel** zusammenfassen:

$$w_i^{\text{neu}} = w_i^{\text{alt}} + \Delta w_i \quad \text{mit } \Delta w_i = \eta \cdot (t - y) \cdot x_i \quad \text{und } i = 0, \ldots, n \quad (5.1)$$

w_i^{alt} ist der bisherige Wert für das Gewicht, das zum Eingabewert x_i gehört und w_i^{neu} der neue Wert für dieses Gewicht. Der neue Wert ergibt sich also, indem auf den alten Wert der Wert Δw_i hinzu addiert wird. Wenn Δw_i positiv ist, vergrößert sich der Gewichtswert, wenn Δw_i negativ ist, verkleinert er sich. Neben t, y und x_i fließt noch η („Eta") in die Rechnung ein. Dies ist die sogenannte **Lernrate**, die bestimmt, wie stark die Gewichtsänderung in jedem Schritt ausfällt. Um ein Perzeptron zu trainieren werden die Gewichte und das Bias zufällig vorbelegt und anschließend die Trainingsdaten nacheinander präsentiert und jedes mal die Lernregel angewandt. Dies wiederholt sich solange, bis für alle Eingabevektoren y und t übereinstimmen.

5.1.3 Lernen in neuronalen Netzen: Gradientenabstieg

Reale Ein- und Ausgaben in ein neuronales Netz sind i. d. R. nicht binär (0 oder 1), sondern bestehen aus beliebigen reellen Werten. Der bekannte *Iris*-Datensatz (https://archive.ics.uci.edu/dataset/53/iris) enthält z. B. 150 Datensätze zu verschiedenen Arten der Schwertlilien-Pflanze, die sich in Länge und Breite des Kelch- und Blütenblatts unterscheiden.

Features (Eingabewerte $\vec{x}$) sind *sepal length, sepal width, petal length, petal width*, also Länge und Breite des Kelchblatts und Länge und Breite des Blütenblatts, jeweils in cm. Gelabelt (Ausgabewert t) sind die Daten mit der Art (Klasse), es sind drei Klassen erfasst: *Iris setosa*, *Iris versicolor* und *Iris virginica*. In Abb. 5.5 rechts sind die drei Klassen ausschließlich nach den zwei Eingabe-Features petal length und petal width aufgeschlüsselt; setosa (lila), versicolor (türkis), virginica (gelb).

Neben den reellwertigen Features kann man erkennen, dass sich zwar die Klasse setosa von den anderen beiden Klassen linear separieren (durch eine Gerade trennen) lässt, nicht jedoch die Klassen versicolor und virginica – zumindest nicht exakt, da sie sich leicht überlappen. Das Training mit der Perzeptron-Lernregel würde hier versagen. Dennoch wäre es leicht möglich, nach Augenmaß eine Gerade einzuzeichnen, die diese beiden Klassen mit einem *geringen Fehler* linear separiert. Eine solche Gerade mit möglichst kleinem Fehler kann mit dem Gradientenabstiegsverfahren gefunden werden. Eine Simulation eines Trainings mit Perzeptron-Regel vs. Gradientenabstieg für dieses Problem ist hier zu sehen (laden dauert einige Sekunden): Link.

Abb. 5.5 Links: Iris Versicolor (Verschiedenfarbige Schwertlilie). Rechts: Klassifikation verschiedener Schwertlilienarten nach Länge und Breite des Blütenblatts. (Das Bild links ist lizenziert unter der „Creative Commons Attribution-Share Alike 3.0 Unported license". Autor: Danielle Langlois, Quelle: English Wikipedia)

Ziel des **Gradientenabstiegsverfahrens** ist es, Werte für die Gewichte (inkl. Bias w_0) zu finden, die den Gesamtfehler des Perzeptrons bzw. künstlichen neuronalen Netzes auf der gesamten Trainingsdatenmenge D minimiert. Dafür definiert man eine Fehlerfunktion E, die zu jedem (erweiterten) Gewichtsvektor $\vec{w} = (w_0, \ldots, w_n)$ einen Fehlerwert $E(\vec{w})$ berechnet und sucht dann das Minimum dieser Funktion – also den Gewichtsvektor $\vec{w}$, für den der Fehler $E(\vec{w})$ möglichst gering ist. E ist eine Funktion in mehreren Variablen $(w_0, \ldots, w_n)$. Zur Veranschaulichung betrachten wir den Fall mit zwei Variablen. Eine Funktion in zwei Variablen (w_0, w_1) und einem Funktionswert y lässt sich veranschaulichen durch ein dreidimensionales Koordinatensystem, in dem jeder Eingabepunkt ein Punkt auf der Grundfläche ist und der Funktionswert in entsprechender Höhe über diesem Punkt eingezeichnet wird. Als Funktionsgraph ergibt sich eine gewölbte Fläche, die an eine Berglandschaft mit Bergen und Tälern erinnert, Abb. 5.6.

Ein bestimmter Gewichtsvektor $\vec{w} = (w_0, w_1)$ entspricht einem Punkt auf der Grundfläche und ein Gewichtsvektor zusammen mit dem zu diesen Gewichten gehörenden Fehlerwert $E(\vec{w})$ entspricht einem Punkt auf der Fläche des Graphen – der Berglandschaft, bzw. hier der „Fehlerlandschaft" – z. B. dem Punkt A in der Abbildung. Die Idee ist nun, die Gewichte so zu verändern, dass man sich in der Fehler-Berglandschaft entlang des **steilsten Abstiegs** bewegt, um schnellstmöglich in's Tal, also zu einem minimalen Fehlerwert zu kommen. Mathematisch ist Richtung und Betrag des steilsten **Aufstiegs** in einem Punkt durch den **Gradienten** (der Verallgemeinerung der Funktions-**Ableitung** auf Funktionen mit mehreren Argumenten) der Fehlerfunktion an diesem Punkt gegeben. Die Gewichte müssen also in entgegengesetzter Richtung des Gradienten geändert werden – dieses Verfahren heißt **Gradientenabstieg**.

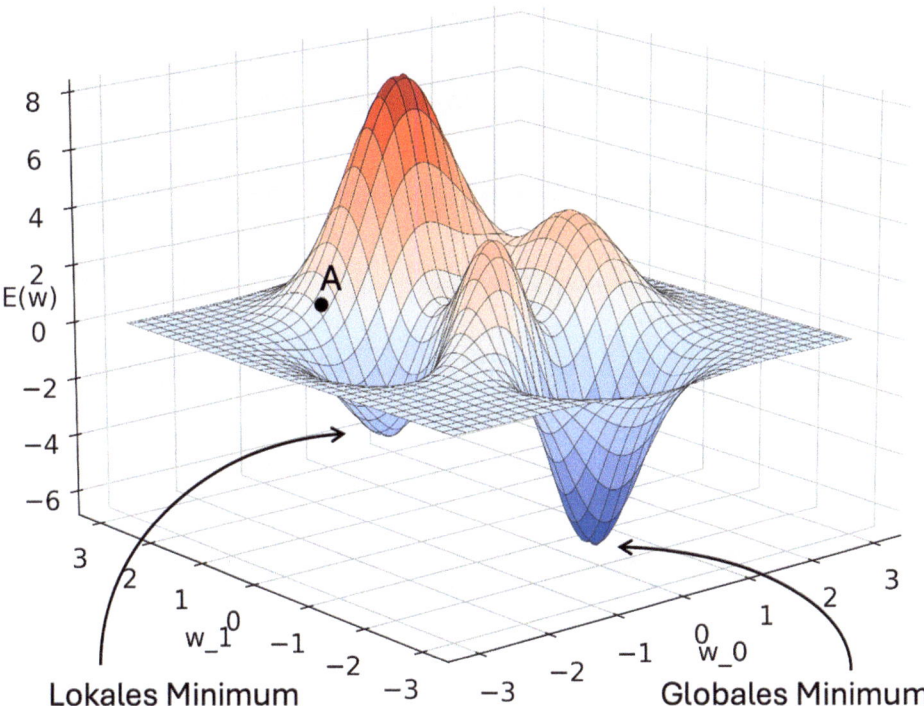

Abb. 5.6 Die Fehlerfunktion eines mehrschichtigen neuronalen Netzes kann mehrere lokale Minima haben. Man kann sich eine solche Fehlerfunktion als „Berglandschaft" vorstellen, in der man ein Tal sucht. (Allerdings ist diese visuelle Vorstellung nur für zwei Gewichte möglich, in realen Netzen sucht man ein Minimum in einem Raum mit sehr vielen Gewichten.)

Das linke Diagramm aus Abb. 5.7 zeigt das abstrakte Vorgehen, das rechte Diagramm die konkrete Umsetzung mittels Gradientenabstieg. Das Perzeptron bzw. neuronale Netz wird auf jede Trainingseingabe $\vec{x}_d$ angewandt und jeweils die Ausgabe y_d beobachtet (das d steht für ein bestimmtes Trainingsbeispiel, $d \in D$) und die Abweichung zur erwarteten Ausgabe t_d über einen sogenannten **Loss** ermittelt. Häufig wird hier die quadratische Abweichung genutzt: $(t_d - y_d)^2$. Diese quadrierten Abweichungen werden für mehrere Trainingsbeispiele, meist über eine gewisse Anzahl zufällig gezogener Trainingsdaten, einen sogenannten Batch, aufsummiert und ergeben die Fehlerfunktion E, hier als *Summe der quadrierten Fehler* (der Faktor $\frac{1}{2}$ hat keine besondere Bedeutung, vereinfacht aber die Berechnung des Gradienten):

$$E(\vec{w}) = \frac{1}{2} \sum_{d \in D} (t_d - y_d)^2$$

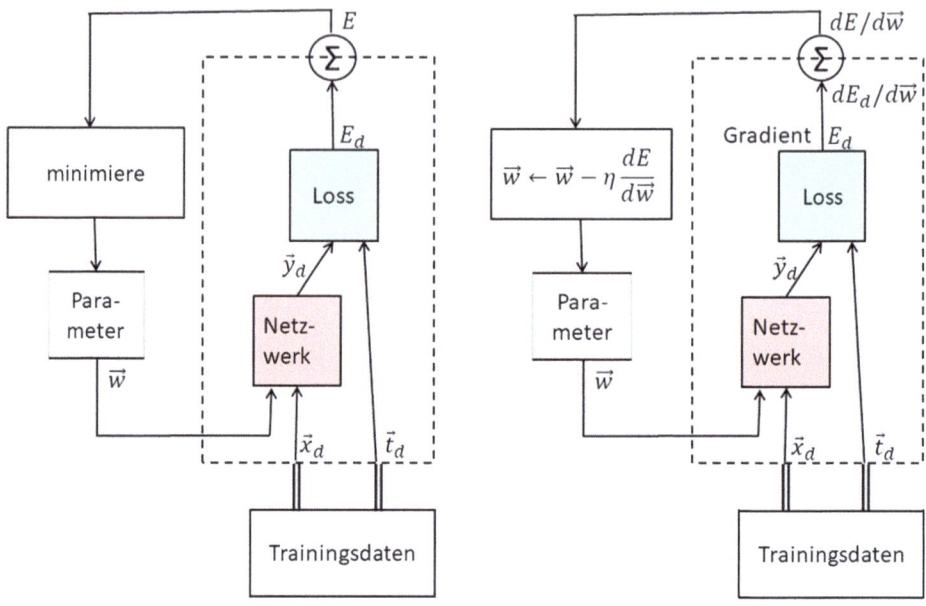

Abb. 5.7 Training eines neuronalen Netzes als Optimierungsvorgang (links) und konkret mit Gradientenabstieg (rechts)

Die Gewichte werden nun entgegen des Gradienten $\frac{dE(\vec{w})}{d\vec{w}}$ der Fehlerfunktion entsprechend folgender Regel geändert, wobei der Faktor η, die sogenannte Lernrate, steuert, wie stark die Gewichte geändert werden:

$$\vec{w}^{\text{neu}} = \vec{w}^{\text{alt}} - \eta \frac{dE(\vec{w})}{d\vec{w}} \quad (5.2)$$

Dieser Optimierungsdurchlauf wird in einer Schleife viele Male wiederholt, bis die Fehlerfunktion einen akzeptablen Wert erreicht hat. Je nach Größe eines Datensatzes, z. B. mehrere Millionen Bilder, braucht ein solches Training mehrere Tage und erfordert einen erheblichen Energieaufwand.

Die Fehlerfunktion und damit auch die Berechnung des Gradienten hängt neben dem gewählten Loss auch von der Aktivierungsfunktion φ der Neuronen im Netzwerk ab. Oben haben wir eine einfache Schwellenwertfunktion betrachtet. In aktuellen Netz-Architekturen im Deep Learning (Kap. 8) wird häufig die ReLU-Funktion (Rectified Linear Unit) verwendet. Eine früher typischerweise genutzte Aktivierungsfunktion ist die Sigmoid-Funktion, da sie durchgängig differenzierbar ist. Abb. 5.8 zeigt die Graphen dieser drei typischen Aktivierungsfunktionen. Gängige Bibliotheken zur Programmierung neuronaler Netze wie TensorFlow und PyTorch berechnen die Ableitungen für den Gradienten automatisch und vermeiden damit früher häufige Programmierfehler. Die Bibliotheken haben die Ableitungen mathematischer Grundfunktionen vordefiniert und bauen mit Hilfe der Kettenregel die Ableitung des gesamten Netzes daraus zusammen.

5 Lernen mit Neuronalen Netzen

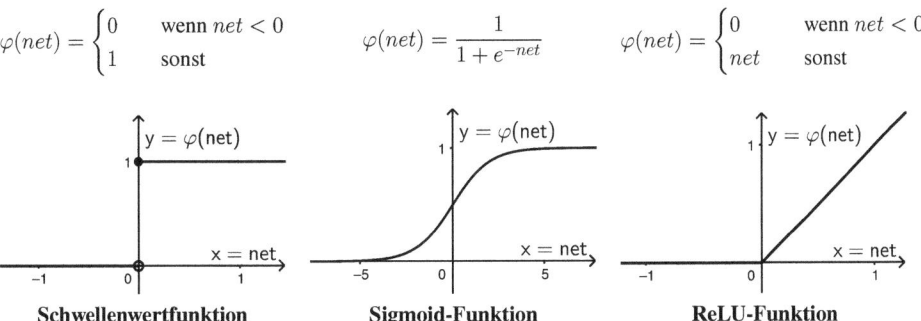

Abb. 5.8 Schwellenwertfunktion (links): Aktivierung 0, solange gewichtete Eingabe $net < 0$, sonst 1. Sigmoid-Funktion (Mitte): stetiger Anstieg der Aktivierung von (größer) 0 bis (kleiner) 1. ReLU-Funktion (rechts): Rectified Linear Unit, Aktivierung 0, solange $net < 0$, dann linearer Anstieg

Exemplarisches Herleiten des Gradienten und einer entsprechenden Update-Regel.
Im Folgenden leiten wir exemplarisch die genaue Update-Regel für die Gewichte eines einzelnen künstlichen Neurons (Perzeptron) gemäß Gradientenabstieg her, wenn man als Aktivierungsfunktion die Sigmoid-Funktion und als Loss die quadrierten Abweichungen von erwarteter und vom Netz berechneter Ausgaben wählt.

Es ergibt sich dann folgende Update-Regel der Gewichte bzgl. eines Trainingsbeispiels:

$$w_i^{\text{neu}} = w_i^{\text{alt}} + \Delta w_i \quad \text{mit } \Delta w_i = -\eta \cdot \delta \cdot x_i \quad \text{und } \delta = (y - t) \cdot y \cdot (1 - y) \quad (5.3)$$

Falls die Gewichte nicht bzgl. einzelner Trainingsbeispiele angepasst werden sollen, sondern im Batch-Modus gemäß des Gradienten auf Basis mehrerer Beispiele, so werden die Δw_i-Werte aller Beispiele im Batch gebildet und aufsummiert zu einem Gesamt-Delta.

Die folgende Herleitung des Gradienten, der zur genannten Update-Regel führt, kann vertiefend als Anknüpfung an den Mathematikunterricht der Sekundarstufe 2 vorgenommen werden. Ähnlich wie man an den Graphen einer differenzierbaren Funktion $f(x)$ (Analysis, Sek. 2) an einem bestimmten Punkt eine eindeutige Tangente (die Gerade, die die Funktion in diesem Punkt berührt) anlegen kann und die Steigung des Graphen, also die Ableitung der Funktion in diesem Punkt der Steigung der Tangente entspricht, so kann man an die „Berglandschaft" (den Graphen) einer zweidimensionalen Funktion in einem bestimmten Punkt eine eindeutige tangentiale Ebene anlegen. Ausgehend vom Berührpunkt gibt es unendlich viele Richtungen auf dieser Ebene und genau eine davon zeigt in die Richtung des steilsten Anstiegs. Diese Richtung ist durch den sogenannten *Gradienten* der mehrdimensionalen Funktion gegeben.

In der Sekundarstufe 2 werden in der Differentialrechnung reelle Funktion in einer Variablen $f(x)$ mit den entsprechenden Regeln (Produktregel, Kettenregel, ...) abgeleitet. Die Ableitung einer Funktion $f(\vec{x})$, $\vec{x} = (x_1, \ldots, x_n)$ in **mehreren** Variablen ist der

Gradient $\frac{df}{d\vec{x}} = (\frac{\partial f}{\partial x_1}, \ldots, \frac{\partial f}{\partial x_n})$ – ein Vektor mit den **partiellen Ableitungen** $\frac{\partial f}{\partial x_i}$ aller Variablen. In der partiellen Ableitung zu einer bestimmten Variable x_i wird nur diese als Funktionsvariable betrachtet und alle anderen Variablen als Konstanten! Beispiel: $f(x, y) = x^2 y + 2y^3$, Gradient: $(2yx, x^2 + 6y^2)$. Die Kenntnisse über Ableitungen „eindimensionaler" Funktionen lassen sich also direkt zur Berechnung des Gradienten einer multivariablen Funktion übertragen.

Wir bilden nun die partielle Ableitung der Fehlerfunktion E_d nach einem Gewicht w_i mit der Sigmoid-Funktion als Aktivierungsfunktion – dies kann mit den Kenntnissen über Ableitungsregeln aus der Sek. 2 problemlos nachvollzogen werden. Die Fehlerfunktion ist $E_d(\vec{w}) = \frac{1}{2}(t - y)^2$. Durch Anwendung der Kettenregel ergibt sich als erster Schritt: $\frac{\partial E_d(\vec{w})}{\partial w_i} = 2 \cdot \frac{1}{2} \cdot (t - y) \cdot \frac{\partial (t-y)}{\partial w_i}$. In $(t - y)$ ist t eine Konstante (die erwartete Ausgabe) und fällt bei der Ableitung weg und $y = \varphi(net(\vec{w}))$. y ist also wiederum eine verkettete Funktion mit φ als äußerer und net als innerer Funktion. Die Sigmoid-Funktion $\varphi(x) = \frac{1}{1+e^{-x}}$ hat die Ableitung $\varphi'(x) = \varphi(x)(1 - \varphi(x))$ (Bestätigen Sie dies durch eigene Rechnung!). Die partielle Ableitung von $net(\vec{w}) = w_0 x_0 + \cdots + w_n x_n$ ist $\frac{\partial net(\vec{w})}{\partial w_i} = x_i$, da alle Summanden außer $w_i x_i$ wegfallen (alle Gewichte außer w_i werden in der partiellen Ableitung als Konstanten betrachtet!) und $w_i x_i$ abgeleitet x_i ist. Wir haben also $\frac{\partial (t-y)}{\partial w_i} = -\frac{\partial \varphi(net(\vec{w}))}{\partial w_i} = -\varphi(net(\vec{w}))(1 - \varphi(net(\vec{w}))) \cdot x_i = -y(1 - y)x_i$ und insgesamt als partielle Ableitung der Fehlerfunktion nach dem Gewicht w_i:

$$\frac{\partial E_d(\vec{w})}{\partial w_i} = (y - t) \cdot y \cdot (1 - y) \cdot x_i$$

Hiermit ergibt sich unmittelbar die Update-Regel oben.

5.1.4 Mehrschichtige Neuronale Netze und Backpropagation

Ein künstliches neuronales Netz besteht aus mehreren Schichten von Neuronen. Im einfachsten Fall ist jedes Neuron einer Schicht mit jedem Neuron der nachfolgenden Schicht verbunden. Das bedeutet, dass die Ausgaben aller Neuronen einer Schicht die Eingaben für jedes einzelne Neuron der nächsten Schicht sind (s. Abb. 5.1). Ein solches Netz heißt Multilayer-Perzeptron oder auch **vollständig verbundenes Feedforward-Netz**. Aktuelle neuronale Netzwerke, z. B. zur Bild- und Sprachverarbeitung, nutzen speziellere Architekturen, s. Kap. 8.

Die Berechnung eines gegebenen Eingabe-Vektors durch ein mehrschichtiges neuronales Netz geschieht durch **Vorwärts-Propagation**. Dabei werden zunächst die Ausgaben (Aktivierungen) der ersten inneren Schicht auf Basis der Eingaben berechnet. Diese werden als Eingaben an die zweite innere Schicht weiter gegeben usw., bis die Ausgabeschicht ihre Eingaben von der vorigen Schicht erhält und die finalen Ausgaben des Netzes berechnet. Im Verlaufe der Vorwärts-Propagation berechnet jedes einzelne Neuron eine Ausgabe basierend auf den Eingaben von den vorgeschalteten Neuronen.

Im Exkurs oben haben wir die Update-Regel für ein einzelnes künstliches Neuron hergeleitet, wenn man die Sigmoid-Funktion als Aktivierungsfunktion und die Summe der quadrierten Abweichungen als Fehlerfunktion verwendet. Als zusätzliche Schwierigkeit bei einem mehrschichtigen Netz ergibt sich, dass sich zu einem gegebenen Eingabe-Vektor zwar durch die Vorwärts-Propagation die direkten Eingaben und berechneten Ausgaben für jedes Neuron im Netz ergeben, die erwarteten Ausgaben (Labels) jedoch nur für die letzte Ausgabeschicht gegeben sind. Der Fehlerterm $(y - t)$ in den Gewichtsupdates (Gl. 5.3) kann also nur für die Ausgabeschicht berechnet werden, nicht jedoch für die Neuronen der versteckten Schichten. Für die inneren Schichten wird dieser Fehlerterm indirekt über Rückwärts-Propagation (**Backpropagation**) berechnet. Aus den Fehlern der Ausgabeneuronen werden zunächst für die Neuronen der davor liegenden Schicht indirekte Fehlerwerte berechnet. Dieses Verfahren setzt sich fort bis zur ersten inneren Schicht.

Als Update-Regel für ein Gewicht w_{ij} der Verbindung von Neuron i zu Neuron j im Netz, erhält man nun:

$$w_{ij}^{\text{neu}} = w_{ij}^{\text{alt}} + \Delta w_{ij} \qquad \text{mit } \Delta w_{ij} = -\eta \cdot \delta_j \cdot y_i \qquad (5.4)$$

und

$$\delta_j = \begin{cases} (y_j - t_j) \cdot y_j \cdot (1 - y_j) & \text{falls } j \text{ ein Ausgabeneuron ist} \\ (y_j - t_j) \cdot y_j \cdot \sum_k \delta_k w_{jk} & \text{falls } j \text{ ein verstecktes Neuron ist} \end{cases}$$

Der Index k bezeichnet dabei die Neuronen der nächsten Schicht

Overfitting

Das beschriebene Lernen von neuronalen Netzen ist eine Variante des überwachten Lernens. Eine Herausforderung dabei ist die Gefahr des Overfittings. Wie in Abschn. 3.1.1 erläutert bedeutet das, dass unerwünschte Muster gelernt werden, die z. B. auf Grund von Messfehlern oder durch die Auswahl der Trainingsdaten in den Trainingsbeispielen vorhanden sind, aber nicht auf die Gesamtheit der Daten generalisieren, auf die das gelernte neuronale Netz angewandt werden soll. In [1] wurde beispielsweise gezeigt, dass die gelernte Klassifikation von Pferden auf Bildern in einem großen Bilder-Datensatz gar nicht aufgrund der Erkennung der Pferde geschah, sondern durch die Erkennung eines Copyright-Wasserzeichens in einer Bildecke, das genau auf allen Pferdebildern vorhanden war.

Ein übliches Verfahren, um eine Überanpassung auf die Trainingsdaten zu vermeiden, ist es, den Fehler nicht soweit wie möglich **auf den Trainingsdaten** zu minimieren, sondern den Fehler (zusätzlich) während des Trainings auf einem sogenannten Validation-Datensatz zu messen, der selbst nicht zum Training, also nicht zum Anpassen der Gewichte genutzt wird. Der Validation-Datensatz ist dazu da, zu prüfen, wie gut das trainierte Netz auf „ungesehene" Daten generalisiert. Das Training wird dann fortgesetzt, solange der Fehler auf dem Validation-Datensatz geringer wird. Sobald während des Trainings der Fehler zwar auf den Trainingsdaten weiter sinkt, auf dem Validation-Datensatz aber konstant bleibt oder sogar wieder ansteigt, ist der Punkt erreicht, wo vorwiegend unerwünschte Muster gelernt werden und das Training abgebrochen wird.

Querverweise
Künstliche neuronale Netze sind eine Methode des maschinellen Lernens aus Daten (Kap. 3). Viele der aktuellen Fortschritte in der KI, z. B. fortschrittliche ChatBots wie ChatGPT, die Erkennung von Objekten und die Erzeugung von Bildern, werden durch sehr große neuronale Netze mit vielen verborgenen Schichten und Gewichten und bestimmten Netzarchitekturen erzielt. Dieses Gebiet der KI heißt **Tiefes Lernen** und wird in Kap. 8 beschrieben.

5.2 Beispiele aus der Lebenswelt, gesellschaftliche Bezüge und Interdisziplinärität

Künstliche neuronale Netze sind in vielen alltäglichen KI-Anwendungen und -Apps enthalten, z. B. um Gesichter auf Bildern automatisch zuzuordnen oder natürliche Spracheingaben zu verarbeiten. Zur Entstehung künstlicher neuronaler Netze haben auch die Neurowissenschaften mit ihren Erkenntnissen zum Aufbau natürlicher Neuronennetze beigetragen.

Wie bei allen Methoden des Lernens aus Daten ist die Qualität der Daten besonders wichtig, da genau die Muster gelernt werden, die in den Daten enthalten sind. Wenn diese Daten verzerrt, nicht repräsentativ etc. sind, z. B. nur Gesichter von Menschen einer bestimmten Hautfarbe auf den Trainings-Bildern vorkommen, werden diese unerwünschten Muster durch das trainierte neuronale Netz reproduziert. Da bei (tiefen) neuronalen Netzen nicht mehr unmittelbar nachvollziehbar ist, wie genau das Netz zu einer bestimmten Bewertung kommt, sind solche unerwünschten Effekte mitunter schwer zu erkennen. Ein Ansatz zur Lösung dieses Problems ist **erklärbare KI** (Kap. 9).

Insbesondere generative KI, die Sprache, Bilder, Audio und Video in einer Qualität erzeugt, die kaum noch von durch Menschen erzeugte Produkte zu unterscheiden ist, kann sowohl produktiv und kreativ genutzt werden, aber auch z. B. zur Verbreitung von Fake News missbraucht werden.

5.3 Vorschläge für den Unterricht und Anwendungen

- Auf dem Portal science-on-stage.de gibt es Unterrichtsmaterial zum Thema **Machine Learning in der Schule** (science-on-stage.de/material/machine-learning-der-schule), u. a. mit Erläuterungen und Aufgaben zum Trainieren (Handsimulation) eines Perzeptrons und kleiner neuronaler Netze mit einigen wenigen künstlichen Neuronen.

5 Lernen mit Neuronalen Netzen

- Eine Möglichkeit, ganz ohne technisches Wissen maschinelles Lernen selbst anzuwenden, bietet teachablemachine.withgoogle.com. Hier können auf einfache Weise eigene Bilder oder Audiodaten aufgezeichnet und für das Training gelabelt werden. Das in der Cloud trainierte Modell kann auch als JavaScript-Datei herunter geladen und in eigenen Programmen weiter verwendet werden.
- Das Unterrichts-Portal inf-schule.de hat einen Abschnitt zu **überwachtem Lernen mit Neuronalen Netzen** (inf-schule.de/informatiksysteme/kuenstliche-intelligenz/maschinelles-lernen).
- Ein einzelnes Neuron inkl. Training aus Daten, z. B. mit der Perzeptron-Lernregel (Gl. 5.1) oder Gradientenabstieg (Gl. 5.3) kann mit Programmierkenntnissen auch vollständig in Python unter Verwendung der numpy-Bibliothek selbst programmiert werden.
- In Python gibt es verschiedene Bibliotheken, mittels derer neuronale Netze durch wenige Kommandos zusammengesetzt und trainiert werden können, beispielsweise die **Keras-Bibliothek** (keras.io), in der auch Datensätze zum Ausprobieren enthalten sind.
- Auf der Plattform kaggle.com gibt es frei verfügbare Kurse zum Thema Maschinelles Lernen, u. a. mit neuronalen Netzen.

5.4 Literatur zum Weiterlesen und Quellen

Eine umfassende theoretische Einführung zu neuronalen Netzen allgemein, allerdings ohne die umfangreichen Weiterentwicklungen der letzten Jahre, bietet [4]. Das Standard-Lehrbuch zu KI, [6], deckt auch das Thema Maschinelles Lernen mit neuronalen Netzen ab. Das Portal und Buch **Neural Networks from Scratch** (nnfs.io) entwickelt von Grund auf inkl. vollständigem Python-Code die wesentlichen Konzepte aktueller neuronaler Netze.

Literatur

1. Sebastian Lapuschkin u. a. "Unmasking Clever Hans predictors and assessing what machines really learn". In: **Nature communications** 10.1 (2019), S. 1096.
2. W.S. McCulloch und W. Pitts. "A logical calculus of the ideas immanent in nervous activity". In: **Bulletin of Mathematical Biophysics** (1943).
3. Marvin Minsky und Seymour A. Papert. **Perceptrons: An Introduction to Computational Geometry**. The MIT Press, 1969.
4. Raúl Rojas. **Theorie der neuronalen Netze: Eine systematische Einführung**. Springer-Verlag, 1993.
5. F. Rosenblatt. "The Perceptron: A Probabilistic Model For Information Storage And Organization In The Brain". In: **Psychological Review** (1958).
6. Stuart Russell und Peter Norvig. **Künstliche Intelligenz: Ein moderner Ansatz**. 3. Aufl. Pearson, 2012.

Analytisches vs. konnektionistisches Paradigma

Udo Frese und Uwe Lorenz

Will man in der Informatik Anwendungsprobleme lösen, gibt es zwei grundverschiedene Herangehensweisen. Ihre Voraussetzungen und Konsequenzen sind sehr verschieden und je nach Anwendung kann manchmal die Eine oder die Andere vorteilhafter sein. Der Unterschied zwischen beiden ist auch prägend für Künstliche Intelligenz als Feld.

Das analytische Paradigma besagt:

> Verstehe das Problem und leite aus der Einsicht eine Lösung ab.

Betrachtet man die Informatik allgemein, ist dies das dominante Paradigma. Zum Beispiel sind die typischen Algorithmen aus dem Grundstudium, alle Planungs- und Optimierungsverfahren, die Computergrafik, alle Formen von Simulationen, Computer Aided Design, Computeralgebra und der größte Teil der Robotik Beispiele für das analytische Paradigma.

In allen Fällen haben Menschen das zugrundeliegende Problem verstanden und meistens mit Hilfe der Mathematik aus dem Verständnis einen Algorithmus abgeleitet, den der Computer ausführen kann. In der Künstlichen Intelligenz wird u. a. versucht, das aufwendige Problemlösen dem Rechner zu überlassen. Aus dem analytischen Ansatz

---

U. Frese (✉)
FB 3 Mathematik und Informatik, Uni Bremen, Bremen, Deutschland
E-Mail: ufrese@uni-bremen.de

U. Lorenz
FU Berlin, Neckargemünd, Deutschland
E-Mail: uwe.lorenz@fu-berlin.de

© Der/die Autor(en), exklusiv lizenziert an Springer Fachmedien Wiesbaden GmbH, ein Teil von Springer Nature 2024
U. Furbach et al. (Hrsg.), *Künstliche Intelligenz für Lehrkräfte*, ars digitalis, https://doi.org/10.1007/978-3-658-44248-4_6

ergibt sich, dass mentale Prozesse im Prinzip logische Verarbeitungsprozesse von Symbolen sind, die mit Bedeutungen aus der Realität verknüpft sind. Das bedeutet, dass wir z. B. nach Lösungen in einer Wissensbasis suchen, die auch logische Schlussregeln enthalten kann. Im Buch sind die Kapitel „Suche im Problemraum" (Kap. 2), „Schließen aus Wissen" (Kap. 4), „Logikbasierte Wissenverarbeitung" (Kap. 11), sowie „Schließen im Alltag" (Kap. 12) Beispiele. Ein anschauliches Problem wurde von Menschen analytisch formalisiert und die Ausgaben des Informatiksystems bleiben nachvollziehbar.

Viele Anwendungen, die heute mit KI-Verfahren gelöst werden, z. B. automatisches Übersetzen, Spracherkennung und Bildverstehen wurden zuerst mit dem analytischen Paradigma untersucht. Die Einsicht war dabei gestützt durch Linguistische Theorie, Modelle über die menschliche Stimme oder über Geometrie und Optik in Bildern. Dies war jedoch nur begrenzt erfolgreich. Es erwies sich als erstaunlich schwierig, theoretisch zu definieren, was eigentlich die Bedeutung eines Textes, die akustische Umsetzung eines Wortes oder die visuelle Erscheinung eines Objektes ist.

Ein grundsätzlich anderer Ansatz wird im konnektionistischen Paradigma verfolgt.

Das konnektionistische Paradigma ersetzt menschliche Einsicht durch Daten. Es besagt:

> **Nehme einen einfachen Funktionsbaustein, der Parameter hat, verbinde viele Instanzen davon und lerne die Parameter aus Daten.**

Hier ist kein menschliches Verständnis des Problems mehr nötig. Stattdessen werden aufgrund statistischer Zusammenhänge in den Daten, die Parameter der vielen Funktionsbausteine und damit deren Verhalten graduell verändert, so dass sich das Verhalten des gesamten Systems im Hinblick auf die Problemstellung verbessert. Ein relativ früher Erfolg war die Erkennung handgeschriebener Ziffern in Postleitzahlen und auf Schecks, die Anfang der 90er erforscht wurde und seit Ende der 90er in Verwendung ist. Interessanterweise hat es bis zu einem breiten Erfolg lange gedauert. Zum Beispiel die populäre Tesseract-Software für die Erkennung gedruckter Schrift (OCR) hat erst 2018 von einem analytischen zu einem konnektionistischen Ansatz gewechselt. Mitte der 2010er startete allerdings ein beispielloser Siegeszug dieses Paradigma, so dass heutzutage Erkennung gesprochener Sprache (z. B. für Sprachassistenten und automatische Untertitel), Bildverstehen (z. B. für Bildsuche nach Schlagworten, industrielle Qualitätskontrolle und Tumorerkennung in Röntgenbildern), Übersetzung (Text und Sprache) und das Generieren von Bildern nach Textbeschreibungen auf dem konnektionistischen Paradigma beruhen. Dessen bisheriger Höhepunkt sind Assistenten (z. B. Chat-GPT) mit denen man sich in natürlicher Sprache über nahezu alles unterhalten kann und die intelligent anmutende Antworten geben können. Diese statistischen Systeme wurden darauf trainiert, Wörter aus einem gegebenen Textkontext vorherzusagen.

6 Analytisches vs. konnektionistisches Paradigma

Kompetenzziele
- Unterscheiden zwischen dem analytischen und dem konnektionistischen Paradigma.
- Die Eignung von Ansätzen nach beiden Paradigmen für verschiedene Anwendungen beurteilen.
- Potentielle Probleme in Datensätzen für eine bestimmte Anwendung erläutern.

6.1 Methodische Einführung

In der Anwendung unterscheiden sich die beiden Paradigmen erheblich. Das soll hier am Beispielproblem der Lösung quadratischer Gleichungen (6.1) illustriert werden. Dieses Problem ist aus dem Mathematikunterricht bekannt, so dass sich die unterschiedlichen Herangehensweisen besser verdeutlichen lassen.

$$x^2 + px + q = 0 \tag{6.1}$$

6.1.1 Analytischer Ansatz: Die *pq*-Formel

Das analytische Paradigma bedeutet, dass Menschen Berechnungen durch Einsicht in das Problem herleiten. Für quadratische Gleichungen ist das Ergebnis die aus dem Mathematikunterricht bekannte *pq*-Formel:[1]

$$x_{1,2} = -\frac{p}{2} \pm \sqrt{\left(\frac{p}{2}\right)^2 - q} \tag{6.2}$$

Sie wurde hergeleitet [5], indem man $-q$ auf die rechte Seite bringt, $\left(\frac{p}{2}\right)^2$ addiert (quadratische Ergänzung), die 1. binomische Formel rückwärts anwendet, die Wurzel zieht und auflöst, also durch menschliche Einsicht in das Problem. Deshalb reflektiert die *pq*-Formel auch die Struktur des Problems. So bezeichnet $-\frac{p}{2}$ genau die x-Koordinate des Scheitelpunktes der Parabel, also die „Mitte". Der Term unter der Wurzel bezeichnet den vertikalen Abstand vom Scheitelpunkt zur 0, die Wurzel als Ganzes den Abstand der linken und rechten Nullstelle vom Scheitelpunkt (Abb. 6.1). Die Quadratwurzel kommt daher, dass es sich um eine quadratische Gleichung handelt. Würde es um ein Winkelproblem gehen, käme eher sin oder cos vor, bei einem Wachstumsproblem exp oder ln. Auch die Zwei in $\frac{p}{2}$ muss eine Zwei sein, weil sich das aus der Herleitung so ergibt und nicht z. B.

---

[1] Der allgemeine Fall $ax^2 + bx + c = 0$ führt zu der sogenannten Mitternachtsformel $x_{1,2} = \frac{-b \pm \sqrt{b^2 - 4ac}}{2a}$. Diese kann man analog herleiten, indem man zuerst durch a teilt, die obigen Schritte mit $p = b/a$, $q = c/a$ durchführt und zum Schluss $\frac{1}{2a}$ ausklammert.

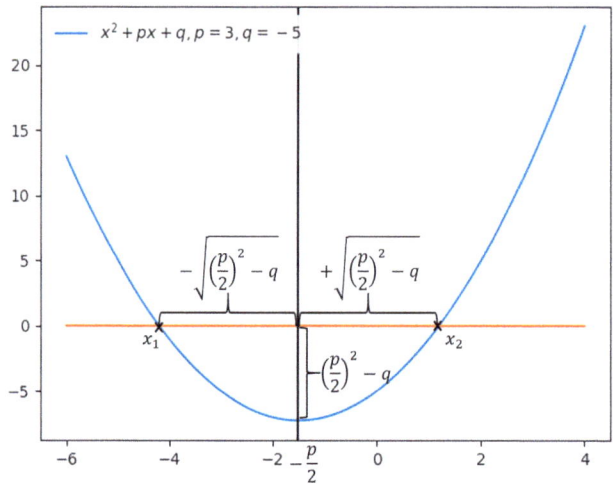

Abb. 6.1 Die pq-Formel für eine quadratische Gleichung $x^2 + px + q = 0$ grafisch illustriert

1, 97438. Kommen in analytischen Berechnungen „krumme Zahlen" vor, so leiten sie sich fast immer von mathematischen Konstanten wie π her.

Die analytische Lösung für quadratische Gleichungen ist einfach. Das ist hier im Beispiel so, analytische Lösungen müssen aber nicht einfach sein. Für die in der Einleitung erwähnten Probleme haben typische analytische Lösungsansätze den Umfang mehrerer Doktorarbeiten.

Die Formel funktioniert für alle Eingaben und ist exakt. Das klingt selbstverständlich, soll aber hier für den Vergleich noch einmal explizit gesagt werden. Dass analytische Ansätze exakt sind, gilt generell für viele aber nicht für alle Anwendungen. Manchmal sind exakte Lösungen nicht zu finden. In solchen Fällen entwickelt man Näherungen, die von Menschen erdacht, also auch analytisch sind.

6.1.2 Konnektionistischer Ansatz: Ein neuronales Netz

Die Vorgehensweise ist beim konnektionistischen Paradigma anders. Der gesuchte Funktionsbaustein mit Parametern soll so allgemein sein, dass er durch Anpassen der Parameter viele Probleme unabhängig von ihrer Struktur näherungsweise lösen kann. Die Struktur der Verbindungen der Bausteine ist auch (ziemlich) unabhängig vom Problem und wird fest vorgegeben. Allein die Parameter werden während des Lernens angepasst.

In Abschn. 5.1.1 wurde das Perzeptron als Funktionsbaustein künstlicher neuronaler Netze eingeführt. Das Perzeptron nimmt jede Eingabe x_i mit einem Gewicht w_i mal, summiert die Produkte und einen Bias b und führt die Summe durch eine feste nichtlineare Funktion ϕ, die Aktivierung.

6 Analytisches vs. konnektionistisches Paradigma

$$y = \phi\left(\sum_i w_i x_i + b\right) \tag{6.3}$$

Die Gewichte w und der Bias b sind dabei die lernbaren Parameter. Das modelliert ungefähr das Vorbild eines biologischen Neurons. Man kann diesen Funktionsbaustein aber auch als die naheliegendste Umsetzung des konnektionistischen Paradigmas sehen:

- Addieren ist die einfachste Form, mehrere Eingaben zu verknüpfen.
- Der Bias ist ein lernbarer Parameter mit der gleichen Verknüpfung.
- Die Multiplikation mit einem Gewicht ist die einfachste Form, einen lernbaren Parameter einzuführen, dessen Wirkung auf die Ausgabe von der Eingabe abhängt.
- Außerdem bildet die gewichtete Summe eine lineare Funktion. Das ist eine in der Mathematik sehr gut verstandene Klasse von Funktionen.
- Eine nichtlineare Funktion ϕ ist nötig, weil die Verkettung linearer Funktionen wieder linear ist. Der Ansatz „verbinde viele Instanzen davon" kann bei linearen Funktionsbausteinen nicht greifen.
- Eine feste Funktion mit einer einzelnen Ein- und Ausgabe ist die einfachste Form einer Nichtlinearität.

Für eine konnektionistische Lösung von quadratischen Gleichungen muss eine Architektur für das Neuronale Netz definiert werden. Um das Beispiel einfach zu halten, wurde ein Netz mit zwei voll verbundenen Schichten verwendet (Abb. 6.2). Die erste Schicht hat p und q als Eingabe, ReLU Aktivierungsfunktion ($\phi(x) = x$ für $x \geq 0$, $\phi(x) = 0$ sonst) und 10 Zwischenergebnisse (Hidden Units) als Ausgabe. Die zweite Schicht errechnet daraus die zwei Nullstellen x_1 und x_2. Da diese auch negativ sein können, hat sie keine Aktivierungsfunktion („linear"). Manche quadratischen Gleichungen haben keine Lösung und das Netz muss eigentlich das auch ausgeben können. Dieses Problem soll hier der Einfachheit halber ignoriert werden.

Abb. 6.2 Zweischichtiges Neuronales Netz zur Vorhersage der Nullstellen von $x^2 + px + q = 0$

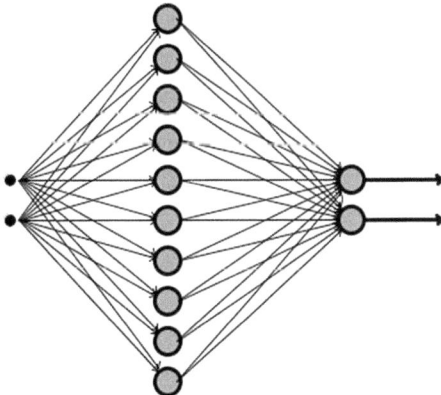

6.1.3 Trainingsdaten für quadratische Gleichungen

Das konnektionistische Paradigma befreit zwar von der Notwendigkeit das Problem analytisch zu verstehen, dafür benötigt man aber Trainingsdaten. Zu einem einzelnen Trainingsdatum gehören die Eingaben, hier p, q für das Netz. Für den häufigsten und hier verwendeten Fall von Überwachtem Lernen kommt noch dazu die Groundtruth, also die wahre Ausgabe, hier x_1, x_2.

Für die Eingaben der Trainingsdaten wurde eine Aufgabensammlung aus einem Schulbuch verwendet, die von Hand eingetippt wurde. Diese Frage, wo man gute Trainingsdaten herbekommt, wie man sie sammelt und wie man sie in ein einheitliches Format überführt, stellt sich in jedem Projekt mit maschinellem Lernen. Die Datensammlung ist oft sehr aufwendig und die Auswahl der Daten beeinflusst die Qualität der gelernten Lösung. Das soll später betrachtet werden.

Für die Groundtruth hätte man die oben hergeleitete pq-Formel nehmen können. Das wäre aber sehr untypisch gewesen, denn meistens ist keine analytische Lösung verfügbar, sonst bräuchte man ja keine konnektionistische. Meistens wird die Groundtruth von Menschen gemacht, man sagt „annotiert". Dementsprechend wurden hier die quadratischen Gleichungen aus den Trainingsdaten Menschen als Graphen angezeigt, die daraufhin die Nullstellen abgelesen und eingetippt haben. Naturgemäß ist die so gewonnene Groundtruth nicht fehlerfrei, also gar nicht so „von Grund auf wahr", wie das Wort suggeriert. Das ist typisch für reale Anwendungen. Der Fehler der Nullstellen hier war im Mittel 0.1. Eine ähnliche Aussage kann man auch bei realen Anwendungen erhalten, indem man z. B. Daten von mehreren Menschen annotierten lässt und die Streuung der Ergebnisse betrachtet.

6.1.4 Das gelernte Neuronale Netz

Untrennbar mit dem konnektionistischen Ansatz verbunden ist die Anwendung eines Optimierungsprozess. Dieser Optimierungsprozess wird auch als „Training" bezeichnet (vgl. Abschn. 5.1.3). Dabei werden die zahlreichen Parameter des sehr allgemeinen Funktionsmodells, welches aus vielen kleinen Funktionsbausteinen besteht, iterativ so eingestellt, dass der Fehler zwischen der Ausgabe des Netzes auf den Trainingsdaten und der Trainingsgroundtruth minimal wird. Dieser Prozess liefert aber nicht das exakte Optimum, sondern nur eine Näherung. Das Neuronale Netz aus Abb. 6.2 wurde nun mit den oben beschriebenen Daten trainiert. Da das Netz in diesem Beispiel klein ist, kann man es mit den gelernten Parametern als Formel hinschreiben, um den Vergleich zur pq-Formel prägnant zu machen. Hier ist nur die linke Nullstelle x_1 gezeigt, ϕ ist die ReLU Funktion:

$x_1 = -0,01246+$

$-0,4473 \cdot \phi(0,3205p + 0,4719q - 3,631) \quad -0,541 \cdot \phi(0,4218p + 0,717q - 0,6041)$

$-0,8762 \cdot \phi(1,051p - 0,3494q + 2,879) \quad +0,6722 \cdot \phi(-0,3969p - 0,6202q - 0,3017)$

$+0,4023 \cdot \phi(-0,217p + 0,147q + 2,497) \quad +0,2586 \cdot \phi(-0,1645p + 0,1141q + 1,62)$

$+0,2820 \cdot \phi(-0,6888p + 0,2418q - 1,952) \quad -0,8682 \cdot \phi(-0,9495p - 0,2263q + 0,2211)$

$+0,3230 \cdot \phi(0,8881p + 0,4612q + 2,257) \quad +0,3231 \cdot \phi(-0,2146p + 0,6687q + 1,196)$

Man sieht sehr gut den konzeptionellen Unterschied zur analytischen pq-Formel: Die konnektionistische Formel enthält sehr viele „krumme Zahlen". Das sind die Parameter die im Laufe des Lernens angepasst wurden und deren genauer Wert vom Lernverlauf und den Trainingsdaten abhängt. Die Struktur der Formel reflektiert nicht die Struktur des Problems. Insgesamt ist die erlernte Formel nicht zu verstehen, ein Problem, das man als mangelnde Erklärbarkeit bezeichnet.

Nun soll die Genauigkeit der gelernten Lösung betrachtet werden. Auf den Trainingsdaten ist der mittlere Fehler 0,22 im Vergleich zur manuell annotierten Groundtruth aus den Trainingsdaten. Das zeigt erst einmal, dass das Training erfolgreich war. Das Netz hat es geschafft auf den Trainingsdaten ungefähr die gewünschten Ausgaben zu reproduzieren. Es ist natürlich nicht perfekt, aus mehreren Gründen: Die Trainingsdaten selbst sind nicht perfekt. Der Lernvorgang findet nicht das am besten passende Netz. Und die wahre Lösung, hier die pq-Formel, ist durch das Netz nicht exakt darstellbar, sie enthält ja eine Wurzel. Insofern ist das Ergebnis des Netzes immer nur eine Näherung, selbst wenn man es mit exakten Daten trainiert.

Der mittlerer Fehler im Vergleich zur wahren Lösung aus der pq-Formel ist 0,19. Das ist zuerst verblüffend: Das Netz hat von den Trainingsdaten gelernt, nicht von den wahren, es sollte daher näher an den Trainingsdaten liegen. Allerdings haben die menschlichen Fehler einen zufälligen Anteil (so wie Rauschen auf Signalen) der sich beim Lernen über den ganzen Datensatz teilweise herausmittelt. So kommt es zu dem besseren Ergebnis. Schwieriger sind systematische Fehler. Zum Beispiel, bevorzugen Menschen vermutlich runde Zahlen. Das könnte Nullstellen im Datensatz systematisch zum nächsten runden Wert hin verzerren.

Der Fehler auf den Trainingsdaten zeichnet auch ein zu positives Bild. Das ist so ähnlich, wie wenn man in einer Klausur genau die Aufgaben aus dem Unterricht stellt. Das Netz soll ja nicht die Trainingsdaten auswendig lernen, sondern auf beliebigen Daten sinnvolle Ausgaben liefern und muss dazu von den Trainingsdaten generalisieren. In echten Anwendungen reserviert man dafür einen Teil des gesammelten Datensatzes, der dann nicht zum Training sondern nur zur Validierung verwendet wird. In diesem Beispiel sind die Eingaben nur zweidimensional. Deshalb wird hier systematisch auf einem Raster von $p, q \in (-25; -24, 5; -24; \ldots 24, 5; 25)$ validiert.

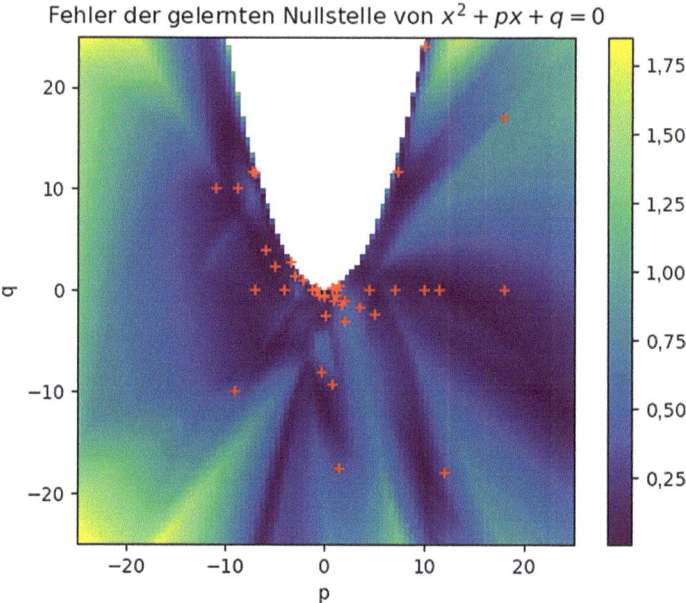

Abb. 6.3 Fehler der gelernten Nullstelle von $x^2 + px + q = 0$

Der mittlere Fehler ist 0,57, also, wie erwartet, deutlich größer als der Fehler auf den Trainingsdaten. Abb. 6.3 zeigt den Fehler der gelernten pq-Formel für verschiedene p und q in Farbkodierung, sowie die Trainingsdaten als rote Kreuze. Im weißen Bereich hat die quadratische Gleichung keine Lösung, weil der Radikant $\left(\frac{p}{2}\right)^2 - q$ unter der Wurzel negativ wird. Da dieser quadratisch in p und linear in q ist, hat er die Form einer Parabel. Das ist auffällig, hier aber nicht von Bedeutung.

Es fällt auf, dass der Fehler in der Mitte ($p, q \in [-10 \ldots 10]$) viel kleiner ist und zum Rand hin deutlich zunimmt. Das liegt daran, dass in der Mitte viele Trainingsdaten vorhanden sind, zum Rand hin immer weniger und ganz außen gar keine. Das nennt man einen Bias und ist ein ganz typisches Phänomen: Interpolation funktioniert besser als Extrapolation. Man kann dem Netz nur in dem Bereich vertrauen, der durch Trainingsdaten abgedeckt ist oder vielleicht ein bisschen außerhalb. In einer realen Anwendung sind die Eingabedaten viel komplizierter als hier p und q. Es ist dann eine große Herausforderung, dafür zu sorgen, dass in allen Aspekten die Trainingsdaten die spätere Verwendung abdecken, weil es sehr viele verschiedene Aspekte gibt. Zum Beispiel gibt es Netze die in einem Bild Gesichter erkennen, um die Kamera darauf scharf zustellen. Ein Trainingsdatensatz dafür müsste verschiedene Beleuchtungen, Perspektiven, Kleidungen, Hautfarben, Haarfarben, Geschlechter, Kopfbedeckungen, Brillen, Anordnungen von Personen, Hintergründe, Unschärfegrade und weiteres abdecken.

In Abb. 6.3 fällt außerdem auf, dass der Fehler links ($p < 0$) deutlich höher ist, als rechts ($p > 0$). Das ist interessant, weil es den Einfluss der Trainingsdaten zeigt. Das Problem selbst ist für positive und negative p gleich schwer, weil eine Negierung von p einfach zu einer Negierung der Nullstellen führt. Auch wenn durchaus Trainingsdaten für $p < 0$ vorhanden sind, bevorzugt der Datensatz der Schulbuchaufgaben wohl positive Zahlen. Man nennt das einen Bias, eine Tendenz in den Daten. Dieser Bias sorgt dafür, dass das Netz auf negativen p größere Fehler macht. Das liegt daran, dass der Lernvorgang den mittleren Fehler über die Trainingsdaten minimiert. Bereiche von Eingaben, die im Datensatz häufiger sind, haben also mehr Gewicht. Also legt der Optimierer mehr Wert darauf, in diesem Bereich gut zu sein, als in einem Bereich mit wenigen Beispielen.

Deshalb ist es bei der Zusammenstellung eines Datensatzes wichtig, alle Bereiche von Eingabedaten gleich oft zu repräsentieren oder im Nachhinein unterrepräsentierte Bereiche stärker zu gewichten.

6.1.5 Diskussion des Vergleiches

Nach der Betrachtung des Beispiels quadratischer Gleichungen entsteht hier der Eindruck, dass die analytische pq-Formel der konnektionistischen gelernten Lösung überlegen ist. Im Prinzip gilt das meistens: Gibt es eine analytische Lösung, ist diese meist exakter, nachvollziehbarer und allgemeingültiger. Die Stärke des konnektionistischen Paradigmas liegt dort, wo das Problem schlecht mathematisch zu formulieren ist, z. B. die Erkennung von Gesichtern in einem Bild, von Sprache in einem Audiosignal oder das Übersetzen von Text. Viele Anwendungen der künstlichen Intelligenz, insbesondere alle in der Einleitung genannten, sind von diesem Typ. Eine bemerkenswerte Ausnahme ist die Vorhersage von Proteinfaltung, die sich als quantenmechanische Simulation durchaus mathematisch formulieren lässt, aber in dieser Formulierung einfach viel zu rechenaufwändig wäre.

An dem diskutierten Beispiel lassen sich aber folgende Probleme des konnektionistischen Paradigmas erkennen, die so auch in großen Systemen im wirklichen Einsatz bestehen:

- Konnektionistische Lösungen liefern nur Näherungen.
- Es ist schwierig und aufwändig, gute Trainingsdaten zu beschaffen.
- Fehler in den Trainingsdaten (besonders systematische) werden mitgelernt.
- In einem Bereich mit wenig Trainingsdaten funktioniert das Netz meist schlechter. (Datensatzbias)
- Außerhalb des Bereiches der Trainingsdaten funktioniert das Netz meist schlecht.
- Es ist kaum zu verstehen, wie und warum das Netz zu seiner Ausgabe kommt (Explainability).

6.2 Beispiele aus der Lebenswelt, gesellschaftliche Bezüge und Interdisziplinarität

6.2.1 Datensatzbias

Die im konnektionistischen Paradigma verwendeten Bausteine und die Algorithmen sie zu trainieren sind sehr allgemein und unspezifisch für die Anwendung. Was ein Netz inhaltlich lernt, steckt in den Trainingsdaten. Haben die Trainingsdaten einen Bias, wird sich der oft auf das trainierte Netz übertragen. Es gibt verschiedene Typen von Bias:

Ein Typ von Bias sind Korrelationen zwischen Ein- und Ausgabe, die im Datensatz aber nicht in der Wirklichkeit vorhanden sind. Ein Beispiel ist die oben erwähnte (vermutete) Tendenz, Nullstellen als runde Zahlen zu annotieren. So etwas kann auch sehr subtil entstehen. Es sei hier als Beispiel die Anwendung betrachtet, auf Überwachungsvideos Ladendiebstähle zu erkennen. Ein Netz würde dabei unvermeidlich Korrelationen mit visuell prägnanten Merkmalen der Personen, z. B. der Art der Kleidung als Indiz lernen. Unabhängig ob diese nur im Datensatz bestehen, z. B. durch die Auswahl der Geschäfte aus denen die Videos stammen oder ob sie auch in der Wirklichkeit bestehen, wäre das gesellschaftlich problematisch. Netze lernen Korrelationen im Datensatz, das ist ihr Prinzip. Von daher ist es sehr schwierig zu vermeiden, dass sich eine unerwünschte Korrelation aus dem Datensatz auf das Netz überträgt.

Eine andere Art von Datensatzbias zeigt das pq-Netz in Abb. 6.3. Dort hatte der Datensatz einen Bias auf positive p und deshalb funktioniert das Netz bei negativen p schlechter. Hier geht es nicht um eine Korrelation zwischen Ein- und Ausgabe, sondern um eine ungleiche Repräsentation verschiedener Eingaben. So etwas passiert häufig, z. B. hatten typische Datensätze für Personenerkennung die meist von Fotowebseiten wie Flickr stammen, mehr Männer als Frauen und mehr hell- als dunkelhäutige Beispiele. Dementsprechend funktionierten die gelernten Personenerkenner besser für Männer als Frauen und besser für hell- als dunkelhäutige Menschen [1]. Ist die Unterrepräsentation nicht extrem, kann sie durch stärkere Gewichtung der selteneren Beispiele behoben werden.

Es muss betont werden, dass die Frage des Datensatzbias gesellschaftlich brisant ist, wenn sie Menschen betrifft. Grundsätzlich tritt sie aber immer, auch bei Anwendungen ohne Menschen auf. Ist z. B. in einem Trainingsdatensatz für autonomes Fahren die Jahreszeit Winter unterrepräsentiert, wird das Netz bei Schnee schlechter funktionieren. Fahren die Autos im Datensatz auf norddeutschen Landstraßen schneller, wird es auch das neuronale Netz tun. Sind alle Bilder mit Studiolicht aufgenommen, wird das Netz auf natürlichem Licht oder Blitzlicht schlecht funktionieren.

Deshalb ist es wichtig, bei Anwendungen Aspekte zu identifizieren die verschieden sein können und diese Verschiedenheit auch im Datensatz abzudecken. Dies ist häufig eine große Herausforderung bei der Datensatzbeschaffung.

6.2.2 Wichtigkeit der Datensatzannotation

Der Fortschritt in der konnektionistischen Künstlichen Intelligenz wird nicht nur durch die Forschung an Architekturen, Algorithmen und Repräsentationen erreicht. Große annotierte Datensätze sind ein weiterer Schlüssel. Beispielsweise war der 1 Millionen Bilder umfassende ImageNet Datensatz [2] ein Schlüssel für den Durchbruch von Deep Learning [4] im Jahre 2012.

Kleinere Datensätze werden oft in universitären Arbeitsgruppen, von studentischen Hilfskräften oder in Abschlussarbeiten annotiert. Bei größeren Datensätze wurde aber meist eine sogenannte Crowdsourcing-Plattform benutzt. Dabei wird die Annotation in kleine Arbeitspakete heruntergebrochen, die auf der Plattform registrierte Personen dann per Web gegen Bezahlung aber ohne offizielle Anstellung erledigen. Die Studie [3] berichtet, dass der mittlere Stundenlohn dabei $3,1/h und der Median-Stundenlohn $1,8/h ist. Das liegt deutlich unter dem Mindestlohn in den USA von $7,25/h, obwohl die Mehrzahl der Arbeitenden aus den USA kommen. Insofern stellt sich die Frage der Fairness dieser Praxis.

6.3 Vorschläge für den Unterricht und Anwendungen

Zu diesem Kapitel gibt es ein digitales Lernquiz (Kahoot!) das auch benötigte Grundlagen aus Kap. 5 abdeckt. Der Lehrkraft projiziert mit einem Beamer die Quizfragen an, die Schülerinnen und Schüler antworten per Smartphone, Tablet (oder wenn nötig auch analog). Es gibt eine Auswertung und ein Siegertreppchen. Das Quiz findet sich unter der Kurz-URL https://t1p.de/f6oc9.

Zweier Gruppe, dann Unterrichtsgespräch Diskutieren Sie, welche der folgenden Anwendungen sich eher für das analytische oder eher für das konnektionistische Paradigma eignet: Vorhersage von Sonnenfinsternissen, vorausschauende Gangwahl bei einem Automatikgetriebe, Erkennen von Werbung im Fernsehprogramm, schrittweise Prüfung der richtigen Beladung eines Paketes mit einer Waage, Erkennung von Müdigkeit am Lenkverhalten.

Zweier Gruppe, dann gemeinsame Diskussion Im ökologischen Landbau ist chemische Unkrautbekämpfung tabu. Es gibt statt dessen Jäteroboter, die Unkraut erkennen und entfernen durch automatisches Hacken, Fräsen oder Lasern (Beispiel: https://www.youtube.com/watch?v=_2s-0wgQWXM). Ein neuronales Netz soll das Unkraut erkennen, dafür braucht es Trainingsdaten. Damit das Netz funktioniert, müssen die Bildern in allen Aspekten den Bereich des späteren Einsatz abdecken.

Überlegen Sie, welche Aspekte der Unkrautbilder relevant sind und durch Trainingsbeispiele abgedeckt werden müssen. Erklären Sie, warum ein in Brandenburg aufgenommener Datensatz möglicherweise nicht in Vietnam oder Texas funktioniert. Was bedeutet das für die Entwicklung eines weltweit verkauften Roboters?

Kleingruppe pro Computer mit Programmierkenntnissen Die Bibliothek keras (mittlerweile ein Teil von tensorflow) realisiert die wichtigsten Algorithmen und Schichten von Deep Learning und erlaubt komfortabel Deep Learning Netze, deren Training und Verwendung zu programmieren. Noch zugänglicher wird die Programmierung mit Jupyternotebooks, das sind Dokumente in denen sich abwechselnd Absätze („Zellen") von Python-Code und Erklärungstexte finden. So ein Notebook leitet wie ein Arbeitsblatt durch eine Programmieraufgabe.

Die folgenden Aufgaben erfordert gewisse Programmierkenntnisse in Python. Jupyternotebooks sind nahezu ohne Einführung nutzbar. Es muss die Software Anaconda installiert sein. Die erste Zeile des vorgegebenen Juypternotebooks installiert dann die benötigten Pythonbibliotheken automatisch.

Das Notebook pq-formel-lernen.ipynb von der Webseite des Buches führt durch das Training eines neuronalen Netzes für die pq-Formel. Laden Sie das Notebook herunter und folgen Sie Schritt für Schritt den Anweisungen im Notebook. Programmieren Sie die analytische Lösung als Vergleich, die Netzarchitektur, den Trainingsaufruf und die Evaluation. Es sollte ein Ergebnis wie in Abschn. 6.1.2 entstehen. Können Sie es verbessern? Musterlösung als pq-formel-lernen-ML.ipynb auf der Webseite.

Literatur zum Weiterlesen und Quellen

1. Joy Buolamwini und Timnit Gebru. "Gender shades: Intersectional accuracy disparities in commercial gender classification". In: **Conference on fairness, accountability and transparency**. PMLR. 2018, S. 77–91.
2. Jia Deng u. a. "ImageNet: A large-scale hierarchical image database". In: **2009 IEEE Conference on Computer Vision and Pattern Recognition**. 2009, S. 248–255. DOI: 10.1109/CVPR.2009.5206848.
3. Kotaro Hara u. a. "A data-driven analysis of workers' earnings on Amazon Mechanical Turk". In: **Proceedings of the 2018 CHI conference on human factors in computing systems**. 2018, S. 1–14.
4. Alex Krizhevsky, Ilya Sutskever und Geoffrey E Hinton. "Imagenet classification with deep convolutional neural networks". In: **Advances in neural information processing systems** 25 (2012).
5. Wikipedia. **Quadratische Gleichung–Wikipedia, die freie Enzyklopädie**. [Online; Stand 21. Oktober 2022]. 2022. URL: https://de.wikipedia.org/w/index.php?title=Quadratische_Gleichung&oldid=221951382.

Verstärkendes Lernen

7

Uwe Lorenz

Beim „Verstärkenden Lernen" (engl. „Reinforcement Learning") haben wir es, wie in Abschn. 3.1.3 bereits angesprochen, mit Agentenprogrammen zu tun, die ihr Verhalten durch „learning by doing" optimieren. Während der Interaktion mit ihrer Umwelt erhalten sie von Zeit zu Zeit „belohnendes" oder „bestrafendes" Feedback. Das, was man gemeinhin mit „Lernen" verbindet – die aktive Entwicklung von Fertigkeiten – zeigt sich beim Verstärkenden Lernen besonders eindrucksvoll, z. B. bei Agenten die in spielerischen Umgebungen zunehmend erfolgreich agieren. Spektakulär waren indem Zusammenhang z. B. die Erfolge von übermenschlich gut spielenden Schach- oder Go-Programmen wie das Programm AlphaZero von der Firma DeepMind. Bei älteren Programmen wie IBMs „Deep Blue", dem ersten Computerprogramm, welches unter Turnierbedingungen einen menschlichen Champion, damals Garry Kasparov, besiegte, wurde noch menschliches Expertenwissen in umfangreichen Datenbanken hinterlegt, welches den Agenten bei seinen Entscheidungen unterstützt hat. Programme wie AlphaZero trainieren sich dagegen durch Spiel gegen sich selbst und kommen bei der Entwicklung ihrer Fähigkeiten ohne menschliches Vorwissen aus. Menschliche Champions verbessern ihr eigenes Spiel heutzutage mitunter dadurch, indem sie die von der Maschine entwickelten Strategien studieren – eigentlich ein deutlicher Hinweis auf „Künstliche Intelligenz". Wie funktionieren diese Algorithmen? In diesem Kapitel wollen wir etwas tiefer in das Thema einsteigen und einige grundlegende Konzepte und Algorithmen vorstellen. Dabei werden wir keine mathematischen Kenntnisse voraussetzen, die über das Abiturniveau hinausgehen.

U. Lorenz (✉)
Freie Universität Berlin, Neckargemünd, Deutschland
E-Mail: uwe.lorenz@fu-berlin.de

© Der/die Autor(en), exklusiv lizenziert an Springer Fachmedien Wiesbaden GmbH, ein Teil von Springer Nature 2024
U. Furbach et al. (Hrsg.), *Künstliche Intelligenz für Lehrkräfte*, ars digitalis, https://doi.org/10.1007/978-3-658-44248-4_7

Kompetenzziele
- Erklären, dass beim Verstärkenden Lernen Agentenprogramme eine Steuerung erzeugen, die sensorische Wahrnehmungen möglichst zweckmäßig in Aktionen umwandelt.
- Die wesentlichen Elemente des Verstärkenden Lernens beschreiben.
- An Hand diverser Szenarien das „aktive Lernen" unter Berücksichtigung der Rolle von Belohnungsfunktion und explorativen Verhaltens erklären.
- Ausgewählte Algorithmen des Verstärkenden Lernens, wie den Q- [7] und den Sarsa-Algorithmus, technisch realisieren.
- Die Bedeutung von generalisierenden Schätzern, wie tiefen neuronalen Netzen, bei der Bewältigung grundlegender Probleme in komplexeren Umgebungen erläutern.
- Erweitern von einfachen Szenarien durch selbstlernende Agenten.
- Eigene Anwendungs- und Umsetzungsideen zu entwickeln.
- Aus dem technischen Prinzip ableiten, welche Folgen der Einsatz von Verstärkendem Lernen in spezifischen Anwendungsfeldern haben kann.

7.1 Methodische Einführung

Die Leistungen der Algorithmen des Verstärkenden Lernens sind erstaunlich, insbesondere wenn man bedenkt, dass sie von einer Form des Lernens in der Natur inspiriert sind, die vermutlich vergleichsweise alt ist. Betrachtet man z. B. das erstaunliche Verhalten von Insekten oder Spinnentieren, so finden wir Ausprägungen von teils extremer Kompetenz, bspw. die Errichtung komplexer Bauten oder Netzfallen, obwohl diese Tiere kaum in der Lage zu sein scheinen, sich und ihre Umwelt zu reflektieren. Teilweise erscheinen sie sogar eher wie recht wenig intelligente Automaten, insbesondere dann, wenn sie aus der Umgebung an die sie angepasst sind, herausgenommen werden. Wie können so einfache Lebewesen in Umgebungen der „echten Welt" zurecht kommen, – offenbar ohne mentale Modelle von ihrer Umgebung zu besitzen in denen sie vorausschauend planen, Lösungen suchen und Alternativen abwägen können?

„Kompetenz ohne Verständnis ist der Modus Operandi der Natur" ist eine These, welche der Philosoph Daniel C. Dennett in seinem lesenswerten Buch „From Bacteria to Bach and Back" [2] vertritt. „Verständnis" ist für Überleben keine notwendige Bedingung. Die Lösung der Natur besteht üblicherweise einfach darin, Entscheidungen reaktiv, quasi spontan, zu treffen. Dies kann natürlich zu unangenehmen Folgen oder gar dem Tod eines individuellen Lebewesens führen. Im Zuge evolutionärer Entwicklungsprozesse prägen sich allerdings bereits bei einfachen Lebewesen zunehmend erfolgreichere Verhaltensweisen in den Körper mit seinem kognitiven Apparat ein, indem die erfolgreichsten Individuen selektiert und vermehrt werden. Komplexere Lebewesen haben darüber hinaus die Fähigkeit entwickelt „angenehme" und „unangenehme" Erfahrungen in ihrem künftigen Verhalten zu berücksichtigen und auf diese Weise ihre individuellen

Erfolgswahrscheinlichkeiten zu erhöhen. Stichworte aus der Psychologie zu dieser Form des Lernens sind „Operante Konditionierung" oder „Lernen aus Belohnung und Strafe" entsprechend behavioristischer Lerntheorien. Beim Verstärkenden Lernen geht es darum, die Mechanismen, die solche Verhaltensänderungen bewirken, nachzuahmen. Es geht also darum, das Verhalten bei einem künstlichen Agenten, der sich in einer Umwelt befindet, die er durch seine „Sensoren" wahrnimmt und deren Entwicklung er über seine „Motorik" beeinflusst, solange mittels Belohnungs- oder Strafsignalen zu optimieren, bis sein Verhalten möglichst zweckmäßig und verwertbar ist.

Zwar baut der Agent durch aktive Interaktion mit seiner Umwelt eine innere Funktion auf, die sein Verhalten zweckmäßig steuern soll, allerdings wird es beim Verstärkenden Lernen als nicht notwendig betrachtet, dass dabei die Umwelt des Agenten abgebildet wird. Erhellend ist in dem Zusammenhang vielleicht auch die U-Boot Metapher der Konstruktivisten Humberto Maturana und Francisco Varela aus ihrem Buch „Der Baum der Erkenntnis" [5]: „Stellen wir uns jemanden vor, der sein ganzes Leben in einem Unterseeboot verbracht hat, ohne es je zu verlassen, und der im Umgang damit ausgebildet wurde. Nun sind wir am Strand und sehen, dass das Unterseeboot sich nähert und sanft an der Oberfläche auftaucht. Über Funk sagen wir dann dem Steuermann: ‚Glückwunsch, du hast alle Riffe vermieden und bist elegant aufgetaucht; du hast das Unterseeboot perfekt manövriert.' Der Steuermann im Inneren des Bootes ist jedoch erstaunt: ‚Was heißt denn „Riffe" und „Auftauchen"? Alles was ich getan habe, war, Hebel zu betätigen und Knöpfe zu drehen und bestimmte Relationen zwischen den Anzeigen der Geräte beim Betätigen der Hebel und Knöpfe herzustellen – und zwar in einer vorgeschriebenen Reihenfolge, an die ich gewöhnt bin. Ich habe kein „Manöver" durchgeführt, und was soll das Gerede von einem „Unterseeboot"?' – ein Bild seiner Situation und seines Handelns, so wie es für uns als Außenstehenden sichtbar ist, existiert für den Fahrer nicht. Sogar das „U-Boot" und sein Verhalten bleibt ihm verborgen. Für ihn im Inneren des U-Bootes geht es nur darum, die Anzeigen der Instrumente entsprechend seiner Ausbildung und seiner Gewohnheit in Steuersignale für die Motorik umzuwandeln. Für uns allerdings, da wir von außen das U-Boot und sein Verhalten in Bezug zu seiner Umwelt wahrnehmen können, erscheint uns dessen Verhalten dann mehr oder weniger angemessen.

Der Steuermann hat keine Vorstellung von seiner Umgebung und kann daher nicht vorausschauend planen. Wir nehmen aber einmal an, dass er als Hilfsmittel ein Tabellenbuch hat, in dem steht, welcher Hebel in einer bestimmten Situation, die durch die Anzeigen der Instrumente gebildet wird, zu ziehen ist. Er darf hin- und wieder auch neue Aktionen ausprobieren. Wenn er dabei eine positive Überraschung erlebt, also feststellt, dass es besser ist, in der betreffenden Situation einen anderen Hebel zu ziehen, dann streicht der U-Boot-Fahrer die alte Zuordnung und notiert an der entsprechenden Stelle in seiner Tabelle die neue, bessere Aktion. „Besser" beim Verstärkten Lernen bedeutet, dass die Summe der bis zum Ende einer Episode gesammelten „Belohnungen" größer war, als bislang im Durchschnitt beobachtet. In unserem Falle gab es nun vielleicht weniger Kollisionen mit dem Riff oder der Treibstoffverbrauch bis zum Erreichen des Ziels war geringer. Mit Hilfe des Tabellenbuches kann nun der Steuermann diese Erfahrungen leicht an nachfolgende Generationen von U-Boot-Fahrern weitergeben.

Dieser einfache Ansatz hat sich ökonomisch aber auch in der KI-Forschung als erstaunlich tragfähig und vielseitig erwiesen, – nicht nur in Bezug auf Robotik o.ä, sondern, wie schon erwähnt, auch beim Einsatz in Brettspielen wie Schach oder Go. Da nur positive Veränderungen festgehalten werden, steigt die Leistung, die „Performance" der Fahrer von Generation zu Generation kontinuierlich an. Der Lernprozess ist u. U. zwar enorm aufwendig: es müssen große Anzahlen von Versuchen oder Simulationen stattfinden, – allerdings nicht zur Laufzeit! Beliebig viele Erfahrungen aus Wochen, Monaten oder Jahren von Versuch und Irrtum können sich in der Steuerung des Agenten ansammeln. Der Clou dabei ist: der Steuermann findet ggf. geniale Manöver, also entsprechend dem bisher erreichten Wissensstand beste Aktionen, in seinen Tabellen schnell und ohne besonderen Aufwand. Im Arbeitsmodus erfordert also die Anwendung der trainierten Steuerung, mit einem Erfahrungsschatz aus vielleicht Millionen von Durchläufen, fast keinen zusätzlichen Rechenaufwand.

Diese Tabelle stellt im Prinzip die eigentliche Steuerung (engl. „policy") des Agenten dar, da der Fahrer einfach nur ausführt, was dort verzeichnet ist. Im Zusammenhang damit steht allerdings auch ein zentrales Problem des Ansatzes: gibt es viele unterschiedliche Zustände (Anzeigen auf den Instrumenten) oder Aktionsmöglichkeiten (Hebel), dann potenziert sich jeweils der benötigte Speicherplatz explosionsartig. Angenommen wir haben zwei Instrumente mit jeweils 100 Einteilungen, sowie 4 Hebel, dann liegt die Größe des Zustandsraums (vgl. Kap. 2.1.1), also die Zahl möglicher Tabelleneinträge, bei $100 \cdot 100 \cdot 4 = 40.000$. Bei 4 Instrumenten wären es schon $100^4 \cdot 4 = 400.000.000$ Schnell wird es dann nicht mehr möglich diese Zuordnung in Form einer Wertetabelle zu speichern. Außerdem steht für einen ahnungslosen Computer der Eintrag $[(43, 57, 17, 11) - > (2)]$ in keinem Zusammenhang mit dem sehr ähnlichen Eintrag $[(43, 57, 16, 11) - >?]$. Angenommen das U-Boot ist bislang immer mit der Anzeige 17 gefahren, dann wäre das Tabellenbuch auf Grund dieser kleinen Änderung erst einmal wieder vollständig unbeschrieben!

Es liegt nahe, generalisierende Modelle, die auch Werte für bislang unbeobachtete Zwischenzustände liefern können, zu verwenden, um diese Wertetabelle abzubilden, wie z. B. künstliche neuronale Netze. Leider hat sich diese Aufgabe technisch als nicht so einfach erwiesen, wie es auf den ersten Blick erscheint, da die Policy-Funktionen oft sehr komplex und „zerklüftet" sind. Erst in jüngster Zeit ist es gelungen, dieses Problem mit Hilfe geeigneter Techniken des „Tiefen Lernens" (vgl. Kap. 8) und einiger handwerklicher Kunstgriffe einigermaßen gut zu lösen. In dieser Einführung werden wir uns zunächst mit Algorithmen beschäftigen, die für die Abbildung der Steuerungsfunktion eine Wertetabelle nutzen. Die Anwendung von Näherungsfunktionen und überwacht lernenden Schätzern hierfür, so wie sie auch in anderen Abschnitten des Buches vorgestellt wurden, deuten sich damit aber auch schon an.

7.2 Wirkprinzip

Die Sensorik liefert die Eingabedaten des Agenten, welche ihm dabei helfen, in jedem einzelnen Zeitschritt t = 0, 1, 2,... eine möglichst zweckmäßige Aktionsentscheidung zu treffen. Die Sensoren, in unserem U-Boot wären dies z. B. die diversen Instrumente, liefern einen Eingabevektor $\vec{s} = (s_1, \ldots, s_n)$, so ähnlich, wie es im Abschnitt zum Perzeptron (Abschn. 5.1.1) beschrieben worden ist. Wir werden den in der Schule üblichen Vektorpfeil im Folgenden weglassen, da er eher mit geometrischen Vorstellungen („Richtungspfeil") assoziiert ist. Der Zustandsraum (vgl. auch „Problemraum" Abschn. 2) S wäre in unserem Fall die Menge aller möglichen Zustände, die die Sensorik des Agenten annehmen kann. Mit $s_t \in S$ wollen wir die Eingaben, die zum Zeitpunkt t von der Sensorik des Agenten geliefert werden, bezeichnen. Teile der Eingabe können sich auch auf einen inneren Zustand des Agenten beziehen, also z. B. auf Körperhaltungen, Energielevel, Kontostand o. ä. Bei Brettspielen besteht die Eingabe aus dem aktuellen Zustand des Spielfeldes, d. h. der Position der Spielfiguren auf dem Spielfeld etc. Der Agent erhält auf Aktionen a_t (Ausgaben für die „Motorik"), welche er auf der Grundlage der Zustände s_t hin auswählt, im nächsten Zeitschritt eine Belohnung r_{t+1} (Abb. 7.1).

Während der Ausführung der Aktion läuft die Zeit einen Schritt weiter und ein neuer Zustand s_{t+1} wird erreicht bzw. wird beobachtet. Wenn der nachfolgende Zustand in einem System nur vom jeweils gegebenen Zustand und der ausgewählten Aktion abhängt, so wird auch von einem „Markov-System" gesprochen. Im nächsten Zeitschritt, findet der Agent einen Folgezustand s_{t+1} vor. Die Belohnung r_{t+1} die der Agent eventuell erhält, hängt von der Situation s_t, der darin ausgewählten Aktion a_t und dem erreichten Folgezustand

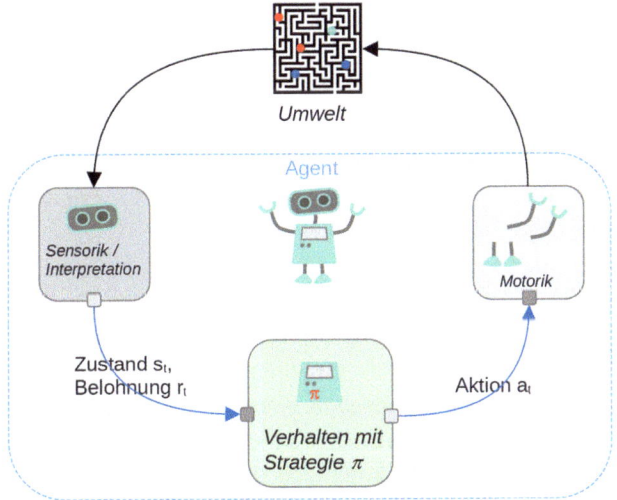

Abb. 7.1 Grundlegendes Setting beim Verstärkenden Lernen

s_{t+1} ab. In einem Markov-Modell werden die möglichen Folgezustände eigentlich als Wahrscheinlichkeitsverteilung berücksichtigt, da in natürlichen Umgebungen oder z. B. auch schon bei einfachen Würfelspielen wie z. B. „Backgammon" oder „Mensch ärgere dich nicht" der nächste Zustand und die damit zusammenhängende Belohnung in der Regel nicht mit Sicherheit vorhergesagt werden kann. Wenn dies berücksichtigt wird, dann kann der Agent in solchen für ihn unvorhersehbaren Umgebungen deutlich erfolgreicher sein. In unserer einführenden Darstellung werden wir allerdings davon absehen.

Weiterhin benötigen wir in unserem mathematischen Werkzeugkasten noch eine Menge von Start- und terminalen Endzuständen, damit Lernszenarien in genau gleicher Weise mehrfach wiederholt werden können. Eine Sequenz e der Länge T, die von einem Startzustand s_0 in einen Endzustand s_T) führt, wird auch als „Episode" oder „Versuch" bezeichnet $e = (([r_0], s_0, a_0), (r_1, s_1, a_1), \ldots, (r_t, s_t, a_t), \ldots, (r_T, s_T, [a_T]))$. Unser Ziel beim Verstärkenden Lernen ist es nun, mit Hilfe eines Optimierungsprozesses ein Verhalten zu erzeugen, mit dem der Agent Episoden mit maximaler Belohnungssumme produziert, d. h. $G^* = r_0 + r_1 + \ldots + r_T$ sei möglichst maximal.

7.2.1 Verhalten: Zweckmäßige Interaktion mit der Umwelt

Die Komponente, die das Verhalten des Agenten erzeugt heißt „Policy" Beim Verstärkenden Lernen ist das die Komponente, die das Verhalten des Agenten erzeugt, indem sie (sensorischen) Zuständen (motorische) Aktionen zuordnet. Hierbei ist aus der Menge der in einer Situation s möglichen Aktionen A_s jeweils eine, – möglichst die beste –, Option auszuwählen. Damit stellt die Policy eine Zuordnung aus der Menge der möglichen Zustände S in die Menge der Aktionen A dar: $\pi : S \to A$. Die Funktion π, welche das Verhalten des Agenten bestimmt, kann für den deterministischen Fall durch $a_t = \pi(s_t)$ dargestellt werden. Für das Wort „Policy" werden manchmal auch die Begriffe „Strategie", „Taktik" oder „Steuerung" verwendet. „Strategie" und „Taktik" erinnern eher an das Agieren in einem Brettspiel, während „Steuerung" eher mit situativem Verhalten in einem systemischen Kontext assoziiert wird, z. B. bei der Steuerung eines Fahrzeugs, wie unserem eingangs beschriebenem U-Boot. Im Prinzip sind die Begriffe jedoch synonym.

In den Szenarien des Verstärkenden Lernens ist es häufig so, dass nur sehr wenige Zustände eine echte Belohnung liefern, d. h. zwischen dem Startzustand und einem Zustand, in dem der Agent eine Belohnung realisieren kann, liegen mitunter sehr viele Zwischenschritte, die zunächst nichts einbringen. Diese Problematik stellt eine der zentralen technischen Herausforderungen des Verstärkenden Lernens dar. Es gibt hierfür verschiedene Lösungsansätze. Ein Ansatz, den wir hier vorstellen wollen, besteht darin, die Zustände des Zustandsraums hinsichtlich der zu erwartenden Belohnungen (und Gefahren) mit Hilfe einer Bewertungsfunktion $V : S \to \mathbb{R}$ zu bewerten. Um erfolgreich zu sein, müsste eine entsprechende Policy dann nur noch „gierig" diejenigen Aktionen wählen, die zu Folgezuständen mit der jeweils größten Bewertung führen.

7 Verstärkendes Lernen

Wie kann eine solche Bewertungsfunktion gebildet werden? Für jede Policy π gibt es eine zu erwartende Belohnung, die der Agent erhalten würde, wenn er dieser Policy ab dem Zustand s_t folgen würde. Demzufolge könnte man zur Berechnung von $V_\pi(s)$ die Belohnungen der nächsten T Schritte addieren („Modell mit finitem Horizont" oder auch „episodisches Modell" [1]). Der Zustandswert in Abhängigkeit von der jeweiligen Taktik π, wäre damit der zu erwartende Wert aller Belohnungen, die durch die mittels π ausgewählten Aktionen eingesammelt werden würden: $V_\pi(s_t) = r_{t+1} + r_{t+2} + \ldots + r_{t+T}$, wie unvorteilhaft diese auch sein mögen. Diese Gleichung gilt so nur für deterministische Übergänge. Bei Übergängen mit beliebigen Wahrscheinlichkeiten müsste dies dann jeweils mit einem Erwartungswert betrachtet werden.

Normalerweise ist es besser eine mögliche Belohnung zeitnah zu kassieren, gemäß der Redensart „Lieber den Spatz in der Hand, als die Taube auf dem Dach." Es sollen also kürzere Pfade, d. h. Ziele in der Nähe des Agenten, begünstigt werden. Dies gilt insbesondere dann, wenn wir uns in einer riskanten Umgebung befinden, in der negative Überraschungen auftreten können. Um dies zu erreichen, wird eine Art Skontorate $0 < \gamma < 1$ eingeführt, die den Wert weiter entfernt liegender Belohnungen um einen kleinen Teil reduziert, Modell des „infiniten Horizonts" [1]: $V_\pi(s_t) = r_{t+1} + \gamma r_{t+2} + \gamma^2 r_{t+3} + \ldots$ (vgl. Abb. 7.2).

Für die Veranschaulichung der Wirkung von γ stelle man sich vor, dass in einem Labyrinth ein „Leckerbissen" ist, von dem aus ein intensiver „Duft" in die Gänge eines Labyrinths ausströmt. Je weiter die Quelle des Geruchs entfernt ist, desto blasser wird die Wahrnehmung des Geruchs. Je mehr sich γ der 1 annähert, desto „weitsichtiger" wird der Agent. Ein Wert nahe der 1 würde also bedeuten, dass ein Agent auch sehr weit entfernt liegende Belohnungen gleichwertig in Betracht zieht.

7.2.2 Lernen: Auf der Suche nach optimalem Verhalten

Unser Ziel ist natürlich die bestmögliche Policy π^*. Da dies diejenige ist, die in einem Zustand diejenigen Aktionen kennt, die zu den meisten Belohnungen führen, hätten bei

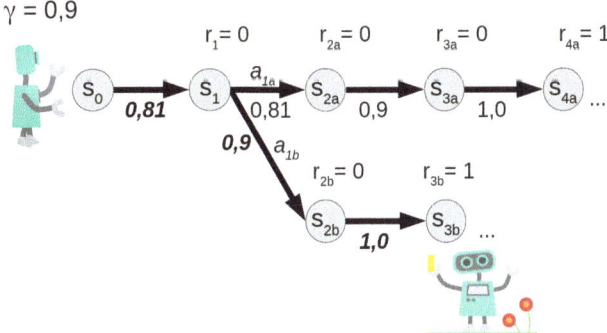

Abb. 7.2 Modell des „infiniten Horizonts"

Abb. 7.3 Beispiel als Kästchenwelt (ohne korrekte Zustandsbewertungen)

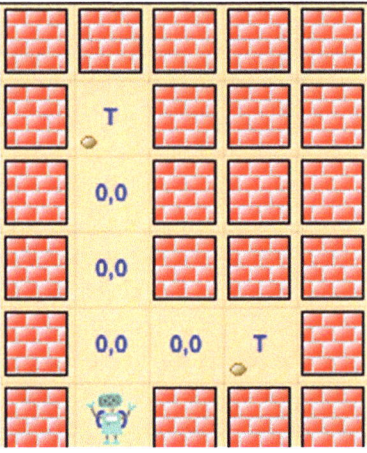

dieser die Zustandsbewertungen $V_{\pi*}(s)$, also z. B. auch der Wert des Startzustandes s_0 maximale Werte. Diese Policy wählt jeweils die beste Aktion a_t:

$$V^*(s_t) = \max_{a_t}(r_{t+1} + \gamma r_{t+2} + \gamma^2 r_{t+3} + \gamma^3 r_{t+4} + \ldots)$$

Spannend ist nun folgende Überlegung:

$$= \max_{a_t}(r_{t+1} + \gamma \cdot (r_{t+2} + \gamma r_{t+3} + \gamma^2 r_{t+3} + \ldots))$$
$$= \max_{a_t}(r_{t+1} + \gamma \cdot V^*(s_{t+1}))$$

Dies heißt, der Wert eines Zustandes wird vom Wert des besten Nachbarzustandes bestimmt! Hieraus folgt, dass wir uns jeweils für die Bewertung eines Zustandes nur die Nachbarzustände anschauen müssen (Prinzip von Bellman).

Zur Illustration der Algorithmen des Verstärkenden Lernens werden auch gern Kästchenwelten, sogenannte „Gridworlds" verwendet (Abb. 7.3). Jedes Kästchen entspricht dabei einem Zustand. Abb. 7.3 zeigt den Roboter Robi in einem kleinen Labyrinth (entsprechend dem Beispiel zur Veranschaulichung des „Modells des infiniten Horizonts") noch ohne Bewertungen V(s), die Robi orientieren.

Wir suchen nun einen Algorithmus für Robi, mit dem er seine kleine Umwelt erkunden kann. Betrachten wir der Einfachheit halber zunächst wieder deterministische Umgebungen. Mit den obigen Vorüberlegungen (Bellman Prinzip) können wir eine Aktualisierungsregel angeben. Angenommen es wird nach einem Erkundungsschritt beobachtet, dass $r_{neu} + \gamma \cdot V(s_{neu}) > V(s)$, dann wäre dieser Wert eine verbesserte Schätzung für V(s). Falls Robi also einen Folgezustand s_{neu} entdeckt, wo $r_{neu} + \gamma \cdot V(s_{neu})$ größer ist als $V(s)$, dann ersetzen wir einfach in dem zurückliegenden Zustand s den alten Wert durch den besseren neuen. Es sei daran erinnert, dass es sinnvoll ist, bei der Erkundung gelegentlich von dem bisher als optimal erkannten Weg abzuweichen. Bei der Erkundung einer Umgebung muss der Zufall eine gewisse Rolle spielen, wenn bisher unbekannte Ziele und Wege entdeckt werden sollen. Es besteht also ein Trade-off zwischen Exploration und Exploitation. Ein naheliegender Ansatz ist der Wechsel zwischen Explorations- und Exploitationsverhalten. Bei der sogenannten ϵ-gierigen (engl. ϵ-greedy) Strategie wird mit der Wahrscheinlichkeit ϵ exploriert, indem zufällig Aktionen ausgewählt und die Ergebnisse beobachtet werden. In den anderen Fällen, in der Exploitationsphase, handelt der Agent so optimal wie möglich gemäß der gegebenen Schätzung. Es ist auch möglich mit einer hohen Explorationsrate zu beginnen und diese im Verlauf des Trainings immer weiter zu reduzieren („Abkühlungsstrategie").

TD-Lernen in deterministischen Umgebungen:
1. Initialisiere $V(s)$ für alle $s \in S$ (z. B. mit 0)
2. Für alle Episoden
   (a) Initialisiere s mit Startzustand
   (b) Wiederhole
      I. Wähle a mit der Policy $\pi(s)$, z. B. so: Mit Wahrscheinlichkeit ϵ wähle eine zufällige Aktion, ansonsten prüfe Nachbarzustände und wähle den mit der höchsten Bewertung („ϵ-gierig").
      II. Führe Aktion a aus, hole r_{neu} und s_{neu}
      III. Aktualisiere V(s):
         $\delta \leftarrow r_{neu} + \gamma \cdot V(s_{neu}) - V(s)$
         WENN $\delta > 0$ DANN $V(s) \leftarrow V(s) + \delta$
      IV. $s \leftarrow s_{neu}$
   (c) Solange s kein finaler Zustand

Betrachten wir Abb. 7.4: Links entdeckt Robi gerade eine Belohnung von 1,0 in s_{neu}. Zu diesem Zeitpunkt ist $V(s) = 0$. Mit der Updateregel ergibt sich dann $V(s) \leftarrow 0 + 1, 0 + \gamma \cdot V(s_{neu}) - 0 = 1, 0$. Angenommen der Roboter Robi folgt dem Pfeil wie in Abb. 7.4 (Mitte), dann wäre $V(s_{neu}) = 1, 0$ und $V(s) = 0, 81$, da $r_{neu} + \gamma \cdot V(s_{neu}) = 0 + 0, 9 \cdot 1, 0 = 0, 9$. Die Zustandsbewertung V(s) würde damit von 0,81 auf 0,9 aktualisiert werden Abb. 7.4 (Rechts). An dem Beispiel lässt sich auch erkennen, dass eine resultierende Steuerung schon optimal sein kann, bevor die Bewertungen auf ihre korrekten Werte konvergiert sind.

Da in den Algorithmen des Verstärkenden Lernens die Umgebungen als indeterministisch betrachtet werden, wird im eigentlichen „original" TD-Algorithmus als Update-Regel (in Zeile 2.b.III im Pseudocode) folgende Berechnung genutzt:

$V(s) \leftarrow V(s) + \eta \cdot [r_{neu} + \gamma \cdot V(s_{neu}) - V(s)]$ („TD-Learning" nach Sutton, 1988)

Dies berücksichtigt, dass wir Folgezustände und Belohnungen nur entsprechend bestimmter Wahrscheinlichkeiten erreichen. Da die Schätzungen am Ende besser abgesichert sind, als am Anfang einer Episode, konvergiert der Algorithmus auch ohne die Wenn-Dann Konstruktion im Update und mit willkürlich gewählten initialen Zustandsbewertungen.

Verstärkendes Lernen folgt den Schritten 1. „Verhalten" (bzw. „Verarbeitung"), 2. „Bewertung" und 3. „Optimierung", ein grundlegendes Prinzip mit Komponenten, die wir

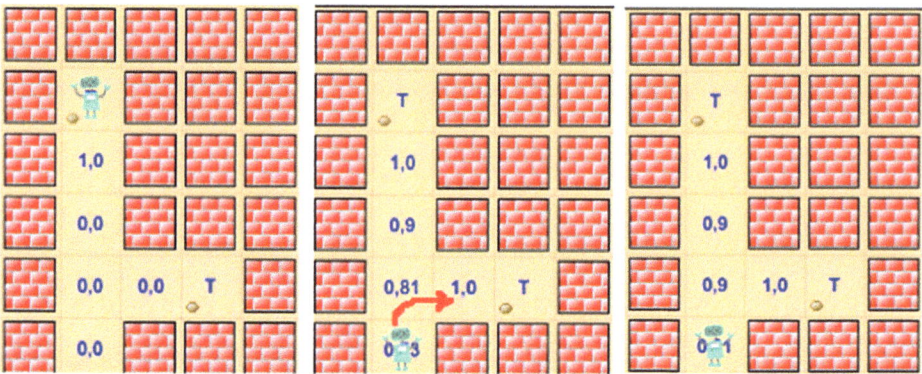

Abb. 7.4 Robi hat gerade eine Belohnung entdeckt (Links). Explorationsbeispiel (Mitte). Finale Zustandsbewertung(Rechts)

mehr oder weniger explizit in allen maschinellen Lernverfahren entdecken können. Die nach dem Schema aufgebaute funktionale Darstellung in Abb. 7.5 lässt sich in Abb. 7.1 an die Stelle der grünen Komponente einordnen.

Das TD-Learning ist leicht verständlich, allerdings gibt es einige Nachteile, bspw. wird eine „Vorschau" in die möglichen Nachbarzustände benötigt, welche sagt, welcher Zustand bei der Auswahl einer spezifischen Aktion erreicht wird. Bei Brettspielen wäre dies leicht zu simulieren, aber denken wir z. B. an unseren U-Boot Fahrer. Woher soll er den Wert einer Aktion (Betätigung eines Hebel) kennen, wenn er nicht weiß, in welchen Folgezustand er dadurch gelangt? Er benötigt daher eigentlich eine andere Tabelle, eine die ihm direkt die Bewertung der unterschiedlichen Hebel (Aktionen) anzeigt.

Dies wird beim „Q-Learning"-Algorithmus berücksichtigt. Beim Q-Learning wird nicht nur der Wert der Zustände V(s) erfasst, sondern der Wert Q(s, a) jeder einzelnen Aktion im jeweiligen Zustand. Die Q-Funktion ordnet also jedem „Zustands-Aktions-Paar" ein Bewertung zu: $Q : S \times A \to \mathbb{R}$ Der Q-Learning Algorithmus gehört zu den „Modellfreien Algorithmen" des Verstärkenden Lernens, weil er ohne eine Abbildung der Umwelt auskommt. Bis auf diese quasi größere „Auflösung" ist der Q-Learning Algorithmus aber vom Grundprinzip her mit dem TD-Learning identisch.

Um die Bewertung einer Aktion entsprechend dem Prinzip von Bellman vorzunehmen, muss der Algorithmus den jeweils höchsten Eintrag in der Q-Tabelle zur Berechnung heranziehen.

$$Q(s,a) \leftarrow Q(s,a) + \eta \cdot [r_{neu} + \gamma \cdot \max_{a'} Q(s_{neu}, a') - Q(s,a)] \quad \text{(„Q-Learning"}$$

nach Watkins, 1989)

Verstärkendes Lernen mit Q-Learning:
1. Initialisiere Q(s, a) willkürlich (z. B. mit 0)
2. Für alle Episoden
   (a) Initialisiere s mit Startzustand

7 Verstärkendes Lernen

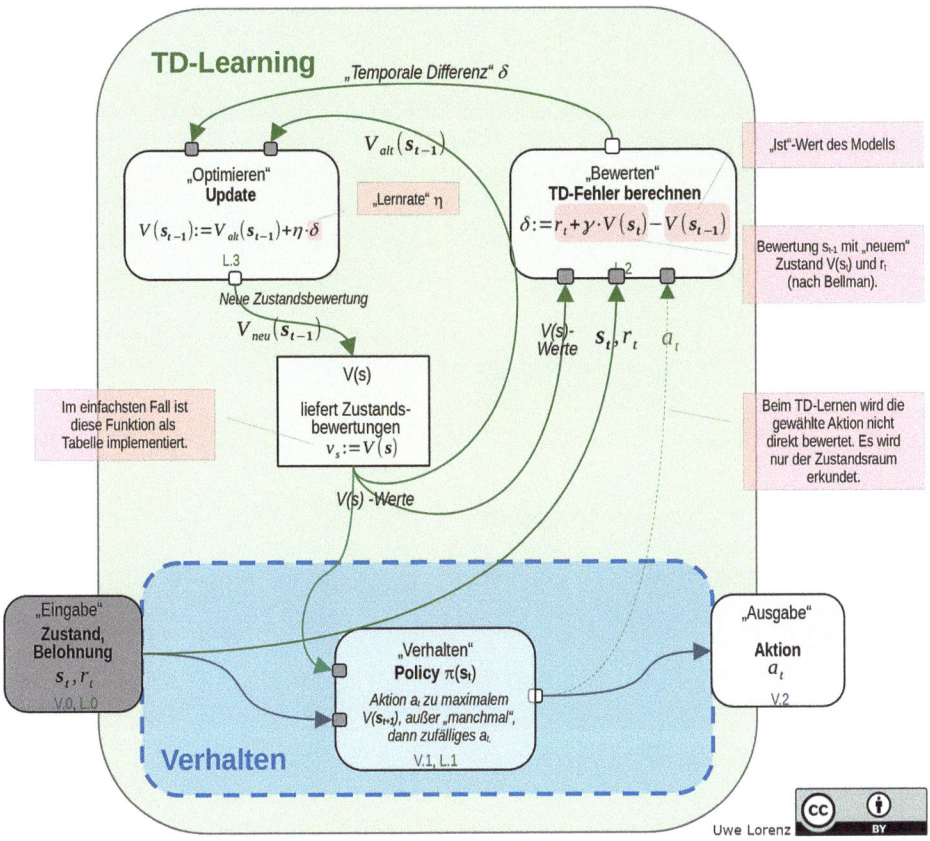

Abb. 7.5 TD-Learning in funktionaler Modellierung

(b) Wiederhole
  I. Wähle a aus Q mit der Policy π (z. B. „ϵ-gierig")
  II. Führe Aktion a aus, hole r_{neu} und s_{neu}
  III. Aktualisiere Q(s, a):
  $$Q(s, a) \leftarrow Q(s, a) + \eta \cdot [r_{neu} + \gamma \cdot \max_{a'} Q(s_{neu}, a') - Q(s, a)]$$
  IV. s $\leftarrow$ s'
(c) Solange s kein finaler Zustand

Mitunter ist es nicht egal, aus welcher Richtung man einen Zustand erreicht, z. B. in riskanten Umgebungen. In diesen Fällen wäre der Q-Algorithmus dem TD-Learning sogar überlegen, weil er in der Lage ist, solche Fälle zu erkennen und zu behandeln.

In Abb. 7.6 ist das Q-Learning als funktionales Modell dargestellt. Hier wird im Gegensatz zum TD-Lernen die von der Policy ausgegebene Aktion a_t bei der Bewertung mit einbezogen. Dies geschieht, indem überprüft wird, inwiefern die Erwartungen Q(s, a) eingetreten sind. Die Anpassung im Optimierungsschritt wird also durch die Differenz

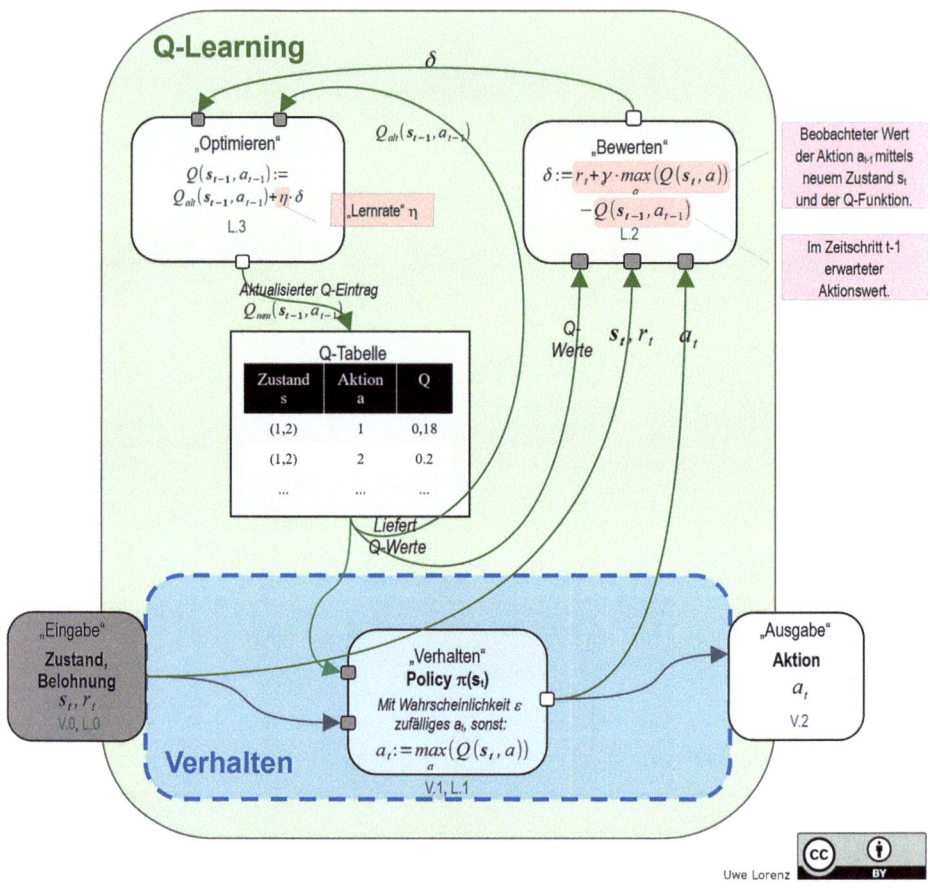

Abb. 7.6 Q-Learning in funktionaler Modellierung

zwischen der Erwartung (alter Q-Wert) und des Werts der im darauf folgenden Zeitschritt erreichten Situation (Belohnung plus maximaler Q-Wert) bestimmt.

Ein mit dem Q-Lernalgorithmus eng verwandter Algorithmus ist der Sarsa-Lernalgorithmus. Der vielleicht etwas seltsam anmutende Name Sarsa steht für State-action-reward-state-action und bezieht sich auf die Argumente der Update-Funktion: Zustand, Aktion, Belohnung, (Folge-)Zustand und (Folge-)Aktion. Im Vergleich zum Q-Learning ist hier noch der Parameter „Folgeaktion" hinzugekommen. Es handelt sich um einen sogenannten „On-Policy"-Algorithmus. Während Q-Learning nach dem Prinzip von Bellman immer den besten Q-Wert des neuen Zustands zur Bewertung einer Transition heranzieht, verwendet Sarsa für die Aktualisierung den Wert, der tatsächlich ausgeführt wurde. Also z. B. auch eine Transition, die in einer Exploration zufällig ausgewählt und schließlich mit gegebenen Unsicherheiten realisiert wurde. Sarsa beobachtet also das tatsächliche Ergebnis, während Q-Learning die vorhandenen Folgezustände vergleicht und den Besten zur Bewertung heranzieht.

Ein Agent mit Q-Learning bewertet absolut „gierig", wählt aber Aktionen nach ϵ-greedy, um auch Exploration zu gewährleisten. Für einen komplett gierigen Agenten, der nicht exploriert, d. h. immer die Aktion mit dem besten Q-Wert ausführt, sind SARSA und Q-Learning identisch. Wenn jedoch Exploration stattfindet oder unsichere (indeterministische) Übergänge auftreten, können sie sich deutlich unterscheiden. Sarsa ist realistischer und lernt quasi auch über sich selbst. In manchen Szenarien ist es sinnvoll, nicht nur davon auszugehen, welche Erfahrung die beste war, sondern auch davon, was in einem Zustand mit einer gegebenen, teilweise durch Zufall oder andere Faktoren bestimmten Steuerung tatsächlich passieren wird. Dies ist z. B. in der Nähe gefährlicher Übergänge sinnvoll. Angenommen, jemand bietet 1000 Euro dafür, auf dem Geländer einer Autobahnbrücke zu balancieren. Es besteht zwar eine kleine Chance, die hohe Belohnung unbeschadet zu erhalten, aber es ist nicht sinnvoll, nur die beste Erfahrung für die Bewertung dieses Übergangs zu verwenden.

Verstärkendes Lernen mit SARSA-Learning:
1. Initialisiere Q(s, a) willkürlich (z. B. mit 0)
2. Für alle Episoden
   (a) Initialisiere s mit Startzustand
   (b) Berechne $a \leftarrow \pi(s)$ (z. B. „ϵ-gierig")
   (c) Wiederhole
      I. Führe Aktion a aus, hole r_{neu}, s_{neu}
      II. Berechne $a_{neu} \leftarrow \pi(s_{neu})$ (z. B. „ϵ-gierig" mit aktuellen Q-Werten)
      III. Aktualisiere Q(s, a):
      $$Q(s, a) \leftarrow Q(s, a) + \eta \cdot [r_{neu} + \gamma \cdot Q(s_{neu}, a_{neu}) - Q(s, a)]$$
      IV. $s \leftarrow s_{neu}, a \leftarrow a_{neu}$
   (d) Solange s kein finaler Zustand

7.3 Vorschläge für den Unterricht

Mit der didaktischen Programmierlernumgebung „Greenfoot" lassen sich motivierende Übungsszenarien mit spielerischen Kontexten oder auch als Simulation erstellen. Eine Implementation des eingangs dargestellten „U-Boots" könnte z. B. wie in Abb. 7.7 aussehen.

Eine Implementation des Updates der Q-Tabelle in der bei Greenfoot mitgelieferten didaktischen („frame-basierten") Sprache „Stride" [3] zeigt die Abbildung Abb. 7.8.

Mit den beiden vorgestellten Algorithmen lassen sich bereits einige interessante Experimente durchführen. Das Maturana U-Boot aus der Abbildung Abb. 7.7 mit Greenfoot finden Sie unter diesem Link https://bit.ly/3MFyENO. Q- und Sarsa-Learning können auch für das Training von Brettspielszenarien verwendet werden. Hierbei ist allerdings zu beachten, dass wir nach jedem Zug von uns einen gegnerischen Zug zu erwarten haben, der Zustände mit umgekehrtem Vorzeichen bewertet. Der Wert eines Zustandes für uns

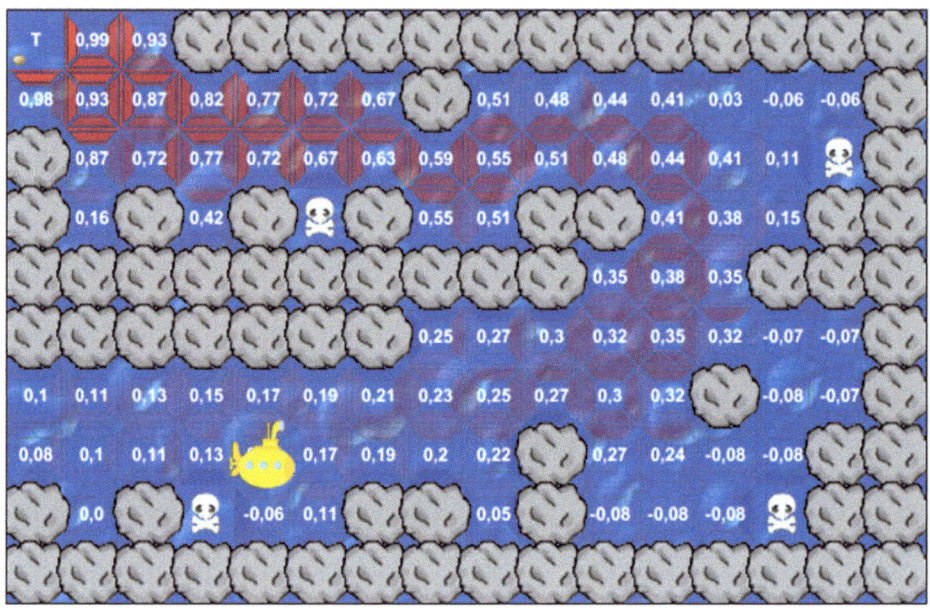

Abb. 7.7 U-Boot mit Q-Learning als Greenfoot Szenario

```
Update of Q(s,a) ("Q-learning" approach)
@param s_key state key
@param a action
@param reward Reward
@param s_key_new Successor state
@param end Has a terminal state or the step limit been reached?

protected void update(String s_key, int a, double reward, String s_new_key, boolean end)
    var double  observation = 0.0
    if ( end )
        observation = reward
    else
        observation = reward + ( GAMMA * maxQ(s_new_key) )
    var double  q = getQ(s_key, a)
    q = q + ETA * (observation - q)
    setQ(s_key, a, q)
```

Abb. 7.8 Implementation des Q-Learning Updates mit „Greenfoot 3"

entspricht dem Gegenteil der Bewertung aus Sicht des Gegners. In der Updatefunktion lässt sich das dadurch berücksichtigen, indem das Vorzeichen der Beobachtung umgekehrt wird Abb. 7.9.

Softwarebeispiele hierzu können Sie auch in den unter https://github.com/sn-code-inside/Reinforcement-Learning zugänglichen Materialien von [4] (siehe auch „Weiterführende Hinweise") finden.

7 Verstärkendes Lernen

```
Update of Q(s,a) ("Q-learning" approach)
@param s_key Zustand
@param a Aktion
@param reward Belohnung
@param new_s_key Folgezustand
@param end Wurde ein Endzustand erreicht?

protected void update(int s_key, int a, double reward, int new_s_key, boolean end)
    var double observation = 0.0
    if ( end )
        observation = reward
    else
        observation = reward + (GAMMA * maxQ(new_s_key) )
        observation = - observation
    var double q = getQ(s_key, a)
    q = q + ETA * (observation - q)
    setQ(s_key, a, q)
```

Abb. 7.9 Q-Update bei einem Brettspiel mit Gegenspieler

Auf der Seite https://computingeducation.de finden sich spielerische und für den Unterricht aufbereitete Einstiegsbeispiele in die Thematik. „AI Unplugged!" beinhaltet Materialien, die auch ohne Rechner funktionieren. Aufschlussreich ist auch das online verfügbare „Roboschach" und die in der block-basierten Programmiersprache Snap! implementierte „Bananenjagd". Das Material wird im Artikel der LOGIN 193-194 (2020) „Kein Hexenwerk!" von Tilman Michaeli, Stefan Seegerer und Sven Jatzlau [6] auch fachdidaktisch begleitet.

7.4 Beispiele aus der Lebenswelt, gesellschaftliche Bezüge und Interdisziplinärität

VL-Algorithmen gewinnen nicht nur in technologieorientierten Domänen wie Robotik, selbstfahrenden Autos und Industrie 4.0 immer mehr an Bedeutung, sondern beeinflussen auch unser gesellschaftliches Leben in vielerlei Hinsicht enorm, bspw. im Finanzhandel oder durch Empfehlungssysteme in Online-Shops, wo Aufmerksamkeit und Umsatz als Belohnungen dienen. Viele Schülerinnen und Schüler nutzen z. B. Streaming-Dienste wie Netflix oder Spotify in ihrer Freizeit. Diese Plattformen verwenden KI-Modelle, die VL nutzen, um zu lernen, welche Inhalte dem Benutzer am besten gefallen könnten. Sie werden bei der Kuratierung und Filterung von Inhalten in sozialen Medien oder Videoplattformen, wie TikTok oder YouTube, genutzt. Die Systeme optimieren sich hier auf die Ansprache von Aufmerksamkeit und Motivation, etwas was im Unterricht auch problematisiert werden sollte, um eine unabhängigere und reflektiertere Nutzung solcher Anwendungen zu ermöglichen. VL-Algorithmen tragen auch zur Entstehung von Phänomenen wie „Filterblasen" u. ä. bei. Im Gebiet der natürlichen Sprachverarbeitung haben durch Verstärkenden Lernens im Hinblick auf als angemessen empfundenes Verhalten „getunete" statistische Sprachmodelle wie ChatGPT eine bislang ungekannte Fähigkeit erhalten, detaillierte und nuancierte Antworten zu geben, was wiederum menschliche und auch maschinelle Kommunikation beeinflusst.

Auch in Spiel und Sport bekommen solche Algorithmen eine immer größere Bedeutung. In Computerspielen z. B. sorgen VL-Algorithmen für interessant interagierende Agenten als Mit- oder Gegenspieler. Menschliche Champions studieren oder adaptieren oft bereits automatisch generierte und optimierte Strategien. In Spielen wie Schach oder Go, beispielsweise, haben Algorithmen des Verstärkenden Lernens wie AlphaGo und AlphaZero Strategien entwickelt, die weit über das hinausgehen, was menschliche Spieler über Generationen hinweg erarbeitet haben. Was die Art und Weise, wie diese Spiele auf hohem Niveau gespielt werden, erheblich beeinflusst und auch die strategischen Horizonte der Spieler erweitert hat. Auch im Sport hat das Studium von VL-basierten Modellen mittlerweile Einzug gehalten. In Disziplinen wie Basketball oder Fußball können agentenbasierte Simulationen dazu verwendet werden, Spielerleistungen zu analysieren und Strategien zu optimieren.

Die Algorithmen des Verstärkenden Lernens spielen also eine große Rolle im Arbeits- und Wirtschaftsleben sowie in Freizeit und Unterhaltung. Sie formen Wahrnehmung und Entscheidungsfindung von Einzelpersonen und Gruppen mit, was weitreichende Implikationen für Meinungsbildung, Konsumverhalten oder Investitionsentscheidungen hat. Als Voraussetzung für die Beurteilung von möglichen Einsatzfeldern sowie potentieller Auswirkungen ist es angebracht, die Funktionsweise dieser Algorithmen zumindest vom Prinzip her zu verstehen und daher diese auch im Informatik-Unterricht zu behandeln.

7.5 Weiterführende Hinweise

An dieser Stelle muss eingeräumt werden, dass die vorgestellten Algorithmen technisch nur dann funktionieren, wenn die Umgebungen auf eine nicht zu große Anzahl von Zuständen beschränkt sind. In praktischen „realen" Umgebungen oder auch in komplexeren Spielen reichen die verfügbaren Ressourcen in der Regel nicht aus, um die Bewertungsfunktion tabellarisch zu erfassen. Will man die Anzahl der Zustände des Umweltsystems signifikant erhöhen, stößt man mit diskreten tabellarischen Darstellungen schnell an Grenzen. Um hier Abhilfe zu schaffen, können wie bereits erwähnt parametrisierte Schätzer verwendet werden, mit denen bspw. die Bewertungsfunktion, die die Q-Tabelle repräsentiert, abgebildet werden kann. Ein weiterer Vorteil von Schätzern besteht darin, dass mit ihnen Zustände auch dann mehr oder weniger sinnvoll bewertet werden können, wenn sie zuvor nicht in genau der gleichen Form beobachtet wurden. Gewöhnlicher Weise werden in diesem Zusammenhang gern künstliche neuronale Netze angeführt. Es können aber aber auch andere Verfahren wie k-Nächste-Nachbarn-Klassifikation oder sonstige Regressionsverfahren zur Anwendung kommen.

Neben den Ansätzen, die Zustände bewerten, gibt es auch rein „policybasierte" Ansätze, die keine Bewertungsfunktion lernen, sondern direkt eine Zuordnung von Sensorzuständen und resultierenden Aktionen einstellen. Dabei wird der Zwischenschritt eingespart, zunächst die verschiedenen Handlungsoptionen explizit zu bewerten. Darüber hinaus werden auch solche policybasierte Ansätze mit Ansätzen die Zustände bewerten kombiniert. Diese Algorithmen werden als „Actor-Critic"-Algorithmen bezeichnet. Die Bewertungsfunktion wird hier dazu genutzt, die Anpassung zu regulieren. Auf Grundlage der bisherigen Erfahrungen gibt sie an, ob die jeweils verursachte Beobachtung eine positive oder negative Überraschung darstellte oder aber keine Neuigkeit ist und somit auch keine übertriebene Anpassung erfordert. In den „Modellbasierten Ansätzen" baut der Agent darüber hinaus ein Modell seiner Umgebung auf, in welcher er „virtuell", also risikofrei, experimentieren und planen kann. In solchen Varianten des Verstärkenden Lernens werden verschiedene Ansätze und Methoden der KI miteinander kombiniert.

In „Reinforcement Learning: Aktuelle Ansätze verstehen – mit Beispielen in Java und Greenfoot" [4] werden auch weiterführende Algorithmen und ihre Implementation in Greenfoot vorgestellt. Die Beispielprogramme des Buchs sind auch unter https://github.com/sn-code-inside/Reinforcement-Learning frei verfügbar.

Literatur

1. Ethem Alpaydin. **Maschinelles Lernen**. ger. 3., aktualisierte und erweiterte Auflage. De Gruyter Oldenbourg Studium. Berlin ; Boston: De Gruyter Oldenbourg, 2022. ISBN: 978-3-11-074014-1.
2. D. C. Dennett. **Von den Bakterien zu Bach – und zurück: die Evolution des Geistes**. ger. Übers. von Jan-Erik Strasser. Berlin: Suhrkamp, 2018. ISBN: 978-3-518-58716-4.
3. Michael Kölling u. a. **Greenfoot**. URL: https://www.greenfoot.org.
4. Uwe Lorenz. **Reinforcement Learning: Aktuelle Ansätze verstehen- mit Beispielen in Java und Greenfoot**. 2., aktualisierte und erweiterte Auflage. Springer Vieweg, 2024. ISBN: 978-3-662-68310-1.
5. Humberto R. Maturana und Francisco J. Varela. **Der Baum der Erkenntnis: die biologischen Wurzeln des menschlichen Erkennens**. ger. Übers. von Kurt Ludewig. 7. Auflage. Fischer-Taschenbuch 17855. Frankfurt am Main Fischer Taschenbuch, 2018. ISBN: 978-3-596-17855-1.
6. Tilman Michaeli, Stefan Seegerer und Sven Jatzlau. "Kein Hexenwerk – Ideen des maschinellen Lernens in Snap!" In: **LOG IN – Informatische Bildung und Computer in der Schule** (2020), S. 76–80.
7. Richard S. Sutton und Andrew G. Barto. **Reinforcement learning: an introduction**. Second edition. Adaptive computation and machine learning series. Cambridge, Massachusetts: The MIT Press, 2018. ISBN: 978-0-262-03924-6.

Tiefes Lernen

8

Udo Frese und Uwe Lorenz

Seit der Mitte der 2010er-Jahre werden wir Zeuge einer beeindruckenden Erfolgsserie der Künstlichen Intelligenz. Viele Anwendungen, die Leitvisionen der frühen KI waren, sind zum ersten Mal Wirklichkeit oder haben sich so stark verbessert, dass sie nun verbreitet genutzt werden. Beispiele sind

- automatisches Übersetzen
- Erkennung gesprochener Sprache (z. B. für Assistenzapps oder zum automatischen Untertiteln von Videos)
- Bildverständnis (z. B. für Stichwortsuche in Bildsammlungen, Personenerkennung, automatische Audiodeskription, Suche nach Auffälligkeiten in Röntgenbildern, Unterscheidung von Feldfrüchten und Unkraut für Jäteroboter im biologischen Landbau, Wahrnehmung für autonome Autos)
- der Sieg über den menschlichen Go-Weltmeister in 2016
- jüngstens natürlichsprachlichen Chat-Assistenten, wie Chat-GPT, mit allgemeinem Verständnis für semantische Zusammenhänge.

Aber auch später aufgekommene Anwendungen wurden erfolgreich realisiert, z. B.

U. Frese (✉)
FB 3 Mathematik und Informatik, Uni Bremen, Bremen, Deutschland
E-Mail: ufrese@uni-bremen.de

U. Lorenz
FU Berlin, Berlin, Deutschland
E-Mail: uwe.lorenz@fu-berlin.de

- die Vorhersage der dreidimensionalen Struktur von Proteinen,
- die Optimierung von technischen Bauteilen wie Batterien,
- das Hochrechnen von DVDs auf 4K-Qualität,
- das Generieren von Illustrationsbildern nach Textbeschreibungen.

Diese Erfolge haben zu einer breiten gesellschaftlichen Aufmerksamkeit geführt, die nicht zuletzt auch Anlass für dieses Buch ist. Sie alle wurden durch eine Methode names „Deep Learning" – „Tiefes Lernen" möglich. Was „Lernen" für Maschinen bedeutet wurde schon in Kap. 5 geklärt. Die Frage bleibt: Was macht Lernen „**tief**"?

Computer sind Rechenmaschinen. So eine Berechnung verknüpft Eingaben zu Zwischenergebnissen, diese zu neuen Zwischenergebnissen, diese wieder zu neuen Zwischenergebnissen usw., bis sie zum Schluss das Endergebnis berechnet. Die längste Kette von Verknüpfungen ist die Tiefe der Berechnung. Für neuronale Netze zählt man vereinfachend ein Perzeptron als Tiefe von eins, obwohl es eigentlich aus mehreren Rechenoperationen besteht. Insofern hat das neuronale Netz in Abschn. 5.1.4 eine Tiefe von zwei, weil es die Eingaben in den Hidden-Units zu Zwischenergebnissen verknüpft und diese dann in den Output-Units zu Endergebnissen. Es klingt einleuchtend, dass komplexe „Denkvorgänge" eine große Tiefe erfordern, weil sie immer wieder gewonnene Erkenntnisse zu neuen Erkenntnissen verknüpfen. Beispielsweise kann man sich vorstellen, dass zur Erkennung eines Elefanten in einem Bild Pixel zu lokalen Konturen und Farbmerkmalen, dann zu Formen und Texturen, dann zu Körperteilen und zum Schluss zum Elefanten verknüpft werden und dies über noch mehr Zwischenschritte geht, als man hier prägnant in Worte fassen kann.

Von Menschen mit Einsicht in Zusammenhänge ausgedachte Berechnungen, sogenannte „analytische Berechnungen", sind oft sehr tief. Aber es war lange Zeit nicht möglich, tiefe Berechnungen, z. B. tiefe neuronale Netze mit vielen Schichten zu lernen. Rückblickend fehlten vor allen Dingen große Datenmengen und die Rechenleistung sie zu verarbeiten. Das änderte sich Mitte der 2010er mit Datensätzen wie „ImageNet" (1,2 Millionen Bilder), die auf Bildern aus Social Media Plattformen basieren und mit der Verfügbarkeit von Grafikkarten als leistungsstarke programmierbare Recheneinheiten (GPUs).

Dieses Kapitel möchte einen intuitiven Einblick darin geben, wie tiefe neuronale Netze funktionieren und was die wichtigsten Ideen in ihrem Aufbau – ihrer Architektur – sind. Die Darstellung abstrahiert dabei von einigen Details und fokussiert sich beispielhaft auf Netze die Bilder danach klassifizieren, was auf ihnen zu sehen ist. Andere Bereiche des Deep Learnings funktionieren ähnlich, haben aber jeweils eigene Elemente. Es ist eine bemerkenswerte Stärke von Deep Learning, mit sehr ähnlichen Methoden sehr unterschiedliche Probleme von Bilderkennung über Go-Spielen, Übersetzen bis Proteinfaltung zu lösen.

Kompetenzziele
- Die Architektur von tiefen Neuronalen Netzen in ihrem Aufbau aus Schichten erklären.
- Die Rolle der unterschiedlichen Schichten „fully connected", Konvolutions- und Poolingschichten erläutern.

- Die Visualisierung von Merkmalen im Hinblick darauf interpretieren, auf welche Bildbestandteile das Netz bei seinen Entscheidungen Wert legt.

8.1 Methodische Einführung

8.1.1 Die Funktion eines Neurons in einem Neuronalen Netz

Neuronale Netze, wie in Kap. 5 eingeführt, verarbeiten reelle Zahlen als Ein- und Ausgabe, sei es die Helligkeit eines Pixels in einem Bild oder ein Messwert des Mikrofons in einem Audiosignal. Symbolische Information wie Texte oder der Spielstand bei Go müssen erst in Zahlen umgewandelt werden. Die Erklärung in diesem Kapitel nimmt Bildklassifikation als Beispiel. Das bedeutet, das neuronale Netze erhält ein Bild als Eingabe und liefert als Ausgabe eine Klasse aus einer vordefinierten Liste, z. B. Elefant, Herz, Eiffelturm, Fahrrad, Hund, ... Ein Bild besteht aus Zahlen, jeweils drei Zahlen pro Pixel für Rot, Grün und Blau, kann also direkt in ein neuronales Netz hineingehen. Eine Klasse ist aber erst mal symbolische Information und kann nicht direkt ausgegeben werden. Statt dessen gibt das Netz eine Zahl für jede mögliche Klasse aus, die die Wahrscheinlichkeit angibt, dass das Bild „nach Meinung des Netzes" in diese Klasse fällt. Zum einen ist das die Art Ausgabe, die ein neuronales Netz machen kann, zum andern kann es in den Wahrscheinlichkeiten angeben, wie sicher es ist. Benötigt man eine echte Entscheidung, nimmt man die wahrscheinlichste Klasse.

Der Grundbaustein des Netzes, ein einzelnes Neuron ist das Perzeptron (Abschn. 5.1.1). Dieses berechnet eine gewichtete Summe der Eingaben und eines Bias, und führt das Ergebnis durch eine nichtlineare Aktivierungsfunktion. Für tiefe Netze ist die Aktivierungsfunktion meist ReLU, d. h. positive Werte gehen unverändert durch und negative Werte werden zu 0. Im Sinne des konnektionistischen Paradigmas aus Kap. 6 ist dieses Perzeptron der **„einfache Funktionsbaustein, der Parameter hat"**, und dessen **Parameter** mit Gradientenabstieg **aus Daten gelernt werden**. Wie kann man sich die Rolle eines solchen einzelnen Neurons in einem großen neuronalen Netz anschaulich vorstellen?

Man betrachte das Beispiel eines Neuron, das erkennen soll, ob an einer bestimmten Stelle im Bild ein Elefantenohr zu sehen ist (Abb. 8.1). Es erhält als Eingaben die Ausgaben mehrerer Neuronen, die Mermale erkennen. Einige davon sind ein positives oder negatives Indiz für ein Elefantenohr. Positive können sein: graue Fläche, eine runde Form im oberen Bereich, eine spitze Form im unteren Bereich oder verteilte Linien als Textur. Oft sind andere Merkmale, die bei Elefantenohren nicht vorkommen, generell leicht negative Indizien: Da ist etwas, was nicht passt. Manchmal gibt es aber auch stark negative Merkmale, die helfen, etwas spezifisch sehr ähnliches zu unterscheiden. Zum Beispiel, sind Herzen einem Elefantenohr durchaus ähnlich. Zur Unterscheidung wird dann „rote Fläche"ein stark positives Indiz für Herz, gleichzeitig ein stark negatives Indiz für Elefantenohr. Die Gewichte passt der Computer während der Lernens an und legt damit fest, ob und wie stark positiv oder negativ ein Merkmal aus der Eingabe für das Merkmal der Ausgabe ist. Wie man an dem Beispiel sieht, hängt das nicht nur davon ab,

Abb. 8.1 Ein neuronales Netz soll Elefanten und Herzen erkennen. ((C) 123rf.com nickdale und loft39studio)

welche Merkmale ein Elefantenohr ausmachen, sondern auch, welche Merkmale erlauben, es von ähnlichen Nicht-Elefantenohren zu unterscheiden. Der meist negative Bias legt fest, wie viel positive Merkmale zusammenkommen müssen, damit die Summe die Null überschreitet und als Erkennung an das nächste Neuron weitergegeben wird. Das hängt von der Statistik im Datensatz ab. Sind Elefantenohren selten, fordert das Neuron stärkere Indizien, als wenn sie häufig sind. Gibt es stärkere positive Indizien als aufgrund des negativen Bias nötig, wird die Ausgabe größer und das Indiz Elefantenohr für das nächste Neuron stärker. Insofern legt die Aktivierungsfunktion ReLU fest, dass positive Ausgaben „etwas erkannt" und größere Zahlen „stärker erkannt" bedeuten. Das könnte grundsätzlich nämlich auch genau anders herum sein.

8.1.2 Organisation in Schichten

Der verbleibende Schritt des Paradigmas lautet **„verbinde viele Kopien davon"**. Er besteht darin, viele Instanzen dieser Funktionsbausteine miteinander zu verbinden, so dass ein Netz entsteht, das aus einer langen Kette von Zwischenergebnissen das Endergebnis berechnet, eben ein tiefes neuronales Netz. Damit stellt sich auch die Frage nach der Architektur: Wie kann man die Vielzahl an Neuronen sinnvoll und logisch nachvollziehbar gruppieren und verbinden.

Als Grundelement einer guten Architektur hat sich die Organisation in Schichten herausgestellt. Die Neuronen einer Schicht sind unabhängig voneinander, d. h. ihre Berechnungen können parallel ausgeführt werden. Das ist die Basis für eine schnelle Berechnung auf Grafikkarten. Die Eingaben stammen aus einer (manchmal mehrerer) vorangehenden Schicht und die Ausgaben gehen in eine (manchmal mehrere) nachfolgende Schicht (Abb. 8.2 links).

Diese Einführung betrachtet Netze die auf Bildern etwas erkennen sollen, deren Eingabe also ein Bild ist. Das heißt die Eingabe ist ein zweidimensionales Array von

8 Tiefes Lernen

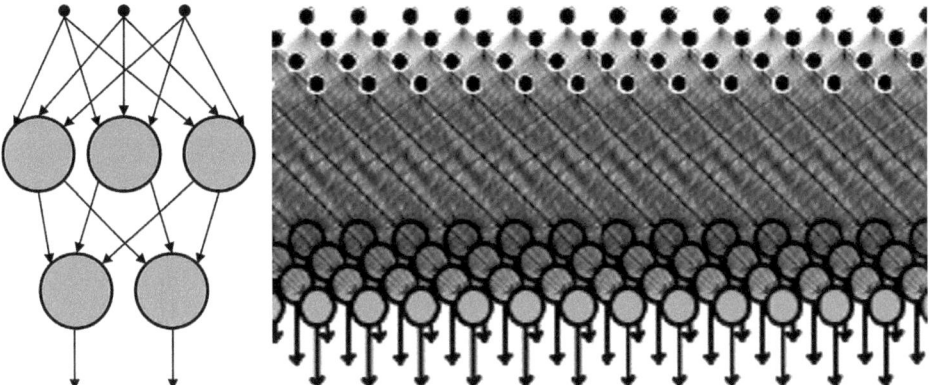

Abb. 8.2 Links: Ein zweischichtiges neuronales Netz. Rechts: Eine Schicht eines neuronalen Netzes zur Verarbeitung von Bildern. Jeder Eingabepixel ist mit jedem Ausgabepixel (Neuron) verbunden

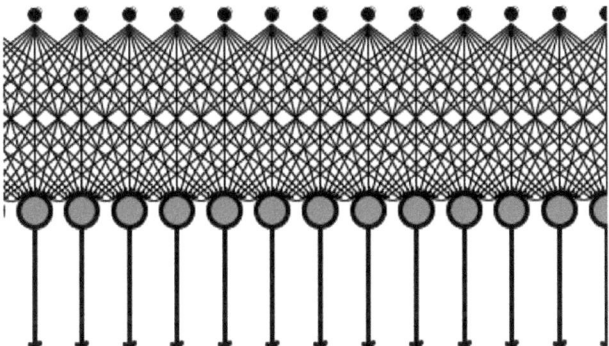

Abb. 8.3 Vereinfachte Darstellung von Abb. 8.2 rechts, nur eine Bildzeile ist gezeigt

Werten (Pixeln) und diese Struktur soll ausgenutzt und für Zwischenergebnisse erhalten bleiben. Solche Schichten nennt man bildhaft, d. h. für jeden Pixel gibt es ein oder mehrere Neuronen in der selben regelmäßigen Anordnung, wie die Pixel im Bild.

Abb. 8.2 rechts zeigt von oben die Eingabe mit Pixeln, die in Zeilen und Spalten angeordnet sind (kleine schwarze Kreise) und unten die Neuronen, die diese Eingabe verarbeiten und in der selben Form in Zeilen und Spalten organisiert sind (graue Kreise). Dazwischen liegen die Verbindungen mit den Gewichten, von jedem Pixel der Eingabe zu jedem Neuron (Pixel) der Ausgabe eine. So eine Schicht nennt man „Fully Connected".

Die Grafik ist unübersichtlich und insbesondere die vielen Verbindungen verschwimmen zu einer dunklen Fläche. Deshalb wird im folgenden immer als Kurzschreibweise nur eine Zeile des Bildes gezeigt und man möge sich vorstellen, dass sozusagen senkrecht zur Papierebene die Y-Achse des Bildes liegt in der sich die verschiedenen Zeilen aufreihen (Abb. 8.3).

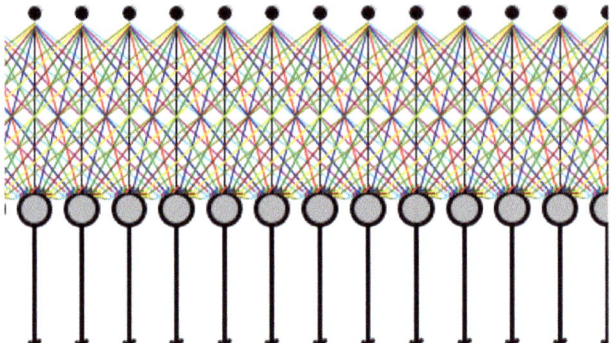

Abb. 8.4 Eine Konvolutionsschicht, gleiche Farbe bedeutet gleiches Gewicht

8.1.3 Die Konvolutionsschicht

Kann so eine Schicht funktionieren?

Wenn man z. B. ein 1000 × 1000 (1-Megapixel) Bild annimmt, dann gäbe es eine Billionen Verbindungen und Gewichte von jedem Pixel der Eingabe zu jedem Neuron der Ausgabe. Noch schlimmer, ein Neuron pro Pixel wird nicht reichen, denn das Netz muss ja an jedem Pixel des Bildes verschiedene Merkmale erkennen, z. B. horizontale Kanten, vertikale Kanten, rote Flecken, usw. Das werden viel zu viele Gewichte.

Die Lösung ist, eine spezifische Eigenschaft von Bildern auszunutzen, Bilder sind konvolutional: Nimmt man z. B. Daten von einer Wetterstation, wie Temperatur, Luftdruck, Windrichtung, Windgeschwindigkeit, dann sind diese vier Zahlen grundverschieden. Sie haben verschiedene Einheiten und verschiedene Bedeutung und müssen daher auch getrennt behandelt werden. Im Falle eines neuronalen Netzes bedeutet das, jede der vier Zahlen hat ihr eigenes Gewicht das getrennt gelernt wird. Die Pixel eines Bildes hingegen sind gleichartig. Ein Elefantenohr links im Bild sieht genauso aus, wie ein Elefantenohr rechts im Bild oder 10 Pixel weiter oben oder 17 Pixel weiter unten. Der Pixel (7, 9) verhält sich zum Pixel (8, 9) genauso, wie der Pixel (100, 50) zum Pixel (101, 50), er ist nämlich jeweils der linke Nachbar. Dies nutzt die sogenannte Konvolution aus und verwendet das selbe Gewicht für alle Verbindungen mit gleicher Relativposition zwischen Ein- und Ausgabe, egal wo sie absolut im Bild liegen.

Abb. 8.4 zeigt die Idee: Alle Verbindungen der selben Farbe haben die selbe Relativposition zwischen Ein- und Ausgabe, sind also parallele Pfeile in der Abbildung und teilen das selbe Gewicht. Zum Beispiel gibt es ein Gewicht (Rot) zum linken Nachbarn im Bild und dieses Gewicht ist gleich für alle Pixel, weil für alle Pixel der linke Nachbar jeweils die selbe Rolle spielt. Dadurch arbeitet das Netz überall im Bild gleich und, wenn es oben im Bild ein Elefantenohr erkennen kann, kann es das auch unten.

Die Konvolutionsoperation ist auch aus der analytischen, nicht gelernten Bildverarbeitung bekannt, z. B. von Filtern die Kanten erkennen und von daher kann man sagen, dass die Konvolutionsschicht Filter lernt.

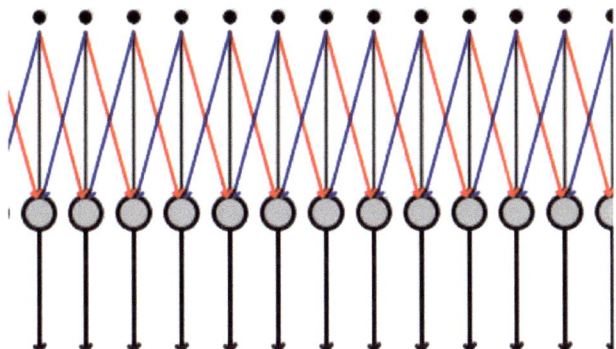

Abb. 8.5 Eine 3 × 3-Konvolution: Es gibt nur Verbindungen zu Nachbarn im Bild (Y nicht gezeigt)

Anstelle von einer Billion Gewichten für eine voll verbundene Schicht, hat die Konvolutionsschicht nur ≈ 4 Millionen, jeweils eines für jede Relativposition, die ja von −999 bis +999 in X und Y gehen kann. Das ist aber immer noch zu viel. Deshalb beschränkt man die Verbindungen auf eine gewisse lokale Nachbarschaft, meist nur auf die 3 × 3 direkten Nachbarn, manchmal auf eine weitere Nachbarschaft bis zu 11 × 11. Damit reduziert sich die Anzahl der Gewichte auf 9 bis 121 unabhängig von der Bildgröße.

Abb. 8.5 zeigt eine 3 × 3-Konvolution mit 9 Verbindungen. Da sie nur eine Zeile zeigt, muss man sich die Verbindungen zur Zeile darüber und darunter denken und sieht nur drei (türkis, rot, grün) der neun Verbindungen. Natürlich muss das Netz als Ganzes auch weiter entfernte Pixel miteinander verknüpfen. Das wird aber bewusst auf Ebene der Architektur durch mehrere Schichten gelöst, wobei jede einzelne Schicht nur lokal ist. Dies Phänomen wird weiter unten diskutiert.

Die Konvolution definiert auch die Interpretation des Ergebnisses. Jedes Neuron der Ausgabe korrespondiert zu einem Pixel der Eingabe und alle führen die selbe Rechnung durch. Deshalb berechnen alle das selbe Merkmal aber an verschiedenen Stellen im Bild.

Wie oben schon kurz erwähnt, muss ein Netz pro Pixel mehrere unterschiedliche Merkmale erkennen und deshalb reicht ein einzelne Zahl pro Pixel nicht aus. Stattdessen gibt es mehrere sogenannte Kanäle und ein Pixel besteht aus einer Zahl je Kanal. Das gilt schon für die Eingabe bei Farbbildern, die einen Rot-, Grün- und Blaukanal haben. Das gilt aber um so mehr für die Zwischenergebnisbilder, die einen Kanal für jede Sorte von Merkmal haben. In einer frühen Schicht könnten das horizontale Kanten, vertikale Kanten, rote Flecken, Linien sein. In einer späteren graue Fläche, rote Fläche, runde Form, spitze Form oder verteilte Linien.

Ein Zwischenergebnis, also die Ausgaben einer Schicht die Eingaben für die nächste sind, ist dementsprechend ein dreidimensionales Feld (Array) mit Bild-X, Bild-Y und Kanälen als drei Dimensionen. Abb. 8.6 zeigt eine Schicht mit zwei Eingabe und drei Ausgabekanälen, allerdings wie zuvor nur eine Zeile, also nur die Bild-X- und Kanaldimension. Die Bild-Y-Dimension muss man sich dazu denken.

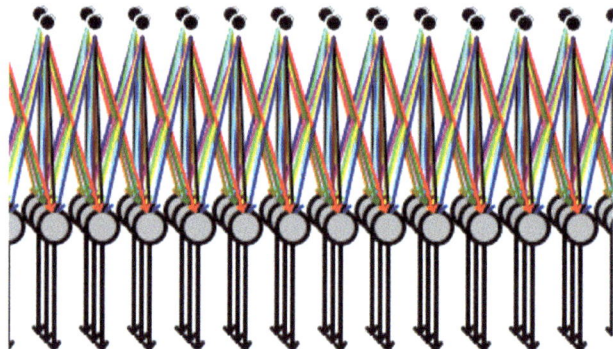

Abb. 8.6 Eine mehrkanalige 3 × 3-Konvolutionsschicht mit 2-Eingabe und 3-Ausgabekanälen

Die Bilddimensionen und die Kanaldimension haben andere Struktur. Die Bilddimensionen sind konvolutional, d. h. die verschiedenen Pixel sind strukturell gleich und ihre Reihung hat Bedeutung: Pixel 7 ist Nachbar von Pixel 8 aber nicht von Pixel 50. In der Kanaldimension hat jeder Eintrag eine eigenen Bedeutung, im Sinne von einem eigenen Merkmal das erkannt wird: Kanal 7 hat mit Kanal 8 genauso viel oder wenig zu tun wie mit Kanal 50. Deshalb teilen zwar verschiedene Pixel, nicht aber verschiedene Kanäle ihr Gewicht. Dies sieht man auch in der Grafik, wo die um einen Pixel nach links oder rechts verschobenen Pfeile die selbe Farbe, also das selbe Gewicht haben. Die wie ein „Bündel" übereinander liegende Pfeile zwischen verschiedenen Kanälen der selben Pixel haben aber verschiedene Farben, also verschiedene Gewichte.

Eine Verbindung, also ein Pfeil in der Grafik, betrifft zwei Kanäle. Einen Eingabekanal und einen Ausgabekanal. Deshalb gibt es ein eigenes Gewicht für jede Kombination aus Relativposition in X und Y, Eingabekanal und Ausgabekanal. Dies ist in der Abbildung durch eine eigene Farbe dargestellt. Die dargestellte Konvolutionsschicht hat $3 \times 3 \times 2 \times 3 = 54$ Gewichte für $3 \times 3 = 9$ Relativpositionen, 2 Eingabekanäle und 3 Ausgabekanäle. In der Abbildung sind davon allerdings nur $3 \times 2 \times 3 = 18$ zu sehen, weil nur eine Zeile gezeigt ist.

Dieser Mechanismus soll am Beispiel des Elefantenohr-Erkenners betrachtet werden. Eingabekanäle sind graue Fläche, rote Fläche, runde Form, spitze Form, verteilte Linien. Ausgabekanäle sind Elefantenohr und Herz. Stark positiv für den Ausgabekanal Elefantenohr sind die Gewichte für Grau bei allen Nachbarn, runde Form beim oberen Nachbarn, spitze Form beim unteren Nachbarn und verteilte Linien. Stark negativ sind rote Fläche bei allen Nachbarn. Für den Ausgabekanal Herz sind stark positiv rote Fläche für alle Nachbarn, runde Form beim oberen Nachbarn, spitze Form beim unteren Nachbarn. Stark negativ sind graue Fläche bei allen Nachbarn und verteilte Linien. So kombiniert ein Neuron einer Konvolutionsschicht verschiedene Pixel und verschiedene Merkmale (Kanäle) der Eingabe zu einem neuen Merkmal (Kanal) der Ausgabe. Die erwähnten Zusammenhänge, die sich in den Gewichten äußern lernt das Netz dabei aus den Daten über das Loss und den Gradientenabstieg (Abschn. 5.1.3).

8.1.4 Ein Konvolutionsnetz (Convolutional Neural Network, CNN)

Gemäß dem Paradigma „... verbinde viele Kopien davon ..." soll nun betrachtet werden, wie sich das Netz als Ganzes aus den einzelnen Schichten aufbaut.

Die einfachste Vorgehensweise ist mehrere Schichten hintereinander zu schalten, wie Abb. 8.7 zeigt.

Die ersten Schichten sind Konvolutionsschichten. Jede Schicht erkennt aus den Merkmalen, die die Schicht davor erkannt hat, neue, komplexere Merkmale. Dementsprechend werden die Merkmale immer weniger bildhaft, immer mehr semantisch, also inhaltlich. Zum Beispiel erkennt ein Kanal der ersten Schicht einen grauen Fleck, ein Kanal einer späterer Schicht erkennt ein Elefantenohr und ein Kanal der Ausgabe am Ende den Elefanten.

Formal sind die Ausgaben einer Konvolutionsschicht weiterhin Bilder, d. h. eine Zahl in einem bestimmten Kanal eines bestimmten Pixels sagt, ob in der Umgebung dieses Pixels das vom Kanal erkannte Merkmal gefunden wurde. Da die Merkmale immer semantischer werden, löst man nach irgendeiner Schicht die Bildstruktur auf. In der Grafik ist das die senkrechte, gestrichelte Linie. Die folgende Schicht „Fully Connected" arbeitet nicht mehr auf allen Pixeln gleich, wie eine Konvolutionsschicht, sondern hat für jeden Pixel eigene Gewichte. Damit kann sie z. B. lernen, dass Blau oben im Bild ein Indiz für „draussen" ist, Blau unten im Bild aber für „Wasser".

Am Ende steht die eigentliche Ausgabe, also die Information, die im Bild erkannt werden soll. Sie wird über reelle Zahlen kodiert, damit das neuronale Netz sie ausgeben kann. Im Beispiel von Klassifizierung gibt das Netz eine Zahl je Klasse aus, z. B. für „Herz", und „Elefant". Die höchste Zahl ist dann die Klasse, die das Netz erkannt hat.

Diese Architektur heißt Konvolutionsnetz, in Englisch Convolutional Neural Network oder CNN.

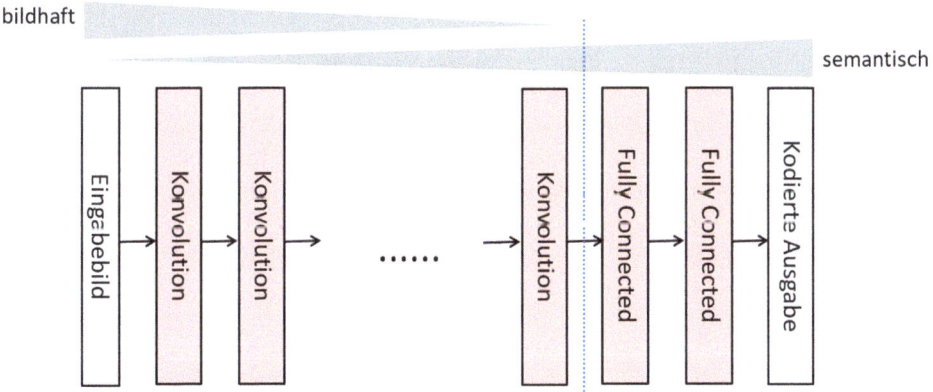

Abb. 8.7 Ein Konvolutionsnetz (CNN) mit Konvolutionen am Anfang und Fully Connected Schichten am Ende

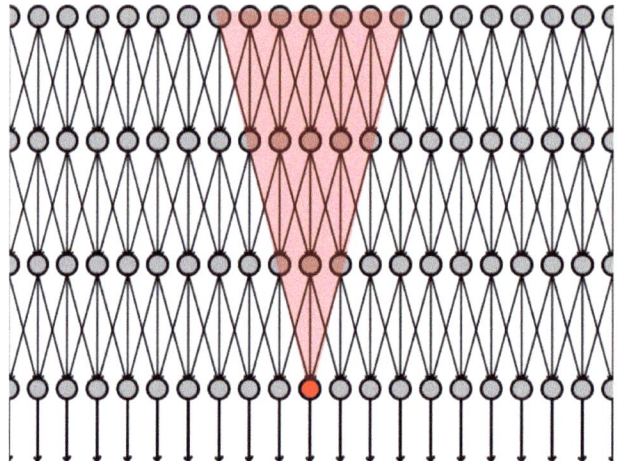

Abb. 8.8 Rezeptives Feld eines CNNs mit drei 3 × 3-Konvolutionsschichten

Die bisher besprochene Architektur hat ein Problem. Nehmen wir an, ein Neuronales Netz soll einen Elefanten erkennen. Dann muss es in irgendeiner Schicht ein Neuron geben, das den ganzen Elefanten „sieht". Das heißt alle Pixel des Elefanten müssen über Zwischenergebnisse in die Berechnungen dieses Neurons eingehen und damit berücksichtigt werden.

Eine Konvolutionsschicht ist aber lokal. Typischerweise sind es nur 3 × 3 Pixel, d. h. ein Neuron greift auf den eigenen Pixel und die Nachbarpixel zu. Mit mehreren Konvolutionsschichten hintereinander wächst die Anzahl der Pixel die in das Ergebnis eines Neurons eingehen, weil jede Schicht auf einen Nachbarn weiter zugreift.

Abb. 8.8 zeigt, welche Zwischenergebnisse und Ursprungspixel in den Wert des rot markierten Neurons eingehen. Für 1 Neuron in der dritten Schicht sind es 3 Pixel der zweiten Schicht, 5 Pixel der ersten Schicht und 7 Pixel des Eingabebildes. Mit jeder 3 × 3-Konvolutionsschicht wächst diese Zahl, das sogenannte rezeptive Feld um 2.

Diese Rechnung bedeutet aber, dass man 50 Schichten bräuchte, um z. B. einen 101 Pixel großen Elefanten vollständig zu sehen. Das wäre eine viel zu große Architektur. Es wird eine Idee benötigt, das rezeptive Feld mit weniger Konvolutionsschichten zu vergrößern. Die Lösung sind sogenannten Pooling-Schichten, typischerweise fünf, die jeweils die Auflösung halbieren.

Abb. 8.9 links zeigt das Pooling. Jeweils zwei Pixel, in Wirklichkeit vier wegen der nicht dargestellten Y-Dimension, werden zusammengefasst. Die Zusammenfassungsoperation (graues Kästchen) ist dabei das Maximum. Wenn das Netz also an einem der vier Pixel ein Merkmal gefunden hat, dann hat dieser Pixel in der Eingabe des Poolings einen hohen Wert. Damit hat dann auch der entsprechende niedrig aufgelöst Pixel in der Ausgabe eine hohen Wert als Maximum der vier zusammengefassten Pixel. Das heißt, wie gewünscht ist das Merkmal auch auf der niedrigen Auflösung vermerkt.

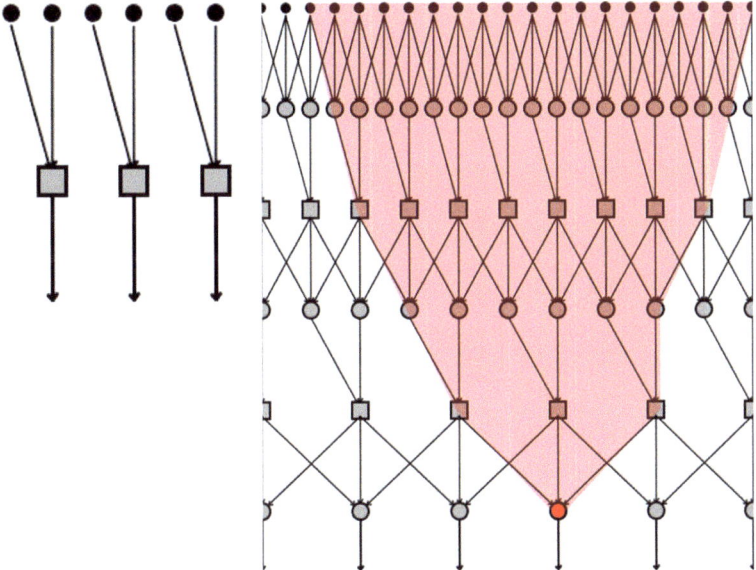

Abb. 8.9 Links: Eine Poolingschicht, Rechts: Rezeptives Feld eines CNNs mit abwechselnder 3 × 3-Konvolution und Pooling

Die Schichten helfen mit der kleineren Auflösung Speicherplatz und Rechenzeit in Grenzen zu halten. Wichtiger aber: Sie vergrößern das rezeptive Feld, weil der Nachbarpixel in halber Auflösung in der Ursprungsauflösung zwei Pixel entfernt ist. Nach fünf mal Pooling in $\frac{1}{32}$ Auflösung ist der Nachbarpixel sogar 32 Pixel entfernt. So ist es möglich, dass neuronale Netze mit einer vertretbaren Anzahl Schichten ein großes rezeptives Feld haben.

In Abb. 8.9 rechts sieht man den Vorteil. Das Netz umfassen wieder drei 3 × 3-Konvolutionsschichten, aber jeweils mit Pooling dazwischen. Dadurch sieht das markierte Neuron 18 Pixel der Eingabe.

Eine typische Architektur macht 5 Poolings. Abb. 8.10 zeigt ein solches Beispiel, wo nach jedem Pooling eine Konvolution kommt. Für ein noch tieferes Netz würde man einfach mehr Konvolutionen zwischen den Poolings machen. Dies Netz hat ein rezeptives Feld von 158 Pixeln, genug für kleine Bilder. Einige Netze verwenden mehr Konvolutionen zwischen den Poolings, sind dann tiefer und haben ein noch größeres rezeptives Feld. Zusammengefasst lösen die Poolings das Problem der rezeptiven Feldgröße.

Wie besprochen, werden die Merkmale von Schicht zu Schicht semantischer und komplexer. Daher benötigt man auch immer mehr verschiedene Merkmale. Reichen nach der ersten Schicht im Wesentlichen Flecken, Linien und Kanten in verschiedenen Ausrichtungen, findet man auf der letzten Schicht Merkmale wie Menschen, Gesichter, Räder, Schrift, usw. Durch das Pooling haben spätere Schichten immer weniger Pixel, passend dazu, dass die Information immer weniger bildhaft ist, die Lage von einem

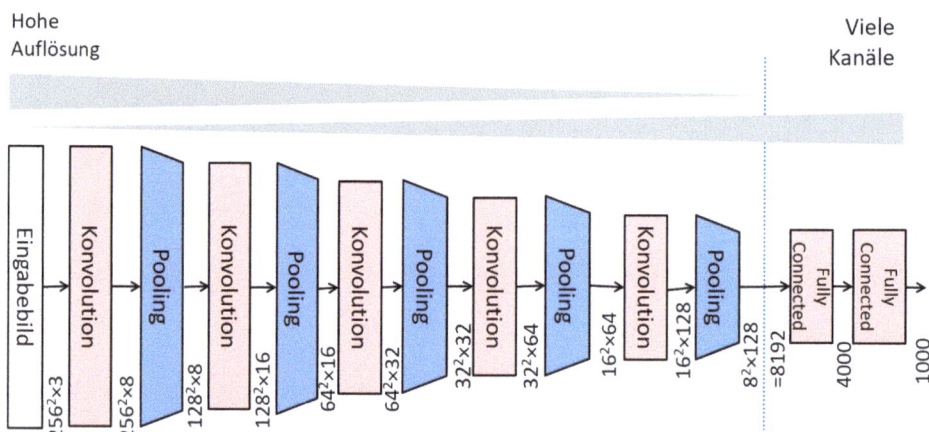

Abb. 8.10 Typische Architektur eines CNNs: Konvolutions und Poolings, am Ende Fully Connected Schichten

Merkmal also nicht so genau bekannt sein muss. Zum Ausgleich kann man die Zahl der Kanäle erhöhen und hat dadurch wie gewünscht mehr verschiedene Merkmale. Typisch ist bei jeder Halbierung der Auflösung die Kanalzahl zu verdoppeln, dadurch bleibt der Rechenaufwand pro Konvolutionsschicht gleich.

Abb. 8.10 zeigt die Entwicklung von Auflösung und Kanalzahl in einem typischen Netz. Das Eingabebild hat Formal $256^2 \times 3$, also ein 256^2-Bild mit 3 Farbkanälen (Rot, Grün und Blau). Die erste Konvolutionsschicht macht daraus 8 Merkmale die dann auf Bildformat $128^2 \times 8$ gepoolt werden. Die nächste Konvolutionsschicht macht 16 Merkmale und poolt auf $64^2 \times 16$. Darauf folgt $32^2 \times 32$, $16^2 \times 64$ und $8^2 \times 128$. Das ist die Stelle, wo die bildhafte Struktur aufgegeben wird (blaue Linie) und aus dem 8^2-Bild mit 128 Kanälen werden 8192 Zahlen ohne Bildstruktur. Diese werden dann von einer Fully Connected Schicht auf 4000 reduziert und dann die Ausgabe von 1000 berechnet. Die Tausend ist die hier beispielhafte Zahl der Klassen, die das Netz erkennen soll.

8.1.5 Eine Analyse der Merkmale eines bekannten Netzwerkes

Das obige Netzwerk entspricht mit einer gewissen didaktischen Vereinfachung dem berühmten AlexNet [3], das am Anfang des jüngeren Deep Learning Booms stand. Alexander Krizhevsky ist mit diesem Netz bei der ImageNet Large Scale Visual Recognition Challenge (ILSVRC) [5] 2012 angetreten. Dort ist die Aufgabe, Fotos in eine von 1000 vordefinierten Kategorien zu klassifizieren. Beispiele für solche Klassen sind Containerschiff, Leopard, Pilz, Motorroller. AlexNet hat die Quote der falschen Klassifizierungen (5 Versuche) auf 15,3 % im Vergleich zu 26,2 % für den Zweitplatzierten verbessert und damit für große Furore gesorgt.

8 Tiefes Lernen

Es soll nun analysiert werden, welche Merkmale AlexNet in den verschiedenen Schichten gelernt hat. Damit soll ein Gefühl vermittelt werden für die Art, wie neuronale Netze Bilder verstehen. Die Methode der Analyse und Grafiken stammen aus dem Artikel [7]. Die Abb. 8.11 betrachtet für jede der fünf Konvolutionsschichten von AlexNet jeweils zwei (bei Schicht 5: vier) Beispiele für Kanäle, also Merkmale und illustriert, was diese Merkmale erkennen.

- Schicht 1 erkennt einfache visuelle Merkmale, wie Kanten (links) oder farbige Flecken (rechts). Der Einfluss der verschiedenen Pixel ist für alle Bilder gleich.
- Schicht 2 ist auch noch sehr visuell, aber zusammengesetzt: Eine Ecke (links) besteht aus zwei Linien, eine „rechte Rundung" (rechts) aus passenden Konturteilen mit unterschiedlicher Richtung. Der Einfluss der Pixel ist bildabhängig, weil je nach Bild die ReLU-Nichtlinearitäten in der Schicht 1, die die Eingabe für Schicht 2 liefert mal aktiv (im positiven Bereich) und mal nicht aktiv (im negativen Bereich) sind. Bei der Ecke achtet das Merkmal auf die Linien die zur Ecke gehören, bei den Rundungen achtet es auf die Kontur der Rundungen und auf die Flächen innerhalb (dunkel) und außerhalb (hell) der Rundung.
- In Schicht 3 sieht man zum ersten mal Objektteile: Autoreifen oder ähnliche Formen (links), Wabenmuster (rechts). Bei den Reifen achtet das Merkmal auf die im Bild ovale Form des Reifens, Struktur in der Felge und auf horizontale Linien die vom Reifen wegführen (Unterkante der Karosserie). Bei den Waben achtet das Merkmal auf geschlossene aneinander grenzende Linienzüge. Interessanterweise erkennt es viereckige, sechseckige, runde und sogar irreguläre Formen.
- Schicht 4 erkennt schon ganze Objekte oder große Teile davon: Runde Bäuche mit Beinen (links) und Objekte auf dem Wasser (rechts). Das Merkmal achtet auf die Beine als senkrechte Konturen und auf die runde Kontur der Bauchunterseite. Es achtet nicht groß auf das Innere des Bauches, wohl aber auf den Hintergrund hinter den Beinen. Dieser spielt als Kontext eine Rolle und muss vermutlich von der Struktur wie ein begehbarer Untergrund aussehen. Noch deutlicher sieht man die Bedeutung des Kontextes bei den Objekten auf dem Wasser. Das Netz achtet darauf, dass da irgendetwas ist aber eher unspezifisch, nach den Beispielen vor allen Dingen runde Elemente mit Struktur darin. Es achtet aber auch auf die typischen horizontale Linien die von den Wellen im Wasser stammen. Das ist ein wichtiges Prinzip: Das Netz wertet nicht nur das Objekt selbst, sondern auch den Kontext aus. Eine Wiese ist z. B. ein Indiz für Kuh, Himmel für Vogel, Möbel für Menschen.
- Die letzte Konvolutionsschicht Nr. 5 erkennt noch detailliertere Objektteile: Hundegesichter (links/oben), Schrift (rechts/oben) oder Tieraugen (links/unten). Man sieht auch, dass es sehr spezifisch auf die jeweiligen Elemente dazu achtet und Struktur drumherum ignoriert. Das Merkmal rechts/unten verwundert etwas, weil die 9 Bilder Autoräder, Frauen und Hunde beinhalten. Was ist hier gemeinsam? Die Antwort sei der Leserin und dem Leser überlassen. Tipp: Die Abbildung, worauf das Netz achtet hilft.

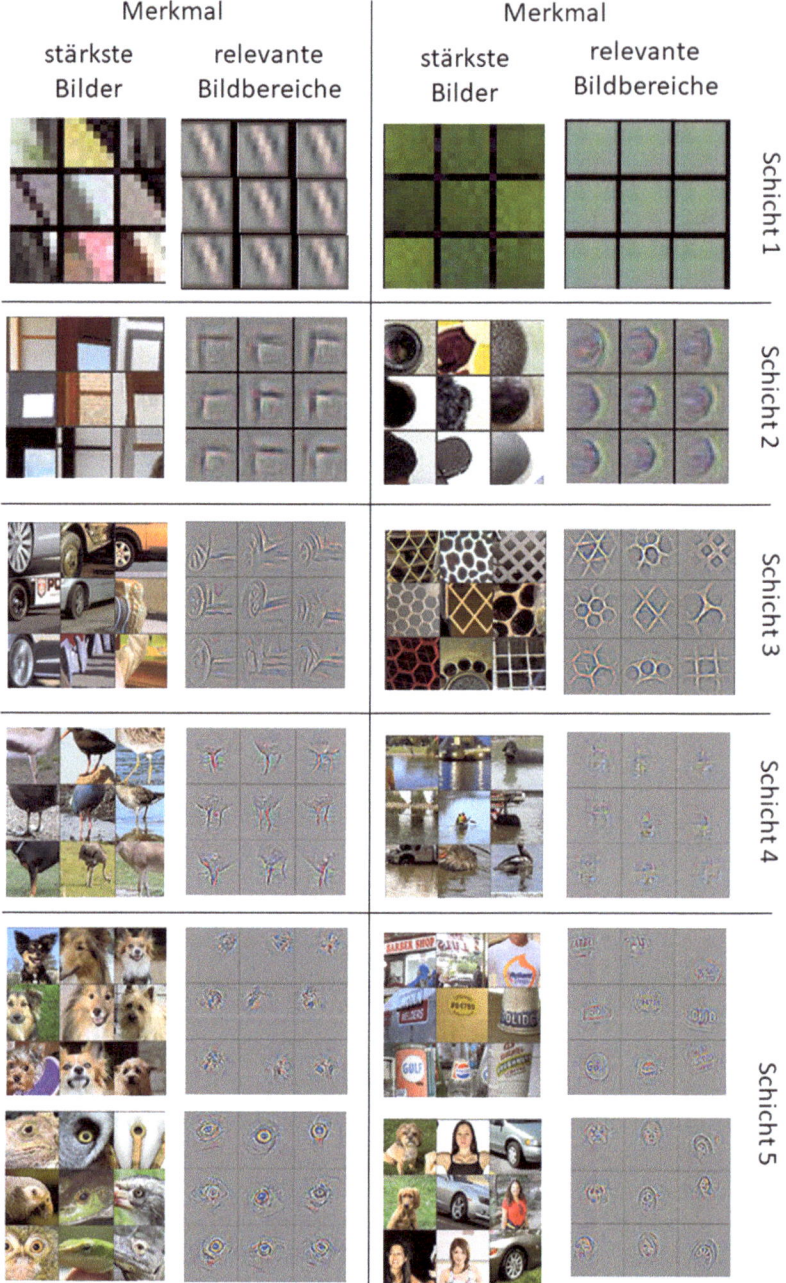

Abb. 8.11 Beispielhaft ausgewählte Merkmale (Kanäle) auf unterschiedlichen Schichten von AlexNet. Für jedes Merkmal sind die 9 Bilder aus dem Datensatz gezeigt, die dieses Merkmal am stärksten ansprechen. Das illustriert, was das Merkmal erkennt. Die „relevanten Bildbereiche" zeigen, welcher Teil des Bildes das Merkmal beeinflusst. (Quelle: [7, Abb. 2], © Springer, 2014)

8.2 Beispiele aus der Lebenswelt, Gesellschaftliche Bezüge und Interdisziplinärität

Neue Technologien die in Anwendung kommen haben immer auch gesellschaftliche Auswirkungen und werfen gesellschaftliche Fragen auf. Die Frage der **Erklärbarkeit** hat ein eigenes Kap. 9, die Frage von **Datensatzbias** wurde in Abschn. 6.2.1 diskutiert. Beide Aspekte gewinnen an Relevanz, einfach, weil Deep Learning viel mächtigere KI-Anwendungen möglich gemacht hat, als es die Machine Learning Verfahren davor konnten. Hier werden zwei weitere Aspekte betrachtet, die in der Öffentlich diskutiert werden und spezifisch für Deep Learning sind.

Technologie für Überwachungsstaaten Deep Learning ist die mächtigste Methode für die Analyse von Ton- und Bilddaten. Sie ermöglicht auf diesen Daten etwas zu erkennen, z. B. Objekte, Personen, Handlungen, Worte, Geräusche, Spracheigenarten oder Emotionen, was vor wenigen Jahren noch menschliche Intelligenz benötigte. Das ermöglicht Staaten oder auch Firmen die Ton- und Bilddaten sammeln eine viel umfassendere Auswertung und vergrößert die Gefahr die davon ausgeht.

Energieverbrauch Das Training neuronaler Netze erfordert viel Rechenleistung. Das gilt besonders, wenn man in Rechenzentren sogenannte Hyperparametersuche durchführt, d. h. die selbe Lernaufgabe parallel auf mehreren Architekturen (verschiedene Anzahl Kanäle und Schichten) trainiert und dann die beste verwendet. Hier lohnt sich das Studium konkreter Zahlen, wie sie z. B. in [4] angeben sind. Beispielsweise hat das Training von GPT-3 (der Netz hinter ChatGPT) während der Entwicklung $1,3$ GWh Strom verbraucht und $552t\ CO_2$ verursacht, so viel wie 915 Urlaubsflüge Bremen – Mallorca – zurück. GPT-3 ist ein sehr großes Projekt. Typische akademische Projekte auf der eine Person arbeitet beschäftigen von der Größenordnung her eher eine Grafikkarte 30 % der Zeit und verbrauchen im Jahr dann $1 MWh$. Das sind $0,46t\ CO_2$, so viel wie eine Autofahrt Bremen-Florenz-zurück.

Wenn ein neuronales Netz in Anwendung geht dominieren eher die Energiekosten der Nutzung, nicht des Trainings. Diese liegen meist Faktor ca. 10 pro Datum unter denen des Trainings, weil der Gradient nicht mitberechnet werden muss. Allerdings multipliziert sich das mit der Menge an Daten aller Nutzer und hängt damit direkt vom Umfang der Nutzung ab.

8.3 Vorschläge für den Unterricht und Anwendungen

Zu diesem Kapitel gibt es ein digitales Lernquiz (Kahoot!) das auch benötigte Grundlagen aus Kap. 5 abdeckt. Der Lehrkraft projiziert mit einem Beamer die Quizfragen an, die Schülerinnen und Schüler antworten per Smartphone, Tablet (oder wenn nötig auch

Abb. 8.12 Ein Kanal aus Schicht 3 von AlexNet der menschliche Oberkörper erkennt. (Grafik aus [7, Abb. 2], © Springer, 2014)

analog). Es gibt eine Auswertung und ein Siegertreppchen. Das Quiz findet sich unter der Kurz-URL https://t1p.de/s4ge4.

Zweiergruppe dann Unterrichtsgespräch Betrachten Sie das Merkmal rechts/unten in Abb. 8.11. Auf den ersten Blick wirkt es seltsam, weil Frauen, Autoräder und Hunde unter den 9 Bildern sind, die das Merkmal am stärksten ansprechen. Suchen Sie nach einer Erklärung.

Zweiergruppe dann gemeinsame Diskussion In Abschn. 6.2.1 wurde berichtet, dass bestimmte neuronale Netze dunkelhäutige Menschen schlechter erkennen, als hellhäutige. Analysieren Sie, ob Sie in Abb. 8.12 Spuren für dieses Problem finden.

Referat Eine weitere sehr interessante Visualisierung findet sich unter https://distill.pub/2019/activation-atlas/, ein sogenannter Atlas von Aktivierungen. Jedes kleine Bild visualisiert eine Kombination von Werten in den Kanäle einer Schicht, eine sogenannte Aktivierung. Die Bilder sind aber anders als bei Abb. 8.11 nicht Beispiele aus dem Datensatz, sondern künstlich erzeugte Bilder, die das Netz maximal ansprechen. Das heißt sie zeigen das, worauf das Netz auch achtet. Bilder, die nebeneinander liegen haben ähnliche Merkmale und werden vom Netz als ähnlich betrachtet. Man kann gut sehen, wie das Netz kontinuierliche inhaltliche Übergänge repräsentiert, z. B. von einer Person zu vielen, von Meer über Sand zu Fels oder Früchte von grün über gelb zu rot.

Erforschen Sie den Aktivierungsatlas, finden Sie ein interessantes Phänomen und präsentieren Sie es.

Klasse/Kleingruppen pro Computer Da die Algorithmen hinter Deep Learning, also der Funktionsbaustein, der Lernalgorithmus und in Grenzen auch die Architektur sehr anwendungsunabhängig sind, ist es möglich eigene Deep Learning Anwendungen zu trainieren, ohne dafür programmieren zu müssen. Google bietet z. B. ein Webinterface für Bildklassifikation an, die Teachable Machine (http://teachablemachine.withgoogle.com/). Dieses nutzt MobileNet, ein neuronales Netz von der in diesem Kapitel erklärten Grundstruktur mit ein paar Verbesserungen im Detail.

Denken Sie sich ein interessantes Projekt aus, bei dem Bilder in bis zu vier verschiedene Klassen klassifiziert werden. Ein Beispiel sind Bananen in mehreren Reifegraden [6]. Seien Sie kreativ! Bringen Sie zur nächsten Stunde ein Objekt einer der Klassen mit (alle Schülerinnen und Schüler).

Starten Sie die Teachable Machine und folgen Sie den Schritten des Tutorials. Nehmen Sie mit allen mitgebrachten Objekten Trainingsbilder auf, klassifizieren Sie die Bilder von Hand (Labeling), trainieren Sie das Netz und probieren Sie das trainierte Netz aus. Versuchen Sie das Netz an seine Grenzen zu bringen und berichten Sie über die Ergebnisse.

Hinweis: Laut FAQ/Wer hat Zugriff auf meine Beispiele? werden alle Bilder nur lokal verarbeitet und nicht zu einem Server hochgeladen. Wenn man Objekte verwendet und keine Personen auf den Bildern zu sehen sind, vermeidet man Datenschutzsorgen innerhalb der Klasse.

Kleingruppe pro Computer mit Programmierkenntnissen Die Bibliothek keras (mittlerweile ein Teil von tensorflow) realisiert die wichtigsten Algorithmen und Schichten von Deep Learning und erlaubt komfortabel Deep Learning Netze, deren Training und Verwendung zu programmieren. Noch zugänglicher wird die Programmierung mit Jupyternotebooks, das sind Dokumente in denen sich abwechselnd Absätze („Zellen") von Python-Code und Erklärungstexte finden. So ein Notebook leitet wie ein Arbeitsblatt durch eine Programmieraufgabe.

Diese Aufgaben erfordert Programmierkenntnisse in Python. Jupyternotebooks sind nahezu ohne Einführung nutzbar. Eine der ersten Anwendungen neuronaler Netze noch vor dem jüngsten Boom war die Klassifizierung von Ziffern, z. B. in Postleitzahlen oder Überweisungsaufträgen (damals noch auf Papier). Dazu gibt es einen sehr bekannten Datensatz MNIST (Modified National Institute of Standards and Technology Database). Das Notebook ziffern-klassifizieren.ipynb von der Webseite des Buches führt durch das Training eines neuronalen Netzes für diese Aufgabe. Laden Sie das Notebook herunter und folgen Sie Schritt für Schritt den Anweisungen im Notebook. Programmieren Sie die Netzarchitektur, den Trainingsaufruf und die Evaluation. Musterlösung als ziffern-klassifizieren-ML.ipynb auf der Webseite.

Zweiergruppe dann gemeinsame Diskussion Das Trainig von AlexNet hat damals (2012) 5–6 Tage auf einem Rechner mit 2 Grafikkarten benötigt. Recherchieren sie den Energieverbrauch der Grafikkarten, berechnen Sie den Gesamtenergieverbrauch und ordnen Sie ihn ein, indem Sie ihn mit anderen Aktivitäten vergleichen.

Hausaufgabe/Referat Der Artikel [4] listet den Energieverbrauch des Trainings bekannter großer KIs, insbesondere von Chat-GPT3. Entnehmen Sie die Zahlen, vergleichen Sie sie mit anderen Aktivitäten und ordnen Sie sie ein. Diskutieren Sie im Kurs über die Frage „Wie angemessen ist das Training großer KIs angesichts des Energieverbrauches?"

8.4 Literatur zum Weiterlesen und Quellen

- „Deep Learning with Python" [1] ist eine praxisnahe Einführung mit Codebeispielen in der Programmiersprache Python mit der populären Deep Learning Bibliothek keras (auch ein Teil von Tensorflow). Die etwas ältere 2017er-Ausgabe gibt es auch auf Deutsch unter dem Titel „Deep Learning mit Python und Keras: Das Praxis-Handbuch vom Entwickler der Keras-Bibliothek".
- „Deep Learning (Adaptive Computation and Machine Learning)" [2] ist das etablierteste akademische Lehrbuch zu Deep Learning (online unter www.deeplearningbook.org). Es hat keinen Code-Bezug, sondern ist methodisch-theoretisch orientiert. In 2016 erschienen, ist es nicht mehr auf dem neuesten Stand, der abgedeckte Inhalt ist aber nach wie vor gültig.

Literatur

1. Francois Chollet. Deep learning with Python. Simon und Schuster, 2021.
2. Ian Goodfellow, Yoshua Bengio und Aaron Courville. Deep Learning. http://www.deeplearningbook.org. MIT Press, 2016.
3. Alex Krizhevsky, Ilya Sutskever und Geoffrey E Hinton. "Imagenet classification with deep convolutional neural networks". In: Advances in neural information processing systems 25 (2012).
4. David Patterson u. a. "Carbon emissions and large neural network training". In: arXiv preprint arXiv:2104.10350 (2021). url: https://arxiv.org/ftp/arxiv/papers/2104/2104.10350.pdf.
5. OlgaRussakovsky u. a. "ImageNet Large ScaleVisualRecognition Challenge". In: International Journal of Computer Vision (IJCV) 115.3 (2015), S. 211–252. doi: 10.1007/s11263-015-0816-y.
6. Barron Webster. Teachable Machine Tutorial: Bananameter. 2019. url: https://medium.com/@warronbebster/teachable-machine-tutorial-bananameter-4bfffa765866.
7. Matthew D Zeiler und Rob Fergus. "Visualizing and understanding convolutional networks". In: Computer Vision–ECCV 2014: 13th European Conference, Zurich, Switzerland, September 6–12, 2014, Proceedings, Part I 13. Springer. 2014, S. 818–833. url: https://doi.org/10.48550/arXiv.1311.2901.

Erklärbarkeit 9

Ute Schmid

Neuronale Netze berechnen – wie üblich bei der digitalen Verarbeitung von Information – für eine gegebene Eingabe eine entsprechende Ausgabe. Während aber bei klassischen Programmen die Anweisungen nach denen diese Berechnung passiert transparent (eine White-Box) ist, ist die komplexe nicht-lineare Verrechnung der Eingabewerte zu einer Ausgabe bei neuronalen Netzen nicht nachvollziehbar. Man spricht hier von Black-Box-Systemen. Black-Box-Systeme können aus zahlreichen Gründen problematisch sein [3]: Die Entwicklerinnen und Entwickler selbst können nicht gut kontrollieren, ob das gelernte Modell bestimmte Defizite hat, zum Beispiel, ob das gelernte Modell zu stark an die Trainingsdaten angepasst ist und deshalb nur schlecht auf neue Eingaben generalisieren wird. Dieses Problem wird als Overfitting bezeichnet. Beispielsweise könnte ein Modell, das trainiert wurde, um Wölfe und Huskies zu unterscheiden, nur die Information im Bildhintergrund nutzen, wenn unbedachterweise alle Bilder mit Huskies im Schnee aufgenommen wurden. Gelernte Modelle, die augenscheinlich auf den Trainingsdaten sehr gut funktionieren, aber ihre Vorhersagen aufgrund irrelevanter Information treffen, bezeichnet man auch als ‚Kluger Hans Modelle'.

Handelt es sich um Anwendungen, bei denen gelernte Modelle Entscheidungen aufgrund von Information über einzelne Menschen treffen sollen, können unfaire Biases (Verzerrungen) auftreten, die sich aus nicht beachteten Verteilungen von Merkmalen in den Trainingsdaten ergeben – zum Beispiel, dass bestimmte medizinische Diagnosen in Abhängigkeit von Geschlecht oder Hautfarbe häufiger fehlerhaft sind. In sicherheitskritischen

---

U. Schmid (✉)
Kognitive Systeme, Uni Bamberg, Bamberg, Deutschland
E-Mail: ute.schmid@uni-bamberg.de

© Der/die Autor(en), exklusiv lizenziert an Springer Fachmedien Wiesbaden GmbH, ein Teil von Springer Nature 2024
U. Furbach et al. (Hrsg.), *Künstliche Intelligenz für Lehrkräfte*, ars digitalis, https://doi.org/10.1007/978-3-658-44248-4_9

oder sensiblen Bereichen wie der medizinischen Diagnostik sollten die Fachleute, also zum Beispiel Ärztinnen und Ärzte, nachvollziehen können, warum ein KI-System eine bestimmte Klassifikationsentscheidung oder Vorhersage macht. Letztendlich sollten auch Endverbraucherinnen und -verbraucher nachvollziehen können, aufgrund welcher Information eine durch KI-Methoden unterstützte Entscheidung zustande kam – zum Beispiel darüber, ob jemand einen Kredit erhält oder nicht.

Im Forschungsgebiet der erklärbaren Künstlichen Intelligenz (eXplainable AI, kurz XAI) [1, 10] werden Methoden entwickelt, um die Entscheidungen solcher Black-Box-Systeme nachvollziehbar zu machen.

Ähnlich wie ein Mensch einem anderen etwas auf verschiedene Arten erklären kann, gibt es auch verschiedene XAI-Methoden. Beispielsweise kann darauf hingewiesen werden, welche Information ausschlaggebend für eine Entscheidung ist oder man zeigt, dass die aktuelle Eingabe ähnlich zu einem prototypischen Beispiel für die Klasse ist. Man kann sprachlich beschreiben, auf welchen Informationen eine Entscheidung beruht oder auch ein Gegenbeispiel geben. Wichtig ist, zu beachten, dass bei XAI nicht erklärt werden soll, warum eine bestimmte Eingabe tatsächlich zu einer bestimmten Klasse gehört, zum Beispiel, warum es sich um eine bestimmte Art von Iris handelt. Stattdessen geht es darum, zu erklären, warum das gelernte Modell sich bei der aktuellen Eingabe für eine bestimmte Klasse entschieden hat.

Kompetenzziele
- Verstehen aus welchen Gründen die Ausgaben eines gelernten Modells fehlerhaft sein können.
- Die Konzepte Overfitting und Kluge Hans Modelle beschreiben können.
- Die Grundidee des XAI Ansatzes LIME erklären können.
- Verschiedene Möglichkeiten, Black-box Modelle nachvollziehbar zu machen beschreiben können.

9.1 Methodische Einführung

Eine bekannte XAI-Methode ist die Layerwise Relevance Propagation (LRP), bei der von der Klassenentscheidung eines neuronalen Netzes ausgehend zurückgerechnet wird, welche Datenpunkte in der Eingabe besonders stark zur Klassenentscheidung beigetragen haben (siehe Abb. 9.1).

LRP gehört zu den sogenannten Merkmals-Relevanz-Methoden. LRP muss als Erweiterung einer Methode des maschinellen Lernens – zum Beispiel für ein CNN (siehe Kap. 8) – programmiert werden. Andere Merkmals-Relevanz-Methoden wie LIME [7], RISE [6] und SHAP [4] sind dagegen modell-agnostisch. Das heißt, das Modell wird untersucht, ohne in es einzugreifen. Im Folgenden stellen wir die Funktionsweise von LIME vor.

Abb. 9.1 Mithilfe des XAI-Verfahrens Layerwise Relevance Propagation (LRP) werden die Informationen in der Eingabe hervorgehoben, die das trainierte neuronale Netz hauptsächlich für seine Klassenentscheidung genutzt hat. In diesem Fall wird dadurch offensichtlich, dass das gelernte Modell nicht wirklich gelernt hat, Pferde zu erkennen, sondern stattdessen immer dann auf Pferd entscheidet, wenn ein Copyright-Text im Bild vorhanden ist. Dieses Vortäuschen von Kompetenz wird als Kluger Hans Effekt bezeichnet. Bildquelle: [2], Fig. 2

9.1.1 Wichtigkeit von Merkmalen

LIME ist eine Methode, die auf beliebige gelernte Modelle, nicht nur auf neuronale Netze, angewendet werden kann und die auch für verschiedene Arten von Eingabedaten – Tabellen, Texte und Bilder – anwendbar ist. Bekannt wurde LIME vor allem als Ansatz zur Erklärung von Bildklassifikatoren. Um zu bestimmen, welche Teile eines Bildes vor allem zu einer bestimmten Klassenentscheidung beigetragen haben, werden viele Exemplare des Bildes erzeugt, bei denen verschiedene Teile gelöscht werden, indem die Pixel ausgegraut werden. Man spricht von Perturbationen des Eingabebildes. Danach werden die perturbierten Bilder dem gelernten Modell präsentiert und es wird vermerkt, bei welchen Fällen immer noch die gleiche Klasse ausgegeben wird und bei welchen nicht. Diese Ergebnisse werden dann zusammengerechnet und visualisiert (siehe Abb. 9.2).

Mathematisch wird eine Erklärung in LIME wie folgt berechnet:

$$\text{explanation}(x) = \text{argmin}_{g \in G} L(f, g, \pi x) + \Omega(g).$$

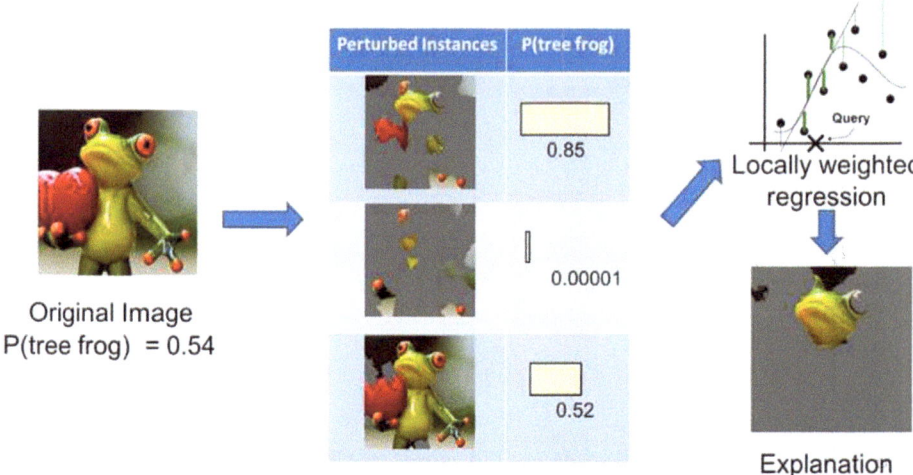

Abb. 9.2 Funktiosnweise der XAI-Methode LIME: Das Eingabebild wurde von einem gelernten Modell als Baumfrosch klassifiziert. Es werden perturbierte Beispiele erzeugt und die Klassenentscheidungen für diese ermittelt. Über die Werte der perturbierten Bilder und deren Abstand zum Originalbild werden die für die Klassenentscheidung relevanten Bildbereiche ermittelt. Bildquelle: Marco Tulio Ribeiro, Pixabay

Das Erklärungsmodell für Instanz x ist das Modell g (zum Beispiel ein lineares Regressionsmodell), das den Verlust L (zum Beispiel mittlerer quadratischer Fehler als Loss-Funktion, siehe Kap. 5) minimiert, der misst, wie nahe die Erklärung an der Vorhersage des ursprünglichen Modells f liegt. Gleichzeitig wird die Modellkomplexität $\Omega(g)$ niedrig gehalten wird. Das Näherungsmaß πx definiert, wie groß die Nachbarschaft um Instanz x ist, die für die Erklärung in Betracht gezogen wird. In der Praxis optimiert LIME nur den Verlustanteil. Die Komplexität wird vorgegeben.

Welche Pixel zu Gruppen zusammengefasst und gemeinsam ausgeschaltet werden, wird durch Clusteranalyse, sogenannte Superpixel-Methoden, realisiert. Hier existiert eine Vielzahl von Methoden. In LIME wird der Quick-Shift-Algorithmus verwendet, bei dem räumlich nahe Pixel mit ähnlichen Farbwerten gruppiert werden.

Inzwischen gibt es einige Arbeiten, die zeigen, dass die von LIME erzeugten Erklärungen nicht immer zuverlässig sind. Das heißt, die Erklärung weicht teilweise davon ab, was das Modell tatsächlich als relevante Information für seine Vorhersage nutzt. Beispielsweise ändern sich die als relevant identifizierten Bildteile stark in Abhängigkeit des genutzten Superpixel-Algorithmus [8].

9.1.2 Kontrafaktische Erklärungen

Als besonders einfach für Menschen nachvollziehbare Erklärungen werden kontrafaktische Erklärungen vorgeschlagen [5]. Hier beschreibt eine Erklärung eine kausale Situation der Form ‚Wenn *x* nicht vorgelegen hätte, wäre *y* nicht passiert.' Zum Beispiel ‚Wenn die Pflanze gegossen worden wäre, dann wäre sie nicht vertrocknet'. Kontrafaktische Erklärungen sind besonders gut für tabellarische Daten geeignet. Beispiele sind Merkmale von Personen, die genutzt werden, um deren Einkommen oder das Risiko eine bestimmte Krankheit zu bekommen vorherzusagen (siehe zum Beispiel die Datensätze Adult und Heart Disease aus dem UCI Machine Learning Repository http://archive.ics.uci.edu/datasets).

Eine einfache Möglichkeit, kontrafaktische Erklärungen zu erzeugen, ist es, durch Versuch-und-Irrtum, bei einem Beispiel die Werte von Merkmalen zu verändern so lange, bis das Ergebnis der Modellvorhersage sich ändert (zum Beispiel von hohes Risiko einer Herzerkrankung zu niedriges Risiko).

Es gibt verschiedene systematische Ansätze zur Berechnung von kontrafaktischen Erklärungen, die alle nach dem selben Prinzip funktionieren: Es wird eine Verlustfunktion definiert, die erfasst, dass die erzeugten Änderungen im Beispiel dem Beispiel immer noch möglichst ähnlich sind und bei der möglichst wenig Merkmale geändert werden sollen. Für bestimmte Anwendungen werden bestimmte Merkmale, die in der Realität nicht änderbar sind, wie Alter und Geschlecht, als unveränderlich festgelegt. Ist die Verlustfunktion definiert, kann ein Optimierungsverfahren genutzt werden, um diese zu minimieren.

Ein Problem kontrafaktischer Erklärungen is der ‚Rashomon-Effekt'. Rashomon ist ein japanischer Film, in dem der Mord an einem Samurai von verschiedenen Personen erzählt wird. Jede der Geschichten erklärt das Ergebnis gleich gut, aber die Geschichten widersprechen sich. Das Gleiche kann auch mit kontrafaktischen Ereignissen passieren, da es in der Regel verschiedene kontrafaktische Erklärungen gibt. Eine kontrafaktische Erklärung könnte sagen, dass Merkmal *A* geändert werden sollte, die andere, dass Merkmal *B* geändert werden sollte. Das Problem kann reduziert werden, indem entweder alle möglichen Erklärungen generiert werden oder indem zusätzliche Kriterien festgelegt werden, um die Güte der Erklärungen zu bewerten und eine Erklärung, die diese Kriterien möglichst gut erfüllt, auszuwählen.

9.1.3 Modelltreue von Erklärungen

Bei der LIME-Methode haben wir kritisch angemerkt, dass die erzeugten Erklärungen nicht immer zuverlässig beschreiben, welche Information in einem Beispiel das gelernte Modell hauptsächlich genutzt hat, um die Ausgabe zu ermitteln. Ein wesentliches Gütekriterium zur Bewertung von Erklärungsmethoden ist die Modelltreue (*faithfulness*) von Erklärungen.

Da XAI-Methoden ja genau deshalb eingesetzt werden, um nachvollziehbar zu machen, wie ein gelerntes Modell zu einer bestimmten Ausgabe kommt, ist Modelltreue unverzichtbar.

9.2 Beispiele aus der Lebenswelt, gesellschaftliche Bezüge und Interdisziplinarität

Die Europäische Kommission hat einen Ethik-Leitfaden für vertrauenswürdige KI vorgeschlagen, in dem zahlreiche Anforderungen an KI-Systeme genannt werden, darunter Sicherheit der Anwendung, Robustheit, Transparenz, Korrigierbarkeit, Inklusivität (Design für alle), Fairness (Nichtdiskriminierung), Datenschutz sowie Berücksichtigung von Umweltschutz und dem Wohlergehen der Gesellschaft. Das Thema Erklärbarkeit adressiert vor allem die Anforderung an Transparenz.

XAI-Methoden, die aufzeigen, welche Information aus einer Eingabe ein gelerntes Modell vor allem genutzt hat, um seine Ausgabe zu bestimmen, richten sicher eher an Expertinnen und Experten, die solche Modelle trainieren. Sie helfen insbesondere, um Overfitting und unfaire Verzerrungen (Biases) zu erkennen und die Modelle entsprechend neu- oder nachzutrainieren. Der Ethikleitfaden hat dagegen vor allem Entnutzende oder Fachexpertinnen und -experten im Blick. Hier werden häufig sogenannte kontrafaktischen Erklärungen vorgeschlagen, bei denen gezeigt wird, was (minimal) in der Eingabe geändert werden müsste, damit das Modell eine andere Ausgabe liefert. Beispielsweise könnte erklärt werden, dass eine Person den gewünschten Kredit erhalten hätte, wenn sie 10.000 Euro höheren Jahresverdienst hätte.

9.3 Vorschläge für den Unterricht und Anwendungen

Um einen Eindruck über den Nutzen von XAI Methoden für Bildklassifikation zu bekommen, empfehlen sich Demos, die von der Gruppe, die die Methode LRP entwickelt hat, zur Verfügung gestellt werden (https://lrpserver.hhi.fraunhofer.de/). Dabei sind jeweils verschiedene Varianten von gelernten Modellen sowie verschiedene Konfigurationen von XAI wählbar:

1. In einer Demo können Ziffern per Hand gezeichnet werden, diese werden durch ein neuronales Netz klassifiziert. Dabei werden für die Ziffer die wahrscheinlichsten Klassen ausgegeben und gleichzeitig im Bild markiert, welche Pixel für und welche gegen die Klassifikation sprechen: https://lrpserver.hhi.fraunhofer.de/handwriting-classification.
2. In einer weiteren Demo können verschiedene Bilder ausgewählt, klassifiziert und die Erklärungen betrachtet werden https://lrpserver.hhi.fraunhofer.de/image-classification.
3. In einer Demo zum ‚Visual Question Answering' können für verschiedene Bilder beliebige Fragen per Freitext eingegeben werden. Die Antworten werden bezogen auf die hierfür als relevant identifizierten Pixel erklärt https://lrpserver.hhi.fraunhofer.de/visual-question-answering/.

Um den Einfluss von Erklärungen auf das Vertrauen in die Ausgaben eines gelernten Modells zu veranschaulichen, könnte als Projekt ein XAI-Spiel umgesetzt werden:

- Zunächst sollte für einen bestimmten Bereich ein Satz Bilder für zwei Klassen gesammelt werden, von denen einige eindeutig zu einer Klasse gehören und andere weniger eindeutig sind. Beispiele wären etwa zwei ähnlich aussehende Vogelarten oder Pilzarten. Welche Bilder eindeutig sind und welche weniger klar, könnte in einer kleinen Studie mit Schülerinnen und Schülern erfasst werden.
- Die Bilder werden auf aufklappbare Karten geklebt. Im Klappeninneren wird die hypothetisch vom Modell vorhergesagte Klasse vermerkt. Hinten wird eine fiktive Erklärung montiert, in dem zum Beispiel bestimmte Teile der Bilder als relevant für die Klassenentscheidung gehighlighted werden (analog zu LRP oder LIME). Dabei können gezielt bei einigen Bilder irrelevante Bildbereiche gehighlighted werden.
- Für die Karten wird eine Ausgangsbox bereitgestellt, aus der jeweils eine Karte entnommen werden kann. Drei weitere Boxen werden dann wie folgt genutzt: Nach Betrachten des Bildes entscheiden sich Schülerinnen und Schüler für eine Klasse. Danach betrachten sie die Erklärung und klappen die Karte auf, um zu sehen, welche Klasse das Modell vorhergesagt hat.
- Nun wird die Karte nach folgender Regel in eine der drei Boxen gelegt:
  - Die vom Schüler gewählte Klasse und die vom Modell gewählte stimmen überein.
  - Die vom Schüler gewählte Klasse und die vom Modell gewählte Klasse stimmen nicht überein, aber der Schüler korrigiert seine Entscheidung (Vertrauen in das Modell).
  - Die vom Schüler gewählte Klasse und die vom Modell gewählte Klasse stimmen nicht überein und der Schüler bleibt bei seiner Entscheidung (kein Vertrauen in das Modell).

Nun können die Karten in den drei Boxen genauer betrachtet werden. Es ist anzunehmen, dass bei uneindeutigen Bildern mit plausibler Erklärung, eher der Vorhersage des Modells vertraut wird.

9.4 Literatur zum Weiterlesen und Quellen

Es gibt zahlreiche Überblicksbeiträge zum Thema XAI, allerdings vor allem in Englischer Sprache. Empfehlenswert sind:

- Adadi, A., Berrada, M. (2018). Peeking inside the black-box: a survey on explainable artificial intelligence (XAI). IEEE access, 6, 52138–52160. [1]
- Schwalbe, G., Finzel, B. (2023). A comprehensive taxonomy for explainable artificial intelligence: a systematic survey of surveys on methods and concepts. Data Mining and Knowledge Discovery, 1–59. [11]

Eine kurze allgemeine Darstellung des Themas XAI findet sich in:

Ute Schmid & Katharina Weitz (2023). Künstliche Intelligenz und Psychologie – Von Kognitiver Modellierung bis Erklärbarkeit (Kap. 15). In A. Schütz et al.: Psychologie (6.Auf.). Kohlhammer. [9]

Ein sehr empfehlenswertes Buch, das viele XAI-Methoden detailliert und nachvollziehbar beschriebt ist von:

Molnar, C. (2020). Interpretable machine learning. Lulu. com. https://christophm.github.io/interpretable-ml-book/ [5]

Literatur

1. Amina Adadi und Mohammed Berrada. "Peeking inside the black-box: a survey on explainable artificial intelligence (XAI)". In: IEEE access 6 (2018), S. 52138–52160.
2. Sebastian Lapuschkin u. a. "Unmasking Clever Hans predictors and assessing what machines really learn". In: Nature communications 10.1 (2019), S. 1096.
3. Manuela Lenzen. "Problem Blackbox:Wenn Menschen ihre Maschinen nicht mehr verstehen". In: GEO+ Künstliche Intelligenz (2022). url: https://www.geo.de/wissen/forschung-und-technik/kuenstliche-intelligenz-und-deep-learning--transparenz-in-neuronalen-netzen-32744560.html.
4. Scott M. Lundberg und Su-In Lee. "A Unified Approach to Interpreting Model Predictions". In: Advances in Neural Information Processing Systems 30: Annual Conference on Neural Information Processing Systems (NeurIPS 2017). Hrsg. von Isabelle Guyon u. a. 2017, S. 4765–4774.
5. Christoph Molnar. Interpretable machine learning. Lulu. com, 2020.
6. Vitali Petsiuk, Abir Das und Kate Saenko. "RISE: Randomized Input Sampling for Explanation of Black-box Models". In: British Machine Vision Conference, BMVC 2018. BMVA Press, 2018, S. 151.
7. Marco Tulio Ribeiro, Sameer Singh und Carlos Guestrin. ""Why should i trust you?" Explaining the predictions of any classifier". In: Proceedings of the 22nd ACM SIGKDD international conference on knowledge discovery and data mining. 2016, S. 1135–1144.
8. Ludwig Schallner u. a. "Effect of superpixel aggregation on explanations in lime-a case study with biological data". In: Machine Learning and Knowledge Discovery in Databases: InternationalWorkshops of ECML PKDD 2019, Proceedings, Part I. Springer. 2020, S. 147–158.
9. Ute Schmid und KatharinaWeitz. "Künstliche Intelligenz und Psychologie -VonKognitiver Modellierung bis Erklärbarkeit". In: Psychologie. Eine Einführung in ihre Grundlagen und Anwendungsfelder (6. Auflage). Hrsg. von A. Schütz u. a. Kohlhammer, 2022.
10. Ute Schmid und Britta Wrede. "Explainable AI". In: Künstliche Intelligenz 36.3 (2022), S. 207–210.
11. Gesina Schwalbe und Bettina Finzel. "A comprehensive taxonomy for explainable artificial intelligence: a systematic survey of surveys on methods and concepts". In: Data Mining and Knowledge Discovery (2023), S. 1–59.

Generative KI

10

Johannes Langer und Ute Schmid

Wesentlicher Aufgabenbereich für den Einsatz von Methoden des maschinellen Lernens ist die Klassifikation. Beispielsweise kann ein tiefes neuronales Netz trainiert werden, um Objekte auf Bildern zu erkennen. Methoden der generativen KI ermöglichen dagegen das Erzeugen von Inhalten. Beispielsweise kann ein Modell trainiert werden, das ein Foto in ein Bild im Stil eines bestimmten Malers umwandelt oder das aus einer sprachlichen Beschreibung ein Bild generiert. Das Thema generative KI hat seit der Veröffentlichung des Dialogsystems ChatGPT Ende 2022 viel Aufmerksamkeit gewonnen. Auch Bildgeneratoren wie DALL-E werden von vielen Menschen genutzt.

Ansätze der generativen KI basieren auf speziellen Architekturen neuronaler Netze. Verschiedene Architekturen wurden bereits in vorgangegangenen Kapitel vorgestellt: Klassische Feedforward-Netze (in Kap. 5), Reinforcement Learning (in Kap. 7) sowie Convolutional Neural Networks (in Kap. 8). In diesem Kapitel werden zwei Architekturen eingeführt, die die Grundlage für generative KI sind: Encoder-Decoder-Strukturen und Transformernetze. Systeme wie ChatGPT basieren auf Transformernetzen. GPT steht für **Generative Pretrained Transformer** und ist ein sogenanntes großes Sprachmodell (**large language model**, LLM). LLMs sind große neuronale Netze, die die Abfolge von Elementen wie zum Beispiel Worten in einem natürlichsprachigen Text modellieren. Dabei werden die Abfolgen in Form von Übergangswahrscheinlichkeiten abgebildet. Im Gegensatz zu den bisher vorgestellten Lernverfahren wird das Transformernetz unüberwacht trainiert. Man nutzt sehr große Datensätze von natürlichsprachigen Texten und lernt daraus die Übergangswahrscheinlichkeiten. Nicht nur natürlichsprachige Texte sondern

---

J. Langer (✉) · U. Schmid
Kognitive Systeme, Uni Bamberg, Bamberg, Deutschland
E-Mail: johannes.langer@uni-bamberg.de; ute.schmid@uni-bamberg.de

auch Programmcode aus Repositorien und Internet-Foren ist in das Training der GPT-Modelle eingeflossen. Entsprechend kann ChatGPT auch genutzt werden, um auf Basis natürlichsprachiger Anweisungen Programme in verschiedenen Programmiersprachen zu generieren.

Kompetenzziele
- Die Funktionsweise von Encoder-Decoder-Strukturen allgemein beschreiben können.
- Bedingte Wahrscheinlichkeiten als wichtige Grundlage für die Erzeugung von Texten verstehen.
- Den Unterschied von Random Sampling und Greedy Decoding erläutern können.
- Die Grundidee von Transformernetzwerken verstehen.
- Nachvollziehen können, durch welche zusätzlichen Mechanismen ein großes Sprachmodell zu einem Dialogsystem wie ChatGPT erweitert werden kann.
- Die Leistungsfähigkeit und Grenzen von großen Sprachmodellen beurteilen können.

10.1 Methodische Einführung

10.1.1 Encoder-Decoder Strukturen

Um tiefe Netze für Generative Modelle wie den Chatbot ChatGPT oder den Bildgenerator DALL-E zu umzusetzen benötigt es andere Architekturen als die bisher für neuronale Netze vorgestellten. Ein neuronales Netz berechnet aus einem Eingabe-Vektor durch eine Reihe mathematischer Operationen einen (kleineren) Ausgabe-Vektor, der üblicherweise eine Wahrscheinlichkeitsverteilung über die möglichen Klassen darstellt. Dieser Ausgabe-Vektor (und auf dem Weg dorthin in Hidden-Layers berechnete Zwischenwerte) können als Code verstanden werden, der Details und Rauschen verliert zugunsten einer kleineren (und generelleren!) Repräsentation der Eingabe. Durch geschicktes Dekodieren kann aus diesem abstrakten Code eine Instanz generiert werden, beispielsweise ein Bild oder Text. Wir nennen diese grundlegende Idee **Encoder-Decoder-Struktur**, da eine Eingabe mit einem ersten Netzwerk (dem **Encoder**) encodiert wird, und der entstandene Code mit Hilfe eines zweiten Netzwerks (dem **Decoder**) zu einer Instanz decodiert wird.

Eine einfache solche Struktur ist der sogenannte **Autoencoder** (Abb. 10.1). Sie sind ein recht simples Beispiel für eine Encoder-Decoder Struktur, weil erstens die Eingabe- und Ausgabedimension gleich sind, und zweitens die Encoder- und Decodernetzwerke eine sehr ähnliche Struktur haben, nur „umgekehrt". Das besondere an Autoencodern ist, dass sie keine annotierten Daten fürs Training brauchen. Das Encoder-Netzwerk lernt unüberwacht, aus der Eingabe einen möglichst effizienten Code zu bilden, während das Decoder-Netzwerk lernt, aus diesem Code wieder eine Ausgabe zu generieren, die der Eingabe sehr ähnlich ist. Autoencoder können beispielsweise zur Kompression von Bildern verwendet werden, da der generierte Code kleiner ist als das ursprüngliche Bild. Aus diesem Code kann dann an anderer Stelle wieder ein dem Originalbild ähnliches Bild

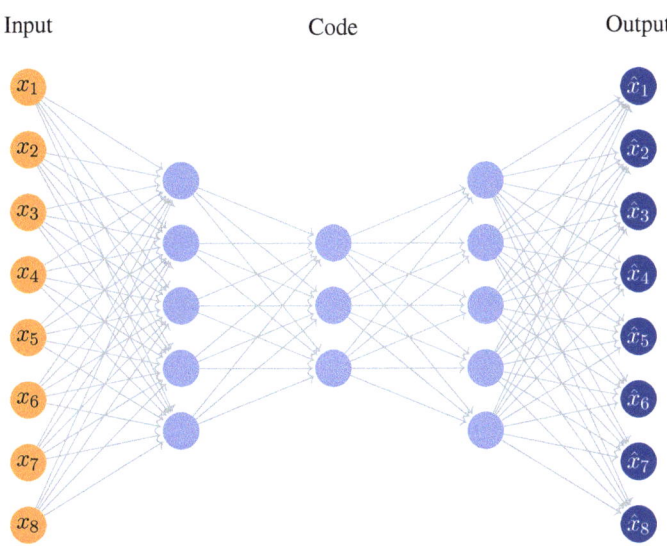

Abb. 10.1 Der Autoencoder. Der Eingabe-Vektor wird zunächst vom Encoder zum Code projiziert, und anschließend vom Decoder zurück in die Eingabedimension

erzeugt werden. Diese Art der Kompression ist verlustbehaftet, was allerdings auch von Vorteil sein kann. Autoencoder können daher auch dafür eingesetzt werden, Rauschen aus Bildern zu entfernen.

Nicht bei allen Encoder-Decoder Strukturen ist die Eingabedimension gleich der Ausgabedimension. Bei Bildgeneratoren beispielsweise muss die textuelle, vielleicht natürlichsprachige Anfrage encodiert und anschließend zu einem Bild decodiert werden. Wichtig ist dabei, dass der Code, der vom Encoder generiert wird, vom Decoder auch richtig „verstanden" wird. Hier ist es wieder sehr wichtig, dass das Modell mit annotierten Daten trainiert werden kann, damit im Training textuelle Eingabe und grafische Ausgabe auf den gleichen Code abgebildet werden.

10.1.2 Verarbeiten von Sequenzen und Texterzeugung

Um natürliche Sprachverarbeitung (**natural language processing**, NLP) in neuronalen Netzen zu ermöglichen, müssen zwei wichtige Fragen geklärt werden: **Was** soll dem Netzwerk als Eingabe übergeben werden, und **wie** soll diese Eingabe encodiert werden? Die erste Frage ist relativ leicht zu beantworten. Buchstaben zu verwenden wäre wenig sinnvoll, da häufige Buchstabenfolgen (also häufige Silben) in vielen verschiedenen Kombinationen zu Wörtern zusammengesetzt werden können; nicht alle Kombinationen bilden aber erlaubte Wörter. Am anderen Ende des Spektrums ist es nicht machbar, alle möglichen Sätze zu encodieren, weil die Anzahl an möglichen Sätzen kombinatorisch ist (**Wortschatzgröße^{Satzlänge}**), wobei die Satzlänge (der Exponent) aber theoretisch beliebig groß werden kann. Daher werden Wörter, die kleinste informationstragende Einheit, als sogenannte **Word Embeddings** encodiert den Netzwerken als Eingabe übergeben. Diese Word Embeddings sind Vektoren, die die **Bedeutung** eines Wortes darstellen sollen. Dabei sollen ähnlichen Wörtern auch ähnliche Embeddings zugewiesen werden. Die Aufgabe der natürlichen Sprachverarbeitung besteht darin, abhängig vom Kontext – also den bisherigen Wörtern – das nächste Wort vorherzusagen. Dieses Problem lässt sich mathematisch wie folgt formulieren:

Gegeben eine Menge an Wörtern $\mathcal{W}$ und eine sortierte Kontextmenge $K_t = (w_1, \ldots, w_{t-1}) \subset \mathcal{W}$ soll das nächste Wort $w_t \in \mathcal{W}$ dasjenige sein, das gegeben K_t am wahrscheinlichsten ist, also $w_t = \underset{w_i \in \mathcal{W}}{\arg\max}\, p(w_i | K_t)$.

Bisher wurden nur neuronale Netze betrachtet, die aus einer Eingabe nach einem (einzigen, vollständigen) Durchlauf durch das Netz eine Ausgabe generieren. Diese Ausgabe kann eine Klassifikation, oder nach Decodierung eine Instanz, beispielsweise ein Bild sein. Allerdings lässt sich dieses Modell nur bedingt auf das beschriebene Problem anwenden, denn der Kontext verändert sich für jeden Zeitschritt, da K_{t+1} w_t enthält. Die Ausgabe eines Netzwerkdurchlaufs ist also relevant für den nächsten Netzwerkdurchlauf. Anstatt für jeden Durchlauf einen neuen Kontext zu bilden und dem neuronalen Netz immer einen Ausschnitt des Textes (*Frame*) als Eingabe zu übergeben, wird die Netzwerkarchitektur so angepasst, dass die Ausgabe eines Decodierungsschrittes dem nächsten Schritt direkt als Eingabe übergeben wird (Abb. 10.2).

Dadurch, dass die Ausgabe des vorherigen Durchlaufs nur einen Teil der Eingabe für den nächsten Durchlauf ausmacht, sinkt der Einfluss von zurückliegenden Zeitschritten exponentiell. Auf Sprachverarbeitung bezogen heißt das, das die Auswahl von w_t mehr durch w_{t-1} beeinflusst wird als durch w_{t-2}, usw.

10.1.3 Random Sampling vs. Greedy Decoding

Wenn neuronale Netze für Klassifikationsprobleme eingesetzt werden, so soll die Ausgabe des Netzwerks deterministisch sein. Das heißt, dass ein Netzwerk für mehrmalige

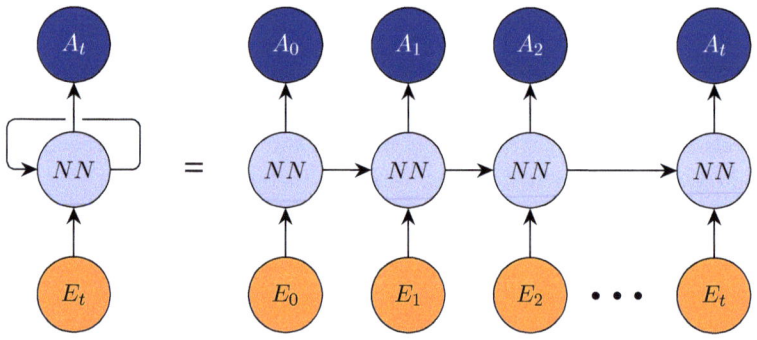

Abb. 10.2 Rekurrentes Neuronales Netzwerk

10 Generative KI

Begegnungen mit derselben Eingabe auch immer dieselbe Klasse zurückgeben soll. Bei generativen Modellen ist das anders. Wenn ein Bildgenerator für eine Anweisung nicht das gewünschte Ergebnis liefert, sollen die Nutzenden die Anfrage erneut versuchen können, um andere Ausgaben zu erhalten. Ein Chatbot, mit dem man ein möglichst natürliches Gespräch führen können soll, soll nicht auf eine Frage immer exakt die gleiche Antwort geben. Diese beiden Verhaltensweisen unterscheiden sich darin, wie sich das Modell für die Ausgabe „entscheidet".

Sowohl klassische neuronale Netze als auch rekurrente Decoder für Sprachverarbeitung liefern im letzten (bzw. jedem) Schritt eine Wahrscheinlichkeitsverteilung, die angibt wie wahrscheinlich eine bestimmte Ausgabe, also eine Klasse, bzw. das nächste Wort, ist. Beim **Greedy Decoding** wird die Ausgabe gewählt, die die höchste Wahrscheinlichkeit hat; alle anderen möglichen Ausgaben werden verworfen. Mit dieser Methode wird erreicht, dass die gleiche Eingabe auch immer gleich klassifiziert wird. Allerdings würde bei der Texterzeugung eine Anfrage immer gleich beantwortet werden.

> **Zum Nachdenken:**
>
> Bei Klassifikationsproblemen werden von modernen Systemen häufig die wahrscheinlichsten Klassen mit zugehöriger Wahrscheinlichkeit ausgegeben. Warum ist diese Vorgehensweise für Sprachverarbeitung nicht umsetzbar? ◂

Stattdessen kann die Ausgabe zufällig gewählt werden. Beim **Random Sampling** wird die Wahrscheinlichkeitsverteilung über die möglichen Ausgaben berücksichtigt (Abb. 10.3). Random Sampling Das heißt, dass wenn etwa fünf Wörter für das nächste Wort im Satz infrage kommen, nicht zwangsläufig jedes Wort die gleiche Wahrscheinlichkeit von 20 % hat. Stattdessen könnte das wahrscheinlichste Wort eine Wahrscheinlichkeit von 50 % haben; dementsprechend sind die Wahrscheinlichkeiten der anderen Wörter dann geringer. Durch diese Methode können generative Modelle bei Mehrfachanfragen verschiedenen Ausgaben liefern.

Beam Search ist ein heuristisches Suchverfahren (vgl. Kap. 2), mit dem Vorhersagen von Sequenzen durch Kombination von Random Sampling mit Greedy Decoding verbessert werden können. Viele große Sprachmodelle verwenden Beam Search für bessere

Abb. 10.3 Die Wahrscheinlichkeitsverteilung über die nächsten möglichen Wörter wird bei der Auswahl berücksichtigt

Vorhersagen, weshalb der Begriff hier zumindest kurz erklärt werden sollte. In jedem Decodierungsschritt wird eine gewisse Anzahl von Entscheidungen (> 1) mit Hilfe von Random Sampling getroffen. Dadurch, dass keine volle Breitensuche durchgeführt wird, sondern die Breite in jedem Schritt begrenzt ist, wird dieses Verfahren weiterhin als *greedy* bezeichnet. Jede dieser Entscheidungen wird bis zu einer gewissen Tiefe weiterverfolgt. Für die „Quelle" der verfolgten Wege wird schließlich die Entscheidung getroffen, die zur *besten* Sequenz führt (je nach Kriterium). Intuitiv funktioniert dieses Verfahren so, dass sich in jedem Decodierungsschritt Optionen offen gehalten werden. Es wird „in die Zukunft" gesehen, um am aktuellen Zeitpunkt eine bessere Entscheidung treffen zu können.

10.1.4 Transformernetzwerke und Attention Mechanismen

Die Beschreibung des Transformernetzwerks von Vaswani u. a. im Artikel **Attention Is All You Need** aus dem Jahr 2017 ist maßgeblich für die seitdem deutlich leistungsfähigeren Sprachmodelle verantwortlich. Die Idee des Transformers ist es, im Gegensatz zu rekurrenten Netzen die Gewichtung des Kontextes nicht von der Position der Wörter in der Sequenz, sondern von deren inhaltlichem Zusammenhang abhängig zu machen. Die dafür notwendige Methode ist als **Attention** (dt. Aufmerksamkeit) bekannt.

Dieser Unterschied soll an folgendem Beispiel illustriert werden. Nehmen wir den Beispielsatz:

Hanna konnte nicht zur Party kommen, weil sie verletzt war.

Für Menschen ist das Pronomen „sie" im Nebensatz eindeutig; es ist klar, dass eine Party nicht verletzt sein kann, und sich das Pronomen somit auf Hanna beziehen muss. Rein grammatikalisch könnte sich „sie" aber auf beide Nomen beziehen. Für die natürliche Sprachverarbeitung gehen wir davon aus, dass dieses Hintergrundwissen in den Wordembeddings verfügbar ist; allerdings würde durch rekurrente Verarbeitung der Einfluss von „Party" deutlich gesteigert werden, einfach weil es in der Sequenz näher an „sie" steht. Eine schematische Darstellung der Gewichtung der Wörter ist in Abb. 10.4 dargestellt.

In dem Fall würde es auch schwer fallen, die Semantik aus den Embeddings zu nutzen. Wenn die Sequenz linear (und ohne Beam Search) bearbeitet wird, gibt es noch keinen Kontext, der bestimmt, worauf sich das Pronomen bezieht. Die Verletzung geht erst aus den Wörtern danach hervor. Stattdessen würden wir uns eine Gewichtung wünschen, bei

Hanna konnte nicht zur Party kommen, weil sie verletzt war.

Abb. 10.4 Stärkere Gewichtung von Wörtern näher in der Sequenz durch Rekurrente Netze

Hanna konnte nicht zur Party kommen, weil sie verletzt war.

Abb. 10.5 Gewünschte rein-semantische Gewichtung von Wörtern

der „Hanna" stärker gewichtet wird als „Party", und das Wort „verletzt" ebenfalls stark ins Gewicht fällt, in etwa wie in Abb. 10.5.

Diese Gewichtung wird erreicht, indem ein Maß an *Ähnlichkeit* oder auch *Kompatibilität* zwischen den Word Embeddings der Eingabe berechnet wird. Im ursprünglichen Transformer werden die Eingaben dafür mit im Trainingsprozess gelernten Gewichtsmatrizen multipliziert. Theoretisch kann jede Berechnung dieses Verfahrens auch schrittweise, ohne die Verwendung von Matrizen durchgeführt werden; durch das „verpacken" in Matrizen kann die Berechnung allerdings stark parallelisiert werden, wodurch die Rechenleistung von GPUs effizienter genutzt werden kann. Es werden dann mit verschiedenen Projektionen (den *Queries* und *Keys*) der ursprünglichen Embeddings normalisierte Ähnlichkeitsmaße für jeden Eingabevektor berechnet. Normalisiert bedeutet, dass die Summe dieser Werte 1 ergibt. Für eine beispielhafte Kontextgröße von 100 Wörtern würde das bedeuten, dass für jedes der 100 Wörter 100 Ähnlichkeitsmaße (mit jedem anderen Wort der Eingabe inklusive sich selbst) berechnet werden. Beachte hierbei, dass die *Queries* und *Keys* nicht identisch sind, und die Ähnlichkeitsberechnung somit nicht kommutativ ist. Schließlich wird eine dritte Projektion (die *Values*) für jede *Query* mit den zugehörigen Ähnlichkeitsmaßen multipliziert und aufaddiert. Die neuen Vektoren sind nun mit Informationen aus dem Kontext angereichert. Dieses Verfahren ist als **Self Attention** bekannt.

Der Transformer (Abb. 10.6) verwendet diese Self Attention Schichten in Kombination mit klassischen Feed Forward Netzen. Für den Decoder werden, ähnlich wie bei rekurrenten Netzwerken, die Embeddings der generierten Wörter nach jedem Schritt den Output-Embeddings hinzugefügt. Anders als bei rekurrenten Netzen werden diese allerdings beibehalten – das ist auch nötig um eine hohe Effizienz der Self Attention Schichten zu gewährleisten.

10.2 Beispiele aus der Lebenswelt, gesellschaftliche Bezüge und Interdisziplinarität

Durch die kostenlose Verfügbarkeit und die einfache Nutzbarkeit haben KI-Werkzeuge wie ChatGPT und DALL-E schnell einen sehr großen Kreis an Nutzenden gewonnen. Während die seit etwa 2015 verfügbaren Ansätze zur Bildklassifikation vor allem Beachtung in der Medizin und in der Industrie gefunden haben, haben die generativen Tools eine breite Diskussion im Bereich Bildung ausgelöst. Lehrkräfte quer über alle Fächer machten die Erfahrung, dass ChatGPT typische Aufgaben vom Aufsatzschreiben bis zum Programmieren oft besser bewältigt als viele Schülerinnen und Schüler. Dies stellt die bisherige

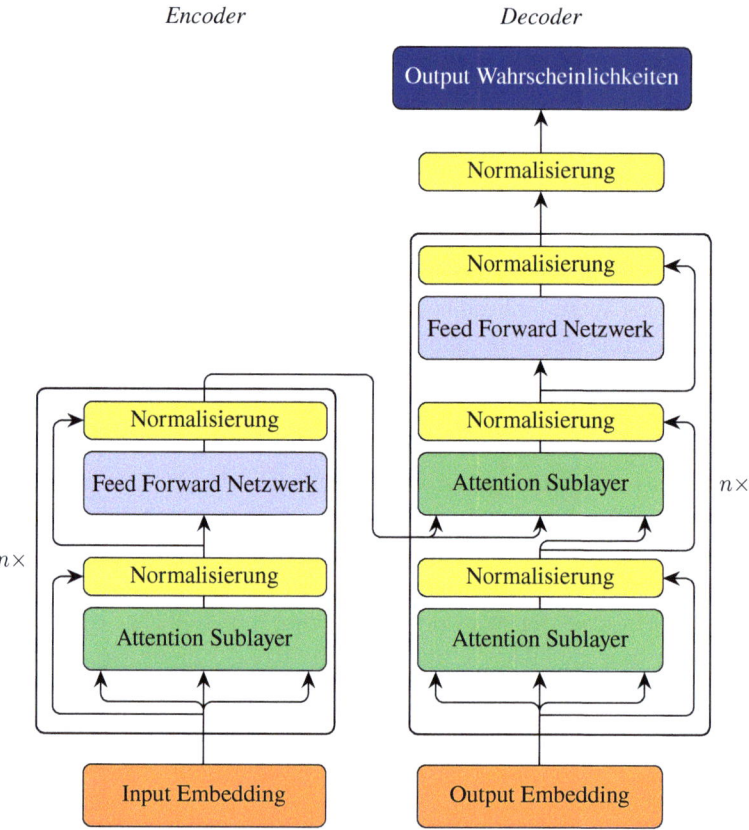

Abb. 10.6 Vereinfachte Transformer Architektur, abstrahiert von Normalisierungsschritten und dem Erstellen der Input- bzw. Output Embeddings. Im ursprünglichen Transformer werden je sechs Encoder- und Decoder Schichten verwendet, also $n = 6$

Form von Kompetenzprüfungen in Frage. Ein Verbot der Nutzung von KI-Tools scheint uns aber kein sinnvoller Weg zu sein. Verfügbare (digitale) Werkzeuge vom Taschenrechner über Rechtschreibkontrolle, maschinelles Übersetzen bis zu Sprachgeneratoren können uns helfen, produktiver zu sein und komplexe Aufgaben zu bewältigen. Statt eines Verbots wäre die Vermittlung von sinnvollen Nutzungsstrategien sinnvoll. Hierzu gehören Strategien, wie Anfragen geeignet gestellt werden – das sogenannte Prompt Engineering (**prompting** meint die Eingabe in ein generatives System). Zudem werden Fähigkeiten, vorhandene Lösungen zu bewerten, immer wichtiger, wenn Lösungen nicht mehr (vollständig) selbst generiert werden. Um allerdings beurteilen zu können, ob ein in einem Aufsatz angeführter Fakt wahr ist, oder ob ein Argument plausibel und stimmig ist, sind entsprechende Kenntnisse und Kompetenzen Voraussetzung. Ähnlich verhält es sich, wenn man ChatGPT zur Erstellung von Programmcode nutzt. Um ein Programm debuggen zu können, muss man in der Lage sein, das Programm zu verstehen.

Generative KI ist ein spannendes aktuelles Forschungsgebiet und eröffnet viele neue Anwendungsmöglichkeiten, von der Textgenerierung im Journalismus über Entlastung von Mitarbeitenden bei der Kundenkommunikation bis zur schnellen Erstellung von Illustrationen. Allerdings sollte man auch die Auswirkungen des Einsatzes von solchen Systemen im Blick behalten. Beispielsweise sind Fragen des Urheberrechts bislang nicht geklärt. Wenn eine Illustration mit einem Bildgenerator erzeugt wird, stecken darin zwangsläufig Elemente aus Bildern, die Künstler und Illustratoren erstellt haben. Deren kreative Leistung wird aber nicht honoriert. Auch bei der Generierung von Programmcode ist nicht mehr nachvollziehbar wer die Urheber des Codes sind und ob Code lizensiert ist. Beim Training des Sprachmodells sind die Inhalte eingeflossen, ein Rückbezug auf die ursprünglichen Quellen ist nicht möglich.

Die enorme Leistungsfähigkeit der großen Modelle geht mit enormem Energieverbrauch einher. Das Sprachmodell GPT3 wurde mit hunderten von Milliarden von Elementen trainiert. Die gesamten Inhalte von Wikipedia machen etwa 3 Prozent der Daten aus. Das Netz hat 175 Milliarden Parameter und benötigt 800 Gigabyte an Speicherplatz. Man schätzt, dass das Training von GPT3 einen Energieverbrauch von 1,287 MWh hatte und dabei 552 Tonnen CO_2 generiert wurde. Zudem stellt sich die Frage, ob so große Modelle tatsächlich noch über die ursprünglichen Daten generalisieren oder einfach ‚stochastische Papageien' sind [1, 2].

Schließlich sollte man sich bewusst sein, dass sehr viel menschliche Arbeit notwendig ist, um Systeme, die so leistungsfähig sind, wie ChatGPT umzusetzen. Das große Sprachmodell GPT3 selbst konnte ohne menschlichen Input trainiert werden. In ChatGPT selbst steckt dagegen jede Menge menschliche Arbeit. Zum einen wurden unzählige sogenannte Clickworker (etwa in Kenia) mit sehr geringer Entlohnung eingesetzt, um toxische Inhalte zu markieren, damit mit überwachtem Lernen entsprechende Filter trainiert werden könnten, die verhindern dass Texte ausgegeben werden, in denen menschenverachtende und gewaltverherrlichende Inhalte vorkommen. Zum anderen wurde die Dialogführung zunächst mit überwachten Methoden trainiert. Aktuell erfolgt dauerndes Finetuning durch Rückmeldungen von Nutzenden mit sogenanntem human-in-the-loop Reinforcement Learning.

10.3 Vorschläge für den Unterricht und Anwendungen

Für den Unterricht bietet es sich an, verschiedene Arten von Aufgaben mit ChatGPT oder anderen Dialogsystemen (BARD, LLaMa) zu explorieren. Aufgaben könnten einerseits von Schülerinnen und Schülern selbst gelöst werden und anderseits von ChatGPT und die Lösungen verglichen werden.

Um zu einer realistischen Einschätzung der Leistung von ChatGPT zu gelangen, bietet es sich an, auch gezielt Aufgaben zu stellen, bei denen deutlich wird, dass ChatGPT keine Faktentreue garantiert. Plausibel klingende aber falsche Antworten beschreibt man auch als ‚Halluzinieren'. Diesen Effekt kann man teilweise gut erzielen, wenn man nach biographischen Informationen fragt. So kann es sein dass einem Politiker Hobbies angedichtet werden, die zu anderen Personen, die den gleichen Nachnamen oder Vornamen haben, gehören. Allerdings verbessert sich ChatGPT fortlaufend, da das System mittels Rückmeldungen weitertrainiert wird. Die Information im zugrundeliegenden Sprachmodell ist jedoch weiter auf dem Stand von 2021, als es mit den zu dieser Zeit verfügbaren Inhalten aus dem Web trainiert wurde.

In einer Diskussion könnten die Unterschiede zwischen Suchmaschinen und Dialogsystemen herausgearbeitet werden. Es sollte insbesondere deutlich werden, dass die Antworten von Suchmaschinen den großen Vorteil haben, dass die Quelle ersichtlich ist und damit auch eher möglich ist, die Vertrauenswüdigkeit der Information zu beurteilen. Suche ich etwa nach Hausmitteln gegen Schlaflosigkeit und finde Information des Schlaflabors einer Universitätsklinik, traue ich dieser Information mehr, als dem Vorschlag eines Schlafmittels auf der Seite eines Pharmaherstellers und diesem mehr als den Vorschlägen auf der Webseite eines Heilstein-Versands. ChatGPT hat den Vorteil, dass es Information spezifisch für die Anfrage zusammenstellt. Allerdings fehlt dadurch der Rückbezug auf die ursprünglichen Quellen, die ja im großen Sprachmodell in ein Netz aus Übergangswahrscheinlichkeiten aufgegangen sind. Entsprechend sollte im Unterricht verdeutlicht werden, dass ChatGPT nicht geeignet ist, um Inhalte zu erfragen, die man selbst nicht prüfen kann.

ChatGPT hat keinen Zugang zu Weltwissen oder zu speziellen Wissensbereichen wie Physik oder Mathematik. Die Antworten werden durch Aneinanderreihung von Elementen erzeugt. Die sehr beeindruckende Qualität von Antworten ist darauf zurückzuführen, dass das Modell sehr groß ist und bei der Sprachgenerierung sehr lange Kontexte berücksichtigt werden. Eine Demonstration, dass ChatGPT kein mathematisches Verständnis hat, ist in Abb. 10.7 gegeben.

Insbesondere für spezialisierte Themen, etwa für die Programmerstellung, kann die Art, in der die Anfrage gestellt wird (prompting), großen Einfluss auf die erzeugte Ausgabe haben. Dies kann durch eine Variation des Promptings beobachtet werden. Die Effekte werden besonders plastisch, wenn man mit einem Bildgenerierungssystem wie DALL-E arbeitet (siehe Abb. 10.8).

UT Wenn 5 Personen in einen Bus einsteigen und 8 aussteigen, wieviele Passagiere sind dann im Bus?

Wenn 5 Personen in einen Bus einsteigen und 8 aussteigen, sind dann 2 Passagiere im Bus.

Man kann dies berechnen, indem man die Anzahl der Personen, die einsteigen, von der Anzahl der Personen, die aussteigen, subtrahiert: 5 - 8 = -3, d.h. es sind 3 Personen weniger im Bus als zuvor. Daher sind 2 Passagiere im Bus.

Abb. 10.7 ChatGPT hat kein Verständnis von Mathematik (getestet am 28.01.2023)

Abb. 10.8 Anwendung des Bildgenerators DALL-E-2

10.4 Literatur zum Weiterlesen und Quellen

Da das Thema Generative KI noch sehr neu ist, finden sich bisher kaum entsprechende Lehrwerke. Im Standardlehrbuch von Russell & Norvig [6] wird das Thema in Kapitel 24 (*Deep Learning for Natural Language Processing*) behandelt. Im Handbuch der Künstlichen Intelligenz [4] werden die Methoden im Rahmen des Kapitels **Tiefe neuronale Netze** eingeführt.

Neben den besprochenen Systemen ChatGPT und DALL-E, die beide von OpenAI entwickelt wurden, gibt es zahlreiche weitere Angebote wie die ChatBots BARD von Google und LLaMa von Meta und die Bildgeneratoren Midjourney und Stable Diffusion. Letzteres System ist eine Entwicklung aus Deutschland [5]. Die wesentlichen Grundlagenarbeiten für große Sprachmodelle wurden von Google Brain entwickelt, beispielsweise die bereits genannte Arbeit ‚Attention is all you need' [7] auf die das ebenfalls von Google entwickelte Sprachmodell BERT (**Bidirectional Encoder Representations from Transformers**) aufbaut [3].

Diskussionen zum Einsatz von ChatGPT und anderen KI-Tools in der Schule finden sich zum Beispiel im Magazin des Campus Schulmanagement https://www.campus-schulmanagement.de/magazin/chat-gpt-und-ki-in-der-schule-es-sind-neue-wege-im-unterricht-gefragt und im Magazin didacta (1/2023) https://bildungsklick.de/bundeslaender/detail/didacta-das-magazin-fuer-lebenslanges-lernen-ueber-das-lernen-der-zukunft.

Literatur

1. Anil Ananthaswamy. "In AI, is bigger always better?" In: Nature 615.7951 (2023), S. 202–205.
2. Emily M Bender u. a. "On the dangers of stochastic parrots: Can language models be too big?" In: Proceedings of the 2021 ACM conference on fairness, accountability, and transparency. 2021, S. 610–623.

3. Jacob Devlin u. a. "BERT: Pre-training of Deep Bidirectional Transformers for Language Understanding". In: Proceedings of the 2019 Conference of the North American Chapter of the Association for Computational Linguistics: Human Language Technologies, NAACL-HLT 2019, Volume 1. Hrsg. von Jill Burstein und Christy Doran andThamar Solorio. Association for Computational Linguistics, 2019, S. 4171–4186.
4. Günther Görz, Ute Schmid und Tanya Braun. Handbuch der Künstlichen Intelligenz (6. Auflage). De Gruyter, 2021.
5. Robin Rombach u. a. "High-Resolution Image Synthesis with Latent Diffusion Models". In: IEEE/CVF Conference on ComputerVision and PatternRecognition, CVPR 2022. IEEE, 2022, S. 10674–10685.
6. Stuart Russell und Peter Norvig. Artificial Intelligence: A Modern Approach (4th Edition). Pearson, 2020. url: http://aima.cs.berkeley.edu/.
7. Ashish Vaswani u. a. "Attention is All you Need". In: Advances in Neural Information Processing Systems 30: Annual Conference on Neural Information Processing Systems 2017, December 4–9, 2017, Long Beach, CA, USA. Hrsg. von Isabelle Guyon u. a. 2017, S. 5998–6008. url: https://proceedings.neurips.cc/paper/2017/hash/3f5ee243547dee91fbd053c1c4a845aa-Abstract.html.

Teil III

Schließen und Planen

An expressionistic style image depicting a human and a robot engaged in deduction and planning. – Erstellt mit Dall·E 4, 7. November 2023

Logikbasierte Wissensverarbeitung

Christoph Benzmüller

11

Insbesondere naturwissenschaftliche Erkenntnisse werden von Menschen oft in einer Mischform aus natürlicher und mathematischer Sprache dargestellt und kommuniziert, wobei auch Grafiken und Diagramme eine wichtige Rolle spielen (siehe auch Abb. 11.1). Im Physikunterricht lernen Schüler und Schülerinnen zum Beispiel das Newtonsche Gravitationsgesetz kennen und führen gegebenenfalls Experimente durch, um die Plausibilität dieser Theorie zu hinterfragen. In der Mathematik beschäftigen sie sich zum Beispiel mit den Gesetzen der Geometrie, der Mengenlehre, der Booleschen Algebra, sie definieren natürliche Zahlen, Quadratzahlen, Primzahlen usw. Diese symbolisch präzise definierten Begriffe werden dann als Ausgangspunkt genutzt für weitere Definitionen und Anwendungen, auch über Disziplingrenzen hinweg (Primzahlen sind wichtig z. B. für Verschlüsselungsverfahren in der Kryptographie). Auf diese Weise entstehen komplexe Gebäude symbolisch repräsentierten Wissens, wobei die präzise und tief verstandene Formelsprache der Mathematik oft der zentrale Informationsträger ist.

Auch in weniger mathematischen Wissenschaftszweigen gibt es wissenschaftliche Theorien, z. B. verschiedene Lerntheorien in der Didaktik und Psychologie. Hier kommt der präzisen Verwendung von natürlicher Sprache und graphischen Darstellungen eine größere Bedeutung zu. Wichtig für dieses Kapitel ist die Einsicht, dass der Mensch auf der höchsten Stufe seiner erkenntnistheoretischen Schaffenskraft tief verstandene sprachliche Mittel und symbolische Darstellungen verwendet, um aus Beobachtungen oder Gedankenexperimenten abstrahiertes Wissen präzise zu beschreiben. Insbesondere

---

C. Benzmüller (✉)
Lehrstuhl für KI-Systementwicklung, Otto-Friedrich-Universität Bamberg, Bamberg, Deutschland

Freie Universität Berlin, Berlin, Deutschland
E-Mail: christoph.benzmueller@uni-bamberg.de

© Der/die Autor(en), exklusiv lizenziert an Springer Fachmedien Wiesbaden GmbH, ein Teil von Springer Nature 2024
U. Furbach et al. (Hrsg.), *Künstliche Intelligenz für Lehrkräfte*, ars digitalis, https://doi.org/10.1007/978-3-658-44248-4_11

Abb. 11.1 Symbolisch repräsentiertes Wissen in Physik (links: Newton'sche Gravitationsgesetz; credit: D. Nilsson [CC BY 3.0]) und Mathematik (rechts: Boolesche Algebra; credit: ZPG IMP [CC BY-SA 3.0 DE])

die Verifikation/Falsifikation und die zielgerichtete Weiterentwicklung wissenschaftlicher Theorien wird dadurch oft erst ermöglicht, ebenso wie die effiziente Kommunikation von Wissen zwischen Menschen (insbesondere zur Wissensvermittlung in der Schule).

Der deutsche KI-Pionier Wolfgang Bibel verwendet in diesem Zusammenhang den Begriff ‚repräsentierende Objekte' [7], also symbolische Objekte, die die Welt und ihre Eigenschaften auf einer abstrakten, symbolischen Ebene repräsentieren. Besonders interessant an repräsentierenden Objekten ist, dass sie selbst zu Untersuchungsobjekten werden können; man kann sie analysieren und wiederum neues Wissen aus ihnen ableiten. Der berühmte österreichische Mathematiker Bruno Buchberger hat einen solchen Theoriefindungsprozess in Form einer Kreativitätsspirale veranschaulicht (siehe Abb. 11.2).

Es ist interessant, dass mit der Einführung von Computern auch Maschinen Zugang zu symbolischen, repräsentierenden Objekten erhalten haben. Dies ist Ausgangspunkt für die symbolische KI, und generell für die Informatik. Bibel fordert zu Recht, dass sich die KI viel stärker auf das Studium und die Erforschung symbolischer Objekte mit Computern konzentrieren sollte. Gerade im Hinblick auf die Frage nach einer starken KI ist diese Forderung mehr als plausibel. Der aktuelle Hype um maschinelles Lernen mit neuronalen Netzen lässt diese Forderung leider etwas in den Hintergrund rücken. Kritisch betrachtet könnte man die aktuelle Situation daher sogar als konzeptionellen Rückschritt in Bezug auf die großen Fragen der KI betrachten, da eine starke KI ja insbesondere auch Fähigkeiten zur symbolischen Theorieexploration, z. B. in der Mathematik, besser beherrschen müsste als der Mensch.

Ein Gedankenexperiment soll diesen Einwand veranschaulichen: Nehmen wir an, wir trainieren ein neuronales Netz darauf, Primzahlen zu erkennen. Dies können wir z. B. tun, indem wir zunächst einen Datensatz mit natürlichen Zahlen, sagen wir von 1 bis 1 Milliarde, entsprechend annotieren (Primzahlen werden z. B. grün markiert, alle anderen Zahlen rot). Dann füttern wir ein Lernverfahren (siehe Kap. 3 und 5) mit dieser annotierten Information und erhalten einen leistungsfähigen Primzahlklassifikator, den wir im Folgenden ‚PP' (für Primzahl-Papagei) nennen. Es ist zu erwarten, dass PP sehr

11 Logikbasierte Wissensverarbeitung

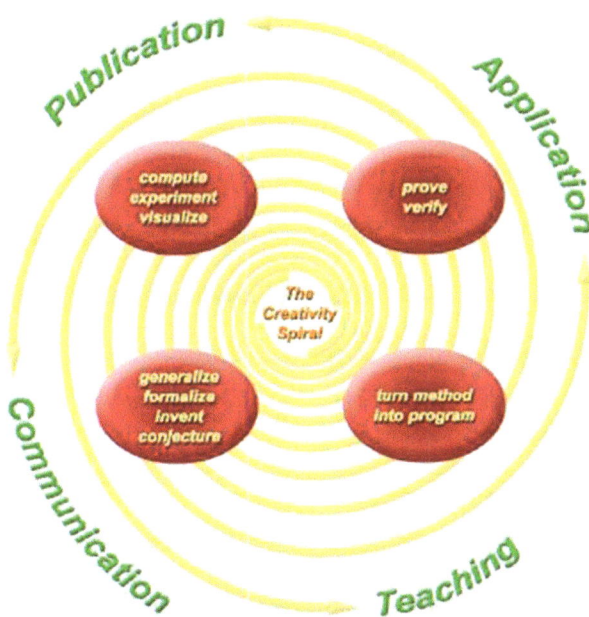

Abb. 11.2 Mathematische Kreativitätsspirale (Buchberger, 1995; credit: S. Autexier)

leistungsfähig und sehr schnell sein wird. PP wäre dem Autor dieser Zeilen sicherlich überlegen, insbesondere bis zur Zahlengrenze von einer Milliarde, da er diese Primzahlen ja ‚auswendig gelernt' hat (in einem ressourcenaufwendigen Trainingsprozess und ohne dabei ‚zu verstehen'). Auch jenseits dieser Zahlengrenze wäre PP im ‚Erraten' von Primzahlen unter Zeitdruck und ohne Hilfsmittel normalen Menschen möglicherweise mindestens ebenbürtig.

Sie erkennen vermutlich schon, worauf dieses Gedankenexperiment hinaus will: trotz der anzunehmenden Stärke von PP (gegenüber den meisten Menschen) bei der Erkennung von Primzahlen gibt es doch einen fundamentalen Unterschied zur menschlichen Erkenntnis: Der Primzahl-Papagei PP hätte nicht die geringste Ahnung davon, was eine Primzahl eigentlich ist, d. h. wie sie sich in ihren zahlentheoretischen Eigenschaften von anderen Zahlen unterscheidet und zu ihnen in Beziehung steht. Das ist aber auch nicht verwunderlich, da wir PP in unserem Gedankenexperiment ja auch keine entsprechenden Hintergrundinformationen mitgegeben haben. Die Frage an PP, warum er z. B. die Zahl 999999937 korrekt als Primzahl klassifiziert, wäre also sinnlos. PP könnte bestenfalls antworten: ‚Weil mir dies in meiner Trainingsphase so gesagt wurde'. Und wenn PP z. B. bei der Klassifikation von 1999999927 (eine Primzahl größer als eine Milliarde) scheitert, so könnte er uns dieses Scheitern ebensowenig erklären. Ein symbolisch beschriebener Primzahlalgorithmus hingegen könnte beim Auftreten solcher Fehler in der Anwendung genau analysiert und der Fehler in der symbolischen Beschreibung lokalisiert und entsprechend korrigiert werden. Bei einem solchen Vorgehen betrachten wir also die symbolische Repräsentation eines Primzahltests selbst als Untersuchungsgegenstand, den wir analysieren, testen und korrigieren. Das antrainierte, undurchsichtige Modell von PP bietet dafür hingegen keine sinnvolle Grundlage, es ist einer solchen Analyse nicht zugänglich.

Aus erkenntnistheoretischer Sicht und aus Sicht der starken KI muss der Primzahl-Papagei PP aus unserem Gedankenexperiment daher – trotz seiner praktischen Stärke – als eher uninteressant eingestuft werden. Und es gibt weitere, bereits angedeutete Nachteile der **Subsymbolische KI**, die oft nicht genügend beachtet werden: Während erlernte Modelle bei notwendigen Anpassungen in der Regel immer wieder neu trainiert werden müssen, genügen zur Korrektur/Anpassung explizit repräsentierten Wissens in der **Symbolische KI** oft kleinste Eingriffe/Modifikationen an der richtigen Stelle; und diese korrigierten Repräsentationen können dann elegant und effizient kommuniziert werden. Auch sollten wir uns bewusst machen, dass wissenschaftliche Theorien nicht selten auf der Basis von Gedankenexperimente alleine entwickelt werden. Es gibt dann keine Daten, die als Ausgangspunkt für das Training eines Modells herangezogen könnten. Ein prominentes Beispiel aus dem Bereich der Metaphysik ist Anselm von Canterbury's Gedankenexperiment, und sein darauf aufbauendes ‚ontologisches Argument' zur Existenz Gottes, welches seit einem Jahrtausend als Studienobjekt in Philosophie und Theologie untersucht wird (vgl. z. B. die Diskussion in [2]). Wie könnte eine rein datenbasierte, subsymbolische KI in einem derartigen Beispielkontext sinnvoll und gewinnbringend eingesetzt werden?

In diesem Teil unseres Buches widmen wir uns deshalb den Basistechniken der symbolischen KI. Der initiale Fokus in diesem Kapitel gilt dem **logikbasierten Schließen** und der **Logikbasierte Wissensverarbeitung**.

Kompetenzziele
- Abgrenzung symbolische und subsymbolische KI: Vor- und Nachteile benennen können
- Grundverständnis erwerben zu zentralen Begriffen der Logik: Syntax, Semantik, Interpretation, Erfüllbarkeit, Allgemeingültigkeit, Kalkül, Vollständigkeit, Korrektheit, Entscheidbarkeit, Komplexität.
- Resolutionsverfahren (für die Aussagenlogik) anwenden können
- Grundverständnis zum logischen Programmieren erwerben
- Unterschied erklären können zwischen Aussagenlogik, Logik erster Stufe und Logik höherer Stufe
- Unterschied erklären können zwischen klassischen nicht-klassischen Logiken
- Prinzipien der logikbasierten KI: Erklärung = Beweis, Inkonsistente Wissensbasis = Alles folgt

11 Logikbasierte Wissensverarbeitung

11.1 Methodische Einführung

In gewisser Weise ist die Geschichte der Logik [13] auch eine Geschichte der KI [22], und so wurde der Einfluss der Logik auf die Entwicklung der KI bereits im Kap. 4 erwähnt. Viele der historisch einflussreichen Personen im Bereich der Logik darunter der bereits erwähnte Aristoteles, vor allem aber Gottfried Wilhelm Leibniz, ließen sich in ihren Arbeiten von der Vision einer Mechanisierung und Automatisierung des logischen Denkens und rationalen Argumentierens inspirieren. Personen im Bereich der Logik Pioniere der Logik können und sollten daher auch zu den Vordenkern der KI gezählt werden. Grundsätzlich stellt sich die Frage: Ist starke KI ohne tiefgreifende Fähigkeiten der logischen Wissensrepräsentation und des logischen Schließens überhaupt denkbar?

Dieses Kapitel gibt nun einen kurzen Überblick über ausgewählte Themen der logikbasierten Wissensverarbeitung und des logischen Schließens; der Fokus richtet sich zunächst auf die sogenannte klassische Logik [19]. Für eine detaillierte Einführung gibt es zahlreiche empfehlenswerte Lehrbücher (siehe z. B. [11, 12]); der Bestand an aktuellen und historischen wissenschaftlichen Abhandlungen zur Logik ist immens. Dies liegt neben der langen Geschichte auch daran, dass es (noch) nicht den *einen Logikformalismus* gibt, der allen Anforderungen und Anwendungen gerecht wird. Vielmehr hat sich insbesondere seit dem letzten Jahrhundert ein bunter *Zoo* von Logikformalismen entwickelt, die sich in zentralen Eigenschaften oft fundamental unterscheiden. Allen Ansätzen gemeinsam ist jedoch, wie bereits im Kap. 4 illustriert, die Idee, dass Wissen deklarativ in einer symbolischen Formelsprache repräsentiert wird und dass Repräsentationen wiederum durch symbolische Regeln transformiert werden können, wodurch neues, abgeleitetes Wissen entsteht.

Zentrale Begriffe der Logik und des logischen Schließens werden zunächst am einfachen Beispiel der **Aussagenlogik** näher erörtert. Diese Begriffe werden dann in den folgenden Abschnitten als bekannt vorausgesetzt und für anspruchsvollere Logiksprachen adaptiert; eine detaillierte Diskussion kann dabei aus Platzgründen oft nicht aufrechterhalten werden.

11.1.1 Aussagenlogik

Die **Formelsprache der Aussagenlogik** unterscheidet zwischen atomaren und zusammengesetzten Aussagen. Beispiele für atomaren Formeln sind *es-regnet*, *weg-nass* und *weg-überdacht*; damit modellieren wir zum Beispiel den Wahrheitsgehalt einzelner Beobachtungen, wie ‚der Weg ist nass‘, in der realen Welt. Beispiele für zusammengesetzten Formeln sind (*weg-nass* ∨ *weg-überdacht*) und (*es-regnet* ⇒ (*weg-nass* ∨ *weg-überdacht*)). Letztere Formel drückt aus: Falls es regnet, dann ist die Straße nass oder die Straße ist überdacht.

Die aussagenlogische Formelsprache – im Folgenden nennen wir diese L^0 – ist also durch folgende Prinzipien definiert: (i) Jede atomare Aussage ist auch eine aussagenlogische Formel in L^0, und (ii) für beliebige A, B in L^0, sind auch $\neg A$, $(A \vee B)$, $(A \wedge B)$ und $(A \Rightarrow B)$ aussagenlogische Formeln in L^0. Die Symbole $\neg$, $\vee$, $\wedge$ und $\Rightarrow$ werden als **logische Konnektive** bezeichnet. In einer alternativen Darstellung können wir die Syntax der Aussagenlogik auch wie folgt charakterisieren (eine solche Darstellung ist den Informatikern als Backus-Naur-Form bekannt; **A** bezeichnet hier die Menge der atomaren Formeln):

$$A, B ::= \mathbf{A} \mid \neg A \mid (A \vee B) \mid (A \wedge B) \mid (A \Rightarrow B)$$

Wir kennen nun also die syntaktische Formelsprache der Aussagenlogik und haben Beispiele gesehen. Aber was sollen aussagenlogische Formeln denn nun konkret bedeuten? Wann repräsentiert eine Formel einen gültigen Sachverhalt und wann nicht? Um dies zu klären führen wir nun den Begriff der **Semantik**, also der **Bedeutung**, aussagenlogischer Formeln ein. Eine wichtige Konvention dabei ist, dass logischen Konnektive immer eine fest vorgegebene Bedeutung haben: $A \vee B$ steht immer für A ‚oder' B, $A \Rightarrow B$ steht immer für A ‚impliziert' B, $A \wedge B$ steht immer für A ‚und' B und $\neg A$ steht immer für ‚nicht' A. Diese Konventionen sind in der folgenden **Wahrheitstabelle** festgehalten:

A	B	¬A	A ∨ B	A ∧ B	A ⇒ B
w	w	f	w	w	w
w	f	f	w	f	f
f	w	w	w	*f*	w
f	f	w	f	f	w

Für zusammengesetzte aussagenlogische Formeln $\neg A$, $A \vee B$, $A \wedge B$ und $A \Rightarrow B$ definiert diese Wahrheitstabelle deren Wahrheitswert (‚wahr' oder ‚falsch') jeweils in Abhängigkeit der Wahrheitswerte der Unterausdrücke A und B dieser Formeln. Der grau hervorgehobenenEintrag (Zeile 3, Spalte 4) besagt zum Beispiel: wenn sich eine Formel A zu ‚falsch' (f) auswertet und B zu ‚wahr' (w), dann wertet sich $A \wedge B$ zu f aus.

Die Auswertung atomarer Ausdrücke ist hingegen nicht von vorne herein festgelegt. In einem gegebenen Kontext haben wir also stets die Wahl diese als ‚wahr' (w) oder als ‚falsch' (f) anzunehmen. Jede Abbildung $I : \mathbf{A} \longrightarrow \{w, f\}$ der atomaren Ausdrücke in **A** auf die Werte ‚w' oder ‚f', nennen wir deshalb auch **Interpretation**, bzw. **Interpretationsfunktion**. Ein Beispiel einer solchen Interpretationsfunktion (für unsere bereits zuvor betrachtete Menge atomarer Ausdrücke $\mathbf{A} = \{\textit{es-regnet, weg-nass, weg-überdacht}\}$) ist die Funktion I^1 mit $I^1(\textit{es-regnet}) = w$, $I^1(\textit{weg-nass}) = w$ und $I^1(\textit{weg-überdacht}) = f$. I^1 können wir alternativ notieren als: $I^1 = \{\textit{es-regnet} \to w, \textit{weg-nass} \to w, \textit{weg-überdacht} \to f\}$. Mit I^1 beschreiben wir also eine Situation, in der es regnet, der Weg nass und nicht überdacht ist. Weitere Beispiele für

11 Logikbasierte Wissensverarbeitung

Interpretationsfunktionen sind $I^2 = \{\text{es-regnet} \to w, \text{weg-nass} \to f, \text{weg-überdacht} \to w\}$ und $I^3 = \{\text{es-regnet} \to w, \text{weg-nass} \to f, \text{weg-überdacht} \to f\}$.

> **Zum Nachdenken:**
>
> (i) Wie viele verschiedene Interpretationen gibt es für eine Menge **A**? (ii) Was ergibt die Evaluation $A \Rightarrow B$, wenn sich A zu f auswertet und B zu f? Ist dies intuitiv/plausibel? ◄

Als nächstes interessieren wir uns für die Frage, wie aussagenlogische Formeln unter der Annahme einer konkreten Interpretationsfunktion ausgewertet werden können. Betrachten wir dazu noch einmal unsere obige Situation, welche durch die Interpretationsfunktion I^1 charakterisiert ist: es regnet, die Straße ist nass und der Weg ist nicht überdacht. In dieser angenommenen Situation I^1 wertet sich nun die aussagenlogische Formel $\text{es-regnet} \Rightarrow (\text{weg-nass} \vee \text{weg-überdacht})$ zu w (wahr) aus; die Formel $\text{weg-nass} \wedge \text{weg-überdacht}$ hingegen zu f (falsch). Eine solche **Auswertung/Evaluation einer aussagenlogischen Formeln** F für eine gegebene Interpretationsfunktion I können wir formal beschreiben. Wir definieren dazu eine Abbildung $E_I : L^0 \longrightarrow \{w, f\}$, welche durch folgende Regeln eindeutig bestimmt ist:

1. Falls F ein atomares Symbol in **A** ist, dann ist $E_I(F) = I(F)$.
2. Falls F die Form $\neg A$ hat (für eine L^0-Formel A), dann ist $E_I(F) = E_I(\neg A) = \neg(E_I(A))$, wobei der Wahrheitswert für $\neg(E_I(A))$ durch obige Wahrheitstabelle (für $\neg$) bestimmt ist.
3. Falls F die Form $A \circ B$ hat (für L^0-Formeln A und B und $\circ \in \{\vee, \wedge, \Rightarrow\}$), dann ist $E_I(F) = E_I(A \circ B) = E_I(A) \circ E_I(B)$, wobei $E_I(A) \circ E_I(B)$ durch obige Wahrheitstabelle bestimmt ist.

Zur Illustration präsentieren wir die Evaluation/Auswertung der Beispielformel $F := (\text{es-regnet} \Rightarrow (\text{weg-nass} \vee \text{weg-überdacht}))$ für die Interpretationsfunktion $I = I^1$ von oben:

$$E_I(\text{es-regnet} \Rightarrow (\text{weg-nass} \vee \text{weg-überdacht}))$$
$$\stackrel{(3)}{=} E_I(\text{es-regnet}) \Rightarrow E_I(\text{weg-nass} \vee \text{weg-überdacht})$$
$$\stackrel{(3)}{=} E_I(\text{es-regnet}) \Rightarrow (E_I(\text{weg-nass}) \vee E_I(\text{weg-überdacht}))$$
$$\stackrel{(1)}{=} w \Rightarrow (w \vee f) \stackrel{Wahrheitstabelle}{=} w \Rightarrow w \stackrel{Wahrheitstabelle}{=} w$$

Für $I^{2,3}$ erhalten wir analog $E_{I^2}(F) = w$ und $E_{I^3}(F) = f$. Unser Beispielformel F ist also **erfüllbar**, weil es Interpretation gibt (z. B. I^1 und I^2) unter denen sich F zu w

auswertet. Erfüllende Interpretationen wie I^1 und I^2 werden auch **Modell** von F genannt. Durch I^3 ist F auch **widerlegbar**, denn die Evaluation von F für I^3 liefert f; I^3 ist demnach ein **Gegenmodell** für F. F ist demnach sowohl erfüllbar als auch widerlegbar.

Die Begriffe Erfüllbarkeit, Widerlegbarkeit, Modell, Gegenmodell, Allgemeingültigkeit und Unerfüllbarkeit können wir formal wie folgt definieren:

- F wird durch eine Interpretation I **erfüllt**, falls $E_I(F) = w$; I wird dann **Modell** für F genannt.
- F wird durch eine Interpr. I **widerlegt**, falls $E_I(F) = f$; I wird dann **Gegenmodell** für F genannt.
- F ist **gültig/allgemeingültig**, falls $E_I(F) = w$ für alle Interpretationsfunktionen I.
- F ist **unerfüllbar**, falls $E_I(F) = f$ für alle Interpretationsfunktionen I.

Allgemeingültige Formeln F bezeichnen wir auch als **Theorem** und wir schreiben $\models F$. Ausserdem schreiben wir $B_1, \ldots, B_n \models F$, genau dann wenn jede Interpretation, die alle B_i erfüllt, auch F erfüllt; F ist dann ein Theorem, unter der Annahme das $B_1, \ldots, B_n$ gelten. Unter dem **aussagenlogische Erfüllbarkeitsproblem** verstehen wir die Herausforderung, für beliebige Formeln F zu entscheiden, ob diese erfüllbar sind.

Ein Beispiel für eine allgemeingültige (und damit auch erfüllbare) Formel F ist *es-regnet* $\lor$ ¬*es-regnet*, und eine unerfüllbare Formel F ist *es-regnet* $\land$ ¬*es-regnet*. Die Formel *es-regnet* $\land$ *weg-nass* ist sowohl erfüllbar als auch widerlegbar.

Die Notation $B_1, \ldots, B_n \models F$ ist relevant, wenn wir uns für die Gültigkeit einer Formel F unter Annahmen, bzw. Axiomen, $B_1, \ldots, B_n$ interessieren. In praktischen Anwendungen in der KI können solche Axiomenmengen, die wir auch als Wissensbasis, bzw. als eine Weltbeschreibung, ansehen können, sehr groß werden und viele tausende Formeln B_i umfassen. Alternativ können diese B_i Theorien in der Mathematik, der Physik, oder der Philosophie modellieren, unter deren Annahme wir dann eine Aussage F beweisen wollen. Ein wichtiger Satz in diesem Kontext ist der

Deduktionssatz : $B_1, \ldots, B_n \models F$ genau dann, wenn $\models (B_1 \land \ldots \land, B_n) \Rightarrow F$

Dieser Satz erlaubt es uns die Frage nach der Ableitbarkeit einer Theorems F aus einer Wissensbasis $B_1 \land \ldots \land B_n$ zu ersetzen durch die Frage nach der Allgemeingültigkeit der Formel $(B_1 \land \ldots \land B_n) \Rightarrow F$, und umgekehrt. Zum Beispiel: Anstelle zu fragen, ob *es-regnet*, ¬*weg-nass*, ¬*weg-überdacht* $\models$ (*weg-nass* $\lor$ *weg-überdacht*) gilt, können wir alternativ klären, ob (*es-regnet* $\land$ ¬*weg-nass* $\land$ ¬*weg-überdacht*) $\Rightarrow$ (*weg-nass* $\lor$ *weg-überdacht*) allgemeingültig ist.

Wir haben nun wichtige theoretische Begriffe der klassischen (Aussagen-)Logik eingeführt und wir haben illustriert wie Situationen und Anfragen an eine Wissensbasis modelliert werden können. Wie aber können wir die Auswertung von Formeln durch Algorithmen automatisieren? Dieser Frage wenden wir uns nun zu.

11 Logikbasierte Wissensverarbeitung

Notation Aus Platzgründen verwenden wir im Folgenden eine verkürzende Darstellung unserer Beispielformeln. Anstelle der Formel *es-regnet* $\Rightarrow$ (*weg-nass* $\vee$ *weg-überdacht*) schreiben wir $r \Rightarrow (wn \vee wü)$; d. h. wir verwenden r anstelle von *es-regnet*, wn anstelle von *weg-nass* und $wü$ anstelle von *weg-überdacht*.

Semantische Auswertung aussagenlogischer Formeln mithilfe von Wahrheitstabellen Die semantische Auswertung/Analyse von aussagenlogischen Formeln mithilfe von Wahrheitstabellen haben wir im obigen theoretischen Teil bereits angedeutet; diese Vorgehensweise werden wir nun am Beispiel der Formeln $r \Rightarrow ((wn \vee r) \Rightarrow r)$ und $r \Rightarrow ((wn \vee r) \Rightarrow wn)$ näher erläutern. Wir interessieren uns für die Frage, ob wir Situationsbeschreibungen (= Interpretationen) identifizieren können unter denen sich unsere Beispielformeln zu w auswerten, in denen sie also gelten, d. h. erfüllt sind. Dazu betrachten wir die folgende Wahrheitstabelle:

r	wn	wn $\vee$ r	(wn $\vee$ r) $\Rightarrow$ r	r $\Rightarrow$ ((wn $\vee$ r) $\Rightarrow$ r)	r $\Rightarrow$ ((wn $\vee$ r) $\Rightarrow$ wn)
w	w	w	w	w	w
w	f	w	w	w	f
f	w	w	f	w	w
f	f	f	w	w	f

In dieser Tabelle ist dargestellt, wie für alle Unterformeln von $r \Rightarrow ((wn \vee r) \Rightarrow r)$, bzw. $r \Rightarrow ((wn \vee r) \Rightarrow wn)$, sukzessive der Wahrheitswert in Abhängigkeit wiederum derer Unterformeln bestimmt werden kann. Beispiel: Für die Interpretation I mit $I(r) = f$ und $I(wn) = w$, welche in der vorletzten Zeile der Wahrheitstabelle betrachtet wird, erhalten wir $E_I(r \vee wn) = w$, $E_I((r \vee wn) \Rightarrow r) = w$, $E_I(r \Rightarrow ((r \vee wn) \Rightarrow r)) = f$ und $E_I(r \Rightarrow ((r \vee wn) \Rightarrow wn)) = f$. In der grau hervorgehobenen Spalte erkennen wir nun, dass $r \Rightarrow ((r \vee wn) \Rightarrow r)$ sich für jede beliebige Interpretation I von r und wn sich zu w auswertet, also allgemeingültig ist; d. h. diese Beispielformel ist ein Theorem und wir schreiben $\models r \Rightarrow ((r \vee wn) \Rightarrow r)$. Für $r \Rightarrow ((wn \vee r) \Rightarrow wn)$ hingegen erkennen wir, dass diese Formel sowohl erfüllbar als auch widerlegbar ist; als ein Gegenmodell können wir beispielsweise die Interpretation I' mit $I'(r) = w$ und $I'(wn) = f$ aus der Tabelle ablesen. Diese Beispielformel ist also kein Theorem und wir schreiben $\not\models r \Rightarrow ((r \vee wn) \Rightarrow wn)$.

Es ist offensichtlich, dass dieses schematische Vorgehen zur Analyse von Formeln A einer Formelsprache L^0 leicht im Computer automatisiert werden kann. Weil die Größe der zu berechnenden Tabellen hinsichtlich der Anzahl der atomaren Symbole in A jedoch exponentiell anwächst, eignet sich diese Vorgehensweise in der Praxis jedoch nur für vergleichsweise kleine Formeln A.

Zum Nachdenken:

Erstelle eine Wahrheitstabelle für die Formel $r \Rightarrow ((wn \vee wü) \vee r)$. Ist diese Formel erfüllbar, widerlegbar, allgemeingültig oder unerfüllbar? ◂

Kalkül (hier Resolutionskalkül) Zur semantischen Analyse von aussagenlogischen Formeln A wurden in den vergangenen Jahrzehnten sehr effiziente und effektive Beweiskalküle entwickelt und als Computerprogramme implementiert. In der Fachwelt sind solche Systeme als **SAT-Solver** bekannt. Als ursprüngliches Forschungsthema der Künstlichen Intelligenz wurde dieses Gebiet bereits früh aufgrund von großen Erfolgen und ökonomischer Relevanz von der allgemeinen Informatik einverleibt.

In diesem Text werden wir nun kurz den **Resolutionskalkül**, bzw. das **Resolutionsverfahren**, skizzieren. Dieses Verfahren hat sich als eine wichtige Basistechnologie im Gebiet des symbolischen Schließens etabliert.

Für eine gegebene aussagenlogische Formel A versucht das Resolutionsverfahren die Allgemeingültigkeit von A nachzuweisen, indem es für $\neg A$, also die Negation von A, die Unerfüllbarkeit aufzeigt. Das Resolutionsverfahren wird auch als **Widerspruchsverfahren** bezeichnet, weil es zielgerichtet einen Beweis per Widerspruch konstruiert. Ein einfaches Beispiel soll das Vorgehen illustrieren. Sei F die Formel $((r \Rightarrow wn) \wedge r) \Rightarrow wn$. In Worten: [[Wenn es regnet ist der Weg nass] und [es regnet]] impliziert [der Weg ist naß].

Im *ersten Schritt* bildet das Resolutionsverfahren das Negat $\neg F$ für die zu untersuchende Formel F; für unser konkretes F erhalten wir $\neg(((r \Rightarrow wn) \wedge r) \Rightarrow wn)$. Nun versucht das Resolutionsverfahren die Unerfüllbarkeit dieser negierten Formel zu zeigen, indem es einen Widerspruch konstruiert. Gelingt dies, so wissen wir dass die ursprüngliche Formel F allgemeingültig ist; wir haben per Widerspruchsbeweis nachgewiesen, dass F gilt. Stellt sich die negierte Formel als erfüllbar heraus, so ist A widerlegbar und gilt nicht.

Im *zweiten Schritt* transformiert das Resolutionsverfahren die negierte Formel $\neg F$ in eine äquivalente Formel in sogenannter **konjunktiver Normalform** (kurz CNF; CNF-Formeln sind Konjunktionen von Disjunktionen atomarer oder negierter atomarer Symbole), wie z. B. $(\neg r \vee wn) \wedge r \wedge \neg wn$ oder $(\neg r \vee wn \vee r) \wedge (\neg wn \vee r)$.

Jede aussagenlogische Formel F kann in eine äquivalente CNF-Formel F' transformiert werden. Dies ist z. B. möglich mit den folgenden Schritten:

1. Ersetze alle Unterformeln der Form $B \Rightarrow C$ in A durch $\neg B \vee C$; als Ersetzungregel: $B \Rightarrow C \rightsquigarrow \neg B \vee C$
2. Schiebe Negationen nach innen: $\neg\neg B \rightsquigarrow B$, $\neg(B \vee C) \rightsquigarrow \neg B \wedge \neg C$, $\neg(B \wedge C) \rightsquigarrow \neg B \vee \neg C$
3. Schiebe Konjunktionen nach aussen: $B \vee (C \wedge D) \rightsquigarrow (B \vee C) \wedge (B \vee D)$

# 11 Logikbasierte Wissensverarbeitung

Für unsere Beispielformel $\neg F$ erhalten wir folgende CNF-Transformation: $\neg(((r \Rightarrow wn) \land r) \Rightarrow wn) \overset{(1)}{\rightsquigarrow} \neg(\neg((r \Rightarrow wn) \land r) \lor wn) \overset{(1)}{\rightsquigarrow} \neg(\neg((\neg r \lor wn) \land r) \lor wn) \overset{(2)}{\rightsquigarrow} (((\neg r \lor wn) \land r) \land \neg wn)$.

Im *dritten Schritt* überführt das Resolutionsverfahren diese CNF-Formel nun in eine **Klauselmenge** M_0, dabei werden die Konjunktionen aufgelöst (die Elemente der so erhaltenen Menge werden aber implizit als konjunktiv verknüpft interpretiert): $M_0 = \{\neg r \lor wn, r, \neg wn\}$. In Worten: {[es regnet nicht, oder der Weg ist nass], [es regnet], [der Weg ist nicht nass]}. Jedes Element einer solchen Klauselmenge ist eine **Klausel**, d. h. eine (ein- oder mehrstellige) Disjunktion atomarer oder negierter atomarer Symbole; atomare oder negierte atomare Symbole, wie r, wn, $\neg r$ und $\neg wn$, werden auch als **Literal** bezeichnet. Die Klauseln r und $\neg wn$ in M_0 sind Beispiele für einstellige Klauseln/Disjunktionen, die wir auch **Unit-Klausel** nennen. Auch die **leere Klausel**, d. h. nullstellige Disjunktion, ist erlaubt. Diese wird als unerfüllbar interpretiert und repräsentiert demnach einen elementaren Widerspruch (den wir ja mithilfe des Resolutionsverfahrens konstruieren wollen).

> **Zum Nachdenken:**
>
> (i) Warum ist F allgemeingültig (widerlegbar), falls $\neg F$ unerfüllbar (erfüllbar) ist?
> (ii) Transformiere die Formel $\gamma = \neg((r \land \neg wü \land (r \Rightarrow (wn \lor wü))) \Rightarrow wn)$ in eine äquivalente CNF-Formel und überführe diese in eine Klauselmenge N_0. Wie viele Klauseln hat N_0? ◂

Im *vierten Schritt* wird unsere Klauselmenge M_0 nun sukzessive durch Regelanwendungen in (äquivalente) Klauselengen M_1, M_2, M_3, usw., transformiert, solange bis das Verfahren terminiert. Dies passiert entweder, weil (i) einer solchen Menge die leere Klausel hinzufügt wird, oder weil (ii) keine neuen Klauseln mehr erzeugt und hinzugefügt werden können. Die beiden Regeln, die wir auf beliebige Klauseln $l \lor C$, $\neg l \lor D$ und $l \lor l \lor C$ in einer gegebenen Klauselmenge anwenden dürfen, sind die **Resolutionsregel** (Res) und die **Faktorisierungsregel** (Fak):

$$\frac{l \lor C \quad \neg l \lor D}{C \lor D} \text{Resolution (Res)} \qquad \frac{l \lor l \lor C}{l \lor C} \text{Faktorisierung (Fak)}$$

In diesen Regeln sind l, bzw. $\neg l$, jeweils Literale; C und D sind (Rest-)Klauseln, welche auch leer sein dürfen. Eine wichtige Grundannahme von Res und Fak ist, dass Symmetrie und Assoziativität von $\lor$ stillschweigend in den Klauselrepräsentationen vorausgesetzt ist; Beispiel: $(\neg r \lor wn) \lor wü$ wird implizit identifiziert mit den äquivalenten, alternativen Klauselrepräsentationen $(wn \lor \neg r) \lor wü$, $wn \lor (\neg r \lor wü)$, $wn \lor (wü \lor \neg r)$, usw. Mit anderen Worten: In Klauseln dürfen die Literale immer beliebig umsortiert werden.

Ist Res anwendbar auf eine gegebene Klauselmenge M_n, so erzeugen wir die neue Klauselmenge $M_{n+1} = M_n \cup \{C \vee D\}$, und falls Fak anwendbar ist, so erhalten wir analog $M_{n+1} = M_n \cup \{l \vee C\}$. Es ist offensichtlich, dass die eingefügten Formeln $C \vee D$ und $l \vee C$ auch jeweils wieder Klauseln sind. Wir wenden diese Regeln nun $\frac{r \;\; \neg r \vee wn}{wn}\text{ResI}_1$ $\frac{wn \;\; \neg wn}{[\,]}\text{ResI}_2$ exemplarisch auf unsere Bespielmenge $M_0 = \{\neg r \vee wn, r, \neg wn\}$ an. Dazu betrachten wir die abgebildeten Regelinstanzen ResI$_1$ und ResI$_2$ von Res. Durch die Anwendung von ResI$_1$ auf M_0 erhalten wir $M_1 = \{\neg r \vee wn, r, \neg wn, wn\}$, und durch die nachfolgende Anwendung von ResI$_2$ auf M_1 erhalten wir $M_2 = \{\neg r \vee wn, r, \neg wn, wn, [\,]\}$. Das Resolutionsverfahren terminiert an dieser Stelle, weil die leere (unerfüllbare) Klausel $[\,]$ nun in M_2 auftritt. Mit anderen Worten, die Klauselmenge M_2, welche mit der CNF-Formel $(\neg r \vee wn) \wedge r \wedge \neg wn \wedge wn \wedge false$ korrespondiert, ist unerfüllbar, weil $[\,]$, bzw. $false$, unerfüllbar ist. Weil die applizierten Regelanwendungen die Äquivalenz der Formelmengen erhalten hat, wissen wir dass M_0 bereits unerfüllbar war, und damit auch $(\neg r \vee wn) \wedge r \wedge \neg wn$, sowie unsere ursprüngliche, negierte Formel $\neg(((r \Rightarrow wn) \wedge r) \Rightarrow wn)$. Das bedeutet aber, dass $(((r \Rightarrow wn) \wedge r) \Rightarrow wn)$ allgemeingültg sein muss. Fertig ist der Widerspruchsbeweis per Resolutionsverfahren. Unsere Formel ist ein Theorem und wir notieren: $\vdash^{Res} (((r \Rightarrow wn) \wedge r) \Rightarrow wn)$.

Zusammenfassung Resolutionsverfahren Um Formel A per Resolution zu beweisen tue: (1.) Negiere A: $\neg A$, (2.) CNF-Transformation: $A' := CNF(\neg A)$, (3.) Bilde Klauselmenge $M_0 := \{A'_i \mid A'_i \text{ ist Konjunkt in } A'\}$, und (4.) Erschöpfende Regelanwendungen: $M_{n+1} := M_n \cup \{B \mid B \text{ ist Resultat der Anwendung von Res oder Fak auf Formeln in } M_n\}$. Das Resolutionsverfahren terminiert, wenn (i) $[\,] \in M_{n+1}$ (die leere Klausel wurde erzeugt), oder wenn (ii) $M_{n+1} = M_n$ (d. h., mit Res und Fak wurden keine *neuen* Klausel erzeugt, die nicht bereits in M_n enthalten waren). Im Fall (i) schreiben wir $\vdash^{Res} A$ und wir sagen, dass das Theorem A durch Resolution bewiesen wurde. Im Fall (ii) ist die Menge M_n saturiert (es kann keine neue Information mehr generiert werden) und wir schreiben $\nvdash^{Res} A$; A hat dann ein Gegenmodell (das wir sogar aus M_n ablesen können).

Zum Nachdenken:

(i) Wende das Resolutionsverfahren auf die obige Formel γ, bzw. die obige Formelmenge N_0, an. Was ist das Resultat? (ii) Wende das Resolutionsverfahren auf die widerlegbare Formel $\gamma' = \neg((r \wedge \neg wü \wedge (r \Rightarrow (wn \vee wü))) \Rightarrow wü)$ an. Welches Gegenmodell kann man aus der erzeugten Klauselmengen M_i ablesen? (iii) Beweise die Formel $(wn \vee wn) \Rightarrow (wn \vee wn)$ per Resolution. Ist dies möglich auch ohne die Regel Fak zu verwenden? (iv) Die Klauselmengen, die man aus CNF($\neg((B_1 \wedge \ldots \wedge B_n)) \Rightarrow A$) und aus CNF($B_1$) $\wedge \ldots \wedge$ CNF(B_1) $\wedge$ CNF($\neg A$) erhält sind identisch. Kannst Du das beweisen? (In praktischen Anwendungen, mit z. B. vielen tausenden Annahmen/Axiomen B_i, hilft dies viele Schritte in der CNF-Transformation von $\neg((B_1 \wedge \ldots \wedge B_n) \Rightarrow A)$ zu vermeiden.) ◄

Kalküleigenschaften Im Abschnitt zur Semantik haben wir den semantischen Theorembegriff ($\models A$) der Aussagenlogik kennengelernt, und im vorherigen Abschnitt haben wir das syntaktische Beweisverfahren der Resolution vorgestellt ($\vdash^{Res} A$), also einen Algorithmus mit dem wir im Computer Theoreme automatisch identifizieren und beweisen können. Die Frage, ob beide Begriffe auch perfekt miteinander harmonieren, ist natürlich für Theorie und Praxis von höchster Relevanz, wir sprechen in diesem Zusammenhang von der Korrektheit und Vollständigkeit eines Kalküls. Weitere Fragen betreffen die Entscheidbarkeit und die Komplexität. Diese Begriffe wollen wir kurz stichwortartig skizzieren: Mit **Korrektheit** drücken wir aus, dass nur allgmeingültige Formeln A auch per Resolution bewiesen werden können; das Resolutionsverfahren macht also keine Fehler, d. h. es beweist nichts, was kein Theorem ist. Formal: Wenn $\vdash^{Res} A$, dann $\models A$. **Vollständigkeit** besagt, dass falls A ein Theorem ist, dann kann das Resolutionsverfahren auch einen Beweis dafür finden. Formal: Wenn $\models A$, dann $\vdash^{Res} A$. **Entscheidbarkeit** drückt aus, dass das Resolutionsverfahren für jede Formel A terminiert, also immer eine Antwort liefert. Mit der **Komplexität** charakterisieren wir die Laufzeit des Resolutionsverfahrens. Diese wächst im worst-case exponentiell mit der Anzahl der atomaren Symbole in der gegebenen Formel A an. Allgemein gehört das aussagenlogische Erfüllbarkeitsproblem zu den sogenannten NP-vollständigen Problemen.

Obwohl das aussagenlogische Erfüllbarkeitspoblem zur Klasse der NP-vollständigen Probleme gehört (NP-vollständige Probleme, gelten als besonders schwierige Probleme, für die im Allgemeinen keine effizienten Lösungen im Computer erwartet werden können), wurden inzwischen sehr effiziente Lösungsverfahren in den bereits erwähnten SAT-Solvern implementiert. Einige dieser Systeme basieren auf dem Resolutionsverfahren; sie verfeinern die vorgestellten Schritte in vielen Punkten jedoch entscheidend und verwenden zudem sehr kluge Suchheuristiken und Datenstrukturen. Heute können selbst für sehr große Formeln (mit z. B. Millionen Variablen/atomarer Formeln) oft effiziente Lösungen in der Praxis gefunden werden. In den vergangenen Jahren wurden mit SAT-Solvern sogar prominente, offene mathematische Probleme vollautomatisch gelöst.

Hornlogik und SLD-Resolution Ein wichtiges Fragment der Aussagenlogik ist die **Hornlogik**. Diese basiert auf dem Begriff der Hornklausel (einer Einschränkung des bereits eingeführten Klauselbegriffs) und auf dem Begriff der Hornformel (einer Einschränkung des bereits eingeführten Begriffs von CNF-Formeln).

Eine **Hornklausel** ist eine Klausel mit maximal einem positiven (nicht-negierten) Literal. Eine CNF-Formel F ist eine **Hornformel**, falls alle Klauseln in F Hornklauseln sind. Ein Hornformel-Beispiel kennen wir bereits: $(\neg r \vee wn) \wedge r \wedge \neg wn$; alle auftretenden Klauseln sind Hornklauseln. Ein Gegenbeispiel ist $(\neg r \vee wn \vee wü) \wedge \neg wn$, weil $(\neg r \vee wn \vee wü)$ keine Hornklausel ist.

Die Hornlogik (insbesondere ihr Pendant in Logik erster Stufe; siehe unten) spielt eine wichtige Rolle für **Logische Programmierung** (z. B. in der Programmiersprache Prolog [8]). In diesem Kontext unterscheiden wir bei den Hornklauseln explizit zwischen sogenannten **Ziel- bzw. Anfrageklauseln** (diese haben mind. ein negatives Literal, aber kein positives Literal; Beispiel: $\neg wn \vee \neg wü$), **Faktenklauseln** (diese haben genau ein positives Literal; Beispiel: r) und **Regelklauseln**, auch definite Hornklauseln genannt (diese haben genau ein positives Literal und mindestens ein negatives Literal; Beispiel: $\neg r \vee \neg wü \vee wn$). Die Fakten und Regeln kann man auch als Wissensbasis ansehen auf deren Grundlage eine Anfrage beantwortet werden soll.

Die untere Beispiel-Hornformel in der folgenden Tabelle, mit den neuen atomaren Symbolen wo und bp, gelesen/interpretiert als ‚Weg ist nach oben offen' und ‚Weg ist Bergpass', ist also ein logisches Programm mit zwei Faktenklauseln und zwei Regelklauseln als Wissensbasis, und einer Anfrageklausel. In `Prolog-Notation` können wir dieses Programm wie dargestellt kodieren:

Zeile	Hornformel	Prolog-Code	Erläuterung
1	r	r.	Fakt: es-regnet.
2	$\wedge$ bp	bp.	Fakt: Weg-ist-Bergpass.
3	$\wedge \neg pb \vee wo$	wo :- bp.	Regel: Wenn Weg-ist-Bergpass, dann Weg-offen.
4	$\wedge (\neg r \vee \neg wo \vee wn)$	wn :- r, wo.	Regel: Wenn es-regnet und Weg-offen, dann Weg-nass.
5	$\wedge \neg wn$	?- wn.	Anfrage/Ziel: Ist der Weg-nass?

Prolog antwortet auf die dargestellte Programmanfrage bestätigend mit ‚yes'. Diese Antwort generiert Prolog indem es mit dem Resolutionsverfahren einen Beweis für die dargestellte Hornformel erstellt. Aufgrund der Beschränkung auf Hornlogik kann diese Beweissuche nun allerdings sehr zielgerichtet (linear) gestaltet werden; dabei spielt nun sogar die Reihenfolge der Regel- und Faktenklauseln eine wichtige strategische Rolle in der Beweissuche; wir illustrieren das zielgerichtete Vorgehen am Beispiel:

1. Resolviere zwischen dem Ziel $\neg wn$ und der *ersten* Fakt- bzw. Regelklausel, die ein positives Literal wn enthält; hier finden wir den ersten Resolutionspartner in Zeile 4; durch Resolution erhalten wir als neue Zielklausel: $\neg r \vee \neg wo$. Wir fokussieren jetzt auf das erste Literal $\neg r$ in dieser neuen Zielklausel.
2. Resolviere zwischen $\neg r \vee \neg wo$ und der *ersten* Fakt- bzw. Regelklausel, die ein positives Literal r enthält; in Zeile 1 sind wir fündig; wir erhalten als neue Zielklausel: $\neg wo$.
3. Resolviere zwischen $\neg wo$ und der *ersten* Fakt- bzw. Regelklausel, die ein positives Literal wo enthält; in Zeile 3 sind wir fündig; wir erhalten als neue Zielklausel: $\neg pb$.
4. Resolviere zwischen $\neg pb$ und der *ersten* Fakt- bzw. Regelklausel, die ein positives Literal pb enthält; in Zeile 2 sind wir fündig; wir erhalten als neue Zielklausel die leere Klausel []; Beweis gefunden; die Anfrage wn gilt; Prolog antwortet mit ‚yes'.

Wie man leicht erkennt, führt jeder Resolutionsschritt zwischen einer Zielklauseln und einem Fakt oder einer Regelklausel immer wieder zu einer neuen Zielklausel, die dann wiederum von links nach rechts abgearbeitet wird, bis, wie in unserem Beispiel, die leere Klausel erzeugt wird, oder bis, alternativ, das Verfahren erfolglos terminiert und die gestellte Anfrage dann mit ‚no'. beantwortet wird. Diese zielgerichtete, lineare Vorgehensweise ist in der Literatur auch als **SLD-Resolution** (Selective Linear Definite clause resolution) bekannt.

Grundsätzlich kann man beweisen, dass die Erfüllbarkeit einer Hornformel in linearer Zeit entschieden werden kann. Im Vergleich zum NP-vollständigen aussagenlogischen Erfüllbarkeitsproblem, gilt das Erfüllbarkeitsproblem der Hornlogik deshalb auch als praktisch handhabbar.

An dieser Stelle wollen wir noch zwei wichtige Aspekte ansprechen, die allerdings von allgemeiner Bedeutung für die logikbasierte Wissensverarbeitung sind:

Erklärung = Beweis! Der oben geführte Resolutionsbeweis liefert eine präzise und formal verifizierbare Erklärungskette, welche sogar informal in natürlicher Sprache aufbereitet und dargestellt werden kann (hier exemplarisch in umgekehrter und verkürzter Darstellung): *Weil unser Weg ein Bergpass ist, ist er nach oben hin offen. Weil der Weg nach oben offen ist und es regnet, ist der Weg nass. Deshalb ist der Weg nass.* Solche expliziten und formal verifizierbaren Erklärungen stellen einen großen Vorteil der symbolischen KI gegenüber den typischerweise intransparenten Entscheidungen im Bereich der subsymbolischen KI dar. Die Fähigkeit zur Erklärung ist symbolischen KI Systemen quasi in die Wiege gelegt.

Inkonsistente Wissensbasis = Alles folgt! Inkonsistente, widersprüchliche Wissensbasen stellen für klassische logikbasierte Inferenzsysteme ein grundsätzliches Problem dar, weil aus einem Widerspruch dann alles gefolgert werden kann. Während es in aussagenlogischer Hornlogik, aufgrund ihrer syntaktischen Einschränkungen, nicht möglich ist eine inkonsistente Wissensbasis zu kodieren, ist dies in der allgemeinen Aussagenlogik leicht möglich (wir können im obigen Beispiel z. b. in einer Zeile 0 den Fakt $\neg bp$ hinzufügen). Semantisch ist jede beliebige Anfrage durch eine inkonsistente Wissensbank impliziert und unser resolutionsbasiertes Inferenzverfahren würde alle Anfragen nur noch bejahen, sich also inakzeptabel irrational verhalten; man spricht auch von ‚Explosion'. Während eine solche Sensibilität für Inkonsistenzen/Widersprüche vielen Logikformalismen gemein ist, gibt es allerdings auch Logiken, die eine Explosion im Falle von Widersprüchen zu vermeiden suchen (Beispiele sind parakonsistente/paravollständige Logiken und deontische Logiken).

11.1.2 Logik erster Stufe

Die Ausdrucksstärke der Formelsprache L^0 reicht für viele praktische Anwendungen nicht aus. L^0 erlaubt beispielsweise keine natürliche Unterscheidung zwischen Objekten/Entitäten/Personen (wie z. B. „*socrates*"), deren Eigenschaften (z. B. „*mensch x*", „*sterblich x*") oder deren Beziehungen (z. B. „*vorfahre-von x y*"). Insbesondere auch All-

und Existenzaussagen, wie „*Jeder Mensch ist sterblich*", können in L^0 nicht formalisiert werden. Adäquate Modellierungen solcher Konzepte und Aussagen sind aber möglich in **Logik erster Stufe**, deren Formelsprache L^1 wir nun einführen. Wichtig sind dabei die Begriffe Signatur, Term und Formel.

Eine (endliche oder abzählbar unendlichen) Menge **S** an unterschiedlichen Funktions- und Prädikatensymbolen nennen wir **Signatur**. Jedes Symbol in **S** ist eine **Stelligkeit** $n \geq 0$ zugeordnet, die bestimmt auf wie viele Argumente das jeweilige Symbol angewendet werden kann. Ein Beispiel für eine Signatur ist: *sokrates, ben* (0-stellige Funktionssymbole), *mutter, vater* (1-stellige Funktionssymbole), *mensch, sterblich* (1-stellige Prädikatssymbole), *vorfahre-von* (2-stelliges Prädikatssymbol).

Für eine gegebene Signatur **S** und eine Variablensymbolmenge $\mathbf{V} = \{x, y, z, \ldots\}$ definieren wir nun die Menge **T** von **Termen** unserer Sprache L^1; diese werden durch folgende Syntaxregeln gebildet (wobei $x \in \mathbf{V}$ ein Variablensymbol ist und $f \in \mathbf{S}$ ein n-stelliges Funktionssymbol):

$$t_1, \ldots, t_n ::= x \mid f(t_1, \ldots, t_n)$$

L^1-Beispielterme sind: *x, y, sokrates, ben, mutter(x), vater(mutter(ben)), vater(vater(x)), mutter(vater(vater(y)))*; solche L^1-Terme repräsentieren (Individuen-)objekte in einer angenommenen (nicht leeren) Domäne D.

Für eine gegebene Termsprache **T** ist die **erststufige Formelsprache** L^1 nun durch folgende Syntaxregeln definiert (für n-stellige Prädikatssymbole $p \in \mathbf{S}$ und Terme $t_1, \ldots, t_n \in \mathbf{T}$):

$$A, B ::= p(t_1, \ldots, t_n) \mid \neg A \mid (A \vee B) \mid (A \wedge B) \mid (A \Rightarrow B) \mid \exists x.A \mid \forall x.A$$

Formeln $p(t_1, \ldots, t_n)$ bezeichnet man als **atomare Formeln**, alle anderen als **zusammengesetzte Formeln**. Für Formeln $\forall x.A$ und $\exists x.A$ sagen wir, dass alle Vorkommen von x (in A) **gebunden** sind. Vorkommen von Variablen y in einer Formel A die nicht gebunden sind heißen **frei**. Eine Formel ohne freie Variablenvorkommen wird als **geschlossen** bezeichnet. Beispiel: In $\forall y.\textit{vorfahre-von}(x, y)$ tritt x frei und y gebunden auf; diese Formel ist nicht geschlossen; eine geschlossene Formel ist $\forall y.\exists x.\textit{vorfahre-von}(x, y)$. L^1-Formeln werden wir (analog zu L^0-Formeln) auswerten zu Wahrheitswerten ‚w' oder ‚f'.

L^1-Beispielformeln sind: $\neg(\textit{vorfahre-von}(x, x))$, *vorfahre-von(vater(ben), ben)*, $\forall x.\exists y.\textit{vorfahre-von}(x, y)$. Eine L^1-Beispielformel, die an unsere Diskussion in Kap. 4 anschliesst, ist

$$(\textit{mensch(sokrates)} \wedge (\forall x.\textit{mensch}(x) \Rightarrow \textit{sterblich}(x))) \Rightarrow \textit{sterblich(sokrates)}$$

Diese Beispielformel kann wiederum als logisches Programm gesehen werden, bestehend aus dem Fakt mensch(sokrates), der Regel sterblich(x) := mensch(x) und der Anfrage sterblich(sokrates).

Wir können nun bereits bekannte Begriffe aus der Aussagenlogik L^0 für die Logik erster Sufe L^1 adaptieren. Wir beginnen mit der Interpretationsfunktion. Während wir in L^0 nur die atomaren Symbole frei interpretieren konnten, benötigen wir bei L^1 nun eine Interpretationsfunktion, die allen Symbolen einer gegebenen Signatur **S** eine Bedeutung zuweist. Dies erfolgt in Bezug auf eine angenommene, nicht leere Menge D von (Individuen-)Objekten, auch **Domäne** genannt. Konstantensymbole werden durch eine Interpretationsfunktion mit Objekten in D in Verbindung gebracht und n-stellige Funktionssymbole mit n-stelligen Funktionen über der Domäne D. Formal ist eine **Interpretationsfunktion** I also eine Abbildung, die jedem n-stelligen (für $n \geq 0$) Funktionssymbol $f \in \mathbf{S}$ eine n-stellige Funktion $I(f) : D \times \ldots \times D \longrightarrow D$ über den Objekten in D zuordnet.

Wir benötigen zudem den Begriff einer Variablenbelegung. Eine **Variablenbelegung** $\sigma : \mathbf{V} \longrightarrow D$ ist eine Abbildung, die jedem Variablensymbol $x \in \mathbf{V}$ ein Objekt $d \in D$ zuordnet. Weitere Notation: $\sigma[d/x]$ bezeichnet die Variablenbelegung σ', für die gilt: $\sigma'(z) = \sigma(z)$ falls $z \neq x$, und $\sigma'(z) = d$ falls $z = x$ (d. h. $\sigma[d/x]$ und σ sind identisch bis auf die Belegung von Variablensymbol x, die in $\sigma[d/x]$ nun auf das Objekt d verweist).

Basierend auf diesen Begriffen können wir nun die **Evaluationsfunktion** $E_{I,\sigma}(t) : \mathbf{T} \longrightarrow D$ für L^1-Terme und die Evaluationsfunktion $E_{I,\sigma}(\delta) : L^1 \longrightarrow \{w, f\}$ von L^1-Formeln wie folgt definieren:

1. Falls $t = x$ für ein Variablensymbol $x \in \mathbf{V}$, dann ist $E_{I,\sigma}(x) = \sigma(x)$.
2. Falls $t = f(t_1, \ldots, t_n)$ für ein Funktionssymbol $f \in \mathbf{S}$ und Terme $t_1, \ldots, t_n \in \mathbf{T}$, dann ist $E_{I,\sigma}(f(t_1, \ldots, t_n)) = I(f)(E_{I,\sigma}(t_1), \ldots, E_{I,\sigma}(t_n))$.
3. Falls $\delta = p(t_1, \ldots, t_n)$ für ein Prädikatssymbol $p \in \mathbf{S}$ und Terme $t_1, \ldots, t_n \in \mathbf{T}$, dann ist $E_{I,\sigma}(p(t_1, \ldots, t_n)) = I(p)(E_{I,\sigma}(t_1), \ldots, E_{I,\sigma}(t_n))$.
4. Falls $\delta = \neg A$ für eine L^1-Formel A, dann ist $E_{I,\sigma}(\neg A) = \neg(E_{I,\sigma}(A))$, wobei der Wahrheitswert für $\neg(E_{I,\sigma}(A))$ durch die bereits bekannte Wahrheitstabelle (für $\neg$) bestimmt ist.
5. Falls $\delta = A \circ B$ für L^0-Formeln A und B und $\circ \in \{\vee, \wedge, \Rightarrow\}$, dann ist $E_I(A \circ B) = E_I(A) \circ E_I(B)$, wobei $E_I(A) \circ E_I(B)$ durch die bereits bekannte Wahrheitstabelle (für $\circ$) bestimmt ist.
6. Falls $\delta = \forall x.A$, dann ist $E_{I,\sigma}(\forall x.A) = w$ genau dann, wenn $E_{I,\sigma[d/x]}(A) = w$ für alle $d \in D$.
7. Falls $\delta = \exists x.A$, dann ist $E_{I,\sigma}(\exists x.A) = w$ genau dann, wenn $E_{I,\sigma[d/x]}(A) = w$ für (mind.) ein $d \in D$.

Anhand unsere einfachen Sokrates-Beispiels können wir diese Konzepte illustrieren: Sei $\mathbf{S} = \{sokrates, mensch, sterblich\}$, wobei *sokrates* ein 0-stelliges Funktionssymbol ist, und *mensch* und *sterblich* 0-stellige Prädikatssymbole. Wir betrachten eine einfache Domäne $D = \{o_1, o_2\}$, bestehend aus Objekten o_1 und o_2, und eine dazugehörige Interpretationsfunktion I mit: $I(sokrates) = o_1$ (d. h. *sokrates* bezeichnet Objekt o_1), $I(mensch)(o_1) = w$ und $I(mensch)(o_2) = f$ (d. h. nur o_1 ist ein Mensch), und $I(sterblich)(d) = f$ für alle $d \in D$ (d. h. weder o_1 noch o_2 sind sterblich). Wie wir mit obigen Evaluationsregeln und der speziellen Wahl von I leicht nachrechnen können, gilt nun für beliebige Variablenbelegungen σ:

$$E_{I,\sigma}(mensch(sokrates)) \stackrel{(3)}{=} I(mensch)(E_{I,\sigma}(sokrates)) \stackrel{(2)}{=} I(mensch)(I(sokrates))$$
$$\stackrel{(I)}{=} I(mensch)(o_1) \stackrel{(I)}{=} w$$

$$E_{I,\sigma}(sterblich(sokrates)) \stackrel{(3)}{=} I(sterblich)(E_{I,\sigma}(sokrates)) \stackrel{(2)}{=} I(sterblich)(I(sokrates))$$
$$\stackrel{(I)}{=} I(sterblich)(o_1) \stackrel{(I)}{=} f$$

Außerdem gilt: $E_{I,\sigma}(\forall x.mensch(x) \Rightarrow sterblich(x)) = f$. Dies gilt durch Anwendung von Evaluationsregel (6), weil nämlich $E_{I,\sigma[o_1/x]}(mensch(x) \Rightarrow sterblich(x)) \neq w$, d. h. bei Betrachtung von *obj* für x wertet sich (*mensch(x)* $\Rightarrow$ *sterblich(x)*) zu f aus. Dies wollen wir kurz nachrechnen:

$$E_{I,\sigma[o_1/x]}(mensch(x)) \stackrel{(3)}{=} I(mensch)(E_{I,\sigma[o_1/x]}(x)) \stackrel{(1)}{=} I(mensch)(\sigma[o_1/x](x))$$
$$\stackrel{(\sigma)}{=} I(mensch)(o_1) \stackrel{(I)}{=} w$$

$$E_{I,\sigma[o_1/x]}(sterblich(x)) \stackrel{(3)}{=} I(sterblich)(E_{I,\sigma[o_1/x]}(x)) \stackrel{(1)}{=} I(sterblich)(\sigma[o_1/x](x))$$
$$\stackrel{(\sigma)}{=} I(sterblich)(o_1) \stackrel{(I)}{=} f$$

Durch Anwendung von (5) erhalten wir also $E_{I,\sigma[o_1/x]}(mensch(x) \Rightarrow sterblich(x)) = f$, und durch Anwendung von (6) haben wir dann $E_{I,\sigma}(\forall x.mensch(x) \Rightarrow sterblich(x)) = f$.

Wir haben damit einen Mechanismus eingeführt zur semantischen Auswertung von Termen und Formeln der Logik ersten Stufe L^1. Mithilfe dieser Definitionen sind symbolische Repräsentationen in L^1 präzise definiert und wir können die Sprache L^1 zum Zwecke der Wissensrepräsentation und zur Inferenz verwenden. Dazu wurden in den vergangenen Jahrzehnten leistungsfähige Inferenz-/Beweisverfahren entwickelt und implementiert.

Aussagenlogische Beweisverfahren und Beweiskalküle, wie die bereits eingeführte Resolution, können für die Logik erster Stufe erweitert werden, so dass die Korrektheits- und Vollständigkeitseigenschaften erhalten bleiben. Dies gilt aber nicht für die Entscheidbarkeitseigenschaft, diese kann in er solchen Erweiterung nicht aufrechterhalten werden. D. h. es gibt kein Beweisverfahren, dass für allgemeine L^1-Formeln F entscheidet, ob F erfüllbar (bzw. allgemeingültig) ist. Lediglich die sogenannte **Semientscheidbarkeit** wird durch L^1-Beweisverfahren erreicht: Falls F erfüllbar (bzw. allgemeingültig) ist, dann terminiert das Verfahren und liefert uns dieses Resultat. Falls F aber nicht erfüllbar (bzw. allgemeingültig) ist, dann läuft das Verfahren möglicherweise unendlich lange.

Erststufige Varianten der syntaktisch auf Hornformeln eingeschränkte SLD-Resolution behalten aber ihre Entscheidbarkeit und ihren linearen Abarbeitungscharakter bei und bleiben praktisch sehr gut handhabbar; die sehr weit verbreitete Programmiersprache Prolog basiert auf diesen Konzepten.

11.1.3 Logik höherer Stufe

Desto expressiver eine Logiksprache, desto intuitivere und kompaktere Repräsentationen und Beweise werden in ihr unterstützt. Ein Beispiel für eine Aussage, die in Logik erster Stufe nicht leicht formalisiert werden kann ist ‚Jeder Mensch hat eine positive Eigenschaft'. Das Problem ist die eingeschachtelte Existenzaussage über positive Eigenschaften (von Menschen). Diese Existenzaussage ist somit zweiter Stufe. In Logik zweiter oder höherer Stufe [1, 4, 23] kann man diese Aussage aber elegant kodieren als:

$$\forall x.(mensch(x) \Rightarrow (\exists E.E(x) \wedge positiv(E)))$$

Ein sehr bekanntes mathematisches Prinzip, das in Logik erster Stufe nicht modelliert werden kann, wohl aber in **Logik höherer Stufe** ist das Prinzip der vollständigen Induktion:

$$\forall P.((P(0) \wedge (\forall n.P(n) \Rightarrow P(n+1))) \Rightarrow (\forall x.P(x)))$$

Mithilfe dieses Prinzips reduzieren wir den Nachweis, dass eine beliebige Eigenschaft P für alle natürlichen Zahlen x gilt, auf den Nachweis, dass P für 0 gilt (Induktionsanfang) und dass aus $P(n)$ immer auch $P(n+1)$ folgt (Induktionsschritt). Das obige Induktionsaxiom ist eines der sogenannten Peano-Axiome, welche die natürlichen Zahlen (bis auf Isomorphie) formal eindeutig charakterisieren.

Tatsächlich geht im automatischen Theorembeweisen [18, 21] der aktuelle Trend zunehmend in Richtung ausdrucksstärkere Logiken und Beweisverfahren [20]. Dabei werden effiziente Verfahren für die aussagenlogischen und erststufigen Fragmente dieser ausdrucksstarker Logiken oft in die Beweisalgorithmen für die aufwendigeren Logiken integriert, bzw. als Basis verwendet. Diese Symbiose zwischen Ausdrucksstärke und Effizienz wird insbesondere in modernen Beweisassistenzsystemen wie z. B. Isabelle/HOL (https://isabelle.in.tum.de/), Coq (https://coq.inria.fr/) und Lean (https://leanprover.github.io/) realisiert und erfolgreich für Anwendungen in zum Beispiel der Programmverifikation genutzt; auch hinsichtlich der Formalisierung der Mathematik und sogar dem Aufbau ganzer Mathematik-Curricula finden solche Systeme zunehmend Anwendung. Beispiele wie das Xena Projekt (https://xenaproject.wordpress.com) und das Archive of Formal Proofs (https://www.isa-afp.org/) wurden in Kap. 4 bereits erwähnt.

Durch den Übergang von ausdrucksschwachen Logiken zu ausdrucksstarken Logiken werden (worst-case) Komplexitätseigenschaften i. A. schlechter [10,15]. Gleichzeitig können bei einen solchen Übergang aber elegantere und intuitivere Problemformulierungen erreicht werden, und damit verbunden sogar (hyper-)exponentiell kürzere Beweise; dies ist ein Aspekt der von Befürwortern und Befürworterinnen ausdrucksschwacher Logiken mit eingeschränktem Blick auf worst-case-Komplexitätseigenschaften oft zu wenig Beachtung geschenkt wird. Ein besonders eindrucksvolles, konkretes Beispiel einer extremen ‚Beschleunigung/Verkürzung von Beweisen' wird von dem Logiker George Boolos in seinem Artikel ‚A curious Inference' [9] diskutiert: Eine einfache Problemformulierung wird dort vorgestellt, die im Kontext der Logik erster Stufe zwar beweisbar ist, dazu aber mehr Beweisschritte benötigt als es Atome im Universum gibt; kein Theorembeweiser für die Logik erster Stufe wird diesen Beweis also jemals finden können. Das exakt gleiche Problem kann im Kontext einer höherstufigen Logik jedoch mit einigen wenigen, eleganten Beweisschritten bewiesen werden, und moderne höherstufige Theorembeweiser finden diese Beweisschritte auch heute bereits weitgehend alleine [6].

11.1.4 Nichtklassische Logiken und Universelles Logisches Schließen

Für viele Anwendungen bietet die klassische Aussagenlogik und Prädikatenlogik keine geeignete Grundlage. Beispielsweise kann epistemisches Schließen (Schließen über das Wissen von Agenten), temporales Schließen (Schließen über den zeitlichen Verlauf von Ereignissen), alethisches Schließen (Schließen über Möglichkeit und Notwendigkeit), deontisches Schließen (Schließen über Verbote und Befugnisse), usw., nicht adequat in klassischer Logik modelliert werden. Auch das Schließen im Alltag und unter Unsicherheit (vgl. Kap. 12) ist hier zu nennen. Um solche Herausforderungen gezielt zu adressieren wurden (und werden) in der Philosophie, Mathematik und Informatik zahlreiche, sogenannte Nichtklassische Logiken [17] entwickelt. Enstanden ist so bis heute ein reichhaltiger Zoo von unterschiedlichen Logikformalismen. Insbesondere zur Formalisierung metaphysischer Ontologien und grundlegender Theorien in Philosophie werden oft sehr ausdrucksstarke nicht-klassische Logiken höherer Stufe als Ausgangspunkt benötigt.

Aktuelle Arbeiten im Bereich der **Universelle Logik** [3] zeigen jedoch, dass es möglich ist selbst sehr expressive nicht-klassische Logiken in der klassischen Logik höherer Stufe (als Meta-Logik) zu modellieren und sie auf diese Art dann sogar recht erfolgreich zu automatisieren. Selbst meta-logische Untersuchungen können deshalb heutzutage bereits durch den Computer unterstützt werden. Diese Herangehensweise eröffnet auch neue Möglichkeiten um formales ethisch-rechtliches Schließen im Computer zu realisieren [5].

11.2 Beispiele aus der Lebenswelt, gesellschaftliche Bezüge und Interdisziplinärität

Deduktive Datenbanken Deduktive Datenbanken erweitern einfache relationale Datenbanken um eine Deduktionskomponente; siehe z. B. das Datalog Educational System.

Answer Set Programming Answer Set Programming (ASP) ist ein Ansatz zur deklarativen Programmierung basierend auf Logik. Es gibt in diesem Bereich insbesondere eine sehr ausgereifte Tool-Unterstützung; siehe z. B. Potassco, the Potsdam Answer Set Solving Collection.

SAT Solver und SMT solver SAT-Solver sind Computerprogramme, die darauf abzielen, das Boolesche Erfüllbarkeitsproblem zu lösen. SMT solver addressieren Boolesche Erfüllbarkeitsproblem modulo (entscheidbarer) Theorien. Solche Systeme werden seit Jahren erfolgreich in der Praxis angewendet, z. B. im Bereich der Programmverifikation. Die besten aktuellen SAT Solver werden regelmäßig bei der SAT Competition ermittelt. Ein online verfügbarer SMT solver ist verit. Mit SAT solvern wurden zuletzt offenen Probleme in der Mathematik gelöst [14].

Logisches Programmieren Es gibt zahlreiche Implementierungen der logischen Programmiersprache Prolog, und viele davon sind frei verfügbar, wie z. B. SWI-Prolog (verfügbar auch auf dem hessischen Bildungsserver).

Semantic Web Das Semantic Web setzt in Inhalte im Internet in semantische Verbindung; es verwendet dazu Taxonomien und Ontologien von Wissen die in Beschreibungslogiken formalisiert sind.

Große Taxonomien und Ontologien Cyc ist ein langfristiges Projekt zur künstlichen Intelligenz, das darauf abzielt, eine umfassende Ontologie und Wissensbasis in formaler Logik zu erstellen.

SNOMED CT ist eine zentrale Terminologie für die Versorgung zu behandelnder Personen, die Konzepte mit einzigartigen Bedeutungen und auf formaler Logik beruhende Definitionen enthält, welche in Hierarchien organisiert sind.

Computationale Philosophie Höherstufige Theorembeweiser wurden in den letzten Jahren verstärkt verwendet um grundlegende philosophische Theorien und Argumente zu verifizieren [16]; ein in den Medien recht beachtetes Beispiel ist die Untersuchung des ontologischen Arguments für die Existenz Gottes mit Computern [2].

Formale Mathematik Auf Anwendungen im Bereich der formalen Mathematik und derzeit entstehende formale Mathematik-Curricula wurde im Text bereits hingewiesen.

11.3 Vorschläge für den Unterricht und Anwendungen

- Logisches Programmieren kann im Unterricht vermittelt werden; dazu eignet sich z. B. [8].
- Links zu SAT-Solveren gibt es unter http://www.satlive.org/solvers/; diese eignen sich für einfache praktische Aufgaben im Unterricht. Es gibt einige freie online SAT-Solver, z. B. MiniSAT-Online1 oder MiniSAT-Online2.
- Exemplarische Problem-Formalisierungen in Logik erster Stufe sind verfügbar unter https://www.tptp.org; dies umfasst z. B. einfache Puzzle wie PUZ001+1.p, einfache Theoreme aus der Mengentheorie wie SET171+3.p oder einfache Problem aus der Sprachverarbeitung wie NLP002+1.p. Diese Probleme können direkt mit den ebenfalls unter https://www.tptp.org verfügbaren Theorembeweisern bewiesen werden (das geht bereits durch Anklicken von „Solve Problem" unter den obigen links, gefolgt von der Auwahl eines „FOF" Beweisers). Insgesamt bietet die TPTP Umgebung eine gute Basis für die Verwendung von Theorembeweisern im Unterricht.
- Sehr interessierte und ambitionierte Schüler und Schülerinnen können sich ggf. auch an Beweiser höherer Stufe heran wagen. Probleme und Automatische Beweiser für Logik höherer Stufe sind ebenfalls unter https://www.tptp.org verfügbar und ein ein einfaches Beispiel ist z. B. der Satz von Cantor unter SET557^1.p. Im Unterricht eignet sich aber ggf. auch der Einsatz von interaktiven Beweisassistenten wie Isabelle/HOL, Coq oder Lean.

11.4 Literatur zum Weiterlesen und Quellen

Das Standardlehrbuch über KI „Artificial Intelligence: A Modern Approach" von Russel und Norvig enthält ebenfalls Kapitel über Aussagenlogik, Logik erster Stufe und Inferenz in Logik erster Stufe. Für eine vertiefte Einarbeitung in das Thema bietet sich z.B. das „Handbook of Automated Reasoning" von Robinson und Voronkov an. Einen Überblick über die historische Entwicklung der Logik bietet die Handbuchreihe „Handbook of the History of Logic".

Literatur

1. Peter Andrews. An Introduction to Mathematical Logic and Type Theory: To Truth Through Proof. Bd. 27. Applied Logic Series. Kluwer Academic Publishers, 2002.
2. Christoph Benzmüller. "Symbolic AI and Gödel's Ontological Argument". In: Zygon: Journal of Religion and Science 57 (4 2022), S. 953–962. https://doi.org/10.1111/zygo.12830.
3. Christoph Benzmüller. "Universal (Meta-)Logical Reasoning: Recent Successes". In: Science of Computer Programming 172 (2019), S. 48–62. https://doi.org/10.1016/j.scico.2018.10.008.

4. Christoph Benzmüller und Peter Andrews. "Church's Type Theory". In: The Stanford Encyclopedia of Philosophy. Hrsg. von Edward N. Zalta und Uri Nodelman. Winter 2022. Metaphysics Research Lab, Stanford University, 2022. https://plato.stanford.edu/archives/win2022/entries/type-theory-church.
5. Christoph Benzmüller, Xavier Parent und Leendert van der Torre. "Designing Normative Theories for Ethical and Legal Reasoning: LogiKEy Framework, Methodology, and Tool Support". In: Artificial Intelligence 287 (2020), S. 103348. issn: 0004-3702. https://doi.org/10.1016/j.artint.2020.103348.
6. Christoph Benzmüller u. a. "Who Finds the Short Proof?" In: Logic Journal of the IGPL (2023). https://doi.org/10.1093/jigpal/jzac082.
7. Wolfgang Bibel. "Komputer kreiert Wissenschaft". In: Informatik Spektrum (2022). https://doi.org/10.1007/s00287-022-01456-1.
8. Patrick Blackburn, Johan Bos und Kristina Striegnitz. Learn Prolog Now! Bd. 7. Texts in Computing. College Publications, 2006. Freie Online Version verfügbar unter http://www.let.rug.nl/bos/lpn.
9. George Boolos. "A curious inference". In: J. Philos. Log. 16.1 (1987), S. 1–12. https://doi.org/10.1007/BF00250612.
10. Walter Dean. "Computational Complexity Theory". In: The Stanford Encyclopedia of Philosophy. Hrsg. von Edward N. Zalta. Fall 2021. Metaphysics Research Lab, Stanford University, 2021.
11. Heinz-Dieter Ebbinghaus, Jörg Flum und Wolfgang Thomas. Einführung in die mathematische Logik. Springer Spektrum Berlin, Heidelberg, 2018. https://doi.org/10.1007/978-3-662-58029-5.
12. Melvin Fitting. First-Order Logic and Automated Theorem Proving. Texts in Computer Science. Springer New York, NY, 1996. https://doi.org/10.1007/978-1-4612-2360-3.
13. Dov M. Gabbay, Francis Pelletier und John Woods, Hrsg. Logic: A History of its Central Concepts. Handbook of the History of Logic. Elsevier, 2012.
14. Marijn J. H. Heule und Oliver Kullmann. "The science of brute force". In: Commun. ACM 60.8 (2017), S. 70–79. https://doi.org/10.1145/3107239.
15. Neil Immerman. "Computability and Complexity". In: The Stanford Encyclopedia of Philosophy. Hrsg. von Edward N. Zalta. Winter 2021. Metaphysics Research Lab, Stanford University, 2021.
16. Daniel Kirchner, Christoph Benzmüller und Edward N. Zalta. "Computer Science and Metaphysics: A Cross-Fertilization". In: Open Philosophy 2.1 (2019). Hrsg. von Patrick Grim, S. 230–251. https://doi.org/10.1515/opphil-2019-0015. url: https://arxiv.org/abs/1905.00787.
17. Graham Priest. An Introduction to Non-Classical Logic: From If to Is. 2. Aufl. Cambridge Introductions to Philosophy. Cambridge University Press, 2008. https://doi.org/10.1017/CBO9780511801174.
18. John Alan Robinson und Andrei Voronkov, Hrsg. Handbook of Automated Reasoning (in 2 volumes). Elsevier und MIT Press, 2001. url: https://www.sciencedirect.com/book/9780444508133/handbook-of-automated-reasoning.
19. Stewart Shapiro und Teresa Kouri Kissel. "Classical Logic". In: The Stanford Encyclopedia of Philosophy. Hrsg. von Edward N. Zalta und Uri Nodelman. Winter 2022. Metaphysics Research Lab, Stanford University, 2022. url: https://plato.stanford.edu/archives/win2022/entries/logic-classical.
20. G. Sutcliffe. "The Logic Languages of the TPTP World". In: Logic Journal of the IGPL (2022). https://doi.org/10.1093/jigpal/jzac068.

21. Geoff Sutcliffe. "The 10th IJCAR automated theorem proving system competition – CASC-J10". In: AI Commun. 34.2 (2021), S. 163–177. https://doi.org/10.3233/AIC-201566.
22. Richmond Thomason. "Logic and Artificial Intelligence". In: The Stanford Encyclopedia of Philosophy. Hrsg. von Edward N. Zalta. Summer 2020. Metaphysics Research Lab, Stanford University, 2020. url: https://plato.stanford.edu/archives/sum2020/entries/logic-ai.
23. Jouko Väänänen. "Second-order and Higher-order Logic". In: The Stanford Encyclopedia of Philosophy. Hrsg. von Edward N. Zalta. Fall 2021. Metaphysics Research Lab, Stanford University, 2021. url: https://plato.stanford.edu/archives/fall2021/entries/logic-higher-order.

Schließen im Alltag und unter Unsicherheit

12

Claudia Schon

Im vorangegangenen Kapitel haben wir uns mit der Repräsentation von Wissen in Logik und dem Ziehen von Schlussfolgerungen aus repräsentiertem Wissen beschäftigt. Auch Menschen sind dazu in der Lage, Schlussfolgerungen zu ziehen. Dabei ist das menschliche Alltagsschließen sehr vielseitig: Wir sind dazu in der Lage, mit widersprüchlichem Wissen und Ausnahmen umzugehen, können auch bei unvollständigem Wissen schlussfolgern, können mit Normen umgehen und auch vages Wissen bereitet uns keine Probleme. Darüber hinaus können wir unsere gezogenen Schlüsse auch begründen. Mit der Aussagen- und der Prädikatenlogik haben wir zwei Logiken für die logikbasierte Wissensverarbeitung kennengelernt. Nun stellt sich die Frage, ob diese Logiken für die Modellierung der menschlichen Fähigkeit in alltäglichen Situationen Schlussfolgerungen ziehen zu können, geeignet sind.

Kompetenzziele
- Kenntnis der Grenzen der klassischen Logik.
- Kenntnis verschiedener Schlussformen im Alltagsschließen (Deduktion, Abduktion und Induktion).
- Kennenlernen der Unterschiede zwischen monotonen und nicht monotonen Logiken.
- Den Unterschied zwischen sicherem, unsicherem und unscharfem Wissen kennen.

C. Schon (✉)
Hochschule Trier, Trier, Deutschland
E-Mail: C.Schon@hochschule-trier.de

© Der/die Autor(en), exklusiv lizenziert an Springer Fachmedien Wiesbaden GmbH, ein Teil von Springer Nature 2024
U. Furbach et al. (Hrsg.), *Künstliche Intelligenz für Lehrkräfte*, ars digitalis, https://doi.org/10.1007/978-3-658-44248-4_12

12.1 Methodische Einführung

Eine wichtige Eigenschaft des menschlichen Schlussfolgerns ist die Fähigkeit mit widersprüchlichem Wissen umgehen zu können: Wir wissen, dass Vögel fliegen können und wir wissen, dass Pinguine Vögel sind. Die Tatsache, dass Pinguine nicht fliegen können, stellt für uns eine Ausnahme dar, die uns nicht davon abhält, sinnvolle Schlüsse zu ziehen. In Kap. 11 haben wir gesehen, dass in der Aussagen- und der Prädikatenlogik aus widersprüchlichem Wissen jede beliebige Schlussfolgerung gezogen werden kann. Mit anderen Worten: Eine inkonsistente Wissensbasis ist für das Schlussfolgern unbrauchbar. In Abschn. 12.1.2 werden wir Nicht monotone Logiken kennenlernen, die es unter anderem erlauben, Ausnahmen zu repräsentieren. In Abschn. 12.1.3 werden wir die Antwortmengenprogrammierung (Answer Set Programming) betrachten, die es erlaubt viele für das Alltagsschließen wichtige Aspekte zu formalisieren.

Vages Wissen begegnet uns sehr häufig im Alltag. Aussagen wie „Morgen wird es regnen." oder „Der Kaffee ist heiß." sind Beispiele für unsichere oder unscharfe Aussagen. Solche Aussagen lassen sich nicht durch die kennengelernten Wahrheitswerte „wahr" und „falsch" abbilden. In Abschn. 12.1.4 beschäftigen wir uns näher mit vagem Wissen und lernen Methoden kennen, aus vagem Wissen Schlüsse zu ziehen.

Aber zunächst wollen wir uns in Abschn. 12.1.1 einmal genauer anschauen, wie Menschen im Alltag logische Schlüsse ziehen.

12.1.1 Schlussformen im Alltagsschließen

Im vorangegangenen Kapitel haben wir gelernt, wie aus repräsentiertem Wissen Schlussfolgerungen gezogen werden können. Bei den so gezogenen Schlüssen handelt es sich stets um gültige Schlüsse.[1] Im Gegensatz dazu verwenden Menschen im Alltag jedoch nicht nur gültige Schlussformen, sondern auch Schlussformen, die nicht allgemeingültig sind.

Man unterscheidet zwischen **deduktivem**, **abduktivem** und **induktivem** Schließen. Beim deduktiven Schließen handelt es sich um eine gültige Schlussform, die wir bereits in Kap. 4 kennengelernt haben. Aus den beiden unten gegebenen Prämissen wird der (gültige) Schluss „Sokrates ist sterblich." gezogen:

$$\frac{\text{Alle Menschen sind sterblich.} \quad \text{Sokrates ist ein Mensch.}}{\text{Sokrates ist sterblich.}}$$

Dabei verwenden wir die in Kap. 4 eingeführte Notation für Schlussfolgerungen, bei der alle Prämissen über dem Strich und Schlussfolgerungen unter dem Strich aufgeführt werden.

---

[1] Wenn wir aus einer Formelmenge S eine Formel F schließen können, so ist sichergestellt, dass Formel F in allen Modellen der Formelmenge S wahr ist.

12 Schließen im Alltag und unter Unsicherheit

Eine weitere Schlussform, die Menschen häufig im Alltag verwenden, ist das abduktive Schließen. Diese Schlussform zielt auf das Generieren von Erklärungen ab. Ein Beispiel für einen abduktiven Schluss sieht wie folgt aus:

$$\frac{\text{Alle Menschen sind sterblich.} \quad \text{Sokrates ist sterblich.}}{\text{Sokrates ist ein Mensch.}}$$

Bei der Schlussfolgerung „Sokrates ist ein Mensch." handelt es sich nicht um einen gültigen Schluss. Es könnte sich bei Sokrates durchaus auch um eine Katze handeln. Die generierte Schlussfolgerung entspricht eher einer möglichen Erklärung für die Beobachtung „Sokrates ist sterblich.". Dabei ist es so, dass es im Alltag häufig vorkommt, dass es mehrere mögliche Erklärungen für eine Beobachtung gibt. Üblicherweise wählen wir die einfachste Erklärung. Wobei wir eine Erklärung als einfach ansehen, wenn wir wenige Annahmen für die Erklärung treffen müssen und die getroffenen Annahmen nicht unwahrscheinlich sind. Sind beispielsweise über Nacht Kekse aus einer Keksdose verschwunden, so wäre eine mögliche Erklärung, dass ein Einbrecher in der Nacht ins Haus eingestiegen ist und beim Anblick der Kekse hungrig wurde. Wenn es jedoch keine weiteren Grund für die Annahme eines Einbruchs gibt, würde uns die Erklärung, dass unser Mitgewohner die Kekse gegessen hat, als eine einfachere Erklärung erscheinen.

Im Gegensatz dazu generieren wir mit Hilfe des induktiven Schließens Regeln aus Beobachtungen. Ein Beispiel für einen solchen Schluss sieht wie folgt aus:

$$\frac{\text{Sokrates ist ein Mensch.} \quad \text{Sokrates ist sterblich.}}{\text{Alle Menschen sind sterblich.}}$$

Auch wenn der induktive Schluss im Beispiel durchaus sinnvoll ist, handelt es sich beim induktiven Schließen nicht um eine gültige Schlussform. Denn nur weil zwei Ereignisse zusammen auftreten muss kein kausaler Zusammenhang zwischen diesen Ereignissen gegeben sein. Beispielsweise könnte aus den beiden Beobachtungen „Gestern hatte ich einen Schirm dabei." und „Gestern hat es nicht geregnet." induktiv „Wenn ich einen Schirm dabei habe, regnet es nicht." geschlossen werden, was zweifellos keinen gültigen Schluss darstellt.

Auch wenn die vorgestellten Schlussformen des abduktiven und induktiven Schließens nicht allgemeingültig sind, ist es nicht so, dass Menschen durch die Verwendung dieser Schlussformen zu irrationalen Wesen werden. Vielmehr stellen diese Schlussformen und die Art wie wir diese Schlussformen miteinander kombinieren eine Bereicherung dar, ohne die sich Menschen im Alltag nicht so gut zurechtfinden könnten. Deshalb gilt es diese Vielseitigkeit an Schlussformen in KI-Systemen nachzubilden.

12.1.2 Nicht monotone Logiken

Klassische Logik, wie wir sie in den vorangegangenen Kapiteln kennengelernt haben, ist monoton. Das bedeutet, dass wir eine Schlussfolgerung, die wir aus einer Formelmenge ziehen können auch aus jeder Obermenge dieser Formelmenge ziehen können. Mit anderen Worten bedeutet das, dass sich Schlussfolgerungen nicht durch das Hinzufügen von Wissen revidieren lassen. Menschen sind allerdings sehr wohl dazu in der Lage ihre Schlussfolgerungen zu überdenken, wenn Sie mit neuem Wissen konfrontiert werden. Betrachten wir hierzu ein Beispiel:

Wir wollen die folgenden Aussagen formalisieren:

- Vögel sind Tiere.
- Pinguine sind Vögel.
- Üblicherweise können Vögel fliegen.
- Tweety ist ein Pinguin.

Eine naive Formalisierung in Prädikatenlogik erster Stufe sieht wie folgt aus:

$$\forall X : (vogel(X) \Rightarrow tier(X))$$

$$\forall X : (pinguin(X) \Rightarrow vogel(X))$$

$$\forall X : (vogel(X) \Rightarrow fliegt(X))$$

$$pinguin(tweety)$$

Aus diesen Aussagen können wir *fliegt(tweety)* schlussfolgern, also die Aussagen, dass Tweety fliegen kann. Stellen wir uns nun vor, dass wir die neue Information erhalten, dass Pinguine nicht fliegen können, was wir als

$$\forall X : (pinguin(X) \Rightarrow \neg fliegt(X))$$

formalisieren können. Fügen wir diese Formel zu den oben angegebenen Formeln hinzu, können wir zusätzlich zur Aussage *fliegt(tweety)* auch die Aussage *¬fliegt(tweety)* schlussfolgern. Diese beiden Aussagen stehen allerdings im Widerspruch zueinander. Was unser formalisiertes Wissen inkonsistent macht. Aus den vorangegangenen Kapitel wissen wir, dass sich aus inkonsistenten Wissensbasen alles schließen lässt. Das ist natürlich nicht wünschenswert.

Eine mögliche Lösung wäre es, eine Ausnahme zu modellieren. Wir könnten die Regel

$$\forall X : \big(vogel(X) \Rightarrow fliegt(X)\big)$$

durch

$$\forall X : \Big((vogel(X) \land \neg pinguin(X)) \Rightarrow fliegt(X)\Big)$$

ersetzen. Allerdings ist diese Lösung alles andere als praktikabel. Denn was ist mit Emus, Dodos und Straußen? Eine explizite Auflistung aller Ausnahmen wäre zwangsweise unvollständig.

An dieser Stelle ist es hilfreich zu untersuchen, wie wir Menschen mit Ausnahmen umgehen. Treffen wir einen Vogel an, der einer uns unbekannten Art angehört, so gehen wir davon aus, dass dieser Vogel fliegen kann. Erst wenn wir die eindeutige Information erhalten, dass der Vogel nicht fliegen kann, revidieren wir unsere Schlussfolgerung. Diese Idee liegt der sogenannten **Default Logik** zugrunde, die wir im Folgenden genauer betrachten werden. In der Default Logik wird Wissen nicht nur über prädikatenlogische Formeln, sondern auch über **Defaults** repräsentiert.

Ein Beispiel für einen solchen Default ist die folgende Regel:

$$\frac{vogel(x) \;:\; fliegt(x)}{fliegt(x)}$$

Dieser Default beschreibt die folgende Aussage: „Wenn x ein Vogel ist und es konsistent ist anzunehmen, dass x fliegen kann, schlussfolgern wir, dass x fliegen kann."

Etwas allgemeiner hat ein Default die folgende Form:

$$\frac{\phi \;:\; \psi_1, \ldots, \psi_n}{\chi}$$

Dabei bezeichnen wir ϕ als die **Vorbedingung**, $\psi_1, \ldots, \psi_n$ als die **Begründungen** und χ als die **Konsequenz** des Defaults. Dabei können die im Default verwendeten Formeln durchaus komplexer sein. Wir könnten unser obiges Beispiel wie folgt erweitern:

$$\frac{vogel(x) \;:\; fliegt(x) \land gesund(x)}{fliegt(x)}$$

Was der folgenden Aussage entspricht: „Wenn x ein Vogel ist und es konsistent ist anzunehmen, dass x fliegen kann und gesund ist, schlussfolgern wir, dass x fliegen kann."

Nun stellt sich die Frage, wann wir konsistent annehmen können, dass x fliegen kann und gesund ist. Um diese Frage zu beantworten, führt Reiter den Begriff einer **Extension** ein. Intuitiv entspricht eine Extension der Menge von Schlussfolgerungen, die gezogen werden können. Bevor wir genauer auf die Semantik solcher Defaults eingehen wollen, betrachten wir noch den Begriff einer Default Theorie.

In einer Default Theorie werden die oben vorgestellten Defaults mit Hintergrundwissen kombiniert. Dabei verstehen wir unter Hintergrundwissen Wissen, von dem wir ausgehen, dass es immer zutrifft. Bezogen auf unser Beispiel würde das Hintergrundwissen Aussagen wie „Alle Pinguine sind Vögel." enthalten. Dargestellt wird das Hintergrundwissen durch eine Menge von prädikatenlogischen Formeln.

Kehren wir zurück zu unserem Beispiel und formulieren dieses als Default Theorie. Dabei fügen wir zunächst noch nicht die Information hinzu, dass Pinguine nicht fliegen können. Das Hintergrundwissen unserer Default Theorie könnte die folgenden Formeln enthalten:

$$\forall X : (pinguin(X) \Rightarrow vogel(X)),$$

$$pinguin(tweety)$$

Darüber hinaus enthält unsere Default Theorie den folgenden Default, den wir aus dem obigen Default konstruiert haben, indem wir das Individuum *tweety* für die Variable x eingesetzt haben.

$$\frac{vogel(tweety) \ : \ fliegt(tweety)}{fliegt(tweety)}$$

Aus unserem Hintergrundwissen können wir *vogel(tweety)* folgern. Da ¬*fliegt(tweety)* nicht aus dem Hintergrundwissen gefolgert werden kann, können wir *fliegt(tweet)* konsistent annehmen und über den Default folgern, dass *fliegt(tweety)* gilt. Unsere beiden Schlussfolgerungen *vogel(tweety)* und *fliegt(tweety)* bezeichen wir als Extension unserer Default Theorie.

Fügen wir nun im Beispiel die Aussage

$$\forall x(penguin(x) \Rightarrow \neg fliegt(x))$$

zum Hintergrundwissen hinzu, so können wir im ersten Schritt aus dem Hintergrundwissen nicht nur *vogel(tweety)*, sondern auch ¬*fliegt(tweety)* folgern. Nun können wir nicht mehr konsistent *fliegt(tweety)* annehmen und daher wird die Anwendung des Defaults blockiert. In diesem Fall enthält unsere Extension die beiden Schlussfolgerungen *vogel(tweety)* und ¬*fliegt(tweety)*.

Dieses Beispiel illustriert, dass Default Logik nicht monoton ist. Denn das Hinzufügen der Aussage, dass Pinguine nicht fliegen können hat dazu geführt, dass wir nicht mehr folgern können, dass *tweety* fliegen kann.

Im Beispiel hatte die Default Theorie genau eine Extension. Dies ist im Allgemeinen nicht der Fall. Es kann durchaus vorkommen, dass eine Default Theorie gar keine oder mehrere Extensionen hat. Was bedeutet es, wenn eine Default Theorie mehrere

Extensionen hat? Intuitiv kann man sich jede Extension als eine mögliche Welt auf Grundlage von getroffenen Annahmen vorstellen. Legen wir unterschiedliche Annahmen zugrunde, so erhalten wir unterschiedliche Extensionen. Ein sehr einfaches Beispiel einer Default Theorie mit zwei Extensionen erhält man, wenn man zu einer leeren Menge an Hintergrundwissen, die folgenden beiden Defaults hinzufügt:

$$\frac{\top \ : \ \mathit{nimmt\_fahrstuhl(tom)}}{\neg \mathit{nimmt\_treppe(tom)}},$$

$$\frac{\top \ : \ \mathit{nimmt\_treppe(tom)}}{\neg \mathit{nimmt\_fahrstuhl(tom)}}$$

Bei beiden Defaults ist die Vorbedingung $\top$ (also die wahre Aussage), was bedeutet, dass diese Defaults keine Vorbedingung haben. Sie können also immer angewendet werden, wenn es konsistent ist, ihre Begründung anzunehmen. Da wir aus dem leeren Hintergrundwissen nichts folgern können, können wir konsistent die Begründung *nimmt_fahrstuhl(tom)* des ersten Defaults annehmen und ¬*nimmt_treppe(tom)* folgern. Diese Folgerung blockiert die Anwendung des zweiten Defaults. Wir erhalten die Extension ¬*nimmt_treppe(tom)*. Alternativ hätten wir im ersten Schritt auch konsistent die Begründung *nimmt_treppe(tom)* des zweiten Defaults annehmen können und so hätten wir ¬*nimmt_fahrstuhl(tom)* gefolgert. In diesem Fall wäre nun die Anwendung des ersten Defaults geblockt und wir würden die Extension ¬*nimmt_fahrstuhl(tom)* erhalten. Wir beobachten, dass wir, abhängig davon welchen Default wir zuerst verwenden, unterschiedliche Extensionen erhalten. Diese Extensionen entsprechen zwei unterschiedlichen Welten: In der einen Welt nimmt Tom den Fahrstuhl, in der anderen Welt nimmt er die Treppe. Eine Welt, in der Tom den Fahrstuhl und die Treppe nimmt, ist ausgeschlossen.

Eine interessante Anwendung von Defaults stellt die Closed World Assumption dar. Unter der **Closed World Assumption** verstehen wir die Annahme, dass alles, was nicht als wahr geschlussfolgert werden kann, als falsch angesehen werden kann. Diese Annahme machen wir Menschen in vielen Situationen. Lesen wir beispielsweise einen Busfahrplan und sehen, dass die nächsten Busse um 15 und um 16 Uhr fahren, so schlussfolgern wir, dass um 15:30 Uhr kein Bus fährt. Für n-stellige Prädikate p kann diese Annahme durch einen Closed World Default dargestellt werden:

$$\frac{\top \ : \ \neg p(x_1, \ldots, x_n)}{\neg p(x_1, \ldots, x_n)}$$

Dieser Default sagt aus, dass $\neg p(x_1, \ldots, x_n)$ gilt, wenn es konsistent ist, dies anzunehmen. Weiterführende Informationen zum Thema nichtmonotone Logiken finden sich beispielsweise in [5] und [1].

12.1.3 Answer Set Programming

Bei Answer Set Programming (ASP) handelt es sich um einen deklarativen Ansatz für das Lösen von Problemen. Im Gegensatz zur imperativen Programmierung, bei dem angegeben wird **wie** ein Problem gelöst werden soll, wird bei der deklarativen Programmierung das Problem selbst und nicht dessen Lösung beschrieben. Betrachten wir ein Beispiel für ein logisches Programm in ASP:

$$\text{fliegt}(X) \leftarrow \text{biene}(X). \tag{12.1}$$

$$\text{fliegt}(X) \leftarrow \text{vogel}(X), \text{not } \neg\text{fliegt}(X). \tag{12.2}$$

$$\text{besucht}(X, Y) \leftarrow \text{biene}(X), \text{blume}(Y). \tag{12.3}$$

$$\leftarrow \text{vogel}(X) \wedge \text{biene}(X). \tag{12.4}$$

$$\neg\text{fliegt}(X) \leftarrow \text{pinguin}(X). \tag{12.5}$$

$$\text{vogel}(\text{tweety}). \tag{12.6}$$

$$\text{biene}(\text{maja}). \tag{12.7}$$

Jede Zeile im Beispielprogramm stellt eine **Regel** dar. Dabei bezeichnen wir alles, was links vom ← Zeichen vorkommt, als **Kopf** und alles, was rechts vom vom ← Zeichen vorkommt, als **Rumpf**. Wie bei Prolog, stehen hier die Kommata im Rumpf einer Regel für eine Konjunktion. Beispielsweise formalisiert Regel (12.3) die folgende Aussage: Wenn X eine Biene und Y eine Blume ist, dann besucht X Y. Sonderformen stellen die letzten zwei Regeln dar. Bei den Regeln (12.6) und (12.7) ist der Rumpf der Regel leer, weshalb er weggelassen wurde. Diese beiden Regeln formalisieren das Faktenwissen, dass Tweety ein Vogel und Maja eine Biene ist. Bei Regel (12.4) ist der Kopf der Regel leer. Anstelle des leeren Regelkopfes können wir uns false vorstellen. Dadurch formalisiert diese Regel eine Einschränkung. Sie sagt aus, dass nichts gleichzeitig ein Vogel und eine Biene sein kann.

Außerdem fällt beim Betrachten der obigen Regeln auf, dass in diesen Regeln zwei unterschiedliche Arten von Negation vorkommen: die **klassische Negation** ¬ und die **Negation as Failure** not. Wir erklären den Unterschied dieser beiden Negationen an einem Beispiel, das auf John McCarthy zurückgeht: Ein Bus darf Eisenbahnschienen unter der Bedingung überqueren, dass sich kein Zug nähert. Ein erster Versuch, dies durch eine Regel zu formalisieren, könnte wie folgt aussehen:

$$\text{überqueren} \leftarrow \text{not zug}. \tag{12.8}$$

Diese Regel sagt aus, dass der Bus die Schienen überqueren darf, wenn uns keine Informationen dazu vorliegen, dass sich ein Zug nähert. Mit anderen Worten: Der Bus darf die Schienen überqueren, wenn wir nicht wissen, dass sich ein Zug nähert. Da wir im täglichen Leben davon ausgehen müssen, dass uns nicht immer alle Informationen vorliegen, ist diese Formalisierung ganz sicher nicht im Sinne der obigen Aussage. Eine andere Formalisierung könnte so aussehen:

$$\text{überqueren} \leftarrow \neg\text{zug}. \tag{12.9}$$

Diese Regel besagt, dass der Bus die Schienen überqueren darf, wenn wir wissen, dass sich kein Zug nähert. Diese Formalisierung ist im Sinne der obigen Aussage. Die klassische Negation führt hier also zur gewünschten Formalisierung.

Aber auch für die Negation as Failure gibt es viele Anwendungen. Wollen wir beispielsweise ausdrücken, dass eine Person unschuldig ist, solange ihre Schuld nicht bewiesen ist, so nutzen wir die Negation as Failure:

$$\text{unschuldig} \leftarrow \text{not schuld\_bewiesen}. \tag{12.10}$$

Wir sehen also, dass beide Arten der Negation ihre Daseinsberechtigung haben. Durch die Kombination von Negation as Failure und der klassischen Negation lässt sich sehr schön auch die Closed World Assumption für ein Prädikat ausdrücken. Beispielsweise könnten wir ausdrücken, dass das zweistellige Prädikat busverbindung nur für Städte wahr ist, für die uns das Vorliegen einer Busverbindung bekannt ist. Die folgende Regel formalisiert diese Closed World Assumption für das Prädikat busverbindung:

$$\neg\text{busverbindung}(X, Y) \leftarrow \text{stadt}(X), \text{stadt}(Y), \text{not busverbindung}(X, Y). \tag{12.11}$$

In unserem Beispielprogramm wurden in den meisten Regeln Variablen verwendet. Diese Variablen kann man sich als Platzhalter für alle möglichen Individuen vorstellen. Beispielsweise sagt Regel (12.1) aus, dass alle Bienen fliegen können. Bezogen auf die Individuen tweety und maja in unserem Programm entspricht Regel (12.1) einer Abkürzung für die folgenden beiden Regeln:

$$\text{fliegt(tweety)} \leftarrow \text{biene(tweety)}. \tag{12.12}$$

$$\text{fliegt(maja)} \leftarrow \text{bienc(maja)}. \tag{12.13}$$

Regeln, die keine Variablen enthalten, nennen wir **Grundregeln**. Der Vorteil dieser Bildung von Grundregel liegt darin, dass wir aussagenlogische Regeln erhalten. Das erlaubt es uns, bei der Definition der Semantik von ASP Programmen davon auszugehen, dass es sich bei allen Regeln um aussagenlogische Regeln handelt. Wie aber wird entschieden, welche Grundregeln gebildet werden? Hier geht man sozusagen auf Nummer sicher und bildet alle möglichen Grundregeln. Dabei werden die Variablen auf alle möglichen Arten[2] ersetzt.

Ausgehend von diesen Grundregeln können nun Schlussfolgerungen aus einem ASP Programm gezogen werden. Aus unserem Beispielprogramm, dass aus den Regeln (12.1)–(12.7) besteht, können wir beispielsweise die folgenden Fakten folgern:

```
biene(maja), fliegt(maja), fliegt(tweety), vogel(tweety)
```

Die Menge dieser Schlussfolgerungen wird auch als ein Answer Set des ASP Programms bezeichnet. Fügen wir zu unserem ASP Programm den Fakt pinguin(tweety) hinzu, so können wir danach die folgenden Fakten folgern:

```
biene(maja), fliegt(maja), vogel(tweety), ¬fliegt(tweety),
pinguin(tweety)
```

Wir beobachten, dass das Hinzufügen einer Information dazu führt, dass wir fliegt(tweety) nicht mehr folgern können.

Es ist jedoch nicht immer so, dass ein ASP Programm genau ein Answer Set hat. Ähnlich wie bei der Default Logik ist es leicht möglich, ein Beispiel zu konstruieren, das mehrere Answer Sets hat. Wir formulieren dafür das Beispiel aus dem Abschnitt zum Thema Default Logik einfach als ASP Programm um. Wir erhalten die folgenden beiden Regeln:

```
nimmt_treppe(tom) ← not nimmt_fahrstuhl(tom).
nimmt_fahrstuhl(tom) ← not nimmt_treppe(tom).
```

Dabei sagt die erste Regel aus, dass wir folgern können, dass Tom die Treppe nimmt, wenn uns nicht bekannt ist, dass er den Fahrstuhl nimmt. Die zweite Regel sagt aus, dass wir folgern können, dass Tom den Fahrstuhl nimmt, wenn uns nicht bekannt ist, dass Tom die Treppe nimmt. Dieses ASP Programm hat zwei Answer Sets: Beim ersten Answer Set wird nimmt_treppe(tom), beim zweiten Answer Set wird nimmt_fahrstuhl(tom) gefolgert. Ähnlich wie bei der Default Logik beim Auftreten von mehreren Extensionen können wir uns hier vorstellen, dass verschiedene Answer Sets für verschiedene mögliche Welten stehen.

---

[2] Formal wird durch die Menge aller Grundterme ersetzt, die sich mit den im Programm vorkommenden Funktionssymbole und Konstanten bilden lassen. Enthält das Programm das einstellige Funktionssymbol f und die beiden Konstanten a und b, so enthält diese Menge an Grundtermen a, b, $f(a)$, $f(b)$ aber auch $f(f(a))$, $f(f(b))$ usw. Die Menge der so gebildeten Grundterme wird auch Herbranduniversum genannt.

12 Schließen im Alltag und unter Unsicherheit

12.1.4 Vages Wissen

Die im vorangegangenen Kapitel eingeführten Wahrheitswerte „wahr" und „falsch" sind nur bedingt für Aussagen in alltäglichen Situationen geeignet. Im alltäglichen Situationen sind wir häufig mit vagem Wissen bzw. Aussagen konfrontiert. Hier unterscheiden wir zwischen **unsicheren Aussagen** und **unscharfen Aussagen**. Unter unsicheren Aussagen verstehen wir beispielsweise Aussagen wie „Es regnet morgen in Koblenz.". Diese Aussagen können zwar objektiv überprüft werden, jedoch nicht zum gegenwärtigen Zeitpunkt. Für die Modellierung solcher Aussagen bieten sich Wahrscheinlichkeiten an.

Im Gegensatz dazu sind unscharfe Aussagen, wie beispielsweise die Aussage „Der Kaffee ist heiß.", nicht objektiv überprüfbar. Zwar können wir durchaus die Temperatur des Kaffees genau bestimmen, jedoch ist unklar, für welche Temperaturwerte der Kaffee als „heiß" angesehen werden kann. Der Grund für diese Unschärfe liegt also nicht in unserer Welt, sondern in der Unschärfe der natürlichen Sprache. Ein mathematisches Mittel um solche unscharfen Aussagen zu repräsentieren stellen **unscharfe Mengen** (engl. Fuzzy Sets) dar. Während bei klassischen Mengen ein Objekt entweder ein Element oder kein Element einer bestimmten Menge ist, gehört ein Objekt zu einem gewissen Grad zu einer unscharfen Menge. Deshalb kann man sich unscharfe Mengen auch als Mengen mit einer unscharfen Grenze vorstellen. Der Grad, mit dem ein Objekt zu einer unscharfen Menge gehört, wird durch eine **Zugehörigkeitsfunktion** angegeben.

Definition Sei X eine Menge von Objekten (Referenzmenge). Eine Zugehörigkeitsfunktion ist eine Funktion

$$\mu_A : X \to [0, 1],$$

die jedem Element der Referenzmenge eine Zahl aus dem reellen Intervall [0, 1] zuordnet. Die unscharfe Menge A ist definiert als die Menge aller Paare $(x, \mu_A(x))$ mit $x \in X$.

$$A = \{(x, \mu_A(x)) \mid x \in X\}$$

Dabei gibt $\mu_A(x)$ den Grad der Zugehörigkeit des Elements x an der unscharfen Menge A an.

Wie die Definition zeigt, können unscharfe Mengen durch Zugehörigkeitsfunktionen beschrieben werden. Bezogen auf unsere Beispielaussage „Der Kaffee ist heiß." könnten wir „heiß" als unscharfe Menge *Heiß* durch die Zugehörigkeitsfunktion $\mu_{Heiß}$ beschreiben. Angenommen der Kaffee, auf den wir uns in der Aussage beziehen, hat den Bezeichner *americano*, so können wir dessen Zugehörigkeit an der unscharfen Menge *Heiß* beispielsweise als $\mu_{Heiß}(americano) = 0{,}9$ angeben.

Mit Hilfe von **Fuzzy Logik** ist es nun möglich, logische Ausdrücke aus den Zugehörigkeiten zu unscharfen Mengen zu bilden. Die Zugehörigkeit $\mu_{Heiß}(americano) = 0.9$ entspricht dann der Aussage, dass die Formel *heiß(americano)* den fuzzy Wahrheitswert 0.9 hat, was wir mit $T(heiß(americano)) = 0.9$ bezeichnen wollen. Im Gegensatz zur Aussagenlogik können atomare Aussagen in der Fuzzy-Logik also nicht die Wahrheitswerte „wahr" und „falsch" annehmen, sondern reelle Werte zwischen 0 und 1, die der Zugehörigkeit zur entsprechenden unscharfen Menge entsprechen. Ähnlich wie in der Aussagenlogik können auch in der Fuzzy-Logik aus atomaren Aussagen komplexe Formeln mit den Verknüpfungen ∧, ∨ und ¬ gebildet werden. So können wir aus den beiden atomaren Aussagen *heiß(americano)* und *stark(americano)* die folgende komplexe Formel bilden:

$$heiß(americano) \land stark(americano) \tag{12.14}$$

Aber wie bestimmen wir den fuzzy Wahreitswert einer solchen komplexen Formel? Angenommen wir haben für *stark(americano)* den fuzzy Wahrheitswert 0.5 gegeben (also $T(stark(americano)) = 0.5$).[3] Standardmäßig wird der fuzzy Wahrheitwert einer Konjunktion wie *heiß(americano)* ∧ *stark(americano)* über die Bildung des Minimums der fuzzy Wahrheitswerte der beiden Konjunktionsglieder gebildet. Damit ergibt sich für die komplexe Formel (12.14) der fuzzy Wahrheitswert wie folgt:

$$T(heiß(americano) \land stark(americano))$$
$$= \min(T(heiß(americano)), T(stark(americano)))$$
$$= \min(0.9, 0.5) = 0.5$$

Möchten wir den fuzzy Wahrheitswert einer Disjunktion bestimmen, so wird dieser üblicherweise durch die Bildung des Maximums der beiden Disjunktionsglieder bestimmt. Damit ergibt sich der fuzzy Wahrheitswert von *heiß(americano)* ∨ *stark(americano)* als

$$T(heiß(americano) \lor stark(americano))$$
$$= \max(T(heiß(americano)), T(stark(americano)))$$
$$= \max(0.9, 0.5) = 0.9$$

Wie sieht es mit der Bestimmung des fuzzy Wahrheitswertes einer Negation aus? Üblicherweise wird der fuzzy Wahrheitswert einer Formel $\neg F_1$ als $1 - T(F_1)$ berechnet.

---

[3] Ein Americano ist ein doppelter Espresso mit heißem Wasser und ist in etwa so stark wie ein Kaffee Crema. Deshalb setzen wir $T(stark(americano)) = 0.5$.

Wir ziehen also den fuzzy Wahrheitswert der zu $\neg F_1$ komplementären Formel F_1 von 1 ab. Damit ergibt sich beispielsweise der fuzzy Wahrheitswert für $\neg heiß(americano)$ als:

$$T(\neg heiß(americano)) = 1 - T(heiß(americano))$$
$$= 1 - 0.9 = 0.1$$

Für Beispielformel (12.14) erscheint der berechnete fuzzy Wahrheitswert von 0.5 basierend auf den fuzzy Wahrheitswerten $heiß(americano) = 0.9$ und $stark(americano) = 0.5$ durchaus plausibel. Betrachten wir hingegen die Formel

$$heiß(americano) \land \neg heiß(americano),$$

die Formalisierung der Aussage, dass der *americano* gleichzeitig heiß und nicht heiß ist. Bestimmen wir den fuzzy Wahrheitswert dieser Formel, erhalten wir

$$T(heiß(americano) \land \neg heiß(americano))$$
$$= \min(T(heiß(americano)), 1 - T(heiß(americano)))$$
$$= \min(0.9, 0.1) = 0.1$$

Dieses Ergebnis ist weniger intuitiv.

Beachten Sie, dass es sich bei der oben angedeuteten Umsetzungen für die Berechnung von fuzzy Wahrheitswerten für komplexe Formeln lediglich um eine mögliche Umsetzung handelt. Anstelle des Minimums für die Bestimmung des Wahrheitswertes einer Konjunktion könnte auch eine andere sogenannte t-Norm verwendet werden und für die Bestimmung des Wahrheitswertes einer Disjunktion könnte auch eine andere t-CoNorm verwendet werden. Weiterführende Informationen findet man beispielsweise unter [2], [3] und [4].

12.2 Vorschläge für den Unterricht und Anwendungen

- Weitere Beispiele für Ausnahmen im menschlichen Alltagsschließen suchen.
- Wo verwenden wir im Alltag die Closed-World Assumption?
- Weitere Beispiele für deduktive, abduktive und induktive Schlüsse finden, die Menschen im Alltag ziehen.
- Auf https://potassco.org/clingo/run/ kann online mit dem ASP Beweiser Clingo experimentiert werden. Nach dem Betrachten einiger der auf der Webseite präsentierten Beispiele, können die Beispiele aus dem Buch nachvollzogen werden.
- Beispiele für vage Aussagen im Alltag suchen und entscheiden, ob es sich bei den gefundenen Aussagen um unsichere oder unscharfe Aussagen handelt.
- Beispiele für Annahmen finden, die wir im Alltag treffen. Welche Ausnahmen gibt es?

12.3 Literatur zum Weiterlesen und Quellen

Im Standardbuch von Russel und Norvig [6] wird das Thema im Teil **Uncertain Knowledge and Reasoning** umfassend vorgestellt.

Eine leicht verständliche Einführung zum Thema vages Wissen ist in [3] zu finden.

Zum Thema Answer Set Programming bieten die Webseiten (https://potassco.org/clingo/) des ASP Beweisers Clingo viele einführende und weiterführende Materialien. Material für einen einführenden Kurs wird unter https://teaching.potassco.org angeboten.

Literatur

1. Gerhard Brewka. "Nonmonotonic Logics – A Brief Overview". In: **AI Commun**. 2.2 (1989), S. 88–97. DOI: 10.3233/AIC-1989-2204. URL: https://doi.org/10.3233/AIC-1989-2204.
2. Petr Cintula, Christian G. Fermüller und Carles Noguera. "Fuzzy Logic". In: **The Stanford Encyclopedia of Philosophy**. Hrsg. von Edward N. Zalta. Winter 2021. Metaphysics Research Lab, Stanford University, 2021.
3. U. Lämmel und J. Cleve. **Lehr- und Übungsbuch Künstliche Intelligenz**. Fachbuchverl. Leipzig im Hanser-Verlag, 2004. isbn: 9783446225749. URL: https://books.google.de/books?id=V0bZXwAACAAJ.
4. David Poole, Alan K. Mackworth und Randy Goebel. **Computational intelligence – a logical approach**. Oxford University Press, 1998. ISBN: 978-0-19-510270-3.
5. Raymond Reiter. "A Logic for Default Reasoning". In: **Artif. Intell**. 13.1-2 (1980), S. 81–132. DOI: 10.1016/0004-3702(80)90014-4. URL: https://doi.org/10.1016/0004-3702(80)90014-4.
6. Stuart Russell und Peter Norvig. **Artificial Intelligence: A Modern Approach (4th Edition)**. Pearson, 2020. URL: http://aima.cs.berkeley.edu/.

Teil IV
Spezielle und vertiefende Themen

Oil painting of a human giving instructions to an industrial robot as the robot interacts with its environment and fullfills its tasks. – Erstellt mit Dall·E 4, 22. November 2023

Robotik

13

Diedrich Wolter, Udo Frese und Tilman Michaeli

Robotik aus Sichtweise der KI abstrahiert von den technischen Schwierigkeiten, einen Roboter zu konstruieren (z. B. mechanische ‚Hände' und taktile Sensoren zu entwerfen, die es erlauben, ein rohes Ei zu greifen). Daher unterscheidet sich dieses Kapitel von typischen Einführungen in Robotik. Dort wird der Konstruktion von Robotern und der Mechatronik der notwendige Raum gegeben. Aus Sicht der KI stehen vielmehr Techniken im Vordergrund, die der Besonderheit der intelligenten Informationsverarbeitung eines Roboters gerecht werden: Ein Roboter ist **situiert** in seiner Umgebung, d. h., er nimmt Information über seine Umgebung auf und verändert die Umgebung durch seine Handlungen. Information über die Umgebung erhält ein Roboter durch **Wahrnehmung** mit Sensoren, die dieser geeignet interpretieren muss. Die besondere Schwierigkeit liegt darin, dass Sensoren nie ein perfektes Abbild der Realität zeigen. Sensorinformation ist **unvollständig**, zum Beispiel sind Gegenstände in einem Kamerabild teilweise verdeckt. Unbekanntes muss aus mehreren Beobachtungen rekonstruiert werden. Sensorinformation ist zudem mit **Unsicherheit** behaftet, dass heisst, die Messwerte entsprechen nicht der objektiven Realität. Selbst bei der Interpretation von nur leicht von der idealen Messung

---

D. Wolter (✉)
Uni Lübeck, Lübeck, Deutschland
E-mail: diedrich.wolter@uni-luebeck.de

U. Frese
FB 3 Mathematik und Informatik, Uni Bremen, Bremen, Deutschland
E-mail: udo.frese@uni-bremen.de

T. Michaeli
SOT, TU München, München, Deutschland
E-mail: tilman.michaeli@tum.de

abweichenden Beobachtungen kann eine Interpretation fehlerhaft sein. Zum Beispiel ist es selbst Menschen oft nicht möglich, in schwierigen Situation wie dem Fahren eines Autos bei Regen in Dunkelheit und entgegenkommenden Verkehr, den Verlauf der Straße mit absoluter Sicherheit zu erkennen. Algorithmen zur Handlungsplanung für Roboter müssen deshalb insbesondere **robust** sein, d. h., auch bei Wahrnehmungen geringer Qualität und Fehlinterpretationen zielführende Handlungsentscheidungen treffen.

Neben den bisher beschriebenen Schwierigkeiten soll ein Roboter oft kein autonomes System sein (z. B. ein Staubsaugerroboter), sondern er soll mit Menschen interagieren, etwa wie die in Science-Fiction-Filmen allgegenwärtigen Serviceroboter. Neben dem in diesem Buch behandelten Aspekten **Sprache und Dialog** gibt es weitere wichtige Arten, wie Menschen und Roboter miteinander interagieren können, etwa wenn ein Roboter einem Menschen einen Gegenstand übergeben soll (Wie kann der Roboter erkennen, dass er den Gegenstand loslassen darf?) oder wenn der Roboter erkennen soll, dass ein Mensch in einer Situation Hilfe wünscht.

Dies letztgenannten wichtigen Fragestellungen sind sehr komplex und nicht auf Roboter beschränkt. Deshalb konzentriert sich dieses Kapitel exemplarisch auf eine grundlegende Fragestellung für autonome Roboter:

> **Problem Selbstlokalisation:**
>
> Wie kann ein Roboter robust den Zustand seiner Umgebung trotz unsicherer Wahrnehmung bestimmen, insbesondere wie kann der Roboter seine Position auf einer Karte der Umgebung anhand von Wahrnehmung robust bestimmen und mitverfolgen? ◄

Anhand dieser vermeintlich einfachen Aufgabe der sogenannten **Selbstlokalisation** wird deutlich, dass der Umgang mit **unsicherer Information** für einen Roboter wesentlich ist. Die auch in einfachen Experimenten gut nachzustellende Aufgabe der Selbstlokalisation führt Techniken zum Schätzen eines Systemzustandes mit Mitteln der Wahrscheinlichkeitsrechnung ein. Auf dieser Basis lassen sich dann Techniken der ↝Planung oder des ↝Reinforcement-Learning anzuwenden, um zielführend Aktionen auszuführen.

Kompetenzziele
- Aufgaben und Problemstellungen autonomer Roboter anzugeben
- Unsicherheit in Wahrnehmung und Handlung zu beschreiben
- Bedeutung der Wechselwirkung zwischen Agent und seiner Umgebung zu beschreiben
- Anwenden einer ausgewählten Technik zum Schätzen des Roboterzustandes als Voraussetzung zur Anwendung von Handlungsplanung

13 Robotik

Um diese Kompetenzziele zu erreichen, sind aus dem Bereich der Mathematik elementare Vorkenntnisse in der Wahrscheinlichkeitsrechnung notwendig. Aus dem Bereich der KI, wie in diesem Buch behandelt, ist Kenntnis des Begriffes des **intelligenten Agenten** hilfreich, um die behandelte Technik einzuordnen. Um eine gute Vorstellung zu erlangen, wie komplex die Programmierung eines intelligenten Roboters ist, sind zusätzlich Kenntnisse aus den Bereichen **Planung** oder **Reinforcement-Learning** (vgl. Kap. 7) nützlich.

13.1 Methodische Einführung

Im Folgenden wird schrittweise ein mathematisches Modell auf Basis von Wahrscheinlichkeiten hergeleitet, das einem Roboter erlaubt, seine Position in Bezug auf eine **Karte** zu bestimmen. Bevor das Modell erläutert werden kann, muss zunächst geklärt werden, mit welcher Art von Karten ein Roboter navigieren kann.

13.1.1 Karten für mobile Roboter

In Anlehnung an alltägliche Straßen- oder Wanderkarten wird der Begriff **Karte** in der Robotik verwendet, um die Repräsentation der Umgebung eines Roboters zu bezeichnen. Karten müssen zumindest folgende Eigenschaften aufweisen:

- Karten erlauben, effizient einen Weg zu einem Ziel zu planen.
- Karten ermöglichen, anhand von Sensordaten die Position auf der Karte zu bestimmen.
- Karten müssen präzise als Datenstruktur darstellbar sein.

Aufgrund der Vielfalt an Robotern (Roboter auf Rädern, fliegende Roboter, schwimmende oder tauchende Roboter, etc.) und unterschiedlicher Arten von Sensoren existiert ein breites Spektrum von Karten. Wir wollen im folgenden von einem Haushaltsroboter ausgehen, der durch die heimische Wohnung fahren kann. Ähnlich moderner Staubsaugerroboter (oder Assistenzsystemen zum Einparken eines PKWs) soll unser Haushaltsroboter über Abstandssensoren verfügen, die Abstände zu Hindernissen (Wände, Tischbeine, etc.) messen können, mit denen der Roboter nicht kollidieren soll. An diesem Beispiel wollen wir typische Karten eines Roboters kurz vorstellen.

Belegungskarte Eine Belegungskarte stellt eine maßstabsgetreue Aufsicht auf die Umgebung des Roboters als ein durch Pixel repräsentiertes Bild dar (siehe Abb. 13.1). Jedes Pixel in der Belegungsarte entspricht einem Ausschnitt der realen Umgebung, zum Beispiel ein Pixel pro Quadratzentimeter Wohnung. Ist ein Pixel schwarz gefärbt, so bedeutet dies, dass sich in der entsprechenden Fläche in der Realität ein Hindernis befindet,

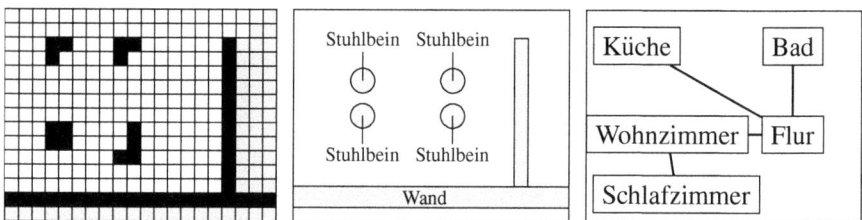

Abb. 13.1 Beispiele für eine Karte als Belegungskarte (engl. occupancy map) (links: Rasterdarstellung des freien Raumes), als Merkmalskarte (Mitte: Positionen ausgewählter Objekte) und als topologische Karte (rechts: nur Verbindungen zwischen Orten)

die Zelle also belegt ist. Ist das Pixel weiß gefärbt, so kann der Roboter die Fläche gefahrlos befahren. Zusätzlich kann ein Grauwert verwendet werden, um darzustellen, dass für ein Pixel noch nicht bekannt ist, ob es belegt oder frei befahrbar ist. Beim Erstellen einer Belegungskarte (engl. **occupancy grid**) muss ein Kompromiss für den Maßstab gefunden werden: eine hohe Anzahl von Pixeln erlaubt eine präzise Karte, mit der auch in Engstellen Wege gefunden werden können, erhöht aber den Speicherbedarf und vor allem den Rechenaufwand.

Merkmalskarten Merkmalskarten sind ähnlich den Belegungskarten, verzeichnen jedoch Merkmale der Umgebung (insb. Hindernisse) in ihrer exakten geometrischen Form. So wird der Kompromiss einer geeigneten Zellengröße vermieden, allerdings muss sich die Umgebung durch die gewählten Merkmale darstellen lassen. Während zum Beispiel Linien zur Darstellung von Wänden in Büroumgebungen mit langen Fluren eignen, so sind die Umrisse des durch den Roboter befahrbaren Bereichs in einer Wohnung oftmals nur schlecht durch gerade Linien darzustellen.

Topologische Karten Anders als die zuvor betrachteten Kartentypen steht bei der topologischen Karte nicht die Geometrie der Umgebung im Vordergrund, sondern wie ausgewählte Orte miteinander verbunden sind. Eine topologische Karte stellt sich wie eine U-Bahn-Karte oder Busplan als eine Liste von Orten (Stationen) dar, die durch Wege (U-Bahn- oder Buslinien) miteinander verbunden sind. Die Datenstruktur der topologischen Karte ist ein **Graph** mit Knoten (Orte) und Wegen (Kanten im Graph). Beispielsweise könnte die häusliche Umgebung einen Knoten „Küche" und einen Knoten „Flur" enthalten, die durch eine Kante „fahre durch die Tür" verbunden sind. Wenn mit einer topologischen Karte navigiert werden soll, so ist der Roboter zusätzlich auf Sensorinformation angewiesen, um etwa kleinen Hindernissen auszuweichen oder die im Beispiel genannte Tür zu identifizieren. Der Vorteil einer topologischen Karte liegt darin, dass auch große Umgebungen – etwa das U-Bahn-Netz einer großen Stadt – kompakt und damit effizient in einer Datenstruktur dargestellt werden können.

Es ist möglich, die genannten Kartentypen zu kombinieren, etwa zusätzliche Merkmale in einer Belegungskarte zu verzeichnen oder sogar Belegungs- oder Merkmalskarten einer lokalen Umgebung (z. B. eines einzelnen Zimmers) als Knoten einer topologischen Karte zu verwenden. Allen Kartentypen gemein ist, wie die Aufgabe der Selbstlokalisierung gelöst werden kann. Das heutzutage übliche Verfahren basiert auf dem Rechnen mit Wahrscheinlichkeiten.

13.1.2 Wahrscheinlichkeitstheoretisches Modell der Selbstlokalisation

Aufgrund der Unsicherheit in Sensorinformation kann nie mit absoluter Sicherheit festgestellt werden, was beobachtet wird.[1] Die Idee ist einfach: Es wird mit der **Wahrscheinlichkeit** gerechnet, ein bestimmtes Objekt beobachtet zu haben. Gleichzeitig werden die Wahrscheinlichkeiten für Beobachtungen aller anderen Objekte berechnet. Diese Wahrscheinlichkeitswerte werden über mehrere Beobachtungen hinweg akkumuliert, man sagt die Beobachtungen werden **fusioniert**. Wenn Entscheidungen zu treffen sind, etwa in welche Richtung der Roboter fahren soll, kann dies anhand der aktuell **wahrscheinlichsten** Interpretation der gemachten Beobachtungen erfolgen.

Die Berechnung mit Wahrscheinlichkeiten hat den Vorteil, robust gegenüber Fehlinterpretationen zu sein, etwa wenn einmalig ein Objekt falsch identifiziert wurde. Um ein wahrscheinlichkeitstheoretisches Modell der Selbstlokalisation aufzubauen, werden zwei Modelle benötigt:

Beobachtungsmodell: Bestimmung der Wahrscheinlichkeit, eine bestimmte Beobachtung zu machen, gegeben das beobachtete Objekt;
Bewegungsmodell: Bestimmung der Wahrscheinlichkeit, dass sich der Roboter an einer bestimmten Position befindet in Abhängigkeit von einer Ausgangsposition und einer Bewegung.

Beide Modelle lassen sich mit Mitteln der **bedingten Wahrscheinlichkeit** – siehe Abb. 13.2 – beschreiben.

13.1.3 Beobachtungsmodell

Das Beobachtungsmodell ist abhängig davon, welche Art von Karte dem Roboter zur Verfügung steht. Im Falle einer **Merkmalskarte** beschreibt das Beobachtungsmodell den

---

[1] Ein großer Unterschied zwischen Roboter und Menschen: Wenn wir uns in unserer vertrauten Umgebung wie etwa der eigenen Wohnung umschauen, so können wir mit absoluter Sicherheit feststellen, dass es sich um die eigene Wohnung handelt. Heutige Roboter verfügen weder über den menschlichen Wahrnehmungsorganen vergleichbare Sensoren, noch konnte eine vergleichbar zuverlässige Interpretation der Sensordaten bisher erreicht werden.

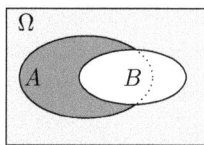

Abb. 13.2 Skizze zu Notation mit bedingten Wahrscheinlichkeiten: Gesetz der totalen Wahrscheinlichkeit $P(\Omega) = 1$, $P(A|B) = \frac{P(A \cap B)}{P(B)}$

Zusammenhang zwischen Beobachtung und den in der Karte verzeichneten Merkmalen, im Falle einer **Belegungskarte** lediglich die Wahrscheinlichkeiten, an einer Stelle mit/ohne Hindernis tatsächlich kein/ein Hindernis wahrzunehmen. Wir betrachten im folgenden den Fall einer **topologischen Karte**, bei der die einzelnen Positionen anhand von dort sichtbaren Objekten unterscheidbar sind (der Herd ist in der Küche zu sehen, etc.)

Im Folgenden soll **B** für eine Beobachtung stehen und $\mathbf{O} = \{o_1, o_2, \ldots\}$ für die Menge von beobachtbaren Objekten. Das Beobachtungsmodell drückt die Wahrscheinlichkeit, eine Beobachtung **B** von einem Objekt o_i gemacht zu haben, als bedingte Wahrscheinlichkeit $P(\mathbf{B}|o_i)$ aus: gegeben ein Objekt o_i, wie groß ist die Wahrscheinlichkeit, dass Beobachtung **B** gemacht wird. Das Modell muss auf alle Beobachtungen und Objekte angewendet werden, da stets alle möglichen Interpretationen betrachtet werden, so unwahrscheinlich sie auch aus einer einzelnen Beobachtung erscheinen.

Das Beobachtungsmodell lässt sich experimentell ermitteln, dazu gibt es verschiedene Möglichkeiten. Wir betrachten hier einen einfachen Ansatz, der sich gut mit einfachen Mitteln umsetzen lässt, also mit Sensorik günstiger Roboter für Spiel- und Lehrzwecke und elementaren Programmierkenntnissen.

13.1.3.1 Beispiel

Der in Abb. 13.3 gezeigte Roboter soll sich in einem Labyrinth selbst lokalisieren, dass aus für den Roboter ununterscheidbaren, geraden Wänden besteht. Um eine hilfreiche Karte des Labyrinthes anzufertigen, können die unterschiedlichen Kreuzungstypen in einer topologischen Karte verzeichnet werden. Beispielsweise lassen sich T- und X-Kreuzungen identifizieren, sowie L-förmige Kurven und ggf. I-förmige gerade Abschnitte. Damit ergibt sich eine topologische Karte wie beispielhaft in Abb. 13.3 dargestellt ist.

Um zu erkennen, ob sich der Roboter an einem T-, X-, L- oder I-förmigen Abschnitt befindet, wird der Entfernungsmesser $\pm 180°$ geschwenkt und die gemessenen Entfernungen werden für die Drehwinkel gespeichert. In Abb. 13.4 sind beispielhafte Ansichten gezeigt. Für ein einfaches Labyrinth genügt es nun zu zählen, in wie viele Richtungen Hindernisse weiter entfernt sind, als Wege breit sind: Bei einer T-Kreuzung werden drei Richtungen gefunden, bei einer L- und I-förmigen zwei (bei der I-förmigen sind diese $180°$ voneinander entfernt), usw. Dies ließe sich mit einem einfachen Algorithmus realisieren: Als Eingabe erhält der Algorithmus z. B. 36 Entfernungsmessungen (eine Messung pro $10°$ Drehung), als Ausgabe den Buchstaben X, T, I oder L. Nun wird der Roboter

13 Robotik

Abb. 13.3 Links: Ein einfacher Roboter aus einem Baukasten für Spiel- und Lehrzwecke in einem Labyrinth. Der Roboter verfügt über einen Entfernungssensor der mit Ultraschall die Entfernung zum nächsten Hindernis bestimmt, sowie über einen Drehmechanismus, um den Entfernungssensor $\pm 90°$ zu drehen (sog. Servo). Rechts: Eine topologische Karte des Labyrinths

Abb. 13.4 Sensordaten für die einzelnen Umgebungsmerkmale

an verschiedene Stellen in seiner Umgebung platziert, man lässt ihn eine Beobachtung durchführen und notiert, welcher Umgebungstyp (Beobachtung X, T, I oder L) erkannt wurde, je nach wirklichem Typ der Umgebung. Das Ergebnis ist eine Tabelle mit Prozentwerten $0 \ldots 1{,}0$ wie beispielsweise folgende:

beobachtet:	X	T	I	L
wirklich:				
X	0,90	0,06	0,02	0,02
T	0,04	0,86	0,04	0,06
I	0,08	0,06	0,84	0,02
L	0,04	0,06	0,10	0,80

(13.1)

Der hervorgehobene Eintrag sagt zum Beispiel aus, dass eine Stelle an der in Wirklichkeit ein L-Knick zu beobachten wäre, in 10 % der Fälle als (geradliniger) I-Weg interpretiert wurde. Diese Tabelle wird auch als **Konfusionsmatrix** bezeichnet. Aufgrund des Gesetzes der totalen Wahrscheinlichkeit muss die Zeilensumme stets 1 ergeben. Bei hinreichend vielen, gut über die Umgebung verteilten Versuchen nähert sich die so erhobene Statistik der Wahrscheinlichkeitsverteilung $P(\mathbf{B}|\mathbf{O})$ an.

Unter der Annahme, dass die gemachte Beobachtung des Roboters nur von der Aufnahmeposition abhängt (also **stochastisch unabhängig** von möglichen Einflussgrößen wie Beleuchtung, Ladezustand der Batterie etc. ist), lässt sich eine Hypothese über den Aufenthaltsort mit der Beobachtung **fusionieren**. Bezeichne $P(X)$ die Wahrscheinlichkeit, dass sich ein Roboter an einer bestimmten Position X befindet. Laut Karte ist bekannt, welchen Typ von Umgebung der Roboter an dieser Stelle vorfindet. Bezeichnen wir diesen Typ mit o und den vom Roboter beobachteten Typ mit b, so ergibt sich die mit der Beobachtung fusionierte Wahrscheinlichkeit

$$P(X) \cdot P(b|o), \tag{13.2}$$

wobei $P(b|o)$ aus der Konfusionsmatrix (13.1) abgelesen werden kann. Es bleibt, die Wahrscheinlichkeit $P(X)$ zu bestimmen.

13.1.4 Bewegungsmodell

Die Position des Roboters hängt fast ausschließlich von den durch den Roboter gemachten Bewegungen ab. Wir schreiben „fast ausschließlich", denn man möchte nicht ausschließen, dass der Roboter in ausgeschalteten Zustand an einen neuen Ort gebracht wird (man spricht auch vom **kidnapped robot problem**). Die Bewegungen eines Roboters können nie mit absoluter Präzision ausgeführt werden. Selbst kleine Fehler addieren sich auf, schon nach wenigen Schritten ist eine beträchtliche Abweichung von der exakten Position möglich.

Das Bewegungsmodell wird deshalb auch mit bedingten Wahrscheinlichkeiten erstellt: Gegeben ein Fahrbefehl, eine Anfangs- und eine Zielposition, mit welcher Wahrscheinlichkeit erreicht der Roboter die Zielposition? Mathematisch formuliert erlaubt uns das Bewegungsmodell die Wahrscheinlichkeit $P(X|\text{Startpunkt}, \text{Fahrbefehl})$ zu berechnen, dass sich der Roboter nach Ausführung des Fahrbefehls an Position X befindet. Ähnlich dem Beobachtungsmodell kann für alle möglichen Fahrbefehle, Anfangs- und Endpositionen diese Wahrscheinlichkeit experimentell bestimmt werden. Dabei lassen sich vereinfachende Annahmen treffen, zum Beispiel, dass die Wahrscheinlichkeit nicht vom konkreten Anfangs- und Endpunkt in absoluten Koordinaten abhängt, sondern nur von der relativen Lage zueinander. Wenn ein Roboter in 10 % der Fälle zu weit geradeaus fährt, dann tut er das unabhängig von der Stelle, an der er startet; derartige Fehler addieren sich auf (Abb. 13.5).

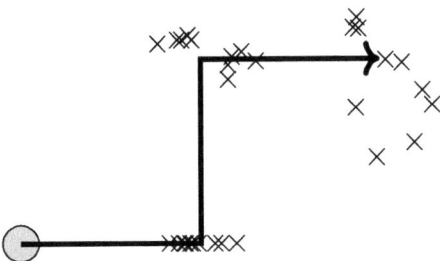

Abb. 13.5 Ein Roboter führt eine Sequenz von Fahrbefehlen aus: geradeaus, links drehen, geradeaus, rechts drehen, geradeaus. Kleine Unterschiede in der Ausführung addieren sich und resultieren in einer Vielzahl möglicher Zwischen- und Endpositionen (mit × markiert). Daher muss Unsicherheit in der Bewegung beachtet werden

Abb. 13.6 Ausschnitt aus dem Bewegungsmodell für die linke T-Kreuzung aus Abb. 13.3. Abhängig von den Fahrbefehlen **g**eradeaus, **l**inks drehen, **r**echts drehen sind die Wahrscheinlichkeiten notiert, mit denen der Roboter das Ziel erreicht

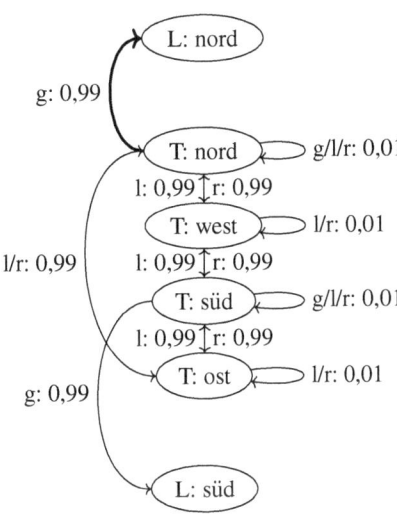

In unserem Beispiel, in dem ein Roboter in einem Labyrinth navigiert, genügt es, wenige Fahrbefehle zu betrachten: Drehen nach links/rechts zum nächsten Weg und das Geradeausfahren in einem Weg bis zu einer Stelle, an dem ein Knick oder eine Abzweigung beobachtet wird. Wir wollen davon ausgehen, dass vier Blickrichtungen des Roboters unterschieden werden sollen, die wir mit den Himmelsrichtungen bezeichnen. Ausgehend von der in Abb. 13.3 gezeigten Karte ergeben sich somit $4 \cdot 9 = 36$ mögliche Positionen des Roboters. Zwischen den einzelnen Positionen lassen sich je nach Fahrbefehl die Wahrscheinlichkeiten notieren, mit denen der Roboter von der einen in die andere Position wechselt – ein Ausschnitt ist exemplarisch in Abb. 13.6 dargestellt. Der hervorgehobene Pfeil soll beispielsweise darstellen, dass der Roboter mit 99 % Wahrscheinlichkeit aus der Position T-Kreuzung mit Blickrichtung nord bei Ausführung des Fahrbefehls „geradeaus" in der L-Abzweigung ankommt. In den übrigen 1 % der Fälle scheitert die Ausführung und der Roboter bleibt am Ausgangspunkt stehen. Für jeden der Fahrbefehle L, R, G ergibt sich auf diese Weise eine Matrix von Übergangswahrscheinlichkeiten.

13.1.5 Selbstlokalisation mit Markovmodellen

Das Beobachtungs- und Bewegungsmodell lassen sich zu einem eleganten Modell zusammenfassen. Es wird dazu die Annahme getroffen, dass die sogenannte **Markov-Bedingung** im Ablauf der Selbstlokalisation stets erfüllt ist. Die Markov-Bedingung besagt, dass ein Folgezustand nur vom aktuellen Zustand abhängen darf, nicht von der Historie. Übertragen auf die Selbstlokalisation heißt dass, dass sowohl das Beobachtungs- wie auch das Bewegungsmodell nur von der aktuellen Position abhängen. Diese Annahme klingt plausibel, ist jedoch nicht immer erfüllt. Fährt ein Roboter beispielsweise durch eine Ölpfütze und die Reifen verlieren dadurch an Haftung, so werden möglicherweise alle zukünftigen Bewegungen unzuverlässiger sein, als wenn er nicht durch die Ölpfütze gefahren wäre. In solchen Fällen kann es helfen, die Eigenschaft, ölbefleckte Reifen zu haben, mit in das Modell aufzunehmen. Für jede Position gibt es dann zwei Zustände, einmal für ölbefleckte und einmal für nicht ölbefleckte Reifen.

Ein Markov-Modell für die Selbstlokalisation besteht aus folgenden Bestandteilen:

- einer endlichen Menge von Zuständen $Z = \{z_1, z_2, \ldots, z_n\}$
  Dies ist die Menge an möglichen Positionen, an denen sich der Roboter befinden kann.
- einer endlichen Menge an möglichen Beobachtungen $B = \{b_1, b_2, \ldots, b_m\}$
  Dies sind in unserem Beispiel die Umgebungstypen X, L, T und I.
- einer von einer Aktion a abhängigen Zustandsübergangswahrscheinlichkeit $P(Z^+|Z, a)$
  Dies ist das Bewegungsmodell für die Aktionen g, l, r
- einem Beobachtungsmodell $P(B|Z)$
  Dies ist das Beobachtungsmodell für die Umgebungstypen X, L, T, I
- einer initialen Wahrscheinlichkeitsverteilung $\pi : Z \to [0, 1]$
  Diese gibt für jeden Zustand $z \in Z$ an, wie wahrscheinlich dieser zu Beginn der Selbstlokalisierung ist. Man setzt in der Regel $\pi(z) = \frac{1}{|Z|}$, so dass alle Zustände gleich wahrscheinliche Startzustände sind.

Das Modell wird im Englischen als **partially observable Markov decision process** (abgekürzt POMDP) bezeichnet und auch in anderen Kontexten angewendet, insbesondere im verstärkenden Lernen (engl. Reinforcement Learning, siehe Kap. 7).

Das Problem der Selbstlokalisation stellt sich nun als die Aufgabe dar, die Wahrscheinlichkeit für einen Zustand (also eine Position des Roboters) zu berechnen, gegeben die Historie an Fahrbefehlen und Beobachtungen. Man spricht auch von einem **Zustandsschätzer** – dieser Ausdruck macht nochmals deutlich, dass die berechneten Werte lediglich eine Schätzung sind, keine exakte Positionsbestimmung.

Um die Positionsschätzung fortzuschreiben, wird die Wahrscheinlichkeitsverteilung über die Zustände Z nach jeder Aktion und nachfolgenden Beobachtung neu berechnet. Seien die Folge von Aktionen $a^{[1]}, a^{[2]}, \ldots$ und Beobachtungen $b^{[1]}, b^{[2]}, \ldots$ gegeben, so kann für einen Zeitpunkt t die Wahrscheinlichkeitsverteilung bestimmt werden, in dem für alle Zustände $z_i \in Z$ folgendes berechnet werden:

$$\hat{P}(z_i^{[t]}) = \begin{cases} \pi(z_i) & \text{falls } t = 0 \\ \left(\sum_{m=0}^{n} P(z_m^{[t-1]}) \cdot P(z_i|z_m, a_t)\right) \cdot P(b^{[t]}|z_i) & \text{andernfalls} \end{cases} \quad (13.3)$$

Für den Startzeitpunkt $t = 0$ ist die Wahrscheinlichkeit direkt durch die initiale Wahrscheinlichkeitsverteilung π gegeben. Für den Fall $t > 0$, dargestellt in der zweiten Zeile von Gl. 13.3 ergibt sich die Wahrscheinlichkeit aus der Summe allen Möglichkeiten, zum Zeitpunkt $t-1$ in einem Zustand z_m gewesen zu sein, $P(z_m^{[t-1]})$, multipliziert mit der Zustandsübergangswahrscheinlichkeit zum Zustand z_i. Das Resultat wird abschließend mit der Wahrscheinlichkeit multipliziert, im Zustand z_i die Beobachtung b^t gemacht zu haben.

Die Berechnung durch Multiplikation der Wahrscheinlichkeiten ist möglich, da die einzelnen Wahrscheinlichkeiten in dem Modell voneinander unabhängig sind. Abschließend wird die Wahrscheinlichkeitsverteilung durch Normalisierung bestimmt:

$$\alpha = \sum_{m=0}^{n} \hat{P}(z_m)^{[t+1]} \quad (13.4)$$

$$P(z_i^{[t+1]}) = \frac{\hat{P}(z_m)^{[t+1]}}{\alpha} \quad (13.5)$$

Die Normalisierung bewirkt, dass sich die Wahrscheinlichkeiten aller Zustände gemäß dem Gesetz der totalen Wahrscheinlichkeit zu 1 addieren. Diesen Schritt ist notwendig, da in der Gl. (13.3) nicht berücksichtigt ist, dass sich der Roboter auf einer der Positionen befinden muss, egal wie unwahrscheinlich dies im Einzelfall erscheinen mag.

Zum Nachdenken:

Belegungskarten können für die Selbstlokalisation genutzt werden, in dem jede Zelle und eine Menge an möglichen Orientierungen (z. B. $\{0°, 10°, 20°, \ldots\}$) als mögliche Roboterposition betrachtet wird. Das Beobachtungsmodell beschreibt dann, wie gut beobachtete Hindernisse (z. B. mit einem Entfernungssensor) mit der Karte übereinstimmen. Im Hinblick auf den zuvor angesprochenen Kompromiss der Auflösung einer Umgebungskarte und dem Rechenaufwand: Welchen Einfluss auf den Rechenaufwand (Anzahl an Multiplikationen und Additionen) hat es, die Auflösung zu vervierfachen, d. h. anstelle einer vier Zellen vorzusehen? ◂

13.2 Beispiele aus der Lebenswelt, gesellschaftliche Bezüge und Interdisziplinarität

Universelle, hilfreiche Serviceroboter sind spätestens seit den Science-Fiction-Cartoons der 1950iger Jahre aus Literatur, Kultur und Medien nicht mehr wegzudenken. Ebenso sind Roboter in der industriellen Fertigung fester Bestandteil, die bestimmte Arbeitsabläufe wiederholt präzise durchführen. Ein universeller Haushaltsroboter, der die Wäsche macht oder die Küche aufräumt ist aber noch nicht erhältlich, sehr zum Bedauern der Autoren. In aktuellen Forschungsarbeiten konnten Serviceroboter geschaffen werden, die einzelne Teilaufgaben in mehr oder weniger stark kontrollierten Umgebungen ausführen können, etwa Schränke und Türen öffnen oder sogar Pfannkuchen backen (bereitgestellter Fertigteig, Programmierung speziell für eine Kücheneinrichtung ausgelegt). Es drängt sich eine Frage auf: Warum sind noch keine universellen Serviceroboter erhältlich?

Um einen Grund zu illustrieren, warum universelle Haushaltsroboter noch nicht verfügbar sind, soll ein kleinen Rechenbeispiel dienen:

- Der Haushaltsroboter soll einen Apfelkuchen backen.
- Einen Apfelkuchen zu backen beinhaltet folgende Arbeitsschritte: Backform, Rührschüssel und Rührgerät sowie Mehl, Eier, Zucker holen (5 Schritte), die Eier einzeln aufschlagen (3 Schritte), je 200 g Zucker und Mehl abwiegen (2 Schritte) und nacheinander unter Rühren in die Rührschüssel geben (3 Schritte). Der Teig muss dann in die Backform gefüllt werden, je nach Größe müssen etwa 4 Äpfel geschält, halbiert, entkernt und eingeschnitten auf dem Teig verteilt werden. Die Backform muss in den Backofen gegeben werden, dieser eingeschaltet werden (175 °C) und nach etwa 50 Minuten (Garprobe!) entnommen werden. Idealerweise werden die Küchenutensilien anschließen gereinigt und weggelegt. Selbst bei dieser vereinfachten Aufzählung ergeben sich ohne Reinigung etwa 35 Arbeitsschritte.
- Angenommen, es ist möglich, einen Arbeitsschritt mit der Zuverlässigkeit von 90 % auszuführen. Das heisst, in 90 % aller Fälle wird die Anweisung korrekt ausgeführt, in 10 % der Fälle geschieht ein Malheur mit einer inakzeptablen Konsequenz für das Gesamtziel (Salz statt Zucker gegriffen, Plastikschüssel statt Backform verwendet, etc.). Wir nehmen ferner an, dass die Wahrscheinlichkeiten voneinander unabhängig sind.
- Die Wahrscheinlichkeit, dass der Kuchen erfolgreich gebacken wird liegt dann bei lediglich 2,5 % (siehe Abb. 13.7)!

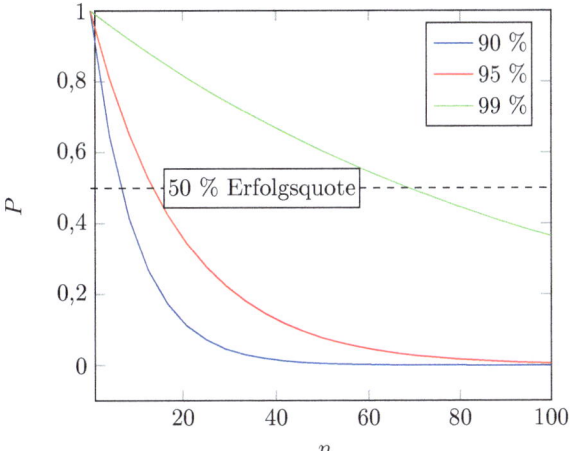

Abb. 13.7 Erfolgswahrscheinlichkeit P einer komplexen Handlung aus n Arbeitsschritten je nach Erfolgswahrschlichkeit für einen einzelnen Arbeitsschritt: Es ist sehr schwierig, Roboter zu konstruieren, die komplexe Aufgaben korrekt bewältigen

13.3 Vorschläge für den Unterricht und Anwendungen

Selbstlokalisation lässt mit oder ohne Verwendung von Computern bzw. Robotern gut erfahrbar machen. Die in diesem Kapitel dargestellten Beispiele zur Selbstlokalisation in einem Labyrinth lassen sich leicht mit Roboterbaukästen (z. B. Lego Mindstorm) oder Arduinos nachstellen. Das mathematische Markov-Modell ist mit elementaren Kenntnissen der Wahrscheinlichkeitsrechnung nachvollziehbar. Daher ist es gut möglich, die Selbstlokalisierung umzusetzen und experimentell zu erproben, sowohl als Rechenaufgabe wie auch im Rahmen von Projektarbeit mit Roboterbaukästen.

Wegfindung mit Karte Anhand einer Karte eines Gebäudes oder Parks und anhand den lokalen Beobachtungen des Typs einer Weggabelung oder Kreuzung (Links-/Rechtsknick, T-Kreuzung, etc.) die Position auf der Karte bestimmen: Wie viele Kreuzungen müssen in etwa passiert werden, bis die Position eindeutig bekannt ist? Gibt es eine Strategie, wie man sich bewegen soll, um nach möglichst kurzer Zeit die Position zu kennen?

Merkmalserkennung Mit Hilfe einfacher Ultraschall-Entfernungssensoren, wie sie bei in Schulen und bei Jugendlichen verbreiteten Arduinos oder bei Lego Mindstorms enthalten sind, kann eine Kreuzungserkennung programmiert werden. Der Sensor wird dazu auf der Stelle gedreht und aus den gemessenen Entfernungsdaten wird ein Kreuzungstyp abgeleitet. Entscheidend ist hierbei nicht ausschließlich die Qualität der Erkennung, sondern vielmehr eine gute Abschätzung, welche Kreuzungstypen mit welcher Wahrscheinlichkeit verwechselt werden.

13.4 Literatur zum Weiterlesen und Quellen

Die in diesem Kapitel beschriebene Selbstlokalisation geht davon aus, dass dem Roboter die Karte seiner Umgebung bekannt ist. Auch ist die Karte einfach gehalten in dem Sinne, dass sich ein Roboter nur an den diskreten Positionen der Kreuzungen aufhält. Dennoch kann dieser Fall relevant für Anwendungen sein, etwa für Navigation in Fluren öffentlicher Gebäude oder Kanalsystemen. Das in diesem Kapitel ausgeführte Beispiel orientiert sich stark an einer frühen Arbeit von Kirchner und Hertzberg [1], in der ein derartiger Kanalinspektionsroboter vorgestellt wird. Eine umfassende und tiefgehende Einführung in probabilistische Methoden in der Robotik stellt das Buch von Sebastian Thrun, Wolfram Burgard und Dieter Fox [5] dar. Für eine allgemeinere Einführung sei auch in diesem Kapitel auf das Standardlehrbuch von Stuart Russel und Peter Norvig [4] verwiesen.

Selbstlokalisation im kontinuierlichen Raum Der hier beschriebene Ansatz lässt sich auf die Lokalisation eines autonom fahrenden Fahrzeugs erweitern, bei dem es gilt, die Position eines Roboters oder Fahrzeuges als x- und y-Koordinaten zu bestimmen. Hierzu wird ein hinreichend feines Gitter über die Umgebung gelegt wird (zum Beispiel Gitterzellen von 10×10 cm) und in jede Zelle eingetragen, was sich dort befindet – im einfachsten Fall, ob die Zelle passierbar ist oder ob sich dort ein Hindernis befindet. Auf diese Weise ergibt sich die beispielhaft in Abb. 13.1 gezeigte Umgebungskarte. Anstatt nun für eine mögliche (x, y)-Position zu bestimmen, was an genau dieser Stelle beobachtet werden kann, wird nun die gesamte beobachtbare Umgebung betrachtet. Der Roboter tastet seine lokale Umgebung ab und erhält im Falle des Entfernungssensors eine lokale Karte. Legt man nun lokale Karte über die hypothetische (x, y)-Position, so wird aus den etwaigen Unterschieden berechnet, wie wahrscheinlich es ist dass die lokale Karte an genau der (x, y)-Position aufgenommen wurde. Wenn der Roboter nicht über eine Rundumsicht verfügt, wird neben x- und y-Position zusätzlich noch die Blickrichtung mit betrachtet. Der Raum der hypothethischen Roboterposen ist dann durch Werte x, y, Θ beschrieben, wobei man für den Winkel Θ ebenfalls eine Diskretisierung wählt. Das resultierende Verfahren für die Selbstlokalisierung liegt den meisten aktuellen Robotersystemen zu Grunde und ist prinzipiell identisch zu dem in diesem Kapitel vorgestellten, beinhaltet aber einige Schwierigkeiten:

- Bei großen fein aufgelösten Karten ist es sehr rechenaufwendig, die Wahrscheinlichkeiten für alle Hypothesen zu aktualisieren. Ist die Umgebung beispielsweise 100×100 Meter groß und soll eine Genauigkeit von 10 cm für x und y, sowie von $3{,}6°$ erreicht werden, dann wären $1000 \cdot 1000 \cdot 100 = 100$ Mio. Wahrscheinlichkeiten zu bestimmen. Neben der hohen Rechenzeit ist auch der Speicherbedarf immens. Erst durch effiziente Algorithmen, die nur eine Teilmenge der Hypothesen betrachten ($\leadsto$ Partikelfilter), ist eine hochauflösende Selbstlokalisation möglich.

- Die zur Effizienzsteigerung notwendigen Techniken approximieren die gesuchte Wahrscheinlichkeitsverteilung nur, wodurch sich die geschätzte Position von der realen unterscheiden kann, ohne dass eine Korrektur möglich ist – der Roboter hat sich sozusagen verlaufen.

Simultane Kartierung und Selbstlokalisation Wenn die Arbeitsumgebung eines Roboters zuvor nicht bekannt ist oder sich ändert, muss der Roboter in die Lage versetzt werden, die Karte seiner Umgebung aufzustellen und gleichzeitig zur Selbstlokalisation zu verwenden. Hierbei handelt es sich um ein sprichwörtliches Henne-Ei-Problem: Könnte sich der Roboter selbst lokalisieren, so wäre Kartierung einfach – es müssten lediglich in der Karte bisher nicht verzeichneten Objekte eingetragen werden. Könnte der Roboter eine Karte anfertigen, so wäre Selbstlokalisation einfach – es müsste nur das in diesem Kapitel beschriebene Verfahren angewendet werden.

Unter dem englischsprachigen Begriff **Simultaneous Localisation and Mapping (SLAM)** werden Verfahren verstanden, die gleichzeitig aus Aktionen und Beobachtungen die plausibelste Karte und zugleich plausibelste Position des Roboters schätzen.

Weg- und Aktionsplanung Robotik in der KI kann als eine Realisierung von autonomen Agenten verstanden werden; enge Bezüge zu Aufgaben der Wahrnehmung und Handlungsplanung sind offensichtlich. Über die in anderen Kapitel bereits angesprochenen Bereiche sei noch auf Planungsaufgaben hingewiesen, die direkt Bezug auf die Umgebung nehmen. In der Wegplanung gilt es eine Ansteuerung der Motoren zu bestimmen, so dass der Roboter einen bestimmten Zielpunkt in einer bekannten Umgebung erreicht. Eine gute Übersicht über derartige Planungsalgorithmen für unterschiedliche Repräsentationen von Karten finden sich u. a. in den Lehrbüchern von Jean-Claude Latombe [2] und Steven M. LaValle [3].

Literatur

1. Joachim Hertzberg und Frank Kirchner. "Landmark-Based Autonomous Navigation in Sewerage Pipes". In: **Proceedings of EUROBOT 96**. 1996.
2. Jean-Claude Latombe. **Robot Motion Planning**. The Springer International Series in Engineering and Computer Science. Springer, 1991. https://doi.org/10.1007/978-1-4615-4022-9.
3. Steven M. LaValle. **Olanning Algorithms**. Cambridge University Press, 2006. URL: http://planning.cs.uiuc.edu/.
4. Stuart Russell und Peter Norvig. **Artificial Intelligence: A Modern Approach (4th Edition)**. Pearson, 2020. URL: http://aima.cs.berkeley.edu/.
5. Sebastian Thrun, Wolfram Burgard und Dieter Fox. **Probabilistic Robotics**. MIT Press, 2005. ISBN: 9780262201629. URL: http://www.probabilistic-robotics.org.

Teil V

Reflexion

A watercolor painting illustrating the theme of artificial intelligence (AI) interacting with various school subjects. – Erstellt mit Dall·E 4, 7. November 2023

Natürliche und Künstliche Intelligenz

Ute Schmid

In den Medien liest man häufig, dass Computer immer schlauer werden. Man erfährt, dass ‚*die KI*' zum Beispiel Hautkrebs besser erkennen kann als die entsprechenden Fachärzte, dass KI Texte schreiben kann oder auch, dass KI hochwertige Kunstwerke schafft. Es wird nahegelegt, dass intelligente Roboter in vielen Berufen Menschen ersetzen könnten, beispielsweise auch Lehrkräfte.

Um beurteilen zu können, ob an solchen Behauptungen etwas dran ist, benötigt man ein grundlegendes Verständnis von KI-Methoden, wie sie im vorliegenden Buch vermittelt werden, sowie auch Wissen über menschliche Intelligenz, wie sie vor allem in der Psychologie und der Kognitionswissenschaft erforscht werden.

Kompetenzziele
- Leistungen von KI-Systemen kritisch bewerten können.
- Unterschiede zwischen menschlicher und maschineller Intelligenz diskutieren können.
- Grundlegendes methodisches Verständnis bezüglich der Überprüfbarkeit von mentalen Zuständen im Turing-Test versus im psychologischen Experiment.
- Anliegen der schwachen und der starken KI benennen können.

U. Schmid (✉)
Kognitive Systeme, Uni Bamberg, Bamberg, Deutschland
E-Mail: ute.schmid@uni-bamberg.de

14.1 Methodische Einführung

Bei der Entwicklung von KI-Systemen werden meist menschliche Leistungen als Maßstab herangezogen. Will man beurteilen, ob KI-Systeme ähnlich intelligent sind wie Menschen, so muss man zunächst klären, was menschliche Intelligenz ausmacht und auch, wie man feststellt, ob jemand intelligent ist. Im Alltag verwenden wir den Begriff Intelligenz oft nicht, um allgemeine menschliche Fähigkeiten des Wahrnehmens, Schlussfolgerns, Problemlösens oder Lernens zu beschreiben, sondern um besonders herausragende Leistungen zu charakterisieren. Wenn jemand in Physik promoviert oder Schach auf Bundesliga-Niveau spielt, sagen wir „du bist aber intelligent". Das korrekte Erkennen einer Katze, das Bauen eines Klötzchenturms, das Zusammenfassen eines einfachen Textes oder das Lösen einer Textaufgabe im Grundschullehrbuch nehmen wir dagegen als selbstverständlich hin. Die letztgenannten Probleme sind aber gerade solche, bei denen Menschen KI-Systemen haushoch überlegen sind.

14.1.1 Was menschliche Intelligenz ausmacht

In der Psychologie wird Intelligenz definiert als die Fähigkeit, aus Erfahrung zu lernen, Probleme zu lösen und sich an neue Situationen anzupassen.[1] Häufig werden verschiedene Aspekte von Intelligenz betrachtet, zum Beispiel sprachliche Kompetenzen, Fähigkeiten zum formal-logischen Denken oder räumliches Vorstellungsvermögen. Auch Kreativität, körperliches Geschick sowie soziale und emotionale Kompetenzen werden in der Psychologie als spezielle Aspekte von Intelligenz betrachtet. Es gibt verschiedene Auffassungen darüber, ob es sich bei diesen verschiedenen Aspekten von Intelligenz um unabhängige Fähigkeiten handelt oder ob diese auf einer gemeinsamen allgemeinen Intelligenz basieren.

In der Psychologie werden Intelligenztests entwickelt, mit denen man messen kann, wie intelligent eine spezielle Person ist. Aus den Lösungen des Tests wird ein Intelligenzquotient als numerischer Wert ermittelt. Viele Intelligenztests enthalten Zahlenreihenprobleme wie: *2, 4, 3, 5, 4, 6, ?*, bei denen die regelmäßige Struktur erkannt und die nächste Zahl in der Reihe genannt werden soll.[2] Einige KI-Forschende haben Computerprogramme entwickelt, die solche Intelligenztests lösen können [3]. Es ist tatsächlich nicht so schwierig, ein Programm zu schreiben, das zum Beispiel Zahlenreihen fortsetzen kann und dabei besser ist als die meisten Menschen. Allerdings kann das Computerprogramm dann genau nur das. Ein Mensch, der in der Lage ist, Zahlenreihen fortzusetzen, kann üblicherweise

---

[1] Für einen kurzen Überblick zu psychologischen Grundlagen der Intelligenz siehe: https://lehrbuch-psychologie.springer.com/content/myers-kapitel-11-intelligenz
[2] Die Regel bei der gezeigten Reihe ist, dass abwechselnd 2 und −1 gerechnet wird. Die nächste Zahl ist also 5.

auch viele andere Dinge, wie einen Zeitungsartikel verstehen und zusammenfassen, Dreisatzaufgaben lösen oder Tierarten unterscheiden. Menschen verfügen im Gegensatz zu KI-Programmen über **allgemeine Intelligenz**.

Diese Vorstellung von Intelligenz, die wir aus unseren Erfahrungen im Alltag gewonnen haben, übertragen wir fälschlich auf KI-Systeme – man spricht von Anthropomorphisierung. Wenn wir also hören, dass ein KI-System Hautkrebs besser diagnostizieren kann als ein speziell dafür ausgebildeter Mensch, dann nehmen wir automatisch an, dass dieses KI-System auch weitere Fähigkeiten hat, ähnlich denen eines Menschen, der Medizin studiert hat. Wir unterstellen sogar, dass solche Systeme moralische Entscheidungen treffen. Wird etwa davon gesprochen, dass KI-Systeme in autonomen Fahrzeugen eingesetzt werden, um Fußgänger zu erkennen, dann gehen wir davon aus, dass das System Fußgänger ähnlich wahrnimmt wie wir, also Geschlecht, Hautfarbe und Alter einer Person. Unter dem Stichwort *Trolley-Problem* wird hitzig diskutiert, ob bei einem notwendigen Ausweichmanöver eine Maschine entscheiden darf, welche Person überlebt. Wie schon beim Intelligenzbegriff übertragen wir auch bei der Objekterkennung die menschliche Wahrnehmungsfähigkeit auf KI-System. Tatsächlich wird ein KI-System, das Fußgänger erkennt – zum Beispiel ein tiefes neuronales Netz (siehe Kap. 7x/8) – eher allgemeinere Form- und Farbmerkmale beachten, um Fußgänger von unbelebten Objekten (wie Bäumen oder Straßenlaternen) zu unterscheiden.

Es wird angenommen, dass allgemeine Intelligenz, wie wir Menschen sie besitzen, darauf basiert, dass wir Bewusstsein besitzen. Philosophie, Psychologie und Neurowissenschaften befassen sich aus unterschiedlichen Perspektiven mit dem Thema Bewusstsein. Was genau Bewusstsein ausmacht, ist allerdings nicht klar definiert. Forschende sind sich aber einig, dass Bewusstsein insbesondere die Fähigkeit ausmacht, seine eigenen mentalen Zustände zu erleben und ein Konzept vom eigenen Selbst (Selbst-Bewusstsein) zu haben [1]. Zum bewussten Erleben gehört auch der subjektive Erlebnisgehalt mentaler Zustände. Wenn wir beispielsweise auf einen Gegenstand schauen, der eine bestimmte Farbe hat, dann wird aus bestimmten Lichtwellen, die von unseren Sinnesorganen verarbeitet werden, ein spezifisches Farberlebnis. Im Gegensatz dazu können wir davon ausgehen, dass die Auswertung bestimmter Farbwerte im Computer nicht von einem solchen inneren Erleben begleitet ist. Gibt also der Computer aus „Blaue Blume", hat er in der gegebenen Bildinformation ein Muster erkannt, das er mit dem Label „Blume" assoziiert und das zudem einem Farbwert für blau entspricht. Sieht ein Mensch bei einem Spaziergang eine blaue Blume, dann löst diese ein inneres Erleben aus, das – so nehmen wir an – einzigartig ist, auch wenn es sicher ähnlich dem vieler anderer Menschen ist.

Weitere Aspekte, die menschliche Intelligenz ausmachen, sind, dass Menschen sich selbst kurzfristige und längerfristige Ziele setzen, die aus verschiedenen Bedürfnissen entstehen, und bei der Verarbeitung von Informationen den aktuellen Kontext berücksichtigen, Vorwissen und Vorannahmen (*common sense*) mit einbeziehen. Beispielsweise verfügen alle Menschen über physikalisches Wissen. Schon junge Kinder verstehen, dass es nicht funktionieren wird, einen stabilen Turm zu bauen, in dem man einen Quader auf eine Pyramide setzt. Ein KI-System hat solches intuitives Wissen dagegen nicht. In der KI-Forschung wird schon seit Jahrzehnten an Ansätzen zum *commonsense reasoning* (siehe Kap. 9/10) gearbeitet – man ist jedoch noch weit von den menschlichen Fähigkeiten entfernt [2].

Wenn wir mit einem anderen Menschen kommunizieren, gehen wir davon aus, dass er uns **versteht**. Wir merken, wenn wir nicht verstanden werden, wenn unser Gegenüber anders reagiert, als wir erwarten. Im Buch ‚Rebooting AI' [6] wird illustriert, wie verschieden automatische Sprachverarbeitung (siehe Kap. 12/13) und menschliches Sprachverstehen sind. Gegeben ist etwa der folgende kurze Text: *Zwei Kinder, Chloe und Alexander, gingen spazieren. Sie sahen einen Hund und einen Baum. Alexander hat auch eine Katze gesehen und sie Chloe gezeigt. Sie hat die Katze gestreichelt.* Die Frage *Wer ging spazieren?* kann ein KI-System, wie es heute umgesetzt ist, problemlos beantworten – das steht ja auch direkt im Text. Aber die Frage *Sah Chloe eine Katze?* kann nicht beantwortet werden. Was passieren kann, wenn man dem System GPT-3 (einem tiefen neuronalen Netz zur Sprachverarbeitung) bestimmte Informationen vorlegt, wird in Abb. 14.1 illustriert.

14.1.2 Menschliches versus maschinelles Lernen

Wie vorher schon für die Begriffe Intelligenz und Objekterkennung übertragen wir auch beim Begriff Lernen die Eigenschaften des menschlichen Lernens auf KI-Systeme. Menschliches Lernen ist nicht nur datengetrieben, sondern es wird Vorwissen miteinbezogen. Zudem ist Lernen ein lebenslanger Prozess. Die meisten Ansätze des Maschinellen Lernens (siehe Kapitel in II) arbeiten dagegen rein datengetrieben. Zudem wird bei den meisten Ansätzen (Ausnahme ist das Reinforcement Learning) einmalig ein Modell aus Daten aufgebaut und danach nicht mehr verändert. Wird etwa ein neuronales Netz trainiert, Bilder von Hunden und Katzen zu unterscheiden, so wird das gelernte Modell bei der

Abb. 14.1 Das auf einem tiefen neuronalen Netz basierende Sprachsystem GPT-3 assoziiert Muster, aber kann nicht verstehen wie ein Mensch. (Fotos aus einem Vortrag von Gary Marcus mit Erlaubnis des Autors)

Eingabe eines anderen Bildes, zum Beispiel eines Muffins,[3] zurückmelden, dass auf dem Bild ein Hund zu sehen ist. Ist das Hundegesicht schokoladenbraun und hat große dunkle Augen, so ist das verzeihlich und könnte uns beim schnellen Betrachten von zwei Fotos auch passieren. Aber würden wir dem Modell zum Beispiel das Bild eines Kühlschranks vorlegen, so würde auch dann Hund oder Katze zurückgemeldet. Ein Mensch würde dagegen sagen ‚Oh, das ist ja etwas Neues, das habe ich noch nicht gelernt.'

Menschliches Lernen nutzt Vorwissen und ist dadurch häufig datensparsam. Teilweise steckt das Wissen in der Art, wie wir Regelmäßigkeiten erkennen. So verallgemeinern wir, wenn wir etwa die Vergangenheitsform von englischen Verben lernen, aus wenigen Beispielen – *watch/watched, wait/waited* – die Regel *Grundform* + *'ed'* und wenden sie an. Ohne dass wir die irregulären Verben gelernt haben, werden wir vielleicht auch übergeneralisieren und *win* zu *wined* umformen (korrekt wäre *won*). Diese Fähigkeit, Regularitäten zu erkennen und darüber zu generalisieren, liegt auch der Fortsetzung von Zahlenreihen zugrunde. In beiden Fällen geht es um die Fähigkeit zum induktiven Schließen – also von speziellen Beispielen auf die allgemeine Regel. Im Gegensatz zum deduktiven Schließen, wie es in Kap. 4 und 8/9 besprochen wird, kann über die Korrektheit des Ergebnisses eines induktiven Schlusses keine sichere Aussage gemacht werden. Lernen ist immer eine Form von ungesichertem Wissenszuwachs. Vorwissen fließt auch in den Lernprozess ein, wenn wir spezielle, bereits erworbene Kenntnisse oder Fertigkeiten nutzen, um darauf aufbauend komplexere Konzepte oder Prozesse zu lernen.

In der Kindheit erwerben wir zunächst viele konkrete, visuelle Konzepte zusammen mit ihren sprachlichen Bezeichnungen. Diese Fähigkeit scheint uns ganz selbstverständlich – will man diese Fähigkeit aber mit einem KI-System nachbauen, wird klar, wie flexibel und leistungsstark das menschliche Konzeptlernen ist. Der Kognitionswissenschaftler Josh Tennenbaum hat dies am Beispiel von künstlichen Beispielen für ein neues Konzept ‚tufa' eindrücklich illustriert ([8], siehe Abb. 14.2). Ähnlich wie wir bei Betrachten der rot markierten Beispiele lernen, was ein tufa ist, haben wir als Kinder gelernt, was ein Ball oder eine Katze ist. Die drei Beispiele sind sehr variantenreich, aber es gelingt uns mühelos, das Wesentliche zu erfassen und vom Unwesentlichen zu abstrahieren. Das Objekt oben links im Bild klassifizieren wir eindeutig als tufa. Die Objekte daneben und darunter nicht. Damit ein Convolutional Neural Network (siehe Kap. 8) das Kontept tufa lernen kann, würde es ungleich mehr Trainingsbeispiele benötigen.

14.1.3 Wie man Intelligenz prüfen kann

Einer der ersten Wissenschaftler, der sich mit der Frage befasst hat, ob man KI-Systeme entwickeln kann, die der menschlichen Intelligenz nahe kommen, war der Mathematiker

---

[3] siehe hierzu: https://www.freecodecamp.org/news/chihuahua-or-muffin-my-search-for-the-best-computer-vision-api-cbda4d6b425d/

Abb. 14.2 Menschen können komplexe perzeptuelle Konzepte aus wenigen Beispielen lernen

Abb. 14.3 Der Turing Test: Ein menschlicher Fragesteller C beurteilt, ob die Antworten von Gesprächspartnern A oder B von einem Menschen stammen

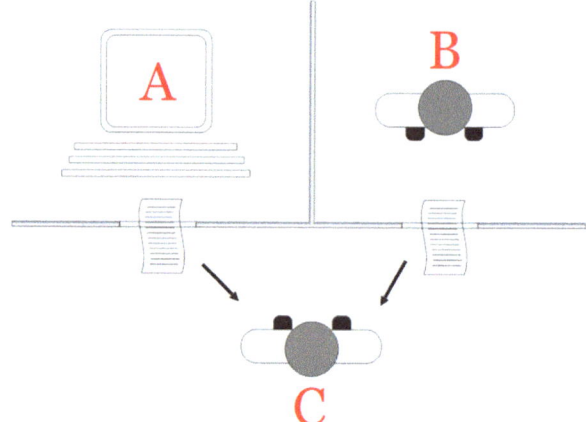

und Informatik-Pionier Allen Turing [9]. Er schlug das sogenannte Imitation Game – später Turing Test genannt – vor (siehe Abb. 14.3). Ein menschlicher Fragesteller unterhält sich über Tastatur und Bildschirm mit zwei ihm unbekannten Gesprächspartnern – einem Menschen und einer Maschine. Kann der menschliche Beurteiler nicht entscheiden, welches Gegenüber die Maschine ist, hat die Maschine den Turing-Test bestanden. Das Bestehen des Turing-Tests wird häufig mit einem dem Menschen gleichwertigen Denkvermögen gleichgesetzt. Jedoch wird ja lediglich das Verhalten (die Funktionalität) verglichen und nicht, ob Mensch und Maschine ihre Antworten basierend auf vergleichbaren internen Prozessen erzeugen.

Stellen wir uns vor, man teilt dem Beurteiler mit, dass ihm gegenüber ein zwölfjähriger Junge sitzt, dessen Muttersprache nicht deutsch ist. Wir wären geneigt, weniger sinnvolle Antworten auf sprachliche Probleme zurückzuführen und Wissenslücken auf das Alter.

Generell sind Menschen sehr geneigt, einem Gegenüber Intelligenz zuzuschreiben. So wird auch humanoiden Robotern wie Pepper schnell absichtsvolles, intelligentes Verhalten zugeschrieben, selbst wenn diese nur auf fest vorprogrammierten Reaktionen beruhen. Allerdings kann dies schnell umschlagen, wenn ein KI-System sich nicht nachvollziehbar verhält.

14.2 Beispiele aus der Lebenswelt, gesellschaftliche Bezüge und Interdisziplinarität

Im Kapitel lag der Fokus für den Vergleich von Merkmalen und Leistungsfähigkeit von menschlicher und künstlicher Intelligenz auf einer kognitionswissenschaftlichen, insbesondere kognitionspsychologischen Betrachtung. Neben der Psychologie liefern auch die Philosophie, insbesondere die Erkenntnisphilosophie [1, 5], die Neurowissenschaften [4] und die Sprachwissenschaften [10] wichtige Beiträge zur Frage, was menschliche Intelligenz ausmacht.

Aktuelle KI-Systeme von der Objekterkennung mit tiefen Netzen (siehe Kap. 8) bis zum natürlichsprachigen Dialog mit Systemen wie ChatGPT (siehe Kap. 10) verblüffen uns immer wieder mit ihrer Leistungsfähigkeit. Die Art, in der KI-Systeme arbeiten, unterscheidet sich jedoch in vieler Hinsicht von der Art, wie Menschen Objekte erkennen oder Sprache verarbeiten. Eine Auseinandersetzung mit KI-Systemen kann Impulsgeber dafür sein, dass wir die besonderen Aspekte menschlicher Intelligenz besser verstehen.

14.3 Vorschläge für den Unterricht und Anwendungen

Das Thema bietet sich für verschiedene Schulfächer an – Deutsch, Ethik, Sozialkunde sind naheliegend. Aber auch im Kontext des Informatikunterrichts kann es sinnvoll sein, sich mit den Unterschieden von menschlicher und künstlicher Intelligenz zu befassen.

Beispielsweise könnte das Hörspiel „K.I.T.A. – Das Menschenmögliche" als Ausgangspunkt für eine Diskussion genutzt werden. Hier wird halbdokumentarisch über intelligente Roboter im Kindergarten berichtet: https://www1.wdr.de/radio/wdr3/programm/sendungen/wdr3-hoerspiel/kinderbetreuung-roboter-kuenstliche-intelligenz-100.html. In einem Newsletter wird das Projekt kritisch kommentiert: https://www1.wdr.de/radio/hoerspiel/newsletter/k-i-t-a-das-menschenmoegliche-100.html

14.4 Literatur zum Weiterlesen und Quellen

Eine allgemeinverständliche Darstellung der Unterschiede von menschlicher und maschineller Intelligenz mit Fokus auf natürliche Sprache gibt:

Gary Marcus & Ernest Davis (2019). Rebooting AI: Building Artificial Intelligence We Can Trust. Vintage [6]. siehe auch: http://rebooting.ai/

Die Beziehung von Psychologie und KI wird dargestellt in:

Ute Schmid & Katharina Weitz (2023). Künstliche Intelligenz und Psychologie – Von Kognitiver Modellierung bis Erklärbarkeit (Kap. 15). In A. Schütz et al.: Psychologie (6. Auf.). Kohlhammer [7].

Literatur

1. Ansgar Beckermann. "Was macht Bewußtsein für Philosophen zum Problem". In: **Logos. Zeitschrift für systematische Philosophie** 4.1 (1997), S. 1–19.
2. Ernest Davis und Gary Marcus. "Commonsense reasoning and commonsense knowledge in artificial intelligence". In: **Communications of the ACM** 58.9 (2015), S. 92–103.
3. José Hernández-Orallo u. a. "Computer models solving intelligence test problems: Progress and implications". In: **Artif. Intell.** 230 (2016), S. 74–107. https://doi.org/10.1016/j.artint.2015.09.011.
4. Christof Koch. **Bewusstsein: Warum es weit verbreitet ist, aber nicht digitalisiert werden kann**. Springer, 2020.
5. Manuela Lenzen. **Der elektronische Spiegel – Menschliches Denken und künstliche Intelligenz**. C.H.Beck, 2023.
6. Gary Marcus und Ernest Davis. **Rebooting AI: Building artificial intelligence we can trust**. Vintage, 2019.
7. Ute Schmid und Katharina Weitz. "Künstliche Intelligenz und Psychologie – Von Kognitiver Modellierung bis Erklärbarkeit". In: **Psychologie. Eine Einführung in ihre Grundlagen und Anwendungsfelder (6. Auflage)**. Hrsg. von A. Schütz u. a. Kohlhammer, 2022.
8. Joshua B Tenenbaum u. a. "How to grow a mind: Statistics, structure, and abstraction". In: **Science** 331.6022 (2011), S. 1279–1285.
9. Alan M. Turing. "Computing machinery and intelligence". In: **Mind** LIX.236 (1950), S. 433–460. DOI: https://doi.org/10.1093/mind/LIX.236.433.
10. Dieter E. Zimmer. **So kommt der Mensch zur Sprache: Über Spracherwerb, Sprachentstehung, Sprache und Denken**. Heyne TB, 2008.

Wechselwirkungen von KI mit anderen Schulfächern

15

Ulrike Barthelmeß, Ulrich Furbach und Uwe Lorenz

Im vorangegangenen Kapitel wurde diskutiert, wie natürliche und künstliche Intelligenz zusammenhängen und worin sie sich unterscheiden. Insbesondere unter dem Gesichtspunkt der starken KI-Forschung, bei der also der Mensch und sein Verhalten als Vorbild dienen sollen, wird deutlich, dass KI keine isolierte technische Disziplin ist.

In der Regel ist es sogar so, dass es sich bei den „KI-Algorithmen" um informatische Modellierungen handelt, die von Modellen anderer Fächer, z. B. der (Neuro-)Biologie, Psychologie oder Philosophie inspiriert worden sind. Des Weiteren orientiert sich die KI-Forschung auch an den Lebensbedingungen der Menschen und den damit zusammenhängenden Fragestellungen. Daher gibt es vielfältige Analogien und Parallelen, Berührungspunkte und Wechselwirkungen mit anderen Disziplinen. Diese sollen in diesem Kapitel angesprochen werden.

Solche interdisziplinären Bezüge lassen sich an verschiedenen Stellen in der Kulturgeschichte feststellen. In der Renaissance standen die Entdeckungen der Medizin Pate bei der anatomisch korrekten Darstellung des Menschen (Da Vinci). Die Fotografie verdrängte die auf realistische Darstellung bestrebte Malerei, die unter dem Einfluss der Psychoanalyse ihren Blick auf das Unbewusste lenkte (Wiener Moderne).

Querverweise auf andere Fächer sollen helfen, bestimmte Zusammenhänge in anderem Licht zu beleuchten, was ein besseres Verständnis eines Phänomens ermöglicht und

---

U. Barthelmeß · U. Furbach (✉)
Uni Koblenz, Koblenz, Deutschland
E-Mail: ubarthelmess@gmx.de; uli@uni-koblenz.de

U. Lorenz
FU Berlin, Neckargemünd, Deutschland
E-Mail: uwe.lorenz@fu-berlin.de

dem Bedürfnis entgegenkommt, die Welt als Ganzes, Zusammenhängendes zu verstehen. Im Rahmen einer interdisziplinären Betrachtung lässt sich auch die Frage diskutieren, welchen Platz die KI in unserer Gesellschaft einnehmen sollte und wo sich ihre Grenzen befinden. Ein solches Vorgehen wird in verschiedenen Lehrplänen gefordert. So schreibt z. B. RLP in seinem Lehrplan für Biologie in der Sekundarstufe II (https://lehrplaene.bildung-rp.de, aufgerufen am 21.06.2022): „Zunehmend ist neben interdisziplinären Kontexten auch Transdiziplinarität d. h. fächerverbindendes Arbeiten erforderlich. Dies fordert zur Einbeziehung wissenschaftstheoretischer, mathematischer, systemtheoretisch-kybernetischer, algorithmischer und synergetischer Aspekte heraus." Im Rest dieses Artikels werden wir uns, wenn nicht anderes angegeben, auf die Lehrpläne des Landes RLP beziehen.

Kompetenzziele
- Unterschiede zwischen künstlichen und natürlichen intelligenten Systemen identifizieren.
- Leitvorstellungen der KI beschreiben und dabei interdisziplinäre, z. B. biologische oder philosophische, Kontexte berücksichtigen.
- Einsatzmöglichkeiten und -grenzen von KI unter ethischen Gesichtspunkten beschreiben.
- Konsequenzen aus der „datengetriebenen" Funktionalität von maschinellen Lernverfahren (z. B. Ursachen und Folgen von Verzerrungen in Datenbeständen oder im Hinblick auf die Erklärbarkeit von KI-Ausgaben) erläutern.
- Auswirkungen, Chancen und Herausforderungen künstlicher Intelligenz für unsere Gesellschaft (z. B. Auswirkungen der Automatisierung auf den Bedarf der menschlichen Arbeitskräfte, Idee der Singularität, Diversität, Verantwortung, Folgen automatischer Produktion von Kunst z. B. für Werbezwecke) analysieren.
- Diskutieren, wodurch sich echte Kunstwerke von automatisch generierten Produkten unterscheiden und ob ein KI-System in der Lage ist, künstlerische Werke zu produzieren.

15.1 Methodische Einführung

In den folgenden Unterabschnitten greifen wir einige Schulfächer bzw. Disziplinen heraus und diskutieren deren Inhalte in Bezug auf KI-Forschung und -Entwicklung.

15.1.1 Biologie

Das Fach Biologie versteht sich als Wissenschaft von den lebenden Systemen, als Naturwissenschaft und auch als Brückenfach zwischen Natur- und Geisteswissenschaften. Da sich die KI in vielen Aspekten an lebenden Systemen orientiert und damit vergleicht, ist die Verbindung KI und Biologie sehr augenfällig. Im Folgenden sollen einige Aspekte angesprochen werden.

Lernen und Gedächtnis Beides gehört zum Leitthema „Information & Kommunikation bei lebenden Systemen". Dabei werden die Strukturen des menschlichen Nervensystems für die Informationsverarbeitung behandelt. Hier ist die offensichtliche Verbindung zu künstlichen neuronalen Netzen, wie sie in Kap. 5 diskutiert wurden. Dort wurden die anatomischen Strukturen des menschlichen Nervensystems als Vorbild für den Entwurf künstlicher neuronaler Netze erläutert. Die verschiedenen Lern- und Gedächtnisformen, wie sie in den vorangegangenen Kapiteln vorgestellt wurden, haben ebenfalls ihr biologisches Vorbild.

Als Beispiel können die Arbeiten des Nobelpreisträgers Eric Kandel angeführt werden.[1] Er hat in den 1960er-Jahren Lernen und Erinnern auf zellulärer Basis untersucht. Sein Untersuchungsobjekt war die Meeresschnecke Alypsia, die sich aufgrund ihrer geringen Anzahl von Zellen im sogenannten Abdominalganglion – einem Zellcluster aus ca. 2000 Zellen – auszeichnet. Kandel studierte den Kiemenrückzug-Mechanismus: Wenn eine bestimmte Region in der Nähe der Kieme berührt wird, zieht die Schnecke die Kieme zurück, um sie zu schützen. Dabei konnten die Forscher feststellen, dass zwei Arten von Lernen bei diesem einfachen Reflex zu beobachten sind – Habituation und Sensitivierung. Bei der Habituation lernt die Alypsia bei wiederholter Reizung, dass die Berührung harmlos ist, und schwächt den Reflex ab. Die Sensitivierung wird hervorgerufen, wenn ein schmerzhafter Reiz in einer anderen Körperregion ausgelöst wird und anschließend der nicht schmerzhafte Kiemenrückzug-Reiz erfolgt. Als Folge des unangenehmen Reizes davor wird aber nun ein heftiges Rückziehen der Kiemen ausgelöst. Beide Lernformen jedoch führen nur zu einer Erinnerung im Kurzzeitgedächtnis. Wiederholt man den Reiz vierzigmal hintereinander, kommt es zu einer Habituation, die einen Tag anhält. Zehn Reize jedoch über mehrere Tage lang führen dazu, dass die Habituation bis zu vier Wochen währt. Die Pausen zwischen den Reizen erleichtern offenbar den Übergang der Habituation ins Langzeitgedächtnis. Erreicht wird die Habituation durch eine Unterdrückung der synaptischen Verbindungen zwischen den Zellen des neuronalen Systems. Die Sensitivierung dagegen erfolgt durch eine Verstärkung der Verbindungen, genauso wie wir es in Kap. 5 behandelt haben.

Evolution Im Laufe der Evolution des Gehirns haben sich verschiedene Gedächtnisformen entwickelt. So unterscheiden wir zwischen prozeduralem, deklarativem, explizitem oder episodischem Gedächtnis. Abläufe im Bewegungsapparat des Menschen sind in Form von prozeduralem Wissen abgespeichert, es kann abgerufen, aber nicht explizit formuliert werden. So kann man viele Bücher über die Schlagtechnik im Tennis studieren, lernen kann man es schließlich nur durch Üben und Praktizieren – die deklarativen Beschrei-

---

[1] Die Beschreibung in diesem Absatz ist [3] entnommen.

bungen des Lehrbuchs dienen dem Verständnis, sie versetzen den Leser nicht in die Lage, die Prozedur des Bewegungsablaufes auszuführen. Formalismen für die Formulierung von deklarativem Wissen haben wir in Kap. 4 kennengelernt. Prozedurales Wissen spielt in der Robotik eine große Rolle. So ist es dort z. B. durchaus ein Forschungsziel, humanoiden Robotern das zweibeinige dynamische Gehen beizubringen. Damit ist gemeint, dass der Roboter sich fortbewegt, ohne in jedem Moment die Stellung seiner Gelenke und seines Schwerpunktes zu kontrollieren, sondern eben so, wie wir alle es als Kleinkind gelernt haben.

In der Evolution des menschlichen Gehirns hat auch die Repräsentation von räumlichem Wissen große Bedeutung. Der Urmensch musste sich orientieren und er musste über räumliche Gegebenheiten mit anderen kommunizieren. Dass das räumliche Gedächtnis stark ausgeprägt ist, belegt auch die Tatsache, dass die sogenannte Loci-Methode (lateinisch locus „Ort") von vielen Gedächtniskünstlern als Mnemotechnik verwendet wird. Dabei werden räumliche Strukturen als Merkhilfe benutzt; will man sich z. B. eine Rede einprägen, wählt man in Gedanken einen gut bekannten Ort, etwa die eigene Wohnung, und ordnet nun die einzelnen Teile der zu memorierenden Rede den Örtlichkeiten der Wohnung in einer geordneten Folge zu. Um sich zu erinnern, schreitet man dann die Reihenfolge der Örtlichkeiten in der Wohnung ab, wobei die Teile der Rede „abgerufen" werden.

Die verschiedenen Gedächtnisformen brauchen wir, um unser Dasein auf der Welt zu bewältigen. Bestimmte Gedächtnisleistungen werden in der KI bereits erbracht, zum Teil ist sie den Menschen haushoch überlegen. Überleben hängt aber nicht nur von unserer Fähigkeit ab, gespeicherte Erinnerungsinhalte abrufen zu können, sondern auch davon, von ihnen abzuweichen, kurz: kreativ zu sein. Verhaltensvariabilität bietet für das Überleben wesentliche Vorteile. Zum Beispiel erleichtert Vorhersagbarkeit des Verhaltens von Beutetieren den Raubtieren das Erlegen derselben, während spontanes Abweichen von der Regel deren Überlebenschancen erhöht. Beim Versuch, Kreativität in der KI zu modellieren, könnten folgende Überlegungen hilfreich sein.

Der Neurobiologe Björn Brembs stellte fest, dass Wirbeltiere oder wirbellose Tiere in unterschiedlicher Ausprägung aufgrund bestimmter Gene (FOXP und damit verwandt das FOXP2), über die Fähigkeit verfügen, von Verhaltensnormen abzuweichen [5].

Das Gehirn lässt bei der Entscheidung für verschiedene Verhaltensweisen, deren Wirkungserwartungen hinreichend positiv sind, einen Zufallsfaktor walten. Dieser wird durch neuronale und mentale Vorgänge kanalisiert. Das Lebewesen bestimmt dabei sein Verhalten selbst, was ihm ein gewisses Maß an Freiheit einräumt. Im Nachhinein wird es feststellen, ob die gewählte Verhaltensvariante erfolgreich war, ob das Ausprobieren von etwas Anderem sich lohnte. Die Frage, ob die zufallsbedingte Entscheidung als Form von Kreativität oder gar Manifestation des freien Willens betrachtet werden kann, könnte im Unterricht (z. B. Ethik) diskutiert werden.

Auch die Beobachtung von Neurowissenschaftlern, dass in von äußeren Reizen freien Zuständen das sogenannte Leerlauf- oder Default-Mode-Netzwerk (DMN) aktiv ist, unterstützt o. g. Ansatz. Diese mentalen Auszeiten bieten Gelegenheit, spontan Gedanken durchzuspielen, neue Sichtweisen zu produzieren, Szenarien zu simulieren, die für die Verarbeitung von Vergangenem oder die Planung von Aktionen hilfreich sein können, man könnte das auch Tagträumen oder Gedankenwandern nennen. Auch hier gibt es Spielraum für durch Zufall gelieferte Assoziationen, die kreativ kanalisiert werden können. Beim Versuch, Kreativität in der KI zu modellieren, fließen solche Überlegungen mit ein.

Unser ständig wachsendes Verständnis des Aufbaus und der Funktionsweise biologischer Kognition sollte vielleicht nicht nur unter dem Gesichtspunkt einer „Entzauberung" der lebendigen Natur betrachtet werden. So ermöglicht die Betrachtung der evolutionären Entstehungsgeschichte natürlicher Lebensformen auch fundamentale Unterschiede zwischen künstlichen und natürlichen intelligenten Systemen zu identifizieren. Während biologische Systeme zweckfrei existieren, als Ergebnis einer seit Milliarden von Jahren andauernden evolutionären Stammesgeschichte sowie einer Individualgeschichte, die mit einer befruchteten Eizelle begann und sich ihre adaptierte Funktion hauptsächlich, aber auch nicht zwingend, an der eigenen Reproduktion orientiert, werden technische Systeme durch den Menschen für einen bestimmten Zweck erschaffen. Das Wunder unserer natürlichen Existenz erscheint durch dessen eingehende Untersuchung eigentlich noch eindrucksvoller, gerade auch im Vergleich mit unseren technischen Nachbildungsversuchen.

15.1.2 Ethik

Im Fach Ethik steht der Mensch als handelndes Wesen im Mittelpunkt der Betrachtung. Dabei werden Werte und Normen, deren Ursprung und deren Entwicklung behandelt – dies betrifft den Menschen sowohl als Individuum als auch als Teil der Gesellschaft. Durch die derzeitige Veränderung der Gesellschaft aufgrund der fortschreitenden Verbreitung von KI-Techniken sollten neue Fragen und Diskussionspunkte aufgegriffen werden.

Wenn KI-Systeme bspw. in Entscheidungsfindungsprozesse einbezogen werden, muss sichergestellt werden, dass es nicht zu unerwünschten Wirkungen kommt. Dies kann zum einen durch eine ungeklärte Bewertung von moralischen Dilemmata (siehe unten) oder aber z. B. auch durch unabsichtliche Verzerrungen in den für das Training verwendeten Daten geschehen, die Fairness und Zuverlässigkeit von KI-Systemen beeinflussen. Auch sind in manchen Algorithmen Unsicherheit bzw. probabilistische Methoden wesentlicher und nicht zu beseitigender Bestandteil der technischen Realisierung. Hier ist von Fall zu Fall zu prüfen, inwiefern der Einsatz solcher KI-Systeme, bspw. in sicherheitsrelevanten Anwendungen, überhaupt vertretbar ist.

Eine weitere Problematik ergibt sich durch neue Möglichkeiten für vorsätzlich „unethischen" Einsatz von KI, z. B. durch den Einsatz von Waffensystemen, die eigenständig über Leben und Tod von Menschen entscheiden, oder die Anwendung von Deep Fakes – aktuelles Beispiel ist die Videokonferenz von Berlins Regierender Bürgermeisterin Franziska Giffey mit einem unechten Vitali Klitschko (Bürgermeister von Kiew) – oder die automatische Produktion von Fake News und ChatBot-Kommentaren in „Social Networks" zur Manipulation von menschlichem Verhalten, bspw. von Wählern. Lehrkräfte sollten berücksichtigen, dass die Schülerinnen und Schüler von heute nicht nur die künftigen Gestalterinnen und Gestalter von KI-Systemen, sondern auch künftige Gesetzgeberinnen und Gesetzgeber sind oder in ihren Berufen über entsprechende Anwendungen urteilen werden.

Moralische Dilemmata Das sogenannte **Trolley Problem** wird in der Philosophie seit Langem als prototypisches Dilemma diskutiert:

> Sie befinden sich am Weichenstellmechanismus einer Gleisanlage. Ein Zug rast auf eine Weiche zu, er droht dabei fünf Personen zu überrollen. Wenn Sie die Weiche betätigen, fährt der Zug auf das andere Gleis, wo er dann aber eine Person überrollt.

Wie soll sich der Weichensteller entscheiden? Unternimmt er nichts, werden fünf Personen getötet, handelt er, tötet er eine Person. Hier kann sehr gut der Unterschied zwischen utilitaristischen und deontologischen Herangehensweisen verdeutlicht werden. Ist die Möglichkeit vorzuziehen, die weniger schlechte Konsequenzen nach sich zieht oder ist die Handlung an sich zu bewerten, also unabhängig von den Konsequenzen? Dieses recht abstrakt anmutende Gedankenexperiment hat mit der Entwicklung autonom fahrender Fahrzeuge an Bedeutung gewonnen: Wie soll sich ein autonomes Fahrzeug entscheiden, wenn es sich in einer solchen Dilemma-Situation befindet? Wen soll es dann vorrangig schützen – die Insassen des Fahrzeugs oder gefährdete andere Verkehrsteilnehmer. Eine Ethikkommission der Bundesregierung zum Thema automatisiertes und vernetztes Fahren hat 2017 einen Bericht vorgelegt. Darin wird ganz klar formuliert: „Technische Systeme müssen auf Unfallvermeidung ausgelegt werden, sind aber auf eine komplexe oder intuitive Abschätzung der Unfallfolgen nicht so normierbar, dass sie die Entscheidung eines sittlich urteilsfähigen, verantwortlichen Fahrzeugführers ersetzen oder vorwegnehmen könnten" [4]. Hier wird das Thema also erst einmal umgangen.

Eine Forschungsgruppe am MIT hatte über mehrere Jahre ein Experiment durchgeführt, bei dem jeder auf einer Webseite (https://www.moralmachine.net/hl/de, deutsche Version, abgerufen am 22.06.2022) eine Dilemma-Situation, wie sie in einem autonom fahrenden Fahrzeug auftreten könnte, durchspielen konnte. Dabei wurden ca. 40 Millionen Experimente von Personen aus 200 Ländern durchgeführt. Die Auswertung hat dabei erhebliche kulturelle Unterschiede zutage gebracht. So wird, z. B. abhängig vom Kulturkreis, eher die Gefährdung von Kindern oder die von alten Menschen in Kauf genommen [1].

Freier Wille Die Diskussion zum Trolley Problem setzt etwas voraus, das von vielen angezweifelt wird: ein verantwortlich handelndes Wesen oder System, das aufgrund seines freien Willens agiert, das heißt eine bewusste Entscheidung fällt. Die weitverzweigte philosophische Auseinandersetzung zu diesem Thema sollte hier eingegrenzt und auf die Perspektive eines möglicherweise bewusst und verantwortlich handelnden Systems der KI beschränkt werden. Deren Eventualität ist häufig beliebter Gegenstand utopischer Spekulationen (s. Singularität!).

Zwei konträre Positionen stehen sich diametral gegenüber: einmal der von den Ergebnissen der Hirnforschung beflügelte physikalistische Reduktionismus. Im Zentrum dieses Ansatzes steht ein Experiment des Psychologen Benjamin Libet [14]: Er versuchte den Zeitraum zwischen einer bewusst gefassten Entscheidung zum Handeln mit der neuronalen Aktivität, die mit der Handlung einhergeht, zu messen und stellte fest, dass das gemessene Bereitschaftspotenzial deutlich vor dem willentlich gefassten Entschluss, die Hand zu bewegen, vorhanden war.

In der Folge dieses Experiments etablierten sich weitere reduktionistische Theorien. In seinem Buch „Der Ego-Tunnel" [12] will der Philosoph und Bewusstseinsforscher Thomas Metzinger zeigen, dass es kein Selbst gibt. Unser Gehirn simuliere lediglich die Erlebnisse eines Ich. Gerhard Roth, ein Biologe und Hirnforscher, stellt die Schuldfähigkeit von Tätern in Frage, da der freie Wille eine Illusion sei. Die Loslösung des Gehirns vom erlebenden Subjekt gibt Spekulationen Raum, dass sich Bewusstseinsinhalte extrahieren und speichern lassen, ja dass in künstlichen Systemen Bewusstseinsinhalte geschaffen werden können. Es versteht sich, dass letztere konsequenterweise auch nicht über freien Willen verfügen würden.

Der physikalistischen Position stellt sich eine antiphysikalistische entgegen. Diese argumentiert, dass mentale Zustände auch einen phänomenalen Erlebnischarakter haben, der nicht objektiviert werden kann. Denn diese Erlebnisqualitäten, die sogenannten Qualia, seien an eine bestimmte Einzelperspektive gebunden. Dies legt der Philosoph Thomas Nagel in seinem Aufsatz „What is it like to be a bat?" [13] (Wie fühlt es sich an, eine Fledermaus zu sein) anschaulich dar. Des Weiteren wird kritisiert, dass das Gehirn als ein vom Körper isoliertes Phänomen betrachtet wird. Es sei vielmehr ein in der Lebenswelt verankertes Organ, das zwischen dem Lebewesen und seiner Umwelt vermittelt. Wie dies im Einzelnen funktioniert, beschreibt z. B. der Psychiater und Philosoph Thomas Fuchs in seinem Buch „Das Gehirn – ein Beziehungsorgan" [7]. Bewusstsein bzw. Selbstbewusstsein und der Antrieb, in der Welt zu überleben, setzen eine gewisse Intention, also einen Willen voraus. Ob und inwiefern er frei ist, sei dahingestellt. Die Beobachtung der Neurobiologen (s. Evolution) bezüglich der Verhaltensvariabilität könnte in diese Diskussion einbezogen werden. Die Frage, ob künstliche Systeme, die per se kein vitales Interesse haben, über Willen oder gar freien Willen verfügen, erübrigt sich aus der Perspektive der antiphysikalistischen Position. Die Thematik kann auch beim Vergleich der literarischen Konzepte des Idealismus (z. B. deutsche Klassik) und des Materialismus (z. B. Vormärz) im Deutschunterricht herangezogen werden.

Singularität KI-Systeme erreichen in manchen Teilbereichen bereits annähernd die Leistungsfähigkeit von Menschen. Bilderkennung, Sprachübersetzung oder Spiele wie Schach oder Go sind hier herausragende Beispiele. Nun könnte man spekulieren, ob KI-Systeme dem Menschen ebenbürtig sein können und wenn ja, wann das der Fall sein wird. So postulieren manche Futuristen die Möglichkeit einer **Singularität**, also einen Wendepunkt, an dem das Zusammenspiel von Menschen und künstlicher Intelligenz so fortgeschritten ist, dass sich eine Superintelligenz herausbildet. Diese kann sich dann selbst weiterentwickeln und von uns Menschen nicht mehr kontrolliert werden kann. Ein prominenter Vertreter dieser These ist Ray Kurzweil. In seinem Bestseller [10] analysiert der renommierte Informatiker, Erfinder und Unternehmer Kurzweil die Entwicklung der KI-Forschung und er prognostiziert, dass es bis zum Jahr 2029 möglich sein wird, das gesamte menschliche Gehirn in einem digitalen Computer zu emulieren. Solche Systeme könnten sodann analysiert und so weiterentwickelt werden, dass sie sich bis zum Jahr 2045 radikal selbst modifiziert und weiterentwickelt haben, sodass die Singularität stattfinden kann. Diese Superintelligenz kann sich dann von unserem Planeten ausgehend verbreiten, bis sie das gesamte Universum einnimmt. Das klingt nach moderner Science-Fiction, hat aber durchaus Wurzeln in der Philosophie und sogar in der Theologie.

So hat Pierre Teilhard de Chardin, ein Jesuit, Theologe und Naturwissenschaftler schon am Anfang des 20. Jahrhunderts über die Weiterentwicklung des Menschen geschrieben. Seine Schriften wurden vom Vatikan abgelehnt, und erst nach seinem Tod im Jahre 1955 wurden sie veröffentlicht und erfuhren starke Beachtung. In seinem zentralen Buch „Der Mensch im Kosmos" [6] beschreibt de Chardin, dass die Menschheit und das Universum sich weiterentwickeln und auf einen Endpunkt, den „Punkt Omega", zubewegen, an dem Mensch, Universum und Gott eins werden. Diese Sichtweise wird auch von zeitgenössischen Kosmologen aufgegriffen und ähnelt in starkem Maße dem Konzept der Singularität.

Mensch und Roboter Im Zusammenhang mit der Stellung des Menschen und seiner Einordnung in Gesellschaft und Umwelt ist auch die Haltung des Menschen Robotern gegenüber interessant. Ausgehend von der Annahme, der Mensch habe einen freien Willen und sei auch in der Lage, ein Wesen zu schaffen, das eigenständig und eigenmächtig handeln kann, soll diskutiert werden, wie der Mensch zu diesem Wesen steht bzw. welchen Einfluss das kulturelle Umfeld auf diese Beziehung hat.

Einer der bekanntesten Science-Fiction-Autoren, Peter Asimov, mochte das übliche „Frankenstein-Muster" nicht: Ein Roboter wurde erschaffen und am Ende von seinem Schöpfer zerstört. Aus diesem Grund führte er in [Asi42] seine berühmten drei Gesetze der Robotik ein:

1. Ein Roboter darf einen Menschen nicht verletzen oder durch Untätigkeit zulassen, dass ein Mensch zu Schaden kommt.
2. Ein Roboter muss die Befehle befolgen, die ihm von Menschen gegeben werden, es sei denn, diese Befehle würden dem ersten Gesetz widersprechen.
3. Ein Roboter muss seine eigene Existenz schützen, solange dieser Schutz nicht im Widerspruch zum ersten oder zweiten Gesetz steht.

Der Schöpfer des Roboters soll diese Gesetzte zu seinem eignen Schutz implementieren. Woher aber kommt diese Sichtweise des bedrohlichen Roboters? Fasst man den Bau eines Roboters als den Versuch auf, Leben zu schaffen, könnte man eine Begründung in den christlichen Religionen finden. Eine charakteristische Sage für die eher negativen Folgen der Lebensschöpfung ist die Golem-Erzählung, die sich bis zur Thora zurückverfolgen lässt. Sie kommt in verschiedenen Epochen und in unterschiedlichen Versionen vor – die bekannteste dürfte die Geschichte von Rabbi Löw aus Prag sein. Es war im späten 16. Jahrhundert und die Juden in Prag lebten in einem Ghetto, wo sie unter antisemitischen Angriffen litten. Nach einem Traum baute der Rabbi den Golem aus Lehm, und nach einigem Hokuspokus erwachte der Golem zum Leben. Er erfüllte seine Aufgabe, die jüdische Gemeinde zu schützen, sehr gut. Er musste am Sabbat deaktiviert werden; einmal vergaß der Rabbi diese Deaktivierung und in den meisten Versionen der Geschichte wurde der Golem zu einem Monster und musste zerstört werden.

Die ganz offensichtliche Erklärung für das Scheitern des Golem-Projekts ist die Tatsache, dass es in den christlichen Religionen dem Menschen verboten ist, gottgleich zu sein. Es gibt zahlreiche Beispiele für Verstöße gegen diese Vorschrift in der Bibel; z. B. sprach bereits in Genesis 2:24 die Schlange zur Frau: „Denn Gott weiß, dass, wenn ihr davon esst, eure Augen geöffnet werden, und ihr werdet sein wie Gott und wissen, was gut und böse ist." Die Vertreibung aus dem Paradies war die Strafe dafür. Weitere Beispiele und Argumente sind in [2] zu finden. Dort wird auch diskutiert, dass die Haltung Robotern gegenüber in Asien oft sehr viel positiver ist: Makoto Nishimura, ein japanischer Pionier der Robotik, formulierte es bereits 1928 so: „Wenn die Menschen die Kinder der Natur sind, dann sind die künstlichen Menschen die Enkelkinder der Natur."

15.1.3 Bildende Kunst

Das Fach Bildende Kunst hat die gesamte visuell und haptisch wahrnehmbare und erfahrbare Wirklichkeit und alle mit ihr verknüpften Phänomene der Welt zum Gegenstand, soweit sie die vom Menschen hervorgebrachten ästhetischen Werke und Produkte und die grundlegenden Prozesse sinnlicher Wahrnehmung, visueller Kommunikation und ästhetischer Reflexion betreffen. Dabei ist unter anderem das Phänomen der visuellen Wahrnehmung von großer Bedeutung. Auch KI-Systeme sind mit visueller Wahrnehmung befasst, was sich u. a. bei der Bildverarbeitung und Klassifikation von Bilderdatenbanken (machine vision) zeigt.

Sehen Wie auch der Lehrplan nahelegt, ist eine Einführung in den Sehvorgang im menschlichen Gehirn unabdingbar, d. h. hier wäre Zusammenarbeit mit dem Fach Biologie ratsam.

Beim Betrachten eines Objekts wird dieses nicht einfach als Ganzes reproduziert, sondern es werden bestimmte Phasen durchschritten. In einer ersten Phase werden elektromagnetische Wellen, die auf die Netzhaut treffen, mit Hilfe von Rezeptoren an das Gehirn weitergeleitet, wobei bestimmte Aspekte des Objekts (Linien, Ausrichtung der Linien etc.) erfasst und gegebenenfalls vervollständigt und zu Objekten zusammengesetzt werden. Diese erste unbewusste Phase des Sehvorgangs, also Verarbeitungsschritte, die von den Bildpunkten kommen und sich zur Objekterkennung erstrecken, wird als Bottom-up-Prozess klassifiziert. In der darauf folgenden Phase, dem Top-down-Prozess fließen Erinnerungen, Wissen und Schlussfolgerungen ein. Sie klassifizieren die Ergebnisse der Bottom-up-Bearbeitung, setzen sie untereinander in Beziehung. Die wichtige Rolle der bereits im Gedächtnis vorhandenen Konzepte beim Sehen legt nahe, dass es kein objektives Sehen geben kann. Das Gehirn sieht mit. Die damit verbundenen Implikationen können als Ausgangspunkt für die Erörterung möglicher Konsequenzen (Glaubwürdigkeit von Zeugenaussagen, Umgang mit Interpretationen usw.) dienen.

Interpretieren Will man sich einem Kunstobjekt annähern, ist es einerseits unerlässlich, die Faktoren einzubeziehen, die auf die mentale Befindlichkeit der jeweiligen KünstlerInnen Einfluss haben: politische, soziologische, philosophische, wissenschaftliche, biographische Aspekte, um den Top-down-Prozess zu beleuchten, der bei der Entstehung des Kunstobjekts wirksam war. (Es versteht sich, dass dies nur schwerpunktmäßig geleistet werden kann.) Andererseits sollte der Betrachter sich seines persönlichen Einflusses auf die Interpretation bewusst sein.

Eric Kandel (s. Biologie) beispielsweise demonstriert in seinem Werk „Zeitalter der Erkenntnis" [8], wie um 1900 in Wien bedeutende Wissenschaftler und Künstler aufeinander einwirkten. Der Einfluss der Biologie und Psychologie zeigt sich u. a. darin, dass nicht die oberflächliche Abbildung, sondern unbewusste Regungen im Vordergrund standen (Klimt, Schiele, Kokoschka).

Des Weiteren hält Eric Kandel fest, dass sich das Kunstwerk erst im Beobachter vollendet, weil das wahrnehmende Gehirn selbst zur Erfindung des Gesehenen beiträgt. Der Betrachter beeinflusst durch sein Sehen das Ergebnis der Betrachtung – der Top-down-Prozess beeinflusst wiederum seine eigene Sicht.

Im Rahmen dieser Überlegungen könnten folgende Fragestellungen untersucht werden: Welche Komponenten machen ein Kunstwerk aus? Wo könnten die Grenzen einer Interpretation liegen? Ist ein KI-System in der Lage, künstlerische Werke zu produzieren?

15.2 Vorschläge für den Unterricht

Allein schon durch die verbreitete Anwendung von KI-Werkzeugen ist der Einfluss von KI in allen Fächern enorm. In diesem Kapitel geht es allerdings mehr darum, eine inhaltliche Brücke zwischen der KI und den Disziplinen zu schlagen, die sich traditionell mit Kognition befasst haben. KI kann einen alternativen Zugang zu Themen der Biologie, Psychologie und Philosophie anbieten. Interdisziplinärer Unterricht ist in der schulischen Praxis herausfordernd und eine Kooperation von KollegInnen aus unterschiedlichen Fächern sinnvoll. Eine inhaltliche Verbindung im genannten Sinne kann sich z. B. mittels der Simulation einer „Künstlichen Evolution" ergeben.

Unter https://bit.ly/3sxBNIE findet man ein Implementierungsbeispiel zu diesem Thema [11]. Der Link weist auf eine Zip-Datei mit einem Projektordner, der zunächst heruntergeladen und entpackt werden muss. Das Szenario lässt sich mit der im schulischen

15 Wechselwirkungen von KI mit anderen Schulfächern

Informatik-Unterricht recht verbreiteten Software „Greenfoot" öffnen. Die Software kann unter https://www.greenfoot.org/download für die gängigen Betriebssysteme (Linux, Mac, Windows) kostenfrei heruntergeladen werden. Das Szenario öffnet sich, wenn Sie im Menü Scenario>Open ... den entpackten Ordner auswählen. Mit dem „Run"-Button unter dem Bild mit der Rennstrecke wird die Simulation gestartet. Das Szenario enthält eine 2D-Rennstrecke mit Robotern, die einen Differentialantrieb und einige Sensoren haben, die jeweils links-vorn und rechts-vorn den Abstand vom Rand der Straße liefern. Zudem haben die Roboter ein künstliches neuronales Netz als „Gehirn", das die Sensorik mit der Motorik der Roboter verknüpft. Dessen Verbindungsgewichte werden jeweils aus einem gegebenen „Genom" erzeugt. Die Roboter werden nun mit Hilfe eines genetischen Algorithmus optimiert, der sich auf das künstliche neuronale Netz auswirkt. Durch zufällige Modifikationen an den „Genomen", Vermehrung und Selektion der erfolgreichsten Individuen werden die Roboter immer besser. Es lassen sich auch einzelne Individuen durch Anklicken auswählen. Das neuronale Netz wird rechts oben dargestellt. Außerdem werden die individuellen Ein- und Ausgaben, sowie der allgemeine Entwicklungsfortschritt in einem separaten Fenster visualisiert (Abb. 15.1).

Es ist faszinierend zu beobachten, wie manche Roboter den Parcours schon nach wenigen Generationen gut bewältigen. Manchmal wird auch die originelle Lösung gefunden, nach einer kurzen Runde noch einmal links abzubiegen, um die Äpfel in der Kurve links unten einzusammeln.

Die allgemeine Struktur dieses Szenarios veranschaulicht u. a., wie die Kognition in der Evolution von „situierten" Systemen verwurzelt ist, die in ihrer Umgebung erfolgreich

Abb. 15.1 Rennstrecke mit Roboteragenten [11], die ihre Kognition mit Hilfe eines genetischen Algorithmus entwickeln. Implementiert in der informatikdidaktischen Umgebung „Greenfoot" [9]

sein müssen. Es bieten sich in diesem interdisziplinären Kontext vielfältige Möglichkeiten zum Experimentieren, Entdecken und auch Anlässe zu Diskussionen über grundsätzliche Fragen. Worin liegen Unterschiede zur natürlichen Evolution? Ein wichtiger Unterschied ist zum Beispiel, dass die Umgebung zwar auf die Roboter einwirkt, allerdings umgekehrt die Roboter ihre Umgebung nicht beeinflussen können. Außerdem werden anders als in der Natur das Aussehen und die Selektionskriterien vom menschlichen Entwickler vorgegeben.

15.3 Literatur zum Weiterlesen und Quellen

> Das Allgemeine und Besondere fallen zusammen; das Besondere ist das Allgemeine, unter verschiedenen Bedingungen erscheinend (Johann Wolfgang von Goethe).

Die zunehmende Komplexität unserer Welt zwingt Wissenschaft und Forschung zu einer immer stärker ausgeprägten Fixierung auf vereinzelte Teilbereiche der Forschungsgegenstände. Vom Ideal des Universalgelehrten à la Leonardo da Vinci sind wir weiter denn je entfernt. Dennoch gibt es Versuche, einen roten Faden zu finden, der einzelne Bereiche von Wissenschaft und Kultur verbindet und Berührungspunkte zwischen dem Allgemeinen und Besonderen aufzeigt.

Die Motivation zu diesen Versuchen ist unterschiedlich gelagert.

Eric Kandel interessiert, wie physiologische Vorgänge im Gehirn psychische Vorgänge und Symptome spiegeln. Er zeigt, dass neuronale Prozesse mit Kreation und Betrachtung eines Gemäldes zusammenhängen. In seinem Werk [8] wendet er sich der von der Erforschung des Unbewussten geprägten Wiener Kunst- und Kulturszene um 1900 zu und erläutert, wie Wahrnehmung funktioniert und wie Gehirn und Körper interagieren.

Thomas Fuchs, Psychiater und Philosoph, sucht nach einem Konzept für die Therapie von psychischen Krankheiten. In [7] entwickelt er eine Sichtweise des Gehirns, das sich aus philosophischen, neurobiologischen und entwicklungspsychologischen Überlegungen und Erkenntnissen ableitet und in dem er der reduktionistischen Auffassung vom Gehirn also bloßem Konstrukt eine Absage erteilt. Organismus, soziale, kulturelle und geschichtliche Umwelt stehen in einer Wechselbeziehung zum „Organ der Möglichkeiten".

Die Autoren Barthelmeß und Furbach bauen in [3] eine Brücke zwischen KI und Disziplinen der natürlichen Intelligenz (Philosophie, Kunst und Neurobiologie), um Unterschiede und Gemeinsamkeiten der verschiedenen Bereiche zu beleuchten. Dabei geht es vor allem um die Fragen, wie Wissen gespeichert und abgerufen werden kann, wie Kreativität entsteht, welche ethischen Fragen eine Rolle spielen. Sie zeigen, dass es sich lohnt, von den traditionellen Disziplinen zu lernen, um dem Ziel, erklärbare KI-Systeme zu modellieren, näher zu kommen.

Literatur

1. Edmond Awad u. a. "The moral machine experiment". In: **Nature** 563.7729 (2018), S. 59–64.
2. Ulrike Barthelmeß und Ulrich Furbach. "Do we need Asimov's Laws?" In: **Künstliche Menschen:; Transgressionen zwischen Körper, Kultur und Technik**. Hrsg. von Wolf-Andreas Liebert u. a. Bd. abs/1405.0961. Würzburg: Königshausen u. Neumann, 2014. ISBN: 978-3826054310.
3. Ulrike Barthelmeß und Ulrich Furbach. **Künstliche Intelligenz aus ungewohnten Perspektiven. Ein Rundgang mit Bergson, Proust und Nabokov**. Springer, 2019.
4. BMVI, Hrsg. **Ethik-Kommission. Automatisiertes und Vernetztes Fahren**. Bericht des Bundesministeriums für Verkehr und digitale Infrastruktur, 2017.
5. Bjorn Brembs, Martin Heisenberg und U Herkenrath. "Der Zufall als kreatives Element in Gehirn und Verhalten". In: **Zufall in der belebten Natur** (2018), S. 80–94.
6. Pierre Teilhard De Chardin. **Der Mensch im Kosmos**. Bd. 1055. CH Beck, 2005.
7. Thomas Fuchs. **Das Gehirn-ein Beziehungsorgan: eine phänomenologisch-ökologische Konzeption**. Kohlhammer Verlag, 2021.
8. Eric Kandel. **Das Zeitalter der Erkenntnis**. Siedler, 2012.
9. Michael Kölling u. a. **Greenfoot**. URL: https://www.greenfoot.org.
10. Ray Kurzweil. **The singularity is near: When humans transcend biology**. Penguin, 2005.
11. Uwe Lorenz. **Reinforcement Learning: Aktuelle Ansätze verstehen- mit Beispielen in Java und Greenfoot**. 2., aktualisierte und erweiterte Auflage. Springer Vieweg, 2024. ISBN: 978-3-662-68310-1.
12. Thomas Metzinger. **Der Ego-Tunnel: Eine neue Philosophie des Selbst: Von der Hirnforschung zur Bewusstseinsethik**. Piper Verlag, 2014.
13. Thomas Nagel. "What Is It Like to Be a Bat?" In: **The Philosophical Review** 83.4 (1974), S. 435–450. ISSN: 00318108, 15581470. URL: http://www.jstor.org/stable/2183914.
14. Wikipedia. **Libet-Experiment – Wikipedia, Die freie Enzyklopädie**. [Online; Stand 18. Oktober 2018]. 2018.

Verantwortung

16

Lukas Höper, Carsten Schulte und Christoph Benzmüller

KI-Systeme[1] spielen in vielen gesellschaftlichen Bereichen eine große Rolle, wie beispielsweise im Verkehrswesen, in Produktion und Vertrieb, in der Bildung und ebenso im Gesundheitswesen und militärischen Bereichen. So wird schnell deutlich, dass die Entwicklung und der Einsatz von KI-Systemen auch gesellschaftliche und ethische Fragen umfassen muss. Die damit verbundenen Herausforderungen umfassen etwa die Vermeidung von unerwünschten Auswirkungen (zum Beispiel hinsichtlich Bias und Fairness), sodass keine Individuen oder Gesellschaftsgruppen benachteiligt werden. Durch die zunehmende Verbreitung von KI-Systemen in alltäglichen Kontexten betreffen diese Fragen neben der Entwicklung aber auch die Nutzung selbst. Nutzende sind beispielsweise von Entscheidungen betroffen, die nicht sicher nachvollzogen werden können, und massenhaft werden Daten über sie erhoben und verarbeitet, ohne dass sie sich darüber immer bewusst sind. Neben den Bemühungen um eine verantwortungsvolle Entwicklung von KI-Systemen geht es somit ebenfalls darum, wie Nutzende KI-Systeme verstehen und

---

[1] In diesem Kapitel fokussieren wir uns auf jene KI-Systeme, die datengetriebene Methoden des maschinellen Lernens verwenden und stellen diese in den Mittelpunkt der Diskussion.

L. Höper (✉) · C. Schulte
Didaktik der Informatik, Universität Paderborn, Paderborn, Deutschland
E-Mail: lukas.hoeper@uni-paderborn.de; carsten.schulte@uni-paderborn.de

C. Benzmüller
Lehrstuhl für KI-Systementwicklung, Otto-Friedrich-Universität Bamberg, Bamberg, Deutschland

Freie Universität Berlin, Berlin, Deutschland
E-Mail: christoph.benzmueller@uni-bamberg.de

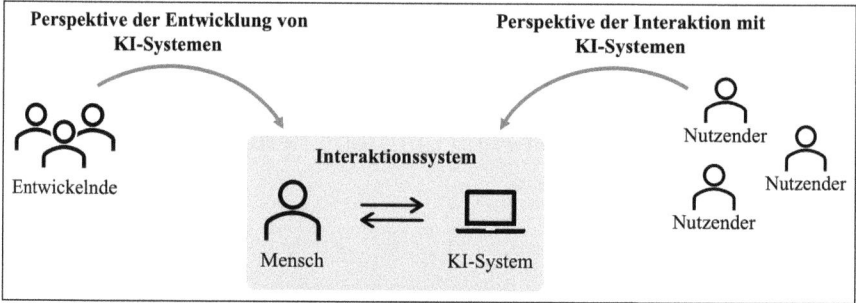

Abb. 16.1 Betrachtung eines Interaktionssystem bestehend aus Mensch und KI-System aus der Perspektive der Entwicklung und aus der Perspektive der Interaktion

den gesellschaftlichen und ethischen Fragen hinsichtlich des Einsatzes von KI-Systemen begegnen können.

In diesem Kapitel diskutieren wir diese beiden Perspektiven, wie sie in der Abb. 16.1 dargestellt werden, und verbinden sie mit einem didaktischen Ausblick für deren Thematisierung im Informatikunterricht. Bei der Frage, welche Rolle die Entwickelnden eines KI-Systems spielen, gehen wir insbesondere auf ihre Verantwortung bei der Entwicklung dieser Systeme näher ein. Auf der gegenüberliegenden Seite stellt sich die Frage, welche Rolle die Nutzenden bei diesen Systemen spielen und wie sie diese KI-Systeme verstehen können, Entscheidungen zu ihrem eigenen Handeln treffen sowie diskursfähig über den Einsatz dieser KI-Systeme werden können.

1. **Perspektive der Entwicklung von KI-Systemen:** Durch den Einfluss von KI-Systemen auf individuellen und gesellschaftlichen Ebenen ergeben sich viele Fragen hinsichtlich einer verantwortungsvollen Entwicklung und einem entsprechenden Einsatz von KI-Systemen. Dabei geht es etwa um die genutzten Daten und Modelle oder den Umgang mit Bias und Fairness.
2. **Perspektive der Interaktion mit KI-Systemen:** Im alltäglichen Leben nutzen Individuen verschiedenste KI-Systeme, wie etwa im Kontext von Soziale Medien oder Streamingdiensten. Aus dieser Perspektive stellt sich die Frage, wie Nutzende KI-Systeme und ihre eigene Rolle in Interaktionen mit diesen Systemen verstehen können, sodass sie informierte und selbstbestimmte Entscheidungen treffen sowie Positionen zu gesellschaftlichen Fragestellungen über den Einsatz von KI-Systemen einnehmen können.

Kompetenzziele
- Rolle der Entwickelnden und Rolle der Nutzenden bei KI-gestützten Interaktionssystemen beschreiben können
- Herausforderungen der Entwicklung datengetriebener KI-Systeme für die Verantwortung der Entwickelnden erläutern können (u. a. hinsichtlich der Verifikation, Transparenz und Erklärbarkeit sowie den Umgang mit Bias und Fairness)

16 Verantwortung

- Notwendigkeiten für die Regulierungen der Entwicklung und des Einsatzes datengetriebener KI-Systeme erkennen sowie einen exemplarischen Ansatz für Regulierungen dieser Art beschreiben können
- Rolle von Daten bei der Interaktion mit datengetriebenen KI-Systemen anhand mehrere Aspekte erläutern können (insbesondere hinsichtlich der expliziten und impliziten Datenerhebung, deren Verarbeitung zu primären und sekundären Zwecken sowie der Konstruktion eines digitalen Doppelgängers)
- Datenbewusstsein als didaktischen Ansatz für den Informatikunterricht erklären können

16.1 Methodische Einführung

In den folgenden Abschnitten diskutieren wir die zuvor dargestellten Perspektiven auf KI-Systeme. Eine ausführliche Beschreibungen der Entwicklung von KI-Systemen findet in den vorherigen Kapiteln statt, sodass wir uns nachfolgend auf die Rolle der Entwickelnden und der Nutzenden in diesem Kontext fokussieren. Dabei legen wir einen Schwerpunkt auf die zuletzt genannte Perspektive ausgehend von der Interaktion mit KI-Systemen, um einen möglichen Zugang für den Informatikunterricht darzulegen.

16.1.1 Perspektive der Entwicklung von KI-Systemen

Der Entwicklungsprozess eines KI-Systems – insbesondere bei datengetriebenen KI-Systemen etwa aus dem Bereich des maschinellen Lernens – unterscheidet sich von der Entwicklung klassischer Systeme.

Entwicklung von klassischen und datengetriebenen Systemen Bei der Entwicklung klassischer Systeme geht es üblicherweise um die Analyse eines zu lösenden Problems, dessen Modellierung sowie den Entwurf einer algorithmischen Problemlösung. Eine solche Problemlösung beschreibt Regeln und Abläufe, wie eine Eingabe in eine Ausgabe überführt wird. Nach der Implementierung und Kompilierung kann die Problemlösung als Programm ausgeführt werden. Besonders wichtig sind dabei die Schritte der Problemanalyse und des Entwurfs der algorithmischen Lösung.

Im Gegensatz dazu stehen bei der Entwicklung datengetriebener KI-Systeme andere Aspekte im Fokus, zentral ist etwa die Rolle von Daten. Datengetriebenes Problemlösen ist ein Ansatz bei dem das trainierte Modell einen wesentlichen Anteil der Problemlösung darstellt. Dazu werden Daten aus dem Problemkontext gesammelt und aufbereitet (z. B. Filtern, Bereinigen, Labeln, ...). Diese werden zum Trainieren eines Modells verwendet, das anschließend aus den Daten abgeleitete Regeln und Zusammenhänge enthält, mit deren Hilfe eine Eingabe in eine Ausgabe überführt werden kann. Das Modelltraining sowie die Wahl und Aufbereitung der Daten dafür sind besonders wichtige Schritte der Entwicklung eines datengetriebenen KI-Systems. Eine Gegenüberstellung dieser Schritte zu jenen bei der Entwicklung klassischer, algorithmischer Systeme ist in der Tab. 16.1 gegeben.

Die Entwicklung datengetriebener Systeme ist also viel stärker am Arbeiten mit Daten orientiert. Die Abb. 16.2 veranschaulicht diesen Schwerpunkt auf den Umgang mit Daten, die als wesentliche technische Dimensionen eines datengetriebenen Systems im Gegensatz zu klassischen algorithmischen Systemen in den Fokus treten.

Der Code selbst nimmt verhältnismäßig einen nur sehr kleinen Anteil an einem datengetriebenen KI-System ein (vgl. die kleine schwarze Box in der Mitte der Abb. 16.2). Einen viel größeren Anteil nimmt der Umgang mit Daten ein, wie etwa für die Datensammlung, Datenverifikation usw. Bezogen auf Tätigkeit mit Daten wird oft geschätzt, dass diese

Tab. 16.1 Gegenüberstellung einer traditionellen Entwicklung von klassischen Systemen (links) und Entwicklung von datengetriebenen Systemen (rechts). (Tabelle stellt einen übersetzten Ausschnitt aus einer Übersicht von [24] dar)

	Entwicklung klassischer Systeme	Entwicklung datengetriebener Systeme
Problemlöseschritt 1	Formalisierung und Analyse des Problems	Sammeln von Daten für den entsprechenden Kontext
Problemlöseschritt 2	Entwurf einer Problemlösung	Aufbereiten der Daten (Filtern, Bereinigen, Labeln, …)
Problemlöseschritt 3	Implementierung als algorithmisches Programm	Trainieren eines Modells mit den aufbereiteten Daten
Problemlöseschritt 4	Kompilierung und Ausführung des Programms	Evaluieren und Nutzen des Modells
Problemlösung	Programm ist formal hinsichtlich der Korrektheit prüfbar, transparent und liefert nachvollziehbare Ergebnisse	Modell ist für Testdaten (statistisch) mehr oder weniger gut, (oft) nicht transparent und liefert nicht vollständig nachvollziehbar oder erklärbare Ergebnisse

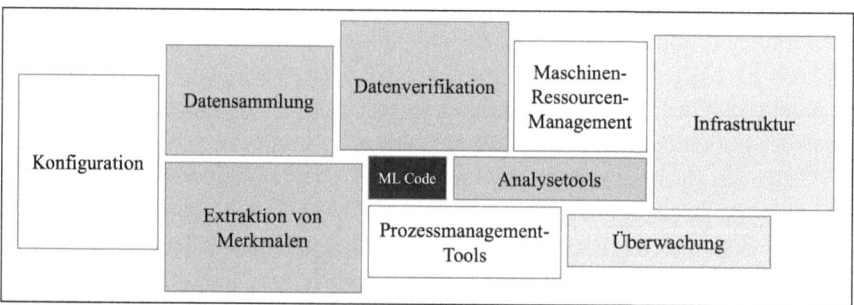

Abb. 16.2 Die Rolle von ML-Code als kleiner Teil eines datengetriebenen KI-Systems. (Abbildung angelehnt an [22])

für ein ML-Projekt etwa 80 % des Entwicklungsaufwandes ausmachen können – und auch einen großen Anteil einnehmen sollten, wenn es um eine verantwortungsvolle Entwicklung geht.

Aus diesen Unterschieden bei der Entwicklung von klassischen und datengetriebenen Systemen folgen verschiedene Herausforderungen für eine verantwortliche Entwicklung dieser Systeme. An dieser Stelle heben wir exemplarisch drei Aspekte hervor, die durchaus miteinander zusammenhängen: (1) Verifikation des jeweiligen Systems, (2) Transparenz und Erklärbarkeit sowie (3) Folgen des Systems (z. B. Umgang mit Bias und Fairness).

Verifikation Eine klassische algorithmische Lösung kann etwa hinsichtlich ihrer Korrektheit bezüglich der zu lösenden Aufgabe und der Effizienz bei der Ermittlung einer Ausgabe formal geprüft werden. Eine verantwortungsvolle Entwicklung würde bedeuten, dass das System korrekt und effizient funktioniert, wofür etwa sorgfältiges Analysieren des Problems und Entwerfen einer Lösung wichtig sind. Im Gegensatz dazu stößt die Idee der formalen Verifikation bei einem datengetriebenen KI-System an seine Grenzen. Dort werden trainierte Modelle auf neue (Test-) Daten angewandt, bei denen die Zielausgaben bereits bekannt sind. Ein Vergleich mit den vom datengetriebenen System ermittelten Ausgaben gibt Auskunft über die Genauigkeit des Modells (auch Performance genannt). Anhand von Fehlermaßen kann bewertet werden, ob das Modell für den jeweiligen Kontext ausreichende Genauigkeit liefert. Bei datengetriebenen Systemen gibt es zwangsläufig keine perfekten Modelle, also keine sicher formal verifizierbare Funktionsweise.

Transparenz und Erklärbarkeit Nach der Entwicklung eines klassischen Systems sind die Abläufe und Regeln zum Ermitteln der Systemausgaben bekannt, sodass ein Ergebnis nachvollzogen und erklärt werden kann (zumindest aus Sicht der Entwickelnden dieser Systeme). Bei einem datengetriebenen System stellt dies eine große Herausforderung dar. Wie in den vorherigen Kapiteln bereits angesprochen, ist die Nachvollziehbarkeit aufgrund der komplexen und nicht-linearen Funktionsweise von ML-Modellen (z. B. bei neuronalen Netzen) eingeschränkt. Dies führt dazu, dass die Ergebnisse eines datengetriebenen Modells sowohl für Nutzende als auch Entwickelnde oft nicht mehr vollständig nachvollziehbar und erklärbar sind [vgl. 3, 7]. So gibt es etwa im Bereich der erklärbaren KI (XAI) aktuelle Bemühungen zur Entwicklung von Ansätzen, wie Ergebnisse von datengetriebenen KI-Systemen erklärbar werden können.

Umgang mit Bias und Fairness Nicht zuletzt begründet in den Problemen bezüglich der Verifikation, Transparenz und Erklärbarkeit von datengetriebenen KI-Systemen, ist es eine äußerst wichtige Frage, ob diese Systeme in kritischen Situationen eingesetzt werden sollten, wo die Entscheidungen beispielsweise Menschen betreffen. Schließlich soll eine „falsche" Entscheidung eines KI-Systems keine Menschen benachteiligen oder sogar gefährden, wie etwa in juristischen oder medizinischen Kontexten. Generell können von datengetriebene KI-Systemen problematische Wirkungen ausgehen, wie wir es exemplarisch für bias- und fairnessbezogene Probleme diskutieren wollen.

Eine systematische Verzerrung in den Ergebnissen eines Systems (also ein Bias) kann im Kontext des maschinellen Lernens als nicht adäquate Lösung für den Kontext interpretiert werden.[2] Ein Bias in Trainingsdaten wirkt sich etwa auf das Modell aus. So könnte ein Empfehlungssystem für Jobeinstellung Männer bevorzugen, weil es auf Daten aus der Vergangenheit trainiert wurde, in der nur wenige Frauen angestellt waren. Dieses Beispiel illustriert ebenfalls, dass durch eine verbesserte Wahl der Trainingsdaten in die Entwicklung des datengetriebenen KI-Systems (bzw. dessen Modells) eingegriffen werden kann. Damit aber wird die Idee obsolet, die sonst teilweise im Informatikunterricht behandelt wird: Modelle bilden die Welt ab und machen dies in irgendeiner Art richtig und objektiv. Stattdessen werden bei der Wahl der Trainingsdaten oder sogar der Anpassung der Trainingsdaten aus zuvor repräsentativen Daten nun performative Daten [vgl. 15]. Dadurch stellt sich die Frage, wie solche Eingriffe in die gegebenen Daten verantwortungsvoll erfolgen können (nicht eingreifen kann ebenso problematisch sein). Während dies bei klassischen Systemen beim Entwurf der Problemlösung beachtet werden kann, setzt ein Umgang mit diesen Problemen bei datengetriebenen Ansätzen somit insbesondere eine verantwortungsvolle Wahl der Trainingsdaten voraus.

Zu den genannten Aspekten kommen weitere hinzu, auf die wir in diesem Beitrag nicht alle eingehen können. Ein weiterer interessanter Aspekt sei dennoch an dieser Stelle erwähnt: die Betrachtung der Energieeffizienz bei der Entwicklung von KI-Systemen. Verschiedene Trainingsverfahren können bei annähernd gleicher Präzision sehr unterschiedliche Energieaufwände verursachen [9], was gerade bei Zielen der Nachhaltigkeit überaus relevant ist und somit einen Teil der verantwortlichen Entwicklung darstellt.

Regulierungen für Entwicklung und Einsatz von KI-Systemen Bedingt durch die zuvor beschriebenen Differenzen in der Entwicklung von datengetriebenen KI-Systemen im Vergleich zu klassischen algorithmischen Systemen wird schnell deutlich, dass es auch Anpassungen von Regulierungen für KI-Systeme und auch entsprechende sinnvolle Ansätze geben muss. Insgesamt sind diese noch im Entstehen, wobei es bereits jetzt erste allgemeine (ethische) Richtlinien gibt. Ein Beispiel ist der Artificial Intelligence Act der Europäischen Union, womit der Einsatz von KI-Systemen in der EU reguliert werden soll [4]. Diese Richtlinien sollen gewährleisten, dass KI-Systeme „sicher sind und die bestehenden Grundrechte und die Werte der Union wahren" [4]. Ein aktueller Ansatz in diesen Regulierungen sowie auch in Empfehlungen der Datenethikkommission der Bundesregierung beruht unter anderem auf der Einschätzung des Risikos solcher Systeme. Eine Risikoeinschätzung eines KI-Systems basierend auf dessem Gefährdungspotential für Personen oder die gesellschaftliche Sicherheit erlaubt eine Einordnung in verschiedene

---

[2] Eine eindrucksvolle Übersicht von aktuell über 180 Bias Arten gibt die Cognitive Bias Codex Visualisierung: https://de.wikipedia.org/wiki/Kognitive_Verzerrung

16 Verantwortung

Abb. 16.3 Pyramide für Kategorien zum Risiko von KI-Systemen. (Abbildung orientiert an [5] und [6])

Kategorien mit entsprechenden Regulierungen und Anforderungen. Diese Kategorien sind exemplarisch in Abb. 16.3 dargestellt.

Im professionellen Umfeld kann die Verantwortung in einem Entwicklungsprozesses wohl nur im Rahmen des jeweiligen Projekts und dessen Kontext beurteilt werden, wozu dann allgemeine Richtlinien herangezogen werden. Wie komplex dies sein kann, zeigen [8] indem sie eine Methodik für die spezifische Konstruktion von Beurteilungsverfahren vorstellen. Daran wird ersichtlich, dass bei einer verantwortungsvollen Entwicklung von datengetriebenen KI-Systemen individuelle, kontext- und projektspezifische Kriterien erarbeitet werden müssen. Ein Diskurs über die Verantwortung beim Entwickeln von KI-Systemen ist somit unerlässlich. Es muss sichergestellt werden, dass datengetriebene KI-Systeme nicht unfair oder diskriminierend sind sowie keine oder minimale Risiken von diesen Systemen ausgehen, insbesondere in kritischen Kontexten, wie etwa militärischen, juristischen oder medizinischen Anwendungen.

16.1.2 Perspektive der Interaktion mit KI-Systemen

Die vorherigen Betrachtungen der verantwortungsvollen Entwicklung von KI-Systemen haben insbesondere die Bedeutung der Daten in den Blick genommen. Eine Auseinandersetzung mit den gesellschaftlichen und ethischen Fragen zum Einsatz von KI-Systemen aus Sicht der Nutzenden dieser Systeme setzt ein Verständnis über KI-Systeme voraus. Es stellt sich somit die Frage, wie sich Nutzende KI-Systeme erschließen und informierte und selbstbestimmte Entscheidungen für die Interaktionen treffen können. In den folgenden Abschnitten charakterisieren wir daher die Interaktionen mit KI-Systemen anhand ausgewählter Facetten, bei denen wir uns auf die Rolle von Daten fokussieren.

Explizite und Implizite Datenerhebung Während der Interaktion zwischen Nutzenden und datengetriebenen KI-Systemen werden auf verschiedene Arten und Weisen (persönliche) Daten erhoben, um beispielsweise ML-Modelle zu validieren, weiterzuentwickeln und Features des KI-Systems anzubieten. Mit Bezug zu anderen Unterscheidungen von Arten der Datenerhebungen, wie etwa bei einem Bericht der [19] oder von [20] beschrieben, unterscheiden wir zwei Arten der Datenerhebung:

- **Explizite Datenerhebung** beschreibt den Prozess, dass Nutzende im Rahmen der Interaktion mit einem datengetriebenen KI-System Daten selbst erzeugen oder bereitstellen. Das Erheben und Generieren dieser (persönlichen) Daten entspricht somit dem Handlungsziel des Nutzenden, sodass sich Nutzende darüber in der Regel bewusst sind.
- **Implizite Datenerhebung** beschreibt den Prozess, dass während der Interaktion mit einem datengetriebenen KI-System beiläufig oder nebenher zur eigentlichen Handlung des Nutzenden Daten erhoben und generiert werden. Dies ist Teil einer Überwachung der Nutzenden (z. B. Tracking des Nutzungsverhaltens) oder basiert auf der Generierung neuer Daten durch Verarbeitung bereits erhobener Daten. Diese Datenerhebung selbst entspricht somit in der Regel nicht dem Handlungsziel von Nutzenden. Die Nutzenden sind sich dieser Datenerhebung eher nicht bewusst und oft sind diese Prozesse für Nutzende nicht leicht ersichtlich und transparent.

Primäre und Sekundäre Zwecke der Datenverwendung und -verarbeitung Die erhobenen Daten werden im Rahmen der Interaktion mit einem datengetriebenen KI-System verwendet und verarbeitet, um verschiedene Zwecke innerhalb dieser Interaktion sowie darüber hinaus zu verfolgen. So wie es [28] (eher etwas drastisch) charakterisiert, werden persönlichen Daten von diesen Systemen nicht mehr erhoben um Dienste anzubieten, sondern umgekehrt: Die Dienste werden angeboten, um die Daten zu erheben. Diese Formulierung hebt eine perspektivische Diskrepanz hinsichtlich der Zwecke zur Verwendung und Verarbeitung erhobener Daten hervor: Aus der Perspektive der Nutzenden werden durch die Erhebung und Verarbeitung persönlicher Daten primär Features des KI-Systems ermöglicht, wohingegen aus der Perspektive der Anbietenden oft eher weitere Intentionen und Interessen der Zweitverwertungen der Daten verfolgt werden. Dementsprechend unterscheiden wir zwischen den folgenden beiden Typen von Verwendungszwecken:

- **Primäre Zwecke** der Verwendung und Verarbeitung der im Rahmen der Interaktion mit einem datengetriebenen KI-System erhobenen Daten beziehen sich auf das Anbieten des Systems und dessen Features. Sie beschreiben somit etwa die Verwendung und Verarbeitung der Daten zum Erzeugen eines Output des KI-Systems. Diese Zwecke lassen sich etwa gut aus der Perspektive der Nutzenden beschrieben.
- **Sekundäre Zwecke** der Datenverwendung und -verarbeitung gehen über die Generierung eines Outputs oder des Anbietens von Features hinaus. Sie können etwa aus der Perspektive des Anbietenden eines KI-Systems beschrieben werden und beantworten die Frage, wofür die erhobenen Daten „sonst noch" genutzt werden. Beispiele für diese Zwecke sind etwa Charakterisierungen von Personen und Vorhersagen des Nutzungsverhaltens oder der Weiterentwicklung des KI-Systems sowie dessen Features [vgl. 25]. Generell können sekundäre Zwecke später auch zu primären werden, wenn etwa ein neues Feature verfügbar gemacht wird.

Konstruktion und Verwendung eines digitalen Doppelgängers Durch die explizite und implizite Datenerhebung entsteht eine Sammlung von Daten über eine Person, die diese als Modell darstellen. Ein solches Modell bezieht sich auf eine begrenzte Anzahl von Merkmalen. Aufbauend auf diesen Datenmodellen können auch weitere Daten über die Person ermittelt werden, etwa durch Predictive Analytics: „In der prädiktiven Analytik möchte man also anhand leicht zugänglicher Daten schwer zugängliche Informationen über Individuen abschätzen" [18, S. 34]. Das kann bedeuten, dass aus scheinbar unsensiblen Daten sensible Daten über die Person generiert werden, etwa durch die Verknüpfung mit anderen Daten und Datenmodellen und der Nutzung spezifischer Vorhersagemodelle (predictive models). Zum Beispiel können so Prognosen für das zukünftige Verhalten ermittelt werden, was etwa für Empfehlungsdienste (Recommender Systems) oder Targeting relevant ist. Ein solches Modell einer Person bei einem datengetriebenen KI-System nennen wir **Digitaler Doppelgänger** [s. Charakterisierung in: 10], der für verschiedene primäre und sekundäre Zwecke verwendet werden kann.

Wechselwirkung zwischen Mensch und datengetriebenem KI-System Durch das Interagieren mit einem datengetriebenen KI-System entsteht ein Wechselwirkungsverhältnis zwischen der nutzenden Person und dem KI-System. Die Person wirkt durch seine Aktionen auf das KI-System, sei es etwa durch die damit verbundene Datenerhebung oder beispielsweise durch vorgenommene Einstellungen in einer Anwendung. Das KI-System wirkt wiederum ebenfalls auf verschiedene Arten und Weisen auf den Nutzenden, was wir nachfolgend detaillierter betrachten.

Wie zuvor erwähnt, können datengetriebene KI-Systeme Personalisierungen vornehmen, etwa mithilfe von Empfehlungsdiensten. Diese ermitteln für die jeweilige Person eine personalisierte Auswahl von Elementen (z. B. Inhalte oder Produkte), die als Empfehlungen bereitgestellt werden. Dazu wird der digitale Doppelgänger verwendet, um basierend auf den erhobenen Daten und den ermittelten Vorhersagen zu entscheiden, welche Inhalte und Produkte für den Nutzenden relevant sein könnten. Solche Dienste werden etwa bei News Feeds in Sozialen Medien, bei Streamingdiensten oder Nachrichten-Diensten verwendet. Mit deren Einsatz besteht das Potential, dass Nutzende in ihrem Verhalten, ihrer Meinung und Weltsicht beeinflusst werden sowie ihrer Privatsphäre entmündigt werden [vgl. 16, 17]. Eine oft diskutierte Auswirkung von Personalisierungen dieser Art sind Filterblasen. Anschaulich beschrieben meint dies, dass eine Person ähnliche Inhalte oder Produkte angezeigt bekommt, die zu dem sonstigen Verhalten oder Interessen passen, und somit in einer „Blase" der eigenen Vorstellungen und Weltanschauung bleibt. Eine große Problematik solcher Systeme ist die Verteilung von Fake News. Unter anderem bedingt durch Effekte der Ausbildung von Filterblasen wird das Erkennen von Desinformationen schwieriger.[3]

---

[3] Eine weitere Ursache liegt in der Viralität von Fake News, so regen polarisierende Inhalte eher Reaktionen an, wodurch diese Inhalte von einem Empfehlungsdienst wiederum eher angezeigt werden [14].

Das bei der Interaktion mit einem datengetriebenen KI-System stattfindende Tracking von Nutzenden ermöglicht es Anbietenden, diese Interaktionsräume zudem als eine Art Echtzeitlabor zu verwenden, bei dem mittels Nudging Eingriffe in die Interaktion vorgenommen werden können [16, 17]. In diesem Kontext wird mit Nudging auf Techniken verwiesen, die darauf abzielen einen Nutzenden zu einem bestimmten Verhalten anzuregen, wie zum Beispiel etwas anzuklicken oder etwas zu kaufen. Durch Targeting und Nudging kann so zum Beispiel der Entscheidungsprozess von Nutzenden beeinflusst werden [s. Beispiele in: 21], wie etwa bei Sozialen Medien, wo potenziell auf die Emotionen von Nutzenden eingewirkt werden kann, ohne dass sich die Nutzenden darüber bewusst sind [13]. Durch solche individuellen Wirkungen können ebenfalls Effekte auf einem gesellschaftlichen Level entstehen, wie etwa in der viel diskutierten Beeinflussung von politischen Wahlen [1]. Diese Beispiele verdeutlichen die Bedeutung des Diskurses über die Wirkungen von datengetriebenen KI-Systemen, die beispielsweise Empfehlungsdienste verwenden. Diese Auswirkungen von datengetriebenen KI-Systemen sind zumeist aus Sicht der Nutzenden nur schwer oder sogar gar nicht zu erkennen.

Die exemplarischen Wirkungen verdeutlichen eine zunehmende Asymmetrie zwischen Nutzenden und Anbietern von KI-Systemen hinsichtlich der Transparenz und Kontrolle. Für Nutzende gibt es immer weniger Einblicke in die Prozesse hinter der Bedienoberfläche und was diese für den Einzelnen bedeuten [17] – was durch die zuvor beschriebene mangelnde Transparenz datengetriebener KI-Systeme zudem verstärkt wird [3]. Rainer Mühlhoff kommt so zu der Schlussfolgerung, dass bei den heutigen Technologien – insbesondere trifft das auf datengetriebene KI-Systeme zu – für Nutzende eine digitale Entmündigung stattfindet; eine bewusste und selbstbestimmte Verwendung der Systeme also immer schwieriger wird [17].

Die vorherige exemplarische Betrachtung von Aspekten der Wechselwirkung zwischen Nutzenden und KI-Systemen macht bereits deutlich, dass die Erhebung und Verarbeitung von Daten großen Einfluss auf die Interaktion mit dem KI-System haben kann. Dies verdeutlicht die Notwendigkeit, ein Verständnis über diese Interaktionen zu entwickeln um entsprechende informierte und selbstbestimmte Entscheidungen zu treffen.

Zusammenfassung der verschiedenen Facetten Die zuvor skizzierten Facetten der Interaktionen zwischen Nutzenden und datengetriebenen KI-Systemen werden in der Abb. 16.4 als Modell zusammengefasst: Während einer Interaktionen mit einem KI-System werden über Nutzende Daten sowohl explizit als auch implizit erhoben. Diese Daten werden mit verschiedenen Methoden ausgewertet, etwa aus dem Bereich des maschinellen Lernens. Dadurch können über Nutzende weitere Daten generiert, Informationen gewonnen sowie Datenmodelle erzeugt werden, wie etwa zusammengefasst in einem digitalen Doppelgänger. Diese Informationen und Datenmodelle können dann innerhalb sowie außerhalb der Interaktion verwendet werden, um beispielsweise Vorhersagen für den Nutzenden abzuschätzen und damit personalisierte Outputs zu generieren. Dabei werden sowohl primäre als auch sekundäre Zwecke verfolgt. Während dieser Prozesse entstehen Wechselwirkungen zwischen Nutzenden und KI-Systemen.

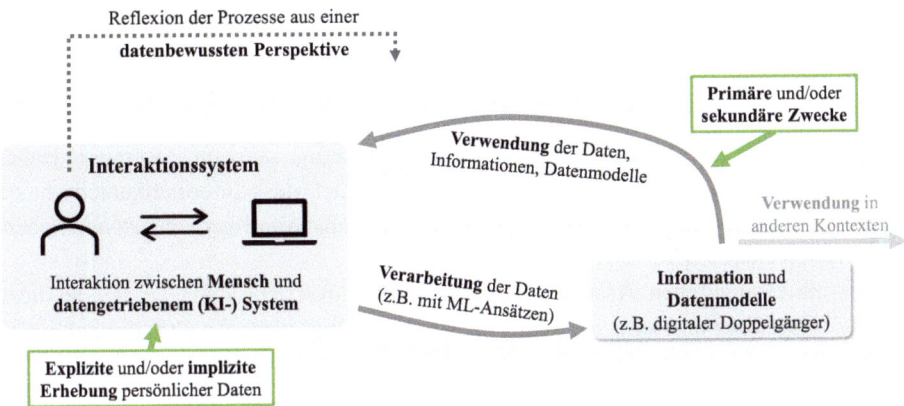

Abb. 16.4 Modell zur Charakterisierung der Interaktion zwischen Mensch und datengetriebenem KI-System. (Eigene Abbildung, angelehnt an [10])

Neben der Verantwortung von Entwickelnden und Anbietenden von datengetriebenen KI-Sytemen, die sich in den vorherigen Abschnitten nochmal verdeutlicht hat, zeigt sich auch, welche Rolle Nutzende in diesen Interaktionen spielen. Eine nutzende Person trägt eine Verantwortung für sich und insbesondere andere Personen, über die persönliche Informationen (freiwillig oder unfreiwillig) preisgegeben werden. Vorhersagemodelle der prädiktiven Analytik basieren beispielsweise oft auf massenhaft erhobene Daten über Nutzende und können zum Abschätzen sensibler Informationen von einzelnen Personen genutzt werden. Somit tragen viele Nutzenden durch ihre Aktionen dazu bei, dass dies funktioniert. Folgendes Beispiel kann diesen Prozess veranschaulichen: Basierend auf Likes bei Facebook konnten Vorhersagemodelle für grundlegende Persönlichkeitseigenschaften entwickelt werden, indem einzelne Nutzende neben Likes auch Persönlichkeitstests beantwortet haben [z. B. 27]. Diese Modelle können dann für andere Personen zum Abschätzen von Persönlichkeitsmerkmalen verwendet werden, ohne dass sie selbst direkte Angaben zu ihrer Persönlichkeit machen. Dieses Beispiel hebt die Notwendigkeit hervor, dass Nutzende ihre eigene Rolle in diesen Interaktionen wahrnehmen und reflektieren sowie selbstbestimmte Entscheidungen treffen können. Eine verantwortungsvolle Interaktion mit datengetriebenen KI-Systemen ist also nicht nur auf die eigene Person beschränkt, sondern tatsächlich trifft man mit der Interaktion (etwa hinsichtlich der expliziten und impliziten Datenerhebung) Entscheidungen für andere Nutzende mit.

16.1.3 Didaktische Empfehlungen

In Anlehnung an [12], sollten Schülerinnen und Schüler in einem allgemeinbildenden Informatikunterricht befähigt werden, verschiedene Positionen zu einem gesellschaftlich relevanten Thema (z. B. Einsatz datengetriebener KI-Systeme) zu erkennen, diese anzuerkennen und aber auch die Notwendigkeit verstehen, eine eigene Position einzunehmen und begründen zu können. In unserem Ansatz folgrn wir daraus den Bedarf Schülerinnen und Schüler zu befähigen, datengetriebene KI-Systeme in ihrem Alltag zu verstehen und über ihre Rolle in diesen Interaktionen reflektieren zu können, damit sie schließlich diskursfähig über KI-Systeme und ihre Datenpraktiken werden und eine informierte Haltung dazu einnehmen können. Damit verfolgen wir das Ziel, dass Informatikunterricht dem Bildungsziel der Förderung einer selbstbestimmten Teilhabe an einer von datengetriebenen KI-Systemen geprägten Welt nachkommt.

Als einen möglichen Ansatz für den Informatikunterricht schlagen wir in diesem Kapitel **Datenbewusstsein** vor [11], bei dem die zuvor dargestellte Perspektive der Interaktion mit datengetriebenen KI-Systemen als Ausgangspunkt dient. Ausgehend von dieser Perspektive lernen Schülerinnen und Schüler datengetriebene KI-Systeme zu analysieren und zu verstehen sowie ihre eigene Rolle in diesen Interaktionssystemen zu reflektieren. Darauf aufbauend kann schrittweise ein Perspektivwechsel vorgenommen werden, sodass sie lernen, datengetriebene KI-Systeme zu adaptieren, weiterzuentwickeln und schließlich eigene KI-Systeme zu entwickeln, wobei dann eine verantwortungsvolle Entwicklung von KI-Systemen reflektiert werden sollte. Ziel von Datenbewusstsein ist es daher zunächst, Schülerinnen und Schüler zu befähigen, sich über die Rolle von Daten sowie ihrer eigenen Rolle in diesen Interaktionen mit datengetriebenen KI-Systemen bewusst zu werden – diese Rollen also verstehen, reflektieren und bewerten zu können. Wir definieren Datenbewusstsein wie folgt:

> **Datenbewusstsein** bedeutet sich die explizite und implizite Erhebung und Generierung persönlicher Daten und deren Verarbeitung und Verwendung zu primären und sekundären Zwecken während der Interaktion mit datengetriebenen KI-Systemen sowie die eigene Rolle in dieser Interaktion bewusst machen zu können. Dadurch wird das Treffen einer informierten und selbstbestimmten Handlungsentscheidung bei der Interaktion mit datengetriebenen KI-Systemen unterstützt.

Das Aufgreifen dieser Perspektive im Unterricht hilft zudem, einen Bezug zu den Alltagserfahrungen der Schülerinnen und Schüler herzustellen und die Bedeutung der Lernerfahrungen für den eigenen Alltag und das alltägliche Interagieren mit KI-Systemen hervorzuheben. Ausgehend von dieser Perspektive können die zuvor charakterisierten Facetten dieser Interaktionen als ein Erklärmodell genutzt werden, um Interaktionskontexte mit datengetriebenen KI-Systemen zu beschreiben und darüber zu reflektieren. Dies beinhaltet ebenfalls, dass die Schülerinnen und Schüler ihre eigenen Interaktionen und Handlungen reflektieren. An dieser Stelle sei darauf hingewiesen, dass hier keineswegs ein (normativ gesetztes) „richtiges" Verhalten vorgegeben wird. Hier kann der Beutelsbacher Konsens aus der politischen Bildung eine Orientierung bieten, in dem unter anderem ein Überwältigungsverbot (Indoktrinationsverbot) festgelegt wurde [2]. Dieses gibt vor, dass Lehrkräfte den Schülerinnen und Schülern in keiner Weise eine Meinung aufzwingen dürfen, sondern ermöglichen sollen, dass Schülerinnen und Schüler (aufbauend auf den Unterricht) selbstständig eine eigene Meinung bilden können. Andernfalls würde dies im Konflikt mit dem Bildungsziel der Mündigkeit stehen.

16.2 Beispiele aus der Lebenswelt

Ausgehend von der Sichtweise der Interaktion mit KI-Systemen, versucht das Konzept Datenbewusstsein datengetriebene Interaktionssysteme didaktisch zu greifen. Nachfolgend wollen wir die unterrichtsbezogene Charakterisierung solcher Interaktionssysteme an zwei Beispielen aus der Lebenswelt der Schülerinnen und Schülern veranschaulichen.

16.2.1 Interaktion mit Captchas

Zunächst betrachten wir als Beispiel für die Prozesse der Erhebung und Verarbeitung von Daten die Interaktion mit Captchas:

> Um sich bei Online-Diensten zu registrieren, muss man oft „nachweisen", dass man tatsächlich ein Mensch ist. Dazu werden etwa Captachs verwendet – der sogenannte „Completely Automated Public Turing test to tell Computers and Humans Apart". Dabei wählen Nutzende beispielsweise Bilder aus, die ein bestimmtes Motiv zeigen (z. B. eine Ampel). Die Person wählt alle Bilder mit diesem Motiv aus und bestätigt anschließend die Auswahl durch Klicken auf einen Button Verifizieren. Diese inzwischen etwas älteren Captchas werden oft durch neuere Verfahren ersetzt, bei denen etwa lediglich eine Checkbox zum Bestätigen von „Ich bin kein Roboter" angeklickt werden soll. In beiden Fällen kann nach erfolgreicher „Verifizierung als Mensch" der ursprüngliche Prozess fortgesetzt werden, wie etwa die Registrierung bei einem Online-Dienst.

In diesem Beispiel werden Daten über die Bildauswahl beziehungsweise Daten zur Mausbewegung (diese ist bei Menschen charakteristisch) in der Variante mit dem Anklicken der Checkbox erhoben. Die Speicherung der Bildauswahl und der Mausbewegung können den beiden Arten der Datenerhebung zugeordnet werden. Außerdem können die beiden Typen der Verarbeitungszwecke der erhobenen Daten in diesem exemplarischen Interaktionskontext identifiziert werden.

- *Explizite Datenerhebung:* Ein Nutzender hat die jeweiligen Bilder konkret ausgewählt und hat sich entschieden diese Auswahl prüfen zu lassen.
- *Implizite Datenerhebung:* Die Erhebung der Mausbewegung verläuft nebenher zur eigentlichen Aktion des Nutzenden (Auswahl der Checkbox) und findet eher im Hintergrund statt und ist daher oft intransparent.
- *Primärer Zweck:* Die erhobenen Daten werden verwendet, um den Nutzenden als Menschen zu verifizieren.
- *Sekundärer Zweck:* Aus Anbieterperspektive werden die erhobenen Daten auch für weitere Zwecke verwendet, so nutzt Google die Daten bei ihren reCaptchas unter anderem auch zum Trainieren von ML-Modellen für die Bilderkennung [26]. Diese ML-Modelle hat Google zeitweise sogar in einer Kooperation mit dem US Pentagon im militärischen Kontext für die Ausstattung von Drohnen mit Systemen zur Erkennung

von bestimmten Objekten verwendet [7, 23]. In der Variante mit der Checkbox, können die erhobenen Mausbewegungen zweitverwertet werden, um sensible Informationen über die Person abzuschätzen, wie etwa Störungen oder Krankheiten.

16.2.2 Interaktion mit Streamingdiensten

Das vorherige Beispiel illustriert die beiden Arten der Datenerhebung sowie die beiden Typen der Zwecke für die Verwendung der Daten während einer Interaktion mit einem datengetriebenen KI-System. Dieses Beispiel ergänzen wir nun exemplarisch durch den Kontext der Interaktion mit einem Streamingdienst, wie beispielsweise Netflix oder Spotify.

Bei einem solchen System werden bei der Interaktion *explizit* (z. B. selbst erstellte Watchlists) und *implizit* (z. B. gestreamte Inhalte) *Daten erhoben*. So können beispielsweise mit einem Empfehlungsdienst basierend auf diesen Daten personalisierte Startseiten erzeugt werden (*primärer Zweck*). Zusätzlich können Nutzende näher charakterisiert werden, wie etwa hinsichtlich ihrer Emotionen beim Musikhören (*sekundärer Zweck*). Was dieses Beispiel ebenfalls zeigt, ist die Konstruktion und Verwendung von *digitalen Doppelgängern*, die etwa Profil-, Kontakt- und Zahlungsinformationen enthalten, aber auch das Nutzungsverhalten darstellen. Darauf aufbauend können wahrscheinlichkeitsbasierte Vorhersagen dafür ermittelt werden, ob der Nutzende in Zukunft vorgeschlagene Inhalte anschauen wird, womit entsprechende Inhalte für eine individualisierte Startseite identifiziert werden können. Diese Vorhersagedaten als Teil eines digitalen Doppelgängers können neben dem zukünftigen Nutzungsverhalten (zumindest eine wahrscheinliche Version dessen) auch sensible Informationen betreffen, wie beispielsweise Emotionen, Gedanken, Gefühle oder persönliche Eigenschaften. Im Sinne der sekundären Zwecke kann mithilfe dieser Daten ebenfalls ein Einfluss auf die Person bewirkt werden (z. B. mit Nudging), sodass etwa Auswirkungen auf das Verhalten der Person entstehen.

16.3 Vorschläge für den Unterricht und Anwendungen

In diesem Abschnitt skizzieren wir zwei Unterrichtsmodule für den Informatikunterricht, welche exemplarisch zur Förderung von Datenbewusstsein im Informatikunterricht entwickelt und mehrfach erprobt wurden.[4]

Unterrichtsmodul: Exploration von Standortdaten im Mobilfunknetz Dieses Modul bietet einen einfachen Einstieg in den Ansatz des Konzepts Datenbewusstsein mit den

---

[4] Die Materialien zu den Unterrichtsmodulen sind hier zu finden: https://go.upb.de/Datenbewusstsein.

entsprechenden Facetten der Interaktionen (s. Abb. 16.4) und setzt sich aus drei Teilen zusammen: (1) Aufbau und Funktionsweise des Mobilfunknetzes; (2) Exploration gegebener Standortdaten; und (3) weitere Kontexte mit der Erhebung und Verarbeitung von Standortdaten.

Im ersten Teil findet zunächst eine Einführung in den Interaktionskontext des Mobilfunknetzes statt. Dazu wird der Aufbau und die grobe Funktionsweise des Mobilfunknetzes erarbeitet. Anhand eines Modells des Mobilfunknetzes wird dann die explizite und implizite Datenerhebung analysiert, sowie der primäre Zweck der Verarbeitung erhobener Standortdaten zum Herstellen einer Mobilfunkverbindung untersucht und nachvollziehbar gemacht. Im zweiten Teil bekommen die Schülerinnen und Schüler reale Standortdaten, die sie in einer von uns entwickelten Web-Anwendung explorieren. Die Daten stammen von der Nutzung des Mobilfunknetzes einer Person über ein halbes Jahr. Die für die Schülerinnen und Schüler unbekannte Person wird durch die Datenexploration charakterisiert, sodass ein Profil über die Person konstruiert wird (exemplarisch für einen sekundären Zweck). Die Interpretationen werden anschließend im Plenum diskutiert. Abschließend werden im dritten Teil weitere Kontexte aus dem Alltag der Schülerinnen und Schüler gesammelt, in denen Standortdaten erhoben und verarbeitet werden. Die Schülerinnen und Schüler analysieren ausgewählte Kontexte hinsichtlich der Rolle der (persönlichen) Daten in der Interaktion mit dem jeweiligen datengetriebenen System. Nach einer gegenseitigen Vorstellung dieser Beispiele reflektieren und bewerten sie die jeweiligen Interaktionskontexte.

Unterrichtsmodul: Exploration von Empfehlungsdiensten im Kontext von Streamingdiensten In dem zweiten Modul gehen wir stärker auf datengetriebene ML-Verfahren ein. Es besteht aus vier Teilen: (1) Filmempfehlungen und Datenerhebung durch einen Empfehlungsdienst; (2) Aufbau und Funktionsweise eines Filmempfehlungsdienstes; (3) Zweitverwertung durch einen Empfehlungsdienst; und (4) weitere Kontexte mit Empfehlungsdiensten.

Im ersten Teil wird in den Kontext der Startseite einer Streamingplattform eingeführt und die Frage aufgestellt, wie eine solche Startseite personalisiert wird. Mithilfe eines entwickelten Spiels erarbeiten die Schülerinnen und Schüler die Bedeutung von Filmempfehlungen und entwickeln Ideen für die Ermittlung von Filmempfehlungen. Dabei entscheiden sie, welche Informationen dafür hilfreich sind. Somit stellen sie Vermutungen für die explizite und implizite Datenerhebung auf, welche sie im nächsten Teil überprüfen. Im zweiten Teil wird anhand eines vorbereiteten Jupyter Notebooks der Aufbau und die Funktionsweise eines exemplarischen Empfehlungsdienstes erarbeitet, wobei die Schülerinnen und Schüler anhand von echten Filmbewertungen für sich selbst personalisierte Filmempfehlungen ermitteln (primärer Zweck). Dazu wird das Verfahren der k-nearest-neighbors als Beispiel eines ML-Ansatzes schrittweise rekonstruiert. Anschließend wird im dritten Teil eine fiktive Zweitverwertung der erhobenen Daten mithilfe eines Rollenspiels diskutiert und bewertet (sekundärer Zweck). Dabei beschäftigen sich die Schülerinnen und Schüler mit einer personalisierten Auswahl von kostenpflichtigen

Filmen, die aus verschiedenen Perspektiven diskutiert wird, wie etwa auch hinsichtlich der Verantwortung der Entwickelnden. Zuletzt werden im vierten Teil weitere Kontexte identifiziert, in denen Empfehlungsdienste eingesetzt werden. Die Schülerinnen und Schüler untersuchen ausgewählte Beispiele hinsichtlich der Rolle der (persönlichen) Daten sowie ihre eigene Rolle (einschließlich ihrer Handlungen). Die verschiedenen Kontexte werden danach gegenseitig vorgestellt und abschließend reflektiert und bewertet.

16.4 Literatur zum Weiterlesen und Quellen

- Artikel zum Unterschied zwischen klassischem und datengetriebenem Problemlösen im Informatikunterricht: Höper, L., & Schulte, C. (2023). Paradigmenwechsel vom klassischen zum datengetriebenen Problemlösen im Informatikunterricht. *MNU journal*, 76(4), S. 314–320.
- Verschiedene Perspektiven auf die Verantwortung bei KI-Systemen: Ammon, S., Beck, B., Benzmüller, C., Burchardt, A., Heidingsfelder, M., Kaiser, S., Lomfeld, B., Mühlhoff, R., Remmers, P. & Schraudner, M. (2020). *KI als Laboratorium? Ethik als Aufgabe!*. Berlin-Brandenburgische Akademie der Wissenschaften.

Literatur

1. Robert M. Bond u. a. "A 61-Million-Person Experiment in Social Influence and Political Mobilization". In: **Nature** 489.7415 (2012), S. 295–298. DOI: 10/f3689v.
2. Simone Bub-Kalb u. a. **Der Beutelsbacher Konsens und die neuen Bildungspläne.** Hrsg. von Landeszentrale für politische Bildung Baden-Württemberg. 2017. URL: https://www.lpb-bw.de/beutelsbacher-konsens.
3. Jenna Burrell. "How the Machine 'Thinks': Understanding Opacity in Machine Learning Algorithms". In: **Big Data & Society** 3.1 (2016). DOI: 10/gcd3mk.
4. Council of the European Union. **Artificial Intelligence Act: Council Calls for Promoting Safe AI That Respects Fundamental Rights.** 2022. URL: https://europa.eu/!7kcT3x.
5. Council of the European Union. **Regulatory Framework Proposal on Artificial Intelligence.** 2023. URL: https://digital-strategy.ec.europa.eu/en/policies/regulatory-framework-ai.
6. Datenethikkommission der Bundesregierung, Hrsg. **Gutachten Der Datenethikkommission**. 2019. URL: https://www.bmi.bund.de/SharedDocs/downloads/DE/publikationen/themen/it-digitalpolitik/gutachten-datenethikkommission.html.
7. Peter J. Denning und Dorothy E. Denning. "Dilemmas of Artificial Intelligence". In: **Communications of the ACM** 63.3 (2020), S. 22–24. DOI: 10/ggqfkh.
8. Gaku Fujii u. a. "Guidelines for Quality Assurance of Machine Learning-Based Artificial Intelligence". In: **International Journal of Software Engineering and Knowledge Engineering** 30.11n12 (2020), S. 1589–1606. https://doi.org/10.1142/S0218194020400227.
9. María Gutiérrez, Ma ÁngelesMoraga und Félix García. "Analysing the Energy Impact of Different Optimisations for Machine Learning Models". In: **2022 International Conference on ICT for Sustainability (ICT4S)**. 2022, S. 46–52. https://doi.org/10.1109/ICT4S55073.2022.00016.

10. Lukas Höper und Carsten Schulte. "Datenbewusstsein im Kontext digitaler Kompetenzen für einen selbstbestimmten Umgang mit datengetriebenen digitalen Artefakten". In: **INFORMATIK 2021**. Hrsg. von Gesellschaft für Informatik e.V. Bonn: Gesellschaft für Informatik, 2021, S. 1623–1632. https://doi.org/10.18420/informatik2021-136.
11. Lukas Höper und Carsten Schulte. "The Data Awareness Framework as Part of Data Literacies in K-12 Education". In: **Information and Learning Sciences** (ahead-of-print) (2023). https://doi.org/10.1108/ILS-06-2023-0075.
12. Wolfgang Klafki. **Neue Studien zur Bildungstheorie und Didaktik: zeitgemäße Allgemeinbildung und kritisch-konstruktive Didaktik**. 6. Auflage. Beltz Bibliothek.Weinheim Basel: Beltz Verlag, 2007.
13. A. D. I. Kramer, J. E. Guillory und J. T. Hancock. "Experimental Evidence of Massive-Scale Emotional Contagion through Social Networks". In: **Proceedings of the National Academy of Sciences** 111.24 (2014), S. 8788–8790. DOI: 10/tcg.
14. David M. J. Lazer u. a. "The Science of Fake News". In: **Science** 359.6380 (2018), S. 1094–1096. DOI: 10/gc3jgv.
15. Tobias Matzner. "Beyond Data as Representation: The Performativity of Big Data in Surveillance". In: **Surveillance & Society** 14.2 (2016), S. 197–210. DOI: 10/gfc8ns.
16. Christian Montag. **Du gehörst uns! die psychologischen Strategien von Facebook, TikTok, Snapchat & Co – und wie wir uns vor der großen Manipulation schützen**. 1. Auflage. München: Blessing Verlag, 2021.
17. Rainer Mühlhoff. "Digitale Entmündigung Und User Experience Design: Wie Digitale Geräte Uns Nudgen, Tracken Und Zur Unwissenheit Erziehen". In: **Leviathan** 46.4 (2018), S. 551–574. https://doi.org/10.5771/0340-0425-2018-4-551.
18. Rainer Mühlhoff. "Prädiktive Privatheit: Kollektiver Datenschutz Im Kontext von Big Data Und KI". In: **Künstliche Intelligenz, Demokratie Und Privatheit**. Hrsg. von Michael Friedewald u. a. Nomos Verlagsgesellschaft mbH & Co. KG, 2022, S. 31–58. https://doi.org/10.5771/9783748913344-31.
19. OECD. **Summary of the OECD Privacy Expert Roundtable: Protecting Privacy in a Data-driven Economy: Taking Stock of Current Thinking**. 2014. https://doi.org/10.1787/9789264196391-en.
20. Luci Pangrazio und Neil Selwyn. "Towards a School-Based 'Critical Data Education'". In: **Pedagogy, Culture & Society** 29.3 (2020), S. 431–448. DOI: 10/gj5kc9.
21. Iyad Rahwan u. a. "Machine Behaviour". In: **Nature** 568.7753 (2019), S. 477–486. DOI: 10/gfzvhx.
22. D Sculley u. a. "Hidden Technical Debt in Machine Learning Systems". In: **NIPS'15: Proceedings of the 28th International Conference on Neural Information Processing Systems**. Bd. 2. 2015, S. 2503–2511.
23. Scott Shane und Daisuke Wakabayashi. "'The Business of War': Google Employees Protest Work for the Pentagon". In: **The New York Times** (2018).
24. Matti Tedre, Peter Denning und Tapani Toivonen. "CT 2.0". In: **21st Koli Calling International Conference on Computing Education Research**. Joensuu Finland: ACM, 2021, S. 1–8. DOI: 10/gnqv9f.
25. Zeynep Tufekci. "Engineering the Public: Big Data, Surveillance and Computational Politics". In: **First Monday** 19.7 (2014). https://doi.org/10.5210/fm.v19i7.4901.
26. Luis von Ahn. **Luis von Ahn: Massive-scale Online Collaboration – TED Talk**. https://www.ted.com/talks/luis_von_ahn_massive_scale_online_collaboration?utm_campaign=tedspread&utm_medium=referral&utm_source=tedcomshare. 2011.

27. Wu Youyou, Michal Kosinski und David Stillwell. "Computer-Based Personality Judgments Are More Accurate than Those Made by Humans". In: **Proceedings of the National Academy of Sciences** 112.4 (2015), S. 1036–1040. https://doi.org/10.1073/pnas.1418680112.
28. Shoshana Zuboff. **Das Zeitalter des Überwachungskapitalismus**. Übers. von Bernhard Schmid. Frankfurt New York: Campus Verlag, 2018.

Glossar

8er-Puzzle Solitärspiel, bei dem es darum geht, 8 Plättchen, die in einem Quadart angeordnet sind durch Verschieben in eine bestimmte Reihenfolge zu bringen.

A*-Algorithmus Effizientes heuristisches Suchverfahren, das Kosten von Aktionen ausnutzt und Restwegkosten abschätzt.

Abduktives Schließen Schlussform, die auf der Generieren von Erklärungen von Beobachtungen abzielt. Abduktiv gezogene Schlüsse müssen nicht gültig sein.

Agent Programm, das eigenständig mit seiner Umwelt interagiert und dabei aktiv Ziele verfolgt.

Aktivierungsfunktion Bewertet die Summe der gewichteten Inputs eines künstliches Neurons und generiert ein Ausgangssignal.

ALC entscheidbare Beschreibungslogik.

Analytisches Paradigma Verstehe das Problem und leite aus der Einsicht eine Lösung ab.

Answer Set Programming Deklarativer Ansatz für das Lösen von Problemen.

Anthropomorphisierung Zuschreiben menschlicher Eigenschaften an andere Lebewesen, Objekte oder technische Systeme.

Aussagenlogik Einfache formale Logiksprache basierend auf atomaren Formeln und zusammengesetzten Formeln.

Autoencoder Neuronales Netz, das eine komprimierte Repräsentation für einen Datensatz lernt und dabei wesentliche Merkmale extrahiert.

Backpropagation Verfahren zum Trainieren von neuronalen Netzen mit mehreren Schichten, basierend auf dem Gradientenabstiegsverfahren, bei dem der gemessene Fehler des Netzes schrittweise von der Ausgabeschicht zurück bis zur Eingabeschicht zurückpropagiert wird.

Backtracking Rücknahme einer Aktion bei der Tiefensuche.

Beam Search heuristisches Suchverfahren, das jeweils eine feste Zahl der besten Knoten auf jeder Ebene im Suchbaum expandiert.

Belegungskarte Umgebungskarte aus Zellen wie Pixel eines Bildes, die freien Raum, Hindernisse und unbekanntes Terrain darstellen (engl. occupancy map).

Beobachtungsmodell Modell in Form einer bedingten Wahrscheinlichkeit, ein bestimmtes Objekt unter bestimmten Umständen zu erkennen.

Beschreibungslogiken Klasse von Logiken zur Repräsentation von Wissen.

Bewegungsmodell Modell in FormbedingterWahrscheinlichkeit, eine bestimmte Bewegung bei derAusführung einer geplanten Bewegung tatsächlich auszuführen.

Bewusstsein Fähigkeiten der Wahrnehmung des Selbst, des absichstvollen Handelns, des inneren Erlebens sowie der kritischen Reflexion über eigene Gedanken und Handlungen.

Bias genauer sampling bias, systematisch unzutreffende Ausgaben eines gelernten Modells, die durch ungleiche Verteilung bestimmter Aspekte in den Trainingsdaten verursacht sind.

Black-Box-Systeme Im Kontext von KI Bezeichnung für gelernte Modelle, insbesondere große neuronale Netze, bei denen nicht nachvollziehbar ist, aufgrund welcher Informationen in einer Eingabe eine bestimmte Ausgabe erzeugt wurde.

Breitensuche Uninformiertes (blindes) Suchverfahren, bei dem von einem Zustand aus parallel alle möglichen Wege verfolgt werden.

Closed World Assumption Annahme, dass alles, was nicht geschlussfolgert werden kann, falsch ist.

Convolutional Neural Network Ein künstliches neuronales Netz, dessen wichtigste Einheiten Konvolutionen sind.

Datenbewusstsein Sich die eigene Rolle sowie die Rolle von Daten in Interaktionen mit datengetriebenen KI-Systemen bewusst machen und darüber reflektieren können.

Datengetriebenes Problemlösen Das Lösen eines Problems oder die Entwickeln eines Systems mithilfe von datengetriebenen Ansätzen, wie bspw. des maschinellen Lernens.

Deduktives Schließen Gültige Schlussform, bei der aus dem Allgemeinen auf das Spezielle gefolgert wird.

Default Logik Nichtmonotone Logik, die die Formulierung von Ausnahmen ermöglicht.

Digitaler Doppelgänger Ein Modell einer Person, das bspw. Daten zu Personenmerkmalen, dem vergangenem Verhalten oder auch Prognosen für das zukünftige Verhalten umfasst.

Encoder-Decoder-Architektur spezielle Architektur neuronaler Netze für Sequenz-zu-Sequenz Probleme.

Erklärbare KI eXplainable AI (XAI), eine Familie von Methoden, mit denen Black-Box-Systeme nachvollziehbar gemacht werden können.

Erklärbarkeit Beantwortet, ob ein Ergebnis eines Systems nachvollzogen und erklärt werden kann, was bei ML-Modellen oft eine große Herausforderung darstellt ist.

Explizite Datenerhebung Bei der Interaktion mit KI-Systemen erzeugen Nutzende selbstständig Daten über sich oder stellen diese bereit (s. auch Implizite Datenerhebung).

Fuzzy Logik Logik, mit der sich unscharfe Aussagen formalisieren lassen.

Generative KI KI-Systeme, die neue Inhalte wie Texte oder Bilder erzeugen können.
Gewichte Gelernte Parameter eines künstlichen neuronalen Netzes.
Gradientenabstiegsverfahren Allgemeines Verfahren zum Maschinellen Lernen u. a. in neuronalen Netzen durch schrittweises Minimieren des Fehlers basierend auf der Ableitung (dem Gradienten) einer Fehlerfunktion.
Greedy Decoding Strategie für Ausgabe aus neuronalen Netzen, bei der die wahrscheinlichste Ausgabe gewählt wird.
Heuristik Daumenregel, um einen Suchalgorithmus in eine möglichst vielversprechende Richtung zu lenken.
Hill Climbing heuristisches Suchverfahren, dsas auf Tiefensuche basiert.
Hornlogik Wichtiges Logikfragment, z. B. der Aussagenlogik oder der Logik erster Stufe.
Implizite Datenerhebung Bei der Interaktion mit KI-Systemen werden Daten durch die Überwachung der Nutzenden erzeugt und durch die Verarbeitung bereits erhobener Daten generiert (s. auch Explizite Datenerhebung).
Induktives Schließen Schlussform, bei der Regeln aus Beobachtungen generiert werden. Beim induktiven Schließen handelt es sich nicht um eine gültige Schlussform.
Intelligenz Fähigkeit aus Erfahrung zu lernen, Probleme zu lösen und sich an neue Situationen anzupassen.
Kanäle Mehrere Zwischenergebnisse eines neuronalen Netzes die unterschiedliche Aspekte der selben Bildposition (Pixel) beschreiben.
Kluger Hans Modell Bezeichnung für gelernte Modelle, die auf den Trainingsdaten sehr gut funktionieren, aber für ihre Vorhersagen irrelevante Merkmale nutzen.
Knowledge Graphs Wissensrepräsentationsformalismus.
Konfusionsmatrix matrixförmige Darstellung von Wahrscheinlichkeiten, zwei Objekte miteinander zu verwechseln.
Konnektionistisches Paradigma Nehme einen einfachen Funktionsbaustein, der Parameter hat, verbinde viele Instanzen davon und lerne die Parameter aus Daten.
Kontrafaktische Erklärung Methode der erklärbaren KI, bei denen Informationen der Eingabe gezielt so verändert werden, dass sich die Modellausgabe ändert.
Konvolution Lineare Verknüpfung von Bildern bei der die selbe Relativposition das selbe Gewicht hat (translationsinvariant).
Konvolutionsnetz Synonym für CNN.
Konvolutionsschicht Schicht eines neuronalen Netzes, die ein oder mehrere Konvolutionen lernt.
Künstliche Intelligenz Teilgebiet der Informatik, das sich mit der Entwicklung von Computer-Algorithmen für Probleme befasst, die Menschen im Moment noch besser lösen können.
Layerwise Relevance Propagation (LRP) Methode der erklärbaren KI, bei der aufgrund der von einem gelernten Modell gegebenen Ausgabe zurückgerechnet wird, welche Informationen der aktuellen Eingabe diese maßgeblich beeinflusst haben.

LIME Methode der erklärbaren KI, bei der verschiedene Informationen eines Beispiels gelöscht werden und daraus bestimmt wird, welche Informationen relevant für die Modellausgabe sind.

Logik erster Stufe Formale Logiksprache die zwischen Individuen, Funktionen und Prädikaten unterscheidet und All- und Existenzaussagen über Individuen unterstützt.

Logik höherer Stufe Sehr ausdrucksstarke formale Logiksprache die All- und Existenzaussagen über Individuen, Funktionen und Prädikate unterstützt.

Logikbasierte Wissensverarbeitung Wissensmodellierung und -verarbeitung auf der Grundlage expliziter symbolischer Repräsentationen in bestimmten vorgegebenen Logikformalismen.

Logische Programmierung Programmier-Paradigma basierend auf Logik.

Markov-Modell Modell zur Darstellung dynamischer Systeme, wobei angenommen wird, dass die Wahrscheinlichkeiten mit der Folgezustände erreicht werden nur vom vorhergehenden Zustand abhängen, also nicht von den Ereignissen, die weiter davor stattgefunden haben.

Maschinelles Lernen Beim maschinellen Lernen leiten Computer Zusammenhänge aus Daten ab. Das Gelernte wird in einem Modell gespeichert.

Merkmalskarte Umgebungskarte, die Positionen von ausgewählten Objekten verzeichnet.

Modelltreue engl. faithfulness, Ein zentrales Gütekriterium für Methoden der erklärbaren KI, das besagt, dass die Erklärung sich tatsächlich auf das bezieht, was im Modell berechnet wird.

Natural Language Processing Anwendungsfeld der KI, das sich mit Sprachverstehen und -generierung auseinandersetzt.

Nicht monotone Logiken Logiken, bei der das Hinzufügen von Wissen zu einer Wissensbasis dazu führen kann, dass weniger Schlussfolgerungen möglich sind.

Nichtklassische Logiken Formale Logiksprachen die im Gegensatz zur klassischen Logik z. B. die adäquate Modellierung modaler Aspekte (Notwendigkeit, Möglichkeit, Wissen, Glauben, Raum, Zeit, usw.) unterst ützen.

Overfitting Zu starke Anpassung eines maschinell gelernten Modells an die Trainingsdaten, insbesondere Einfluss irrelevanter Merkmale auf die Ergebnisberechnung.

Perzeptron Ein einzelnes künstliches Neuron, atomarer Baustein künstlicher neuronaler Netze.

Perzeptron-Lernregel Verändert die Gewichte eines Perzeptrons auf Basis von Beispieldaten.

POMDP engl.: Partially Observable Markov Decision Process, wahrscheinlichkeitstheoretisches Modell, welches Wechselwirkung von der Ausführung von Bewegungsbefehlen und Wahrnehmung eines mobilen Roboters beschreibt.

Primäre Zwecke KI-Systeme verarbeiten und verwenden Daten um entsprechende Features des Systems zu realisieren (s. auch Sekundäre Zwecke).

Problem Eingabe für einen Problemlösealgorithmus, besteht aus Anfangszustand, Problemlöseziel und Aktionen.

Problemraum ein Graph mit allen möglichen Zuständen eines Problems als Knoten und Aktionen, die von einem Zustand direkt in einen anderen führen, als Kanten.

Q-Lernen Ein Algorithmus des Verstärkenden Lernens, bei dem der Agent die für jeden Zustand gespeicherten Aktionsbewertungen nach jeder durchgeführten Aktion anpasst. Hierfür wird die Differenz zwischen der vorliegenden Schätzung und der Bewertung des Folgezustandes herangezogen.

Random Sampling Strategie für Ausgabe aus neuronalen Netzen, bei der die Ausgabe nach einer Wahrscheinlichkeitsverteilung gewählt wird.

ReLU-Funktion Eine Aktivierungsfunktion (Rectified Linear Unit), die häufig in aktuellen neuronalen Netzen im Bereich des Deep Learning verwendet wird.

Resolution Inferenzregel für das Schließen in Klauselnormalform.

Resolutionsverfahren Inferenzverfahren aus der symbolischen, logikbasierten KI.

Rezeptives Feld Bereich der Eingabe eines neuronalen Netzes, der sich auf ein Element der Ausgabe auswirkt.

Sarsa-Lernen Ein Algorithmus des Verstärkenden Lernens, der ähnlich wie das Q-Lernen funktioniert. Anders als dort wird der Wert des neuen Zustandes allerdings nicht mit der höchsten vorliegenden Bewertung abgeschätzt, sondern mit dem beobachteten Wert der durch die Steuerung des Agenten ausgewählten Folgeaktion.

Sekundäre Zwecke KI-Systeme verarbeiten und verwenden Daten über die Generierung es Outputs oder des Anbietens von Features hinaus (s. auch Primäre Zwecke).

Selbstlokalisation Aufgabe eines mobilen Roboters, seine eigene Position anhand einer Karte und Beobachtungen zu bestimmen.

Semantische Netze Graphische Darstellung von Wissen.

SLD-Resolution Resolutionsverfahren in der logischen Programmierung.

Subsymbolische KI Subsymbolische KI modelliert Wissen und Inferenz implizit mit Hilfe von künstlichen neuronalen Netzen, d.h. Netzen von Recheneinheiten ohne semantische Bedeutung.

Suchbaum Baum, der während der Suche von einem Startknoten zu einem Ziel entsteht.

Syllogismus Inferenzregel bestehend aus zwei Prämissen und einer Konklusion.

Symbolische KI Symbolische KI modelliert Wissen und Inferenz mithilfe von expliziten, bedeutungstragenden regel- und logikbasierten Techniken.

TD-Lernen „Temporales Differenzlernen" bezieht sich auf eine Klasse von modellfreien Methoden des Verstärkenden Lernens, die Stichproben aus der Umgebung ziehen und aus der Differenz zwischen der aktuellen Schätzung und der besser abgesicherten Bewertung nachfolgender Zustände lernen, worunter bspw. auch Q- und Sarsa-Lernen fallen. Mit „TD-Lernen" wird mitunter auch einer der einfachsten Vertreter aus dieser Gruppe bezeichnet, welcher 1988 von Richard S. Sutton veröffentlicht wurde. In dem Algorithmus wählt der Agent in jeder Iteration eine Aktion auf der Grundlage seiner Policy und aktualisiert die Zustandsbewertungsfunktion anhand des beobachteten Wertes des nachfolgenden Zustands.

Tiefensuche Uninformiertes (blindes) Suchverfahren, bei dem von einem Zustand aus ein Weg verfolgt wird.

topologische Karte Umgebungskarte, die Orte und Verbindungen verzeichnet; ähnlich wie eine schematische Karte der U-oder Straßenbahnlinien.

Transformernetz spezielle Architektur für generative KI die ermöglicht eine Folge von Zeichen in eine andere Folge von Zeichen zu übersetzen.

Turing Test Vom Mathematiker und KI-Vordenker Allen Turing formuliertes Vorgehen, um zu prüfen ob ein Computer ein einem Menschen gleichwertiges Denkvermögen besitzt.

Turm von Hanoi Solitärspiel, bei dem es darum geht, einen Turm aus n Scheiben von einem Stab auf einen anderen zu versetzen.

Überwachtes Lernen Beim überwachten Lernen wird aus beschrifteten Daten eine Zuordnung von Daten zu Beschriftung gelernt, die dann auf weitere, unbeschriftete Daten angewendet werden kann.

Universelle Logik Universelle Herangehensweise an die logikbasierte Wissensrepräsentation und das logikbasierte Schließen, bei der unterschiedliche klassische und nichtklassische Logikformalismen gleichzeitig unterstützt werden.

Unüberwachtes Lernen Unüberwachtes Lernen versucht Ähnlichkeiten in unbeschrifteten Eingaben zu erkennen und so Muster (Ausgabe) zu finden.

Verstärkendes Lernen Beim verstärkenden Lernen lernt der Agent in Interaktion mit seiner Umwelt durch wiederholte Belohnungen oder Bestrafungen die Erfolgsaussichten seiner Aktionen besser einzuschätzen und somit seine Strategie zu optimieren.

Wikidata strukturierte Wissensbasis auf Grundlage von Wikipedia.

Word Embedding Zuordnung von Worten zu einem Vektor im n-dimensionalen Raum.

Zyklus Besuch eines Knotens ein zweites Mal innerhalb eines Suchpfads.

MIX
Papier aus verantwortungsvollen Quellen
Paper from responsible sources
FSC® C105338

If you have any concerns about our products,
you can contact us on
ProductSafety@springernature.com

In case Publisher is established outside the EU,
the EU authorized representative is:
**Springer Nature Customer Service Center GmbH
Europaplatz 3, 69115 Heidelberg, Germany**

Printed by Libri Plureos GmbH
in Hamburg, Germany